TIMES

CHINA

中国

特别
修订版

卷二

时代

1 9 0 0

师永刚 邹明 主编

2 0 0 0

作家出版社

中国时代

1900-2000

特别修订版(卷二)

师永刚 邹明 主编

本书编著群

詹 涓　许中云　蔡 岩

曾国英　吴海鹏　黄莺春
刘 琼　王 莉　刘 芳
李延华　邝 蕾　周广焕
薛利涛　江 康　张 凡
江 元　宫智民　封长虹
陈 帅　傅岩松　郑 芳
白济民　周 衣　何文胜
宫晓燕　吴海鹏　陆宝生
茅小伟　艾 腾　周 敏

北平入城式，解放了的北平城楼上，站满了新中国的主人。城下则是载着毛泽东画像的车。胜利是1949年的主题。

1949年10月1日，等待开国大典开始的广场上的人群。

道格拉斯·麦克阿瑟坐在军舰上瞭望朝鲜战场。这是一个具有狼一般性格的人：在战争中，他打的胜仗如同狼的捕获量一样多；但他最后的败战则在朝鲜战场上。

1950年6月，朝鲜战争爆发之后，麦克阿瑟出任远东美军总司令和"联合国"总司令，指挥侵朝战争。在美国第24步兵师被歼之后，麦克阿瑟组织指挥仁川登陆获得成功，进而指挥"联合国军"越过三八线，疯狂地向鸭绿江推进。但1951年4月，麦克阿瑟因战争失利和所谓"未能全力支持美国和联合国的政策"而被解除一切职务。他最后离开军方后，留下的名言是"老兵不死，只是逐渐凋零（Old soldiers never die，they just fade away）。"

审查。

1965年北京古董的街道。这个奇特的窗户里代
表的是一个西方的探险家对于东方中国的奇特观
望，如同西方了解中国的姿态与视角。

1958年，中国大炼钢铁时代的场景。

《纽约时报》描述这场举世奇观时称：晚上，1万个村庄的上空被泥砖的熔炉映得发红发黄。在田里，像萤火一样多的灯笼给进行"夜战"的"突击队"洒上了柔和的光芒。他们奋战是为了收获丰富的粮食、棉花和马铃薯。早上6.30，城市中清扫干净的街道上响起了无数的声音。职员们、工厂工人和干部都穿着蓝色制服，预示着又一个10到12小时的工作日开始了。

这些是处在"大跃进"中的红色中国的景象和声音——处在当代历史中无可比拟的经济和社会剧变痛苦中的国家的景象和声音。

20世纪60年代文化大革命中的上海。

毛泽东主席接见红卫兵。毛主席手挥军帽形象神似大海中的舵手，事实上，那个年代的流行歌曲《大海航行靠舵手》，正是这幅由著名摄影师翁乃强拍摄的真实写照。挥动的手的海洋，天安门红墙，巨人的手，这就是196C年代的中国。

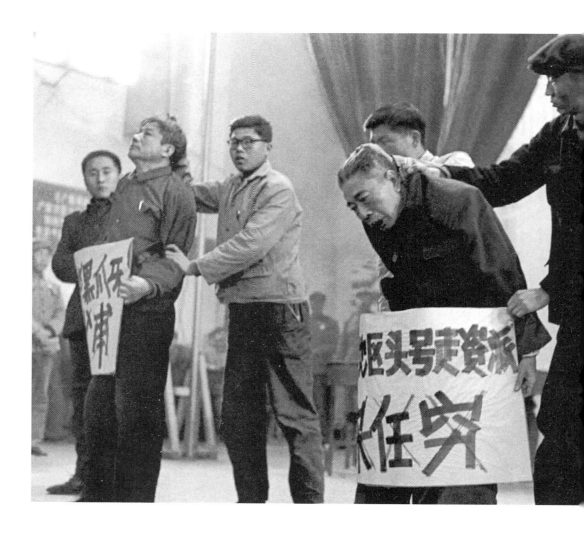

批斗。

外国人走在游行队伍中。这种奇特的场
景，时常出现在20世纪60年代文化大革
命中的北京街头。

1972 年 2 月 21 日，尼克松踏上中国的土地，开始了一次他称之为"谋求和平的旅行"。而这被称为改变世界的一周。北京的《人民日报》在头版刊登了尼克松总统同毛泽东主席握手的照片，这在历史上还是第一次。而在 LIFE 的版面上，出现的是这张尼克松坐在毛泽东主席的书房里的场景。毛坐在中间，恰如他的身份，这个国家的主人。坐在他的左手的尼克松与身边的基辛格博士，则在倾听着这个老人关于世界的认识。

尼克松总统援引毛主席的话，强调两国共同谋求和平的迫切性。"多少事，从来急，天地转，光阴迫。一万年太久，只争朝夕。"尼克松总统接着说："现在就是只争朝夕的时候了，是我们两国人民攀登那种可以缔造一个新的、更美好的世界的伟大境界的高峰的时候了。"他还借用了林肯在葛底斯堡演说中的一句话——"我们在这里讲的话，人们不会长久记住。我们在这里所做的事却能改变世界。"而在随后为他举办的晚宴上，他为毛主席、周恩来、为"能够导致全世界所有的人民的友谊与和平的中国人民同美国人民之间的友谊"干杯。当然，尼克松如愿实现了他的理想，他果真改变了这个世界与中国的关系。

周恩来。

自行车一度是中国的另一个名字。一位中国的摄影师王文澜拍摄了无数的关于自行车上的中国的图片。他写的一篇文章称：在中国，有人的地方就有自行车。自行车是中国家庭不可缺少的成员，有的家庭几乎每人一辆，全中国可能有近五亿辆自行车，平均约每两三人一辆。很难想象中国人没有自行车会怎样。目前（他指的是 20 世纪 80 年代），每个家庭里的小皇帝，几乎都是坐在自行车横梁上，绑着的加座上长大的。自行车就像一个个细胞，渗透到社会肌体里的每一个角落。

20 世纪 80 年代以前，尽管各地不停地生产自行车，仍是供不应求，对于〝飞鸽〞、〝永久〞、〝凤凰〞等名牌车，还需凭票才能买到。现在大变样了，赛车、山地车、电动车，集团的、合资的、进口的，品种繁多，五花八门，要买哪种真让人拿不定主意。当前世界能源日益紧张，环境保护迫在眉睫，自行车更符合中国的国情。两个轮子，像两个半球，不停地旋转出一个活生生的大世界，显示出旺盛的生命力。中国像是在两个轮子上的国家。

样板戏里的杨子荣。

邓小平。

目录

的威胁。

● 33岁的刘希贵是一位沉默寡言，热情诚恳的人。他经常站在停着卡车的小院子里，与工人混在一起谈天说地。和其他司机一样，刘经常驾驶一辆捷克造塔特拉牌卡车。但完全不同的是，他是老板——一位百万富翁。

比人们原先预料的还要快。香港人过去持有的，此地与大陆大不相同的观念正在消失。

● 处于上升态势的一代受过西方教育的官员正在竭力使人们接受这种观念，即网络是将中国带入21世纪的最好交通工具。

291   1999年（A） 现代化中国军队

● 对中国人来说，海湾战争所展示的是21世纪的武器装备和战法，它以最生动、鲜活的方式反衬出了规模庞大的中国军队的落后。

● 中国现正以购买的方式，尽快地向高技术超级军事大国迈进。有一点正在令华盛顿愈发寝食不安，那就是中国如何改进、重组其规模庞大的军队。

299   1999年（B） 新的心态，新的形势

● "回头看看过去的这十年，中国发生的变化让我印象深刻。这个国家给我以希望。在80年代我做梦都想不到会有自己的房子和汽车。那时候我从没有出过国，也根本不会去想有那样的奢侈，有私人电话都是件了不起的事情。"

● 在21世纪，没有哪种地缘政治关系比今天的唯一超级大国（美国）与拥有13亿人口、正快速进入现代化的国家（中国）之间的关系更重要。

313   1999年（C） 美国导弹和考克斯的挑衅

● 当大使馆被炸的消息在北京传开后，普遍的愤怒情绪很快付诸行动。一大堆抗议标语贴在了北京大学的墙上。星期六下午，3000名学生从市中心外的学校乘坐公共汽车陆续抵达美国大使馆。

● 美中两国的"战略伙伴关系"到此结束。不到一年以前，克林顿总统和江泽民主席还在北京的联合记者招待会上站在一起诚恳地表达彼此的不同意见。可是现在，江主席却拒绝接听克林顿打来的电话。"毫无疑问，"华盛顿的一位美国高级外交官说，"这标志着两国关系降到了自1972年以来的最低点。"

339   2000年（A） 新世纪的挑战和机会

● 中国的互联网时代：突然之间，中国成了全世界最热的网络战场。1997年，他们建立了一个中国境内的内联网，但又悄无声息地放弃了。2000年1月，政府宣布一项严格规定，限制互联网的内容，并制订了对加密技术的管理措施。中国的网络精英对此感到无奈，仍然如常运作。

● 新一代超人李泽楷：如果说李泽楷的财富因互联网而暴涨，其父也如此。两周前，李嘉诚将还没有什么经营业绩的小规模互联网企业Tom.com上市，让香港的投资者蜂拥上街排队申购。

● 上海通用成为示范企业：尽管上海通用汽车公司也遇到很多问题，但它的成功已被记入教科书。在中国，中美合资企业是如何在掺杂政治因素的美中贸易争论中成为典范的？

● 威海：韩国人的集贸市场。有600名韩国商人每周三次从仁川乘船到威海，在18个小时的旅途中，他们以灯光卡拉OK、OB啤酒和跳舞机自娱自乐。而在归途中，他们的行囊则塞满了干辣椒、大蒜和香油。

围观者记录的中国时间
序章

一本或者更多的美国报刊的中国观念，
傲慢或者偏见，指路牌或者参考消息，
关于选择美国的几本主流媒体作为对中国现代历史记录的补充的想定。

西方如何认识中国？他们如何发现中国，发现同样的一件事的背后与我们认知不同的部分。他们的立场，以及价值观，甚至他们为什么会记录，对于中国人来说也许并不重要的某一部分事实，或者他们发现的与我们同样经历的历史有着截然不同的认知，或者判断。巨大的差异，甚至立场鲜明的对立，或者干脆就是隔山打虎的胡思乱想的结论，但一切就这样被他们记录了。

这种无奈也许从很早就开始出现了。在19世纪的时候，马可·波罗或者西方的探险者就开始了他们自己的亲历记事。故事像是发生在天国，遥远、神秘、华丽、伟大、传奇、辉煌，这些献辞天生符合历史中对于1900年或者更早的中国的历史描述。而其后的历史则在1900年之后的西方目击者中，开始变异了。他们对于中国的好奇，像对一个正在发生的变化中的神秘事件的仔细探听或者历险。帝国的崩溃、新世界的出现、落后愚昧的农民和军阀、帝王式的新统治者，溥仪、孙中山、蒋介石、毛泽东、周恩来、邓小平，日本人、美国人，"二战"、抗战、帝制、新共和以及政权，革命者的红色苏维埃、新中国，逃到台湾的中华民国，英国、葡萄牙遗落的两个殖民地……"文化大革命"、伟人的离去、开放、奥运……中国从来没有一个百年经历如此多的巨变，如此多的灾难，如此多的奇迹。

00>

这一切全在一代人或者两代人、三代人的眼前发生了。这个百年如此丰富，又如此经历不凡。而这样的历史，在每个记录者的笔下都发生了变异。那些历史的撰稿人所写的"正在发生的中国时间"，则不断地提醒着我们，他们对于这段历史的真实图景或者假象，甚至误解。

东西方的经纬使东方人与西方人的认知如此截然不同，却又高度一致。共同的利益以及对于世界的想象力，包括我们需要发现的事件的西方位置，对于行进的、改革的、开放的，以及更加希望得到认同的中国人来讲，如此急切，也更加重要。

而对于身处这个时代的中国人来说，这一切意味着他们需要更多的坐标，或者路牌。

而在更多的路牌中间，在中国的这一百年间经历天翻地覆变化的时候，美国——这座世界文明突然出现的高峰，则在平静地延续着他们的历史。而他们所拥有的价值观或者文明，使这些围观者们，则从很久以前就开始记录着远在东方的中国。

这些记录者中，就有《时代》周刊的背影，就有《纽约时报》的眼神，就有《纽约客》的文化注视，就有《新闻周刊》的报告中的只言片语，就有已退出历史舞台的《生活》杂志的中国影像⋯⋯

美国人的主流媒体群所记述与想象的一百年间的中国，代表着某种文明对于另外一种文明的打量，甚至好奇。一部美国主流媒体群版本的中国百年现代历史，就这样无意中形成了。

这些媒体在中国的声名之大远超过中国人对它的了解。如《时代》周刊，这本号称全球最有影响力的美国新闻杂志，在某种意义上已成为美国人所描述的"历史的基本草稿"。它巨大的被"神话"了的影响力与它所谓的 "《时代》好像是由一个人之手写出来给另一个人看的立场与记述"的风格，使这份诞生在20世纪20年代的杂志，不仅成为美国人创立的价值观下描述世界历史的方式，甚至许多世界知名的新闻周刊，例如美国的《新闻周刊》、《美国新闻与世界报道》、德国的《镜报》甚至中国的一些著名杂志在封面设计、内部新闻的分类上都借鉴了《时代》的方式。

但这本杂志对于中国人来说仍然很陌生与神秘。许多中国人只知道它的名字却很少见到过这本杂志的全面目。这个悖论具体体现在一些知识分子或者学者或者一些可以真正接触到这本杂志的人所制造出来的假象。至少在20世纪80年代后的今天，我们可以无数次地听到《时代》所评选出的某人成为它的封面人物，从《参考消息》或者官方的新闻机构透露出来的只言片语让许多人对这本神秘的、陌生的英文杂志心生好奇。它是西方的官方新闻代言。这种可怕的价值观就这样在一部分中国读者的心目中诞生了，哪怕这是一本自由主义至上，甚至它的创办人卢斯或者历任的主编们所曾经持有的反华立场。虽然这一切在卢斯去世前数年，反华态度才开始有所转变。中美建交后，对华报道才变得比较充分、客观。

　　关于《时代》对于中国的报道的开始，许多人都把这归结于曾在中国游历过的卢斯的中国情结上，但我更愿意认为，这一切只在于《时代》作为一份世界级杂志的雄心与对中国的尊敬而进行的遥远的描写，而卢斯的中国情结恰好成为一个理由而已。精明的卢斯很早就发现了中国的重要，他在最早创刊的前三期就开始零散地介绍中国。虽然只有几百字或更少的介绍，但系着辫子的中国，走向共和的中华民国，仍然被他们快速地介绍给美国。中国就这样偶然地出现在了这份杂志上。一位资深的媒体研究者称，"在早期，《时代》对中国的报道涉及政治层面的比较多，随着中国改革开放的逐渐深入，中国开始在世界的经济舞台上扮演着不可或缺的重要角色，《时代》也相应加大对中国报道的力度，同时也拓宽了报道的范围，把中国的文化、体育、教育、经济等多个层面的东西介绍给世界。"

　　《时代》杂志告诉世界的中国是这样的：他们刊登了至少500万字关于中国的报道。毛泽东、周恩来、邓小平、蒋介石、宋美龄等50多位中国人成为《时代》的封面人物。而更老牌的《纽约时报》对于中国报道的介入，则可以延伸至晚清。这家自19世纪中期创刊，历经150余年仍踞美国乃至西方主流媒体的领袖地位的老牌报纸。至少在1854年，就有文电从晚清的北京传送至遥远的纽约，而晚清的中国，正经历着"三年未有之变局"，从神秘封闭的东方老大沦为"东亚病夫"，帝制遭遇千年未遇之质疑，士大夫政治没落，积弱之国，以及西洋初遇中华时的碰撞，都在遭遇前所未有之变。《纽约时报》以当时中国人还未具备的近代眼光和技术，即时、全面、连续地观察和记录了这段历史，这种跨越百年的文献式的报道方式，令人惊叹。而由《纽约时报》的晚清变局之报道集《晚清的帝国》，在中国出版后，更是以其独具一格的报道模式与视角，而被评价为"这是力图以时报原始资料重现一个世界大国之编年史的伟大尝试"。而这家报纸至少自晚清至今，刊发了关于中国方面的报道达数千篇，近百万字。这种独特的美国主流报刊群对美国主流社会形成美式"中国观"的影响线索进行了实证的探索。这些媒体对于中国的关注与《时代》上的中国，相映成章，一个即时性的甚至带有美国式的中国观就此形成。而他们这种连续性的报道，则间接地撰写了一本独特的美国史观的中国的现代史。

　　另一本虽然已走入历史的美国《生活》杂志，则用影像记录了他们认识的中国。那些他们理解的中国人的肖像，拂去历史的尘埃，仍可以清晰地看出当时的中国表情，带着初次面向世界的生涩与腼腆。这些美国主流媒体所描述的中国，代表着美国人对于中国自晚清以来的观察，以及认识。

　　这份报纸对于中国的某种关切，更多的时候在于他们试图找到了解中国人的方法，而他们在自己的20世纪80年代的某一天的报纸中关于美国观察中国的方式进行了细致入微的描写"……中国不是一块'禁地'，在空中已有间谍卫星的年代，已经没有'禁区'"。中国领土的总面积比美国50个州的总面积稍大，在美国侦察卫星的镜头下，中国的一切暴露无遗。然而在世界上众多的国家中，数中国最为神秘，其神秘令世界好奇。……

对这个问题，有两个答案，一个很容易理解，另一个则让人吃惊。第一个答案是美国对中国了解并不多，因为中国非常神秘，从而掩盖了一些事实，让人捉摸不透。另一个让人吃惊的答案是，美国对中国的了解除了有可能比不上苏联，比其他任何国家都要多。

一个在中国研究了20多年中国问题的专家说："'汉学'现在在美国非常流行，现在美国有10个比较大的和50个比较小的学术中心在研究中国，约有5000万美元的私人捐款最近用于这方面的研究。"

对中国的观察与研究已成为美国政策演变中不可缺少的基础。为了取得必要的资料，做出现实的分析，美国政府和学术界的专家们都在利用大量各种各样的公开和非公开资料。美国最大的领事馆位于中国香港，在那里有一个翻译组，收集和分析大量的中国期刊，有些期刊还是从偏远的地方偷运出来的。北京的电台广播以及其他一些内部电台的广播，都在美国设在中国周边的先进侦听设备的监听之下。无人驾驶飞机、高空飞行的U—2飞机和卫星照相记录下公路、铁路、钢铁厂、油井、核工厂、导弹射击场和军队的行动。他们很早就预报了中国3颗原子弹爆炸的时间。这种围观者的心态在《时代》杂志以及后来的《新闻周刊》的字里行间弥漫，到处都是他们无法想象的世界，有关中国的信息量如此之大，以致政府和学术界研究中国问题的专家面临同一个问题，即如何去梳理和鉴别这些资料。

这就是他们分析出来的中国的方式。西方世界对于中国的分析方法包括认真阅读中国的报刊，主要是两报一刊，他们会从上面领导人的排位来分析出领导人的地位以及政治动向。他们甚至会认真地分析一些中国人甚至也不在意的《人民日报》社论的字眼，或者公报中的部分说法，这些美国人就从与我们一起所看到的报刊与宣传中，推断一个他们所要认识的中国。比如他们会从报刊上毛泽东的出现次数来判定他是否得病了，而数个关于毛生病的不实的推测就在这些报刊上出现。以至于中国与西方形成了一个有趣的互动，一旦有这样的猜测出现，中国方面必然会安排这位领导人在公众中出现一次，比如让毛接见一位无足轻重的来访者，而邓小平的复出也是如此，他在被打倒的一年后，突然出现在了一次宴请中。这些就是美国人描述的中国政治，以及他们认为的中国故事。

而现在，美国人了解中国显然比以前容易多了，互联网打开了这扇窗户。现在的问题是，关于中国人的信息浩如烟海，突然扑面而来，这反而增加了他们寻找有效信息的困难。因为更重要的信息与情报被淹没了，他们必须要找到相匹配的方法。

但显然，我们仍然可以从这几家主流的美国媒体上看到仍然是误解或者可以卖出大价钱的关于中国的"负面新闻"。这使中国读者非常不能理解，甚至部分地导致了他们对这些媒体的不信任。奥运期间的CNN，就成为一个爱国主义者的标靶。

但形成这种误解的原因，则在于"那些编辑和选取这些新闻的人只不过是服从于他们这个行业里的市场原则，越负面，越有人看；爆炸性新闻是最有市场的；好消息等于没有消息。""很多中国城市居民对日益提高的生活水平感到比较满意，不会成为帮助报纸热销的头条新闻。"这个由美国著名学者罗德所讲述的关于西方的媒体对于中国的想象与报道模式，代表着美国主流媒体的基本价值观。一切首先得是卖点，然后才是政治的平衡。

从一本或者更多的美国报刊里发现民族主义、种族主义、自我优越感，以及对于另外一个国家的嘲讽或者居高临下的偏见，在《纽约时报》《时代》《新闻周刊》《华盛顿邮报》《生活》的字句里，俯拾皆是。他们描述中国的态度带着冷战时代的政治见解，甚至误解。

这些媒体在20世纪60年代的语辞充满着意识形态气质。大部分的描述除了让现代中国人充满好奇与神秘甚至新鲜之外，更多的部分则是一些误读，他们大量的美国式隔山炮般的解读，使这些描述的准确性充满着想当然的结果。甚至把一些他们不熟悉的人的故事加到另外一个人的身上，那些初出茅庐的新记者们会用大量的形容词来表达他们对于某个人的情绪性的描写。而这种方法也体现在《时代》、《纽约时报》等报刊上，即使他们的记者还不能常住中国的时候，也大致如是，这使他们某一时期的报道看上去令人吃惊，如此明显的错误甚至猜测会出现在这些以独立报道闻名的报刊上。而这些错误多次被他们所报道的中国人诟病，甚至怀疑他们的真实意愿。这种报道的不专业违背着基本的《时代》价值观，或者《纽约时报》的独立性。事实上，对于《时代》杂志的卢斯来说，价值观在他喜欢中国的蒋先生或者台湾的时候，就开始有失公允了。这使我们对于任何可能坚决地持有公平的价值观的写作略带着有些绝望的心情。

当我看到一些将自己定位为中国的《时代》或者中国的《新闻周刊》《纽约客》的媒体的时候，这种盲目的比拟，让我在看完这将近百年间的记录时，略有些遗憾。甚至我认为，在做任何一本杂志的时候，或者一份报纸的时候，所持有的绝对公平都只是一种愿望，而以《纽约时报》《时代》《华盛顿邮报》为首的美国报刊群至少在相当长的时间里，使用着美国式的误读方式来表现中国，这些才是值得中国人警惕的地方。

世界如何认识中国与中国如何了解世界是同一个命题。《参考消息》代表着中国人对于外部世界的渴望，而这份报纸在当时的中国只有某些级别以上的人才可以阅读到。在相当长的时间里，这份报纸成为中国人了解西方世界最权威、最客观的平台，而这份报纸则是由中国的官方通讯社创办。与包括《纽约时报》《时代》《华盛顿邮报》在内的西方媒体上的大量版面上对于中国人的想象式或者偏见式的报道不同，这份报纸完全清晰而客观地直言照录。尽管他们提供的全是西方的主要媒体的声音。但这些来自英语世界的媒体的偏见与他们的真知一样突出。

阅读《纽约时报》《时代》《生活》的过程是一种被他人的视角给提醒的时候。我们可以发现一个旁观者的姿态的重要性，会意外地发现中国的另外的历史。他们描述的这种心态与姿势，无法复制，甚至有着令我们惊异的好奇。我们看到的与正在经历的事物原来在另外一个人的视野里是这样的，这使我不断产生阅读好奇与有趣的体验。我们看到的美国是什么，中国对于一个西方人，对于一个美国人竟然如此神秘、猜测，甚至敌意，以及根本言不及义的空想，天哪！历史在各地的描述如此不同，并且产生着可怕的分离感，另外一个人的感受竟然会与亲历者如此不同。历史的细节与描述方式的不同，正在产生着另外的结果。

回头看《纽约时报》的150年、《时代》周刊70年间的历史，发现时间宽阔，事物如此不太清晰，不太敢相信描述者的立场与价值观，但我们应当相信的是：一些人对于另外一些人的看法，一些事物在成长时的面貌。那些意识形态统治的60年代以及70年代；经济意识重归的80年代与90年代；全球化的过程中，美国人又开始了赞美或者惊讶。当然更多的理性仍然在这些主流的美国报刊中偶然出现。民族意识、大国心态，以及资本主义的优越感，甚至偏见，尽可能公立的价值观，或者美国意识，或者更现实的心态，这些都出现在这些如此重要的报刊中。

这使我们发现，其实任何一家媒体都带着那个时代的体温或者呼吸，或者大蒜的味道，西红柿的鲜浆。而我们必须站在当年的立场与历史现场，去重视这些文字，也许他们除了《参考消息》外，还会传达另外一部分局外人的目光。

这可能就是这些美国人撰写的中国"旁观史"所带给中国的价值。在今天，我们想要通过这些文字，描述出中国在世界的视野里的样子，以及美国人或者西方的视野里的中国变革史。对于今天的中国人来说，这些文章提供了我们可以借鉴的历史，可以确认的自信，以及参考，这种变革通过美国人的视野呈现着新的变化，而且这种变化代表了这些媒体对于中国的致敬与赞赏。

这就是那些所谓的美国主流媒体所撰写的关于中国的百年变革史的意义。本书犹如一本中国版的《光荣与梦想》，正在述说着我们尚未发现的中国的秘密。

邓小平曲折复出

1977—1978 年

　　邓小平有可能复出的第一个政治迹象是来自北京的银幕上所放映的纪录片《敬爱的周总理永垂不朽》，影院中回响着邓小平在周的追悼大会上致悼词的声音。此后，100多万臂缠黑纱的中国人涌向天安门广场，他们哭泣着，高唱《国际歌》。

　　……

　　有关邓小平复出的猜测在1977年1月得到进一步的证实。华国锋及其12人政治局连续而且公开地出席纪念周恩来的活动。

　　……

　　据新华社的公报说，7月16日至7月21日，160名中央委员在北京举行会议。会议的目的是：讨论恢复邓小平的职务和对"四人帮"的最后处理决定。

01 >

邓小平有望复出

在北京天安门广场举行的纪念周恩来总理逝世一周年的活动中，出现了要求立即恢复邓小平职务的大字报。

1977年1月中旬，在香港有谣传说，邓小平实际上已经被任命为总理。邓小平有可能复出的第一个政治迹象是来自北京的银幕上所放映的纪录片《敬爱的周总理永垂不朽》，影院中回响着邓小平在周的追悼大会上致悼词的声音。此后，100多万臂缠黑纱的中国人涌向天安门广场，他们哭泣着，高唱《国际歌》。不一会儿，整个广场似乎都被大字报（几乎永远是政策变化的预兆）覆盖了，它传递着一个准确无误的信息："我们要求立即让邓小平出任总理；不要再让8亿人民等待；邓小平当总理，周总理可以含笑九泉。"

邓小平的复出从某些方面来说是一个政治奇迹，因为他已经两次在批斗中幸免下来。60年代，邓小平作为党的总书记，他开始从"大跃进"立场上退缩，倾向于进行温和的经济改革。

有关邓小平复出的猜测在1977年1月得到进一步的证实。华国锋及其12人政治局连续而且公开地出席纪念周恩来的活动。但邓仍然没有露面。自从邓再次露面以后，华的唯一公开的活动就是与来访的洪都拉斯共产党代表团举行会谈。

邓小平再次复出

1977年7月北京的新华社宣布，中国共产党中央委员会表决通过重新起用73岁的邓小平，恢复他的副总理、党的副主席和军队总参谋长职务。同时，公报说，以江青为首的"四人帮"已经被从党内清除出去，撤销其"党内外一切职务"。

邓的归来也是中国在过去20年不稳定的发展时期中具有戏剧性的起起落落。

邓小平的复出（人们期待已久）被蒙上神秘复杂的色彩。他官复原职的第一个信号是出现在1977年7月下旬，当时北京的一张大字报突然进入人们的视野。这张40英尺长的大字报写在黄色的纸上，醒目的黑字呼吁中国人民热情欢迎和坚决支持邓小平官复原职。然而，当天夜里，大字报被清除了，所有的信息痕迹都被从墙上刮了下去。一些中国问题观察家推测，大字报是一些邓小平的狂热支持者为加快其重新掌权而进行的尝试。然而，观察家们也注意到，今年春天曾在北京和广州出现的大字报还曾宣称邓小平被任命为总理，后来证明都是假信息。然而，在第一张大字报消失后的第二天，又有几份类似的大字报贴了出来。外国驻京记者听到敲锣打鼓的声音响遍大街小巷，估计那是在进行游行的彩排，准备庆祝邓小平的复出。

早些时候，100多万参加庆祝活动的人沿着冒热气的街道，涌向北京天安门广场，仅仅在15个月前，有人还曾在这里猛烈抨击过邓的"反革命背叛"行为。由于受邓复出的鼓舞，他们挥动着数千面旗帜，打镲敲鼓吹喇叭，燃放爆竹和烟花。在上海，有50万人走出来庆祝。与此同时，北京电视台播放了一部反映中国新领导层的影片剪辑。在华国锋的右边坐着邓小平，在华的左边是78岁的国防部长叶剑英。

据新华社的公报说，7月16日至7月21日，160名中央委员在北京举行会议。会议的目的是：讨论恢复邓小平的职务和对"四人帮"的最后处理决定。

更加引人注目的是华国锋对邓小平政策的支持态度。

虽然邓是毛长征时期的老战友，直到20世纪60年代，一直与毛主席保持密切的私人关系，但邓不同意毛1958年搞大跃进的做法，它对中国来说是一个灾难性的打击，特别是在农业领域，后果更加明显。在"大跃进"的后期，当时作为党的总书记的邓小平，推行了一个为恢复经济的农业改革计划。在1962年的一次讲话中，邓称"为达到增加农业生产的目的，可以千方百计，哪种形式能够发展农业生产就采取哪种形式，不管黑猫白猫，只要捉住老鼠就是好猫"。邓的这一思想后来一直伴随着他。

两年以后，邓第三次被打倒，原因是顽固地坚持自己的立场。为防止科学院受到冲击，邓于1975年宣称："科学院是搞科学研究的，不是研究白菜和大豆的。"他很实际地认为："资产阶级的科学家也能做贡献，让他们工作远远强于让他们闲坐在那里无所事事。"

邓小平还提出全中国的工业都要置于中央的监管之下。邓还主张对"一部分工人"采取提高工资和其他刺激措施，提高生活水平。他指出："如果没有足够的蔬菜和肉类，工业生产怎么能够正常进行？"他说："搞平均主义是错误的，它否定差异的存在，不符合按劳分配的原则。"

国际外交的以赛玛利

《纽约时报》的文章表明，美国驻台北领事馆的签证窗口已经成了华盛顿—北京关系一个可靠的晴雨表。当美国与中国大陆的外交联系更紧密时，就会有许多台湾人申请获得美国居住权。如今这一活动又变得非常活跃了。

虽然台湾岛内的生活依旧，但在这个250英里长、距大陆海岸线100英里远的岛内已经可以看到一些紧张的迹象了。农民、出租车司机和商人们都会紧张地向美国的游客们询问关于卡特当局承认北京的时间表。许多大学也已经开始在报纸上刊登广告提供翻译服务，这样台湾人就可以用英语向华盛顿政府说明他们的担忧。最近几个星期里，已经有大约142000封信函寄往白宫和国会。台湾的香烟上也不再是"吸烟有害健康"的警告，取而代之的是鼓舞民众士气的口号："保持自尊、自强、临危不惊。"

当然，保持冷静并不意味着放弃。远非如此。他们已表示拒绝放弃其基本的原则立场——北京不是中国的合法政府，因此蒋介石1949年逃离大陆后，在台北建立起来的国民党政府现在已成了外交领域的以赛玛利（译注：《圣经》中的人名，意为被遗弃的人）。自从1971年台湾被逐出联合国，让位于北京之后，共有39个国家已经和台北政府断绝了外交关系。迄今为止，只有23个国家还与台湾保持着外交关系，其中重量级的国家也只有美国和坚定反共的沙特阿拉伯这两个国家了。

最初，包括蒋介石的儿子、67岁的蒋经国先生在内的许多台湾领导人，都希望卡特总统搁置与北京政府恢复邦交关系的举动。他们指出，共产党政权还没有达到卡特总统的人权标准。但这一渺茫的希望已经破灭了，6月份美国国务卿万斯在一次讲话中宣布华盛顿政府决心加快与北京政府邦交恢复的进程——根本就没有提及台湾。

尽管如此，台湾在美国的游说活动仍旧保持相对低调。拥护台湾的人士已经尽力在许多市议会和州立法会通过决议，反对"以台湾利益为代价"和北京建立全面外交关系（现已在21个州的立法会通过了决议）。台湾港口城市高雄的官员们与乔治亚州的普莱恩斯市发表姊妹城市宣言，并邀请莉莲小姐前来访问（被她礼貌地回绝了）。在华盛顿，因为"韩国门"丑闻，台湾的游说活动已经降温了。文化和经济的交往仍在继续。但是台湾驻华盛顿大使詹姆士C.H.申介绍说，因为"TONGSUN公园综合征"，国会议员已经停止了访问台湾。到该计划停止之前，约有30名国会议员及他们的工作人员近200人已访问了台湾。

迄今为止，台湾的紧张还只是在外交方面的，而不是经济方面的。现在台湾已经是一个微型的工业强区。虽然，其人口只有1660万——仅为中国大陆的1/50，但是它与美国的贸易额在去年达到将近50亿美元，比中国大陆多出了14倍。台湾经济的迅猛增长——自60年代以来绝大多数年份都高于10%——已经使其国民生产总值超过了170亿美元。在1974—1975年间全球范围的经济衰退期间，台湾的通货膨胀率曾一度盘旋升至40%，但从那以来台湾当局已经使其降到了3%以下。

一些国家虽然和台湾切断了官方联系，但是台湾注意通过建立准官方贸易和文化办事处的方式，与这些贸易伙伴保持了关系。这些"私下"关系中最重要的当属和日本的关系，日本与台湾之间所谓"交流联合会"的工作人员都是一些"暂时请假"的外交部官员。1972年日本断绝了与台北政府关系并与北京政府建立外交关系，与此前相比，现在日本和台湾的贸易额还有所增长。

那么对于和美国断绝关系，台湾为什么还有这么多的紧张和担心呢？一些专家认为，美国放弃对台湾的防务承诺将会导致这样的后果：北京政府更有恃无恐，将尽力通过以经济报复相威胁或军事行动把在台湾的外国公司和投资者们吓跑。"如果一些人被吓跑了，"一位高级政府官员说，"这对我们来说，其经济后果可能会是灾难性的。"

台湾很可能具备了抵挡大陆军事进攻的能力。台湾空军拥有500架飞机，还配备了性能先进的美国F—5E歼击机，被认为是优越于大陆那些落后过时的飞行编队；另外，解放军也不具备使部队登陆台湾岛所需的两栖登陆舰。不过，如果美国决定断绝和台湾的官方关系，这可能会大大挫伤台湾人的士气。但是如果真是要断绝关系，在发生之前是无法知道台湾最终失去其最强大的盟国将对其造成多大的精神打击。

在尴尬中复苏的文艺

经过了 10 年的文化饥荒之后，中国的爱好读书的人们突然间可以买到多年来列为禁书的四大古典小说和唐诗宋词了。官方还宣布今后会再出版其他 5 部作品。这些禁书获得平反是反对以江青为首的"四人帮"运动的一部分。在北京 1977 年 11 月底举行的一次文学座谈会上，包括作品最近才被平反的作家在内的 20 位作家痛斥了"四人帮"，说他们"肆意地破坏了文学艺术作品的创作"。

现在"四人帮"都被关在监狱里，这些作家们宣布，中国的文学可以自由地阐释"复杂、变化且多彩的现实"——但真正的社会主义艺术还是应当反映"革命生活的现实"。贯彻这一文学政策，人民文学出版社已经重新出版了巴金写于 1931 年的著名小说《家》，这部小说讲述的是关于解放前中国的一个专制家庭的故事，有些像"中国的《飘》"，以前这部小说曾成为许多电影和话剧的脚本，但在 1965 年停止出版发行。在新版的序中，73 岁的巴金先生恭敬地为该小说中的政治错误进行了辩解："我认识到了旧社会的一些罪恶，但是我却无法给出医治的方法。"

计划重新出版的另外一部作品是《子夜》，这是沈雁冰创作于 1933 年关于罪恶、贪婪的资本家的一部小说。他也许非常恰当地选用了一个笔名"茅盾"。在 1949 年以后，茅盾放弃了文学创作，开始从政，最后担任了文化部长。但是他在 1965 年被撤了职——并且他早期的小说也被禁止出版销售了。11 月，这位 81 岁的作家在经历了十多年的沉寂之后，其作品又重新开始印刷出版。

最近刚被平反的最出色作家之一就是老舍，西方对他在 1936 年创作的小说《骆驼祥子》非常熟悉。在"文化大革命"期间，老舍受到了狂热的红卫兵的残忍攻击。他开始恭敬地努力去写一些与当时路线相一致的革命诗篇，后来他告诉妻子出去找"一个安静的地方"。67 岁的他走到附近的太平湖，跳湖溺水而亡。后来，他所有的小说、戏剧、诗歌和幽默短剧都被查禁了。现在，《人民文学》杂志刊登了老舍后期创作的两首诗歌。其中一节这样写道："没有中国共产党／将会是群魔乱舞的局面。"

不幸的是，有些知识分子尽最大努力来紧跟形势，但因政治的起伏变幻莫测而常常走错路。一个典型的例子是，中国在世的最著名的哲学家冯友兰，现已 83 岁的他在事业上第三次蒙受屈辱。1957 年，在毛泽东结束了"百花齐放"运动之后，冯就被打成右派。受形势变化所迫，这位在哥伦比亚大学受过教育、享有盛誉的《中国哲学史》（两卷装）的作者否定了自己一生的作品。"文革"期间，冯被打成反革命，再次悲惨地承认了罪行。经过那场折磨后，他被恢复了北京大学哲学教授的职务。现在，冯又一次成了批判四人帮运动的受害者，他的罪名是：1974年他曾写诗赞扬江青，把她与7世纪的武则天女皇相比。这位年老的哲学家被批判为＂四人帮＂的＂顾问＂，＂欺骗了民众＂，＂恶毒地攻击无产阶级革命力量＂。

中国的新长征

1979 年

中华人民共和国与外界分隔了太久的时间。经历了毛泽东所发动的"文化大革命",已显得有些疲倦了;他们希望到2000年时,中国实现现代化,并且成为世界上一个经济和军事强国。他们也许无法实现,也许要晚些时候才能实现,但中国人民已经出发了,这本身就展现出了非同寻常的民族抱负。

......

中国的舞台和银屏也在发生迅速的变化。北京电影学院在停办了12年以后,今年又重新开设。中国的第一部×级电影——部关于妓女的日本电影,近日向观众上映。

......

1979年1月,中美正式建交。人们在北京用苏打水、香槟酒举行了庆祝,并要求言论自由、解放,能够举行迪斯科狂欢……在所有这一切当中,中国人对可乐的口味也更加习惯了。感谢两个国家的首都之间有时差,北京比美国提前13个小时实现邦交正常化。副总理邓小平借新年这一时刻,庄严地呼吁世界和平。

1979年的现状与变化

　　肮脏、贫穷、落后，这与宣传的形象截然不同。

　　直到今天，中国落后的现状与北京的思想家多年来所宣扬的灿烂辉煌神秘形象相距甚远。《时代》周刊杂志驻香港记者理查德·伯恩斯访问了中国的南部省份以后，在他的报道中写下了这样的印象：

　　一条不知名的小街到处都散布着锈迹斑斑的废弃煤油罐和碎瓦片。人行道上放着一排用绳子束着的柴禾捆。红砖块、马口铁澡盆和木水桶散落在硬土路上。几辆紧锁的自行车斜靠在一座三层楼的外面。三只小鸡待在一个木板条笼子里低声咯咯地叫着。孩子们串来串去，还有的在跳绳玩，而他们的父母们则在利用周末时间来洗衣服，用的是从街边水龙头打来的冷水。

　　眼前脏乱、贫穷的街景与挂历画里中国的形象截然不同：一帮脸蛋红扑扑的小女孩在一个伊甸园似的果园里收摘着成熟的水果；明亮的工厂里，衣装整洁的工人正在劳作，脸上还挂着笑容。这是与越南北部接壤的广西壮族自治区的省会南宁市（人口50万）的一条小街，也是中国总体景貌的缩影。

　　可以肯定，中国确实有富丽堂皇的工厂和欣欣向荣的公社来向游客展示，给人留下深刻的印象，但要发现与中国现状最接近的景象，还是要到小城市的街区或小乡村里转一下才能了解。中国要走的路还长着呢！

　　当地宣传介绍说，刚"解放"时，南宁只有4家工厂，是一个"消费城市"，从其他地区进口产品来维持自身。而现在，当局骄傲地指出，南宁的人口增长了4倍，有400家工厂，已经转变成为一个"社会主义生产城市"。有一所令人印象深刻的医院，几家建筑综合企业，以及几家有几千名工人的布局合理的工厂。

　　但南宁仍旧非常贫穷，在这条小街上，房内没接自来水，许多街区都是这样。大部分房间点着昏暗的、光秃秃的灯泡，由一条电线悬挂在天花板上。窗扉或千疮百孔，或污迹斑斑。在夏季炎热的几个月里，通风条件非常差。在几家共用的厨房里，唯一的炊具就是一口铜锅，烧的则是煤和泥混合制成的煤饼。一家人住在两间房间，大部分家庭住三小间。主要装饰是脱落的宣传画或者是并排贴在墙上的领袖的画像。

　　没有一家有自己的厕所，居民大部分都使用街拐角处的公用厕所。居民的房子看起来像是几十年前修建的，事实上，这是12年前才修建的，也就是1966年中国陷入十年动乱之前建造的。

　　"从那时起，'四人帮'就使我们停滞不前了。"这是住在南宁的这条小街上的一位居民说的，他来自于某电影制片厂的一家工厂。"我们非常落后，"然后，他又补充说："10年后你再回来看看，你会发现一切都变了。我们准备从头做起，10年的时间，一切都将是全新的，都将是现代化的。"

在中国到处都能听到这种观点，到处也都是号召人们为"四化"多做贡献的宣传标语。不管是厂长、公社社长还是车间里的工人，似乎都满怀现代化理想。在中国，有一种非常深切的感触：在冷静务实的邓小平的鼓舞下，中国已经实现了一场惊人的转折。尽管政策发生了惊人的改变，但是在中国的所见所闻与6年前相比却变化甚微。

在1972年乒乓外交令人兴奋的岁月里，外国游客已经开始访问中国并写下了一些常常是非常狂热的报道。现在，同那时一样，有非常充分的证据说明：中国人虽然要节省些，但食物还算够吃的，大部分人都处于良好的健康状况，如果说穿的衣服不够时髦，但还可以穿得暖。不过很难察觉出真正的生活标准提高。

许多城市破烂不堪，它们共有的特征是：刷有白色涂料的建筑外观污迹斑斑，破碎的砖头，破旧的脱皮的木门，甚至连一些值得骄傲的纪念碑也遭受着无人照看的厄运。在广东，主要剧院是修建于1951年可容纳5000人的孙中山纪念堂，从远处看，这座纪念堂还显得非常壮观，但从里面看，则墙皮脱落，以前以天坛风格装饰的主梁柱和房梁也黯然失色，年久失修。在相对富裕先进一些的广州市，表现出当局对于个性的容忍程度越来越大。以发型为例，样式变得更多了，许多妇女，留了小侍童发型（向下卷的齐肩发型），甚至于还烫了发，不过正统的羊角辫仍然是主流发型，而不是例外的发型；服装样式、颜色更为多彩，红黑方格呢现在尤为流行，但大多数男女还都穿着单调的宽松下垂、满是补丁的蓝黑工作服。

中国连续不断的口号声丝毫没有减弱，虽然内容由抽象的思想意识（以阶级斗争为纲）转变为明确的现实目标（为"四化"多做贡献）。就像广州一家幼儿园里一样，孩子们现在可以唱"我愿做一名飞行员，高飞在美丽的天空……"，但是这些三四岁的孩子们还必须学唱赞歌，说明政治思想的灌输仍然贯穿于始终。最常听的毛主席赞歌《东方红》的嘹亮歌声仍然回响在候机大厅和候车室里，结束时依旧高呼"伟大舵手万岁！"工厂和公社里高音喇叭仍然在大声地广播。在南宁，"今日大舞台"正在演出庆祝广西自治区成立20周年。这场演出仍旧是描绘共产党在广西的光辉历史。与社会主义"不相符"的艺术也被允许了。在桂林市一家主要的书店外出现了关于十卷装的《史记》的广告，这是最近才被平反的儒学经典作品之一。在艺术学校和画廊，传统的山水风景画占据了主导地位，而不再是革命英雄的素描。在广州的孙中山纪念堂里，中央音乐团演奏了李斯特的钢琴作品，萨拉特的小提琴乐章，这两位作曲家在几年以前还被批判为"没落的资产阶级"。但节目单上同时还是出现了"无产阶级"交响乐，名为"日照香炉升紫烟"。这是一首欢快的幻想主义作品，有些德彪西作品的风格。也许意义最大的就是，对毛泽东的个人崇拜已经逐渐消除了，在介绍情况时，引用毛主席语录的情况已经少之又少。几年以前，如果问及一位农民提高水稻产量最重要的因素是什么时，他会回答："掌握毛泽东思想。"而现在他更可能会回答说"多施点化肥"。如果说对那种宗教仪式般的口号还有一些需要的话，那么对于化肥的需求就更为明显了。因为常常有外国的访问团穿过青螺潭公社的田野，这个位于广州北部的公社已经印制了一些传单，上面宣称：粮食产量正“一年年”地提高，但在传单上，也清楚地列出了在1965—1976年之间产量几乎没有任何提高的统计数字。而在这一阶段里，中国的人口增加了25%，该公社已经遭受了严重的人均产量下降。一位老农民正细心地料理着自家的自留地，种了一些饲料作物来喂猪和鸡。“我们在‘文革’以前比现在过得还好。”

粮食数量不充足，食品的质量也不高。在广州、桂林和南宁的水果摊上，只摆放着一些柑橘、苹果和柚子。柑橘满是碰伤，皱皱巴巴；苹果个头不大，又给虫子咬了；而干柚子更是大不如在东南亚任何一个地方所见到的好。富含蛋白质的豆腐，一度是穷人们的肉，过去是中国各地的食谱上都有的，现在成为城市市场上非常少见的奢侈品。

由于存货长期不足，许多人买东西都到路边人行道或小巷里兴建起来的小自由市场。在进出城市的路边，到处都是卖菜的农民，这些蔬菜都是他们在自己的自留地里种植的。他们靠卖菜来增加点现金收入（一年的收入是150—200美元）。所有人都精心地料理着自家的自留地，足见其重要。这一现状还为中国现代化建设的规划者们指出了一个严重的问题：如果城市贫穷，农村将会更为贫穷。

这在桂林尤为明显。在一个寒冷的冬天的早晨，街上挤满了城里人，他们在百货商店前面转悠。通常百货商店是城里人下班后的活动中心，一家商店的柜台前，吵吵嚷嚷的人群挤来挤去，就是为了买双刚上市的两美元的帆布鞋。不远处一个昏暗的人行道上，几个农民裹着破毯子来抵御夜间的严寒，他们面前一堆堆花生、柑橘和罗汉果，尽量地卖给过往的行人。街上的人越来越少，他们也就把毯子搭在肩上赶回城郊的公社去了。

同时，一家地方“工人文化宫”——实际上就是一个草草建成的电影院里，挤满了人。伴着甜美的音乐，正放映着一组彩色照片，盛赞中国社会主义所取得的成就。科学实验室、漂亮的医院、闪着火花的炼钢炉让人眼花缭乱，还有关于农业生产的照片——活蹦乱跳的鱼虾装满了网、成熟的水果压弯了枝头，使在座的观众不时地发出了大声地“喔……”“哇……”的惊呼声。银幕上所描绘的社会主义的丰足景象同外面街上裹着破毯子的农民差距也太大了，这可以省略，但却是无法否认的现实。

1979年的台湾

“逆境中不要急躁，保持冷静，保持尊严。”这是1971年中华民国被驱逐出联合国时蒋介石的训话，现在的台湾领导人蒋经国先生再次引用他父亲的这段话来激励国民。

刚从震惊中恢复过来的“另一个中国”得知华盛顿和北京将在近期邦交关系正常化时，岛内情绪变得更为坚定。卡特总统宣布完此消息仅两天后，台即宣布台湾政府提高国防预算，加速主要武器的研制计划。自从1954年美国终止与台湾的《共同防卫条约》后，中华民国别无选择，只能“建立一个更为独立的国防工业体系”。该举措很受欢迎，台北的主要寺庙前，尼姑们开始为国防事业而向行人们募集捐款，仅一周时间，民众就捐资170亿元用于政府购买武器。

台湾的国防力量正处于警戒状态，而警察也在不间断地维护着美国大使馆和外国人喜欢去的地区的安全警卫。学生们举行了几次反美示威，但对美国人倒还是很有礼貌，并没有恶意。很明显，出于对中美关系正常化可能会引发运动的恐惧，政府推迟了定于11月23日举行的国民大会和立法会空余席位的选举。此次选举是到当时为止台岛历史上最公开的一次选举，反对派候选人自由地批评国民党政府，出生于大陆的参选人陈古英（音）也已经计划在他的竞选活动中，将在台北竖起一块牌子，上面只写："我们在往哪儿去？"

对蒋经国和他的国民党老兵们来说，这已不是一个新问题了。半个多世纪以前，蒋介石断然决定与中国共产党进行一场血淋淋的内战。那场艰苦的内战，蔓延了整个中国。许多美国人把蒋介石看作在亚洲保持潜在稳定的设计师。1949年解放军彻底挫败了蒋介石士气低迷的军队，毛泽东宣布了中华人民共和国的成立，此时，这一幻觉对太平洋两岸来说都是异常苦楚的。

台湾当前的艰难处境真正开始于1949年，在蒋介石和他的中央政府逃到了台北、北京在1950年介入了朝鲜战争之后，杜鲁门总统把美国的第7舰队开进了台湾海峡，隔开了台湾和大陆，以保护台岛不受共军武力进攻——此举也意外地阻止了国民党反攻大陆的行动。从此美国开始在军事和经济方面来支持台湾，鼓励国民党实行他们在大陆掌权时一直未推行的改革。今天台湾已经成为亚洲管理得最好、腐败最少的地区之一。人均国民生产总值由1968年的280美元增加到现在的1400美元，这比中国的3倍还要多。通过一项有效的土地改革，消除了50年代农村的贫困和土地主的不富足的状况，成了亚洲的骄傲。

现在台湾面临的最直接的问题是它们蒸蒸日上的经济的未来前景将会怎样。台湾以240亿美元的年贸易额高居世界前20名内。美国的许多大公司，包括福特、美国无线电公司和固特异公司，宣布他们将继续在台投资。但并非所有的人都因此而放心。台湾的负责美国商业的总裁罗伯特·帕特评论说："假装出关系正常化对我们没有损害是根本没有用的。这的的确确将给我们造成损失。"但华盛顿宣布的50项台美协议将继续保持有效的声明使台北稍松了口气，这些协议主要涉及经济和文化问题。

对于北京发出的和解言辞，台湾人公开地表示不相信。以往多年来大陆在一直称台湾的统治者们为"蒋匪"和"美帝国主义的走狗"。1978年12月的早些时候，大陆方面邀请台湾最出色的运动员到北京参加为迎战曼谷亚运会所进行的中国国家队的训练，他们全都拒绝了。就在卡特总统宣布完中美关系正常化之后，北京电台就连忙播出一条消息：如果台湾当局同意，将派两位前国民党人访问台湾岛，与"包括蒋经国在内的老朋友们交换意见"。这一提议也同样被国民党断然拒绝。蒋经国说："只要我还在，这两个叛徒就不能来台湾。"邓小平在接受专栏作家罗伯特·诺瓦克时承诺在两岸统一后不会降低台湾的生活水平，其他的台湾官员们也对此表示怀疑。其中一位说："不相信北京说的话，我们都知道其最终目标是要消灭我们。"

北京将不会武力征服台湾，但中共在这一点上只有非常轻微的暗示，而没有其他的说法，华盛顿对此还是保持乐观态度。事实上，台湾47.4万训练有素的强大军队，拥有316架战斗机，包括F—5A/E拦截机、空对空导弹和地对地导弹，目前还是有效的遏制力量。同时，国务院的专家们正在讨论可采用的方案。在国防部中央委员会的一次紧急会议上，一位委员甚至还提出打"苏联牌"来回敬美国打出的"中国牌"——意思是台湾寻求与苏联建立关系，该提议当即被否决。实际上，华盛顿所担心的是更坏的一种可能：台湾拥有众多优秀的科学家，现又加快实施核反应堆的研制计划，有预测说他们可以在两年内制造出原子弹。

1979年的变革与激荡

> 中国？那是一个沉睡的巨人，让它沉睡吧，因为当它醒来时，它将改变整个世界。
>
> ——拿破仑·波拿巴

这是20世纪后半叶一项规模宏大、胆魄惊人而又史无前例的工程。一个拥有10亿之众的大国骤然改变航向，世界1/4的人口正加快步伐从固执、封闭的孤立环境中走出来，改变了这个星球上人口最多国家的人民的生活——这怎么可能会有先例呢？因为长期自我封闭造成的复杂心态，中华人民共和国与外界分隔了太久的时间。经历了毛泽东所发动的"文化大革命"，已显得有些疲倦了；他们希望到2000年时，中国实现现代化，并且成为世界上一个经济和军事强国。他们也许无法实现，也许要晚些时候才能实现，但中国人民已经出发了，这本身就展现出了非同寻常的民族抱负。

年末时，中国的事业取得了一项令人欣喜的新成果：7年前由尼克松政府发起的美中之间小心谨慎的"恋爱"关系有了进展，两国在北京和华盛顿同时发表的联合公报中，宣布两国将互派大使，建立正式外交关系。双边关系正常化为潜力巨大的贸易活动铺平了道路，同时也将对世界的政治格局产生影响，但北京要与华盛顿、莫斯科相提并论成为全球一流强国的首都，还需要相当长的时间。

中国发起的这场运动是要把世界上延续下来的最古老的文明推向21世纪，但将该运动提到日程上来的是副总理、兼任中共副主席和军队总参谋长的邓小平。虽然邓在北京的政治局里只排第三位（前面两位分别是华国锋和现已80高龄且百病缠身的叶剑英元帅），但他却是中国"四个现代化"建设的总设计师。"四化"是要同时提高农业、工业、科技和国防水平，把中国向现代化世界推进。

74岁的邓小平强硬、坚忍、灵活，他所经历的政治起伏比理查德·尼克松还要多。他曾两次被撤销了职务，而恢复职务也只是17个月以前的事情。邓小平在中国人民解放军的高级将领当中有着广泛的基础和影响力，同时在政府机构、技术专家们和知识界里也享有广泛的支持。邓不仅拥有广泛的群众拥护基础，还有着非凡的活力和高超的管理技巧。

　　这一年来，变化纷繁急剧。卡特总统在经过了表现优柔寡断的一段时期之后，民意测验显示其支持率下降了30％，而最近因为外交方面的成功而有所回升。在戴维营峰会上，形势一度看好，好像他将创造中东奇迹，使以色列和埃及之间达成一项和平协议。但到年末时，双方的磋商令人沮丧地陷入了僵局。波兰的克拉科夫大主教（一名运动员）卡罗尔·卡迪纳尔·沃杰塔拉成了450年来的第一位不是来自意大利的教皇。他的前任阿尔比诺红衣主教卢西亚尼把持圣彼得大教堂的钥匙只一个月多一点，在盛赞了其前任后，沃杰塔拉接受了"约翰二世教皇"的称号。在加利福尼亚，一位退休实业家霍华德·贾维斯提出的大幅降低税赋的"13条建议"获得了该州议会议员们的批准，成为中产阶级对"大政府"普遍不满的一个标志。而一个丧心病狂的邪教预言家吉姆·琼斯制造了一起称为"白色深夜"的自杀和谋杀行动，913名追随者毙命圭亚那森林。

　　战争阴影、和平希望和恐怖行动占据了新闻的头条位置。随着驻扎在贝鲁特的叙利亚军队想要击垮军事右翼基督派军队，黎巴嫩的首都再次成为硝烟弥漫的战场。柬埔寨和越南好像要推翻多米诺理论（如果说越南倒向了共产主义，其他国家也应随之转变），但两国不是通过一般的思想意识扩张，而是发动了边境战争，相互间展开了你死我活的厮杀。伊朗国王长达37年的统治因连续几周的骚乱而受到了动摇。意大利的"红色旅"绑架了前总理奥尔多·莫洛，扣押了54天后将其杀害，并把尸首扔在罗马街头一辆车的后面。在苏联，人权运动者阿诺托里·沙兰斯基、尤里·奥洛夫和亚历山大·金兹伯格则被投进了古拉格集中营。

　　最近英国发生的一个事件如果说按伦理道德观念评价来说有些问题，但从人性角度来说还是令人欢悦的——第一例通过体外受精产下的婴儿降临到人世。8个月前，医生们在实验室里使精子和卵细胞在试管里实现结合并将其植入这位母亲的子宫里。

　　但所有这些事件都远不及中国决定融入世界这一事件这样意义深远。北京的《人民日报》为"四化"建设鼓劲："中国人民奔向四个现代化宏伟目标的脚步声，回荡在燕山脚下和黄海之滨，引起了全世界的关注。在这场新的长征中，我们决心征服祖国的高山、大海、平原、油田和矿藏，我们要勇攀科技高峰，要与世界上其他国家发展正常的贸易关系。"

　　为实现这一目标，邓小平及其支持者们已经踏上了一条有时看起来有些像资本主义的道路。这样新的口号可以是："百业并举，百企竞标。"虽然在这一创业过程中，还没有多少中国人获得了多少个人自由，但没有举行任何仪式他们已经甩掉了过去的旧思想包袱。毛泽东思想曾一度神圣无比，而现在他"不依靠外部资源，自力更生地发展国家"的原则也已一去不复返了，历来视外国为蛮夷之地的中国已经向世界敞开了大门。去年有530万游客访问了中国。成千上万的资本家也正在这个充满希望的国度里探寻新的市场并进行投资。而以下两条非常令人吃惊的消息可以说是"修正主义"的标志：中国正计划在北京郊区修建一个高尔夫球场；中国已批准了可口可乐公司在中华人民共和国境内的独家经销权。

长期以来，中国一直不为世界关注，但突然之间好像到处都是中国人，他们忙谈判、签协议，急切地想知道其他国家成功的经验。去年8月，华国锋出访了东欧，与罗马尼亚的青年们一起兴致勃勃地跳起了霍拉舞。然而，欧洲前沿的这场演出并没有博得苏联的好感，他们仍在同中国接壤的4500英里的边境线上驻扎着43个最精锐的野战师。邓小平也出访了日本并与其签署了《和平友好条约》，在一次香槟酒会上他祝词说"既往不咎"。而后他又飞往泰国、马来西亚、新加坡，签订了许多科学交流协议，并不断地谴责苏联"霸权主义"（帝国主义）。1979年1月晚些时候邓将访问美国，以表示他个人对新建立的中美关系的认可，颇受世人瞩目。

出访的中国代表团都携带着详细的采购清单，其数额非常巨大，可能远远高于中国预算所允许的限度。尽管中国的国际信用等级是优秀，但这个国家还从未展开过像现在这样大规模的贸易。中国希望依靠发展石油出口、合资企业（依靠国外在大陆建工厂产出的货物来还债）等方式来为现代化建设筹措资金，另外依靠其广阔且秩序井然的人力资源。然而笼罩着新长征的阴影是，对中国原始经济现状能否支付得起这一代价的疑虑。按这一计算，中国到1985年"四化"建设需花费8000亿美元。中国的消费市场的发展还需要很长的时间。尽管资本家对于在大陆开辟的市场非常看好，但中国人要具备对想买东西的支付能力还要几年时间。另外，中国政府指望用来换得资金的石油储备方面还面临着几项重大的技术问题，其中包括：蜡含量太高，因地质结构复杂使开采面临许多重大困难。

不过，中国人民还是踌躇满志，阔步向前。2月份，日本和中国签署了一份价值为200亿美元的私营贸易协议：中国将向日本出口石油换取它们的钢材和工厂。邓小平出席了上个月在北京人民大会堂举行的《中法贸易及合作协议》签字仪式，这一为期7年、总价值达35亿美元的协议内容包括：法国帮助中国发展远程通信卫星和电视转播，一家钢厂的现代化扩建，建设电站和镁厂以及其他设施。最重要的是法国拿到了建设两个核电站的订单（每个都近10亿美元）。

中国与瑞典在采矿、铁路和远程通信等方面展开合作；从英国购进3.15亿美元的采煤设备；请丹麦帮助其改善上海港和其他港口；从瑞典、法国和英国等国引进现代化武器来加强其装备落后的军队。因资金短缺他们开始可能只选择几种，中国和美国在过去就已进行了磋商。美国的沿海各州天然气公司同意从中国买进360万桶原油，首批将于年初交付。中国的目标是到1985年实现钢产量翻番，达到6000万吨，根据该目标中国与伯利恒钢铁公司签署了一项协议，在河北省建设一家钢厂。

意识形态的解放

　　长期以来使中国与外界完全隔绝的高墙倾塌得如此之快，使人们遗憾地预测，中国将成为外国"傻瓜"相机、麦当劳等商品充斥泛滥的地方（事实上就在中国推广这一快餐的技巧方面，中国人已经向麦当劳的经理们进行了咨询）。许多跨国酒店计划3年内在北京、广州、上海和其他一些主要城市修建连锁店，全部是配有游泳池和桑拿室的1000间客房的宾馆。海厄特国际公司已建议修建总接待能力达1万间客房的多家酒店。泛美公司和其他几家航空公司也参加了在中国降落的竞标活动，这将大幅促进其旅游贸易。

　　许多中国人正在参加各种各样的外语速成班。在首都，北京电台的英语课程录音带已经售出了100多万盘。有1万多名中国学生将被送往海外进行学习，这些学生返国之后，将对中国文化产生深远而持久的影响。文化方面的对外交流也十分惊人：世界上最著名的女子时装设计大师皮尔·卡丹访问了中国，并获准于3月份在中国上演两场时装展示会。在邓出访日本时，他的夫人以及其他4位同行官员的妻子竟然身穿精心剪裁的丝绸衣裤，这与多年来中国妇女清一色中山服的革命装束相比，优雅多了。

　　中国的舞台和银幕也在发生迅速的变化。北京电影学院在停办了12年以后，今年又重新开设。中国的第一部X级电影——一部关于妓女的日本电影《望乡》——近日向观众上映，它甚至还受到《光明日报》评论，说：这部电影"大大启发和教育了中国观众"。报界也开始评论：年轻人必须从"文化大革命"的束缚当中解脱出来。"他们对人类创造的巨大精神财富感到非常新奇。""他们从未听说像毕加索、米开朗基罗、雨果、莫扎特等这样的名字。过去，年轻人的思想被锁在封闭的小号里，而现在监狱已经被打破了。"

　　这样的民主可能会带来什么？下面的事件简要地给出了令人吃惊的答案：11月底北京的"民主墙"出现了一些大字报……歌颂邓小平并夸赞台湾所取得的经济成就。北京的市民在同外国新闻人士非常坦诚的交谈当中，询问了关于非社会主义政治制度的一些问题。尤其对美国的政治制度表现出了浓厚的兴趣。最后，在民主墙上还出现了一张"致吉米·卡特"的大字报："我们想请您关注中国的人权状况。"但自由化的程度是有精心定义的界限的。"民主墙"现象虽然是群众自发的形式，但也有官方有意安排的一些特征。

　　中国开始对外国的观点表示敏感，其标志之一是北京的《人民日报》刊登了5篇关于人权状况的评论文章，迫切要求采用新的民法和刑法，以保护这些权利。"在一些地方，"该报纸上写道，"公民的合法权益受到严重侵害，配给物资被扣减，个人财产被拿走，农村市场被关闭，合法的经济活动没有保证。这些事情仍然在发生。"

中国突然变得外向型如此令人高兴是因为，很长时间以来中国对外界的看法一直含糊晦涩，令人不解。中国历朝历代都把世界定义为"天下"，而他们自己是天朝子民。"多少年来，"鲁迅这样写道，"中国人看待洋人的方式只有两种：或高看一等，当作优越物种，或低瞧一眼当作野生动物。他们从来不能把洋人当作朋友，当作就像他们自己一样的人来看待。"中国人历来内向，除非衰弱到没有办法时，才容忍外国人的存在。第一次鸦片战争后的半个多世纪里受人凌辱，20世纪三四十年代又被日本侵略，而50年代发生了与苏联的短暂"恋情"又很快破裂，因此中国人很可能已经得出结论：自己的偏见得到了充分的验证。

尽管如此，过去中国对现代化还是充满了渴望。1898年清王朝快要结束时，光绪皇帝及其子民曾想要效仿日本天皇在19世纪后半叶进行的对封建主义的维新。在孙中山的中华民国早期，依靠外国的帮助来改进中国社会的努力也以失败告终，最终使中国走向了社会主义制度。正像历史学家C.P.费斯杰拉德所写：中国"对西方错误的神灵们失去了幻想，他们没有停歇，马上去寻找其他的解决途径"。

邓小平的现代化思想源于周恩来在1975年第四届全国人民代表大会上所做的政府工作报告。这也是这位总理在医院外面的最后一次公开露面。周提出通过"四个现代化"的建设，使中国用20年或更长的时间由一个贫穷落后的国家转变成为一个初步繁荣的社会主义国家。作为"四化"一部分，到1980年提高中国的农业生产的水平。普遍认为这一报告（以及"四化"的口号）已成为了邓现在的工作。

西方人士很难理解，偌大的一个国家能如此快地实现思想意识的转变。这就好比想象一艘航空母舰在一个狭小的空间里调头一样不可思议。当然多年以来，中国人常常被要求不断急剧快速地改变效忠对象。朋友变成了敌人；在文字刺客充斥着谩骂的大字报中，革命英雄正在"变质"；意见不同的人被称为"蛀虫"、"害人精"或"恶狠狠的封建恶魔"。这也使中国人变得极度疑惑、复杂，并且反应敏捷。

在向现代化转变的过程中，邓及其支持者们正在尝试着完成一项非常的任务：抹去毛泽东时代的神圣光环，但并不完全抹杀其名誉。他们首先肯定毛泽东思想是正确的，但一度被歪曲和滥用；关于毛泽东所发动的"文化大革命"，则以他年老体衰、不够清醒为托词而予以原谅。

邓说："有些人天天除了毛泽东思想以外什么也不讲，却没能抓住其最基本原理：实践、科学的方法和理论联系实践。"

现在就摒弃毛泽东思想将会危及整个现代化大业，这一点邓是很清楚的。他说："有些言论不利于安定团结，不利于四化建设。"他对来访的美国专栏作家罗伯特·诺瓦克说："每位中国人都知道，没有毛主席就没有新中国。在实现'四化'的过程中，我们必须善于全面、准确地把握和应用毛泽东思想。我们国家的政治生活中应当更活泼、更轻松一些。"

政治实用主义

事实上，中国人现在开始小心谨慎地接受一些与毛泽东思想相违背的学说，而这在几年以前可能还会因此被投进监狱或处以死刑。其中最重要的一点是他们已经消除了对外国事物根深蒂固的怀疑。《光明日报》曾刊载说："骄傲蛮横，不加鉴别地排斥外国的科学技术和文化，是完全违背马克思主义的。我们主张学习所有国家的长处。"

现在正采取的另外一项举动，是为那些曾被打为"资产阶级"的人平反。广东电台宣布，在"文革期间"广州第7橡胶厂的"6名前资产阶级工厂主"已经被重新聘用或分配了管理和生产工作。这是邓务实作风很明显的体现：新中国靠的是一个人的技术和知识，而不是它的政治纯洁性。

对中国人讲重视效率和能力，有时就像同美国人讲反对大国干涉一样不被认可。甘肃省电台在11月解释说："厂、处、省、部各级的检查团太多了。"对于依据一个厂里红旗数目多少来评判其是否办得好这一做法，该电台提出了反对，另外还提到："会太多了。"

现在正号召人们正确读书，《人民日报》刊载："文革"期间及受其影响，读者只关心政治报道，而不关心经济报道。结果出现对报道工作很重视，但不懂金融管理。

要实现"四化"，必须抓好最主要的问题。其中农业现代化也许是最重要的，但也是难度最大的。北京的领导人们已经确定了两个目标：到1985年，实现小麦水稻和其他谷物4亿吨的产量，在1980年以前实现真正的农业机械化。这两个目标似乎都太高了。虽然中国的土地精耕细作，并且中国农民以其创新和勤劳而闻名，但其单产量还远远落后于其他国家。北京已经向一些外国农业专家进行了咨询。其中包括美国农业部长鲍伯·伯格兰，向他就新型种子品种、杀虫剂的使用和专业人员交流进行了探讨。中国在机械化方面已经取得了一些进步，但仍需要100多万辆拖拉机、32万辆卡车、至少300万台联合收割机、新型排水灌溉机器，以及负责机器维修保养的70万名技术人员。由于农业设备通常是用盈余的资金来购买，所以这些设备将很难取得。而中国一般必须使用这些资金来从国外进口谷物。结果便出现：中国仍是一个粮食净进口国，很可能还要对食用油及其他物资实行配给制。

要使设备如此落后的国家实现工业化，问题也是非常多的。中国在1977年的国民生产总值只有3730亿美元，而美国同期产值达1.889万亿美元。中国的人均国民收入少得可怜，只有378美元。哈尔滨的一个发电机工厂仍然在使用二三十年前捷克斯洛文尼亚、东德和苏联制造的车床、冲床和锻轧机。日本每名工人一年可以生产94辆汽车，而中国的这一数字为1辆。重工业使用的基本建造物资钢材在中国被认为是一种稀有金属。中国的生产目标是，到1985年产煤6000万吨，而去年只完成了一半指标。邓对该问题非常清楚，他称之为落后。"如果你长得丑，"他说道，"装成非常俊没有用的，是瞒不住的，所以你最好承认。"

"文革"的动荡中，受打击最大的领域之一是科技领域，最优秀的人才被送到乡下学习平均主义和喂猪。直到不久前，知识分子还被称为"臭老九"（前八类同样需要消除的人：叛徒、间谍、走资派、地主、富农、反革命、坏分子和右派。）

其结果是至今许多领域科学家和工程师的数量还少得可怜。以前许多科学家无法进行自己领域内的研究，现在一批研究院和研究所正在建设当中，并计划把他们吸收回来。据一则报道介绍，迄今为止，仅在四川省就有12000名科学家和技术人员从不相关的行业调回到原来的工作岗位。

尽管毛的知识分子政策带来了一些破坏，不过中国人有可能在该领域比"四化"建设的其他领域更有信心取得进步。中国的初期目标是在5年内建设一个基础科学研究的体系，然后建设一套现代化实验室，以推进中国人称之为五朵金花的研究（中国人在政治用词方面非常迷恋使用数字）：原子科学、半导体、计算机技术、激光和自动化。3月份方毅副总理所做的报告中，提出了一份关于中国发射太空实验室和探测器的8年时间表。

邓似乎已经认识到了中国人知识文化的落后状态。现在一个拥有10亿人口的国家只有63万名大学生。作为平均主义的一部分，全国性的高考因"文化大革命"在1966年被取消了。现在高考不仅恢复了，而且变得更为严格和统一。已经设立了许多一流的学校，配备了优秀的老师和设施。在教师队伍里，恢复了职称和职务，提高了工资，还建立了奖金制度。不过中国的文化基础建设还是非常薄弱。

第四项现代化是军事方面，同样也很难实现。虽然它们拥有世界上最庞大的常备军（约350万），中国的军事装备仍非常原始，至少落后于超级大国20年。中国最先进的轰炸机是1954年的早已过时的TU-16飞机。人民解放军没有反坦克导弹，没有武装直升机，也没有现代作战坦克。它们的核弹头安装在射程还不到4000英里的中程导弹上。虽然中国海军排世界第三位（就人数而言，而不是就舰船数量而言）同样也是落后于时代的，它的两艘核潜艇都不携载导弹。

正像莫斯科的主要担心是北京这些目标的实质是什么一样，中国的主要军事忧虑还是来自于苏联。北京最近通过外交努力，使中国在今后几年里成为莫斯科更为强大、更为灵活的对手。中国同时和西欧——甚至是东欧——以及日本发展关系，在其两翼发展了对付苏联敌人的保护力量。

这种正在形成当中的格局惹怒了莫斯科。苏联除其他事情以外，对于西方同意向仍声称"战争不可避免"的中国销售武器表示惊讶。对于中美关系正常化，苏联还算接受，但这一新建立的友好关系决不能形成一个不言自明的反苏联盟。一位研究美国政策的苏联专家乔治伊·阿伯托夫警告说："你们不能通过寻求缓和妄图使中国成为像北约一样的军事联盟。"一位西方外交家也发出警告："我不知道到2000年时一个经济发达、军事强大的中国是否是完全符合美国利益的福音。核力量强大得足以威胁苏联的中国能不对我们构成任何威胁吗？"

美国与中华人民共和国关系正常化，使得美国与中国交往一个世纪的非同寻常的历史实现了一个轮回。这一轮回有热情的迷恋，也有无情的掠夺，有一段充满可怜的热情，也有非常大的不理解。这一轮回开始于1872年在美国康涅狄格州哈特福德学院接受教育的第一批留学生。正如艾奇逊主任所写，美国几乎没有哪一个乡镇没有为中国使命捐助资金和衣物……这也就培养了我们对中国既爱又恨的复杂情绪中爱的那一部分，使得对后期的中国政策倾注了许多感情。

如果说美国方面有屈尊的慈善行为，那么也有受文化吸引方面的因素——双方都有。实际上，从中国社会那里，美国人似乎发现了对革命的希望，这本来是从它们自己那儿移植来而自己已忘却了；而许多中国人则发现了美国社会的流动和开放所带来的毋庸置疑的欢悦，这与中国的自我反省和阶层社会是相对的。

现在关于中国，最吸引人的是这个社会面临着无限的可能性。没有人——甚至连所有中国人自己——都不知道这一宏伟的试验会怎样结束。政府似乎非常专注于现代化的任务，不愿对外界、也不愿对它们自己制造太多不和谐的声音，以免危及了这一任务。中国问题专家一致认为实际掌权的是邓小平。以他现在掌握的权力，完全可以对他的激进派敌人进行报复，但他仍然非常克制。

一些中国问题专家历来预计中国不会再出现毛晚年那样的思想意识斗争，而是出现一种务实的现代化形式。巴尼特说："极端强调乌托邦式的社会主义目标，使这个民族付出了这么大代价，其他任何民族都不会这样做的。"不过，如果北京的领导人向中国人民过高地宣传了他们的现代化计划，假如今后几年里没有明显的改观，会使他们感到非常失望和痛苦。

谈到这一任务的宏大规模，政治局不可回避地面临着怎样分配有限资源的艰难决策，中国问题专家肯尼斯·利伯塞尔认为：如果中国到1981年必须进口1000万吨粮食来养活这个国家，那么中国就几乎没有可能以它们预计的速度来实施它们的工业化计划。利伯塞尔认为："虽然当前的政治局委员们都急切地希望快速实现现代化，但与华国锋及其支持者相比，邓更愿意以更大的代价——甚至是中国革命的核心准则——来改变中国。"

大步流星的小个子

亨利·基辛格并不记得曾把邓小平称为"难对付的小个子"——这是这位前国务卿经常提到的绰号。现在基辛格告诉《时代》杂志，"他很有能力也很强硬，给我的印象很深，他在解决官僚机制方面很有技巧。我见到邓小平时（1975年），他还没有专门负责外交政策，但他学得非常快。邓是一个不可小视的人。"

世界上其他一些领导人对此有不同观点。尼基塔·赫鲁晓夫在与邓会面时忽视了邓小平，但毛泽东准确指出：这个"小个子前途无量"。74岁的邓小平以毫不松懈的劲头，进行着他一生中最勇猛的政治练习。

邓谈话时带有浓重的四川口音，四川是中国西部的一个省，以其菜辣、气候温暖和高山险峻而闻名。外部世界很少有人知晓邓的早期生活，对他现在的私人生活也了解很少。据说他是一个地主的儿子，1904年出生于靠近中国战时首都重庆非常近的一个乡镇。1925年加入共产党时改名邓小平。

上完高中之后，邓成为获得奖学金赴法国学习的92个男孩当中的一个。16岁的邓小平在法国没有上学，而是在巴黎的一家胶套鞋厂找了一份工作。同时他还在外面一家称为《红光》的中国共产主义杂志办公室帮忙。当时的编辑是周恩来。邓对杂志装订和油印等杂务方面有着很大的热情，不久就为他赢得了"油印博士"的绰号。

邓加入共产党以后，在莫斯科的中山大学进行了短暂学习，而后于1926年回到中国。他在党内的职务上升很快，25岁就成了共产主义第7方面军的政委。当时，他拥护刚担任共产党军事委员会主席的毛泽东的游击战略。当这些理论受到其他共产主义领导的批判时，邓被撤销了职务——这是他三起三落的坎坷命运中的第一次失意。

最终，邓还是重新受到重用，担任了红军报纸《红星》的编辑。1934年，他参加了毛领导的充满传奇色彩的长征——在蒋介石军队前堵后追的情况下，英勇的共产党军队进行了6000英里的艰苦跋涉——到达了偏僻的陕西延安。他们住在窑洞里，食物也非常匮乏，但邓却精力过人。

在第二次世界大战期间，邓协助在华北建立了一支颇具影响力的抗日游击队伍。日本投降以后，这支军队继续同蒋介石国民党军的战斗。共产党在1949年取得政权后，邓小平出任西南局书记。1952年被召入京，担任了许多主要职务，有时是同时兼任的：财政部长、副总理、共产党总书记等。1956年成为政治局七名常委之一。

……

"文革"中，邓参加了第一次红卫兵集会，但很快就被激进的红卫兵揪了出来。邓被新闻界批判为"刘的党羽"，并且"比刘少奇更邪恶更危险"。传单和大字报声称邓沉迷于资产阶级情趣——麻将和桥牌。而那些可能是到各省的工作视察则被指控说是邓带着亲信乘坐专列和专机游山玩水。

最后，在周围一帮红卫兵的嘲笑声中，邓头戴高帽坐着卡车在北京游街。他的一个兄弟邓垦被撤销了重庆市副市长的职务。邓的儿子邓朴方则在因邓的连累而被审查期间，坠楼受伤终生残疾。

邓虽然没有遭逮捕，也没有被正式开除出党，但也在1969—1973年间下放到江西省新建县拖拉机修理厂劳动，而早在1947年时他就曾在离这里不远的地方率领红色军队打败了国民党军。在一份令他蒙羞受辱的自我批评中，现在读起来更像关于未来的宣言，邓承认他"思想方式和工作作风"与毛不相符合。

周恩来没有能力在邓最艰难的时候帮助他，但这位总理确实在"文革"稍微平息一些时，伸手来帮助这位老战友。在1973年为欢迎柬埔寨诺罗敦·西哈努克亲王而在北京举行的宴会上，邓突然复出，这很明显是周安排的，在赴宴人们不相信的目光中，这位昔日的"顽固走资派"由毛的一位侄子领到了座位前。也是在此时宣布，邓仍然担任着副总理的职务。随着周恩来健康状况的逐渐恶化，邓作为他继任者的形势变得越来越明朗。他视察了许多省份，代表中国在联合国大会上发言，并在北京迎接了福特总统。此间，邓小平与江青展开了一场论战，把"文革"的种种残酷指向江青。

1976年春天，江青和她的激进派已经占了上风，不过也是暂时的。邓再次被打倒，邓第三次被打倒的明显原因，是原定在北京天安门广场举行的悼念周总理的仪式没有任何解释就被取消了，从而引发了一场史无前例的骚动。前来悼念的人群所进行的示威很快就被批判为"反革命行动"，而官方则称这是由邓及其追随者煽动的。两天以后，邓就被撤销了一切职务。

邓在共产党军队20年当中，已经与许多高级将领建立起了深厚的个人感情和政治联系。在受到激进派有可能进行刺杀的威胁后，他的一位老战友许世友将军在广东省为他提供了庇护所。邓在那里待了一年。

粉碎"四人帮"后，邓向中央写了一封信，表达对此事的高兴心情。而北京及其他一些城市里也出现了许许多多的大字报，号召中国人民"热烈欢迎并坚决支持"邓的复出，这成了他在1977年7月恢复一切职务的一个信号。

从这时开始，邓就朝着他的中国抱负迈进，这位年过七旬的老人一秒钟都不能浪费了。

"实践是检验真理的唯一标准"

邓小平在中国的影响力正与日俱增，迹象之一就是中国的杂志和电台正报道并分析他的一些讲话和访谈，给予了很大的重视。邓以其质朴的警句名言显露其智慧：

他的准则：实践是检验真理的唯一标准。

关于起用科学家：允许他们工作，这比让他们待在象牙塔里无所事事要好。

关于发展：做事匆忙没有好处。急于求成就深不下来。欲速则不达。

关于现代化：提高数量，提高质量。提高了自动化，手工劳动就减少了。先进国家，不管是什么制度，都走这条路。这些是劳动者吗？他们被称为生产力；也就是说这也是劳动。

关于中国的未来：在我们的国家里，反革命减弱了，就必须减少专政，增加民主。

关于革命：这是一件艰难的事情。如果想革命，就不能怕困难。怕困难就不要革命。

关于他所受的教育：我没有真正上过大学，我所上的大学是没有毕业生的。它的名字就是社会。我见上帝的那一天我才能毕业，谁知道上帝会给我打多少分？

关于超级大国（1974年）：美国和苏联正在徒劳地寻求世界霸权。两个超级大国是当今最大的剥削者和压迫者。帝国主义，尤其是超级大国正麻烦重重，在走下坡路。国家要独立，民族要解放，人民要革命——这是一个不可抗拒的历史潮流。

关于他和"四人帮"的斗争：我让"四人帮"抓住了辫子，挨了整。也许你们要说是毛主席解除了我以前的工作，免除了我的职务。实际上，不是这样的。我更愿意把它叫作天命。过去江青笑我，说我的头是子弹形的，官帽戴不稳……只要有阶级斗争，就会有"四人帮"这样的人，否则，就不会有阶级斗争。

关于错误（于60年代）：没有人没有缺点。比如我们，做政治工作的干部以及入党几十年的老干部，我们不也是有这样或那样的缺点，犯这样或那样的错误吗？毛主席也常犯错误，但我们都知道，他犯的错误比我们少。

中美正式建交

1979年1月，中美正式建交。人们在北京用苏打水、香槟酒举行了庆祝，并要求言论自由、解放，能够举行迪斯科狂欢……在所有这一切当中，中国人对可乐的口味也更加习惯了，因为中国人学得非常快。感谢两个国家的首都之间有时差，北京比美国提前13个小时实现邦交正常化。副总理邓小平借新年这一时刻，庄严地呼吁世界和平。美国驻京联络处外面爆竹声声，屋内邓举起一杯加利福尼亚香槟向美国代表团团长伦纳德·伍德科克敬酒，预计他会被任命为第一任美国驻华大使。在一次庆祝会上发表祝酒词时，邓表示："我确信，我们两国外交关系的建立会增加世界和平的稳定性，这种深远的影响随着时间的推移会越来越明显。"

在位于华盛顿康涅狄格大道的中国驻美联络处，庆祝活动与北京遥相呼应。让500名来宾感到最显眼的就是中国人墙上钉起了一面美国国旗——不过把星条的位置挂反了，条指向了左边。副总统沃尔特·蒙代尔并没有注意到这一点，激动地表示"这是一个丰收的新时代"，并称赞中国是"维护世界和平的一支重要力量"。作为中国代表团的团长，柴泽民表示中美关系可以阻止"霸权主义"的扩张和侵略——实指苏联。安全顾问兹比格纽·布热津斯基，长期以来一直希望美国承认北京，这会儿受到庆祝活动气氛的渲染，伸出双臂拥抱了柴泽民。

在首都的另一处，新近被撤销的中华民国大使馆内一片沮丧。在那里，有300多人聚集在那里，许多人都流着眼泪，观看台湾的旗帜最后一次降下。主张和反对承认北京的游行在华盛顿、旧金山、新纽约城等地举行。几千名美国华裔冒着大风，沿着曼哈顿唐人街的大道游行支持北京政府，同时有部分示威者举行游行高喊"台湾万岁"。

与此同时，卡特政府正在制订详细计划迎接准备2月晚些时候正式访美的邓小平。计划行程包括访问得克萨斯，邓将在那里讨论购买石油开发设备，参观中西部一个大的农场，以及去华盛顿的肯尼迪中心观看一场大型演出。

华盛顿官员们如此热情有他们的原因，但现在邓却获得了个人成功。整整40分钟，这位身材矮小的中国领导人坐在伍德科克客厅蓝色的真丝沙发上，客人们受到周到的服务，但这还不算，还有可口可乐、橘子苏打水、苹果派和鸡蛋卷。邓不停地吸着烟，喝着本地生产的啤酒，听着伍德科克的请求。3月1日，驻京联络处将正式成为美国大使馆，伍德科克希望为美国外交官们争取更多的生活和工作空间。

第二天，邓在自己被评为"年度封面人物"的封面上作了亲笔签名，送给了8位国会议员，他们来自银行、经济及农村事务委员会。他们此次来京讨论今后美中贸易合作。邓借此机会邀请反对中美建交态度最强硬的参议员巴里·戈德华特来京进行会谈。他大度地指出："我的看法在过去已经发生了转变，说不准参议员戈德华特来京的看法也会转变。"

外国记者进驻北京

中国副总理邓小平具有很多方面的才干，他在与美国新闻记者相处中表现得十分自如。作为庆祝与华盛顿关系正常化的新年庆祝活动的一部分，北京当局邀请了27名美国记者到中国进行为期两周的参访活动。活动的亮点是在人民大会堂与邓小平的会见。对美国记者来说，这是他们第一次有机会与共和国的一位领导人以这种方式相聚。邓小平无拘无束而巧妙地回答记者们的提问，并与每一位记者碰杯。一个记者称赞邓小平的回答简洁明快，邓风趣地说："因为我没有在议会的工作经历，不知道怎么才能长篇大论。"

电视记者们为搜集素材，利用此行难得的一点自由时间，不辞辛苦地深入田间地头拍摄农民在田间劳作的镜头；闯进了一个关闭很久的公园，拍年轻人恋爱；进入美发厅拍摄中国妇女如何做头发。美国广播公司摄影记者认真地记录了一只北京填鸭从烤炉到餐桌的全过程。记者团成员、《时代》杂志香港总部主任马什·克拉克在报道中写道："对于新闻记者来说，此次中国之行如同参加一个大型的中式宴会，处处都是新闻。"

他们的报道使在美国国内的编辑们更加想在"宴会桌"旁设一个"专座"。至少有25家新闻机构申请在北京设立办事处，大约15家可能会得到批准。这一数字大约是在京的非共产党新闻机构的两倍。美联社和合众国际社将首批进驻北京，时间大约在3月1日。美国一些主要报纸、新闻杂志及广播电视网将随后进驻北京。

美驻京联络处主任莱昂纳多·伍德科克警告那些急欲在北京设立办事处的美国媒体称："将是一个漫长而困难的过程。"实际上，由于在北京根本找不到办公用房和公寓，大多数新闻机构只好为长期租用北京5000套酒店房间而进行争夺。哥伦比亚广播公司的新闻部主任理查德·S·萨兰特说："如果需要，我们可以让记者搭帐篷。"在北京设立新闻分支机构的费用昂贵（文字新闻为年均10万美金，电视新闻则更高），主要是因为需要进口大量的器材设备。"老北京"告诉新伙计，不但要把自己的汽车带来，甚至还要带零配件和油料。无论如何，在北京经营一个办事处的费用绝不比在东京、巴黎和伦敦低。

大多数美国新闻办事处都是由一个人独当一面，许多职员的工作都由记者亲自来干，如合众社记者罗伯特·克雷比和美联社记者约翰·罗德里克，他们在香港和东京都是大牌记者。想到作为记者能留在北京，并从那里报道中国的发展，真是一件美事。

尽管中国放宽了在过去几年中对新闻的限制，但在北京的外国记者仍然受到中国外交部新闻司的严格控制，如果要采访重要官员或离开北京去外地必须做出说明。因此，早些时候的一个夜晚，中国外交部官员屈尊来到过去难得一来的酒店，敲开了外国记者的房门，告知将解除对美国记者的新闻限制。这着实令客居北京的美国记者吃了一惊。这绝不仅是中国人接受了西方新闻惯例。1月29日，当邓小平抵达华盛顿开始为期一周的访美行程时，他的随行记者将不会少于30人。那将可能是中国急切地想宣传自己〝对外交往〞所采取的重要步骤，也许也是基于对理查德·尼克松1972年去北京〝朝觐〞的特殊关系。当时尼克松的随行记者为87人。

《时代》访谈邓小平

〝如果我们想要遏制北极熊，唯一可行的办法就是联合起来；发动战争的真正温床是苏联，不是美国；在教育、科学技术方面我们已经荒废了整整一代人；我们需要相当长的一段时间和努力才能迎头赶上。〞

就在国人准备迎接羊年到来的时候，中国副总理邓小平正在准备开始他具有历史意义的美国之行。就在他离京前4天，他抽出时间接受了《时代》公司总编赫德利·多诺万的一次全面采访，陪同采访的还有《时代》周刊香港分社社长马什·克拉克。这次采访在天安门广场西侧的人民大会堂的新疆厅进行，采访预计进行半个小时，结果延长到80分钟。

邓着一身他经常穿的中山装，脚下一双黑皮鞋，一双浅蓝色的袜子，嘴里不停地吸着中国制造的熊猫牌过滤嘴香烟。他讲话和蔼，右手喜欢做手势，并且不时用力地拍击双手，以示强调。

他反复强调、最具戏剧性的一点就是他要带给卡特总统的主要信息：中美之间的重新接触应当发展成一个明确的反苏同盟。这一点是苏联预料到的，也是非常害怕的。在强调中美关系时，邓指出两个国家有着共同的命运，应该联合起来对抗苏联。他还指出苏联在地中海地区、非洲、亚洲的行为将会引起全世界人民的关注与不安。他对美苏之间提议进行的第二阶段限制战略武器第二次会谈表示不屑，并且实际情况也证明这是东西方历史上一次针锋相对的裁军谈判。邓同样反对〝否定毛〞的运动，但也许更值得一提的是，这一运动证明毛不是完美无缺的。

"事实上我们百废待兴"

"我们必须树立崇高的理想和目标，制订战略性的计划，全面调动一切积极因素，组织好我们的力量。"中国副总理、国家科委主任方毅说。方毅虽有实权，但很少为人所熟悉。去年，他宣布了一项大胆的计划，要千方百计地用15年至20年的时间，即到2000年，使中国的科技达到发达工业国家的水平。当邓小平在美国进行活动时，方毅却开始了他自己的美国科技之旅。

69岁的方毅具有学者风度，美中不足的是，他的脸上有一块紫色的胎记。方本人不是一位科学家。他1936年加入中国共产党之前，是上海著名的商务印书馆的一位编辑。在第二次世界大战期间，他曾担任部队政委。1953年担任中国财政部副部长之前，他在不同的职位上从事经济工作。他参与了1956年对北越援助计划的制订工作，60年代负责中国的外援工作，是周恩来总理的得力干将。方毅在"文革"期间曾竭力避免被伤害，但直到1977年邓小平东山再起，重新掌权后，他才官至今日的副总理。

"事实上，我们百废待兴。"方毅在谈到中国科学技术地位时说。作为中国科学院院长，他对一切领域的科学研究都十分感兴趣。在与白宫科学顾问弗兰克·普雷思就未来中美合作项目进行会谈后，方毅访问了亚特兰大的乔治技术学院。他在那里观看了土地资源卫星拍摄的自然资源照片，参观了太阳能发电的农场。这家农场可对外提供400千瓦的电力。在休斯敦，他参观了得克萨斯医药中心、安德森医学博士医院和卫理公会医院。但方毅美国之行的亮点出现在洛杉矶。主人详细地向他介绍了帕姆戴尔附近的洛克希德公司L-1011号生产线，并向他开放了戒备森严的位于黑麦谷的实验室。

方毅现在必须为中国的现代科技发展计划的制订而深思熟虑。"这将是一曲气势恢宏的乐章，"中国科学院前院长郭沫若曾说，"它将不是写在有限的纸上，而是写在无限的宇宙间。"

欢迎邓小平来访

"前进，各民族英雄的人民，伟大的共产党，领导我们新的长征。我们万众一心……"

作为首脑会晤的礼节，中国国歌的旋律首次在白宫南草坪上空回荡，随后，美国军方仪仗队也奏响了美国国歌《星条旗永不落》。中美两位领导人站在一座低矮的小山顶上的检阅台上，分别致辞，然后登上白宫的阳台，接受并感谢大约1000位各方面人士的欢呼。忽然，中国副总理打破常规，情绪激动地抓过吉米·卡特的手，高高举起。他们看起来就像一对刚刚获得全国代表大会提名的政治搭档，并且毫无疑问地在支持票上获得了领先的优势。

没有什么可以影响邓小平9天美国之行的情绪。幸免于国内的斗争，使国家纳入快速向现代化进军的轨道，赢得大多数西方大国的外交承认，邓小平此时沉浸在胜利之中应该会被理解的。他的华盛顿之行是中国共产党高级领导人的第一次。1月1日两国关系正常化的同时，邓小平与美国领导人的个人关系也实现了正常化。

这是1959年赫鲁晓夫来访之后，华盛顿所筹划的最热烈的欢迎外国来访者的仪式。74岁的邓小平毫不显老，他紧张地出席着计划上安排的官方和半官方的活动。他同卡特进行了5个半小时的会谈，在白宫用餐，与美国会参议员、记者共进午餐，在肯尼迪中心体验美国文化，横跨美国大陆进行旋风般的参访活动。沿途他深入亚特兰大附近的福特工厂，休斯敦的约翰逊航天中心，西雅图郊外的波音飞机制造厂。想要搞清邓小平此次访美的全部意图还需要几个月的时间，但至少，他此行标志着世界上两个大国之间的关系发生了戏剧性变化，进入了新的发展时期。中美签署了科技文化协定及双边贸易协定。双方商定今年晚些时候在中国再次举行高级会晤。邓小平三番五次地声称，他迫切希望美国对华提供贷款和技术援助，以使他的国家实现现代化。此前有迹象表明，他将会得到他一直想要得到的东西。

在经过30年敌对时期，其中还经历了3年艰苦的朝鲜战争，中美友谊之路一下子开满鲜花，这其中充满着极大的危险，增加了影响东西方强权之间平衡的因素。邓小平早就预言说："战争的危险来自苏联。"而卡特也明智地在一项声明中附和着，将苏联称为"霸权主义"，这是中国形容苏联扩张主义的专用字眼。

卡特的做法当然引起苏联人的高度怀疑和极大的愤怒，他们已经中止了限制战略武器条约的谈判进程，以抗议邓小平"煽动性的声明"。苏联驻美国大使安纳托利·多勃雷宁召见美国国务卿塞勒斯·万斯，要求美国对此进行解释。万斯告诉多勃雷宁大使"霸权主义"一词并不说明美国意欲借以反对苏联。

美国政府自承认北京后，再次向苏联人做出了"别无目的"的保证。卡特两周前曾承诺："我们将十分慎重，不要影响到中苏关系平衡。"但是，他允许邓小平在美国的土地上，用"霸权主义"那样不和谐的字眼，将使美国对平衡更加难以掌握。这种意见不合的事情简直太多了。白宫助理声称，卡特总统确信这对美苏关系和战略武器谈判进程不会产生不良影响。这似乎与卡特过去私下里的谈话有些矛盾。卡特说苏联人的确放缓了谈判的步伐，因为他们对新型的中美关系表示关注。一些美政府官员建议万斯在战略武器谈判结束前，与苏联外交部长安德烈·葛罗米柯举行会晤，澄清邓小平访美带来的"烟雾"，并为卡特计划与苏联最高领导人勃列日涅夫的会晤敲定日期。

中美正式会晤

星期一，天色阴沉欲雨。上午10时，中美领导人的会晤正式开始。邓小平和他的妻子卓琳乘坐的黑色防弹轿车停在白宫南草坪，在那里，他们受到卡特和夫人罗莎琳的迎接。邓步调轻快地来到列队等候的35名美国高级官员面前，热情地与美国的政治家们握手，然后踏上铺有一小块红地毯的检阅台。风很大，罗莎琳伸手扶住站立不稳的卓琳。

卡特在欢迎词中说："现在到了忘记吵架的时候了。"一名男记者突然登上讲台，面对电视摄像镜头高呼毛主席语录"革命不是请客吃饭！""将革命进行到底！"，便衣警察迅速把这名男子带走了。这个人是西雅图毛泽东主义者出版社的记者，是持出版社的证件来到南草坪的。欢迎仪式并没有因此受到干扰。

当邓小平开始讲话时，这位身高大约五英尺的副总理向上迈了一个台阶，以便能够从放讲话稿的台架上看过去。他操着浓重的四川口音，称中美合作具有"极大的可能性"和"广阔的前景"，会取得"丰硕的成果"。

上午11时，庄严的首脑会谈开始了，卡特引领邓小平来到会见大厅的座位上，旁边的桌子是由经过严格抛光的硬红木制成。"我可以抽烟吗？"副总理问，并掏出一盒中国产的"熊猫"牌过滤嘴香烟。一会儿，空气中就充斥着浓重的烟草味。不久，两位领导人发现，他们都喜欢与对方打交道。在3次面对面的会谈中，不必做出何种姿态，也没有什么争论。但在会谈中，美国家安全委员会中国问题专家迈克尔·奥克森伯格从桌上给总统特别助理汉密尔顿·乔丹递过一张字条，上写："这是一次历史性的会见，你正在见证中美关系的起飞。"白宫另一位助理在谈到卡特和邓小平时说："没有必要夸大他们私人关系的重要性，会谈使人有一个感觉，那就是为未来的双边关系定下了基调。"

尽管有助手们在场，卡特和邓小平的会谈内容无所不包。美方参加会谈的有：副总统蒙代尔、国务卿万斯、国家安全顾问布热津斯基；中方代表是副总理兼科技顾问方毅、外交部长黄华。星期一举行了两次会谈，共3小时45分钟；星期二的会谈为1小时50分钟。会谈的内容包括伊朗、阿富汗和巴基斯坦的纠纷；中东、南部非洲、中欧、朝鲜和印支局势。在就移民问题交换意见时，邓小平同卡特开起了玩笑。邓副总理说："如果你喜欢，我们可向美国移民1000万。"然后，他大声地清了清嗓子，把痰吐到了脚边的痰盂里。"要是那样的话，我将向中国派出1万名记者。"卡特回答说。这个问题就此打住了。

当两位领导人把话题转至中国的两块心病——苏联和台湾时，气氛就不那么轻松了。邓小平在会谈后当晚接受《时代》杂志记者采访时，对莫斯科进行了严厉的攻击，他形容克里姆林宫是"战争真正的温床"，说如果中国、日本和美国"真的想具备把北极熊套上链子的能力，对我们来说，唯一现实的事情就是团结起来"。在私下与邓的交谈口，美政府官员强调，美国想平等地对待莫斯科和北京。蒙代尔副总统对《时代》记者说："总统清楚地向邓副总理表明了我们想要一个正确而热情，合作而非结盟的美中关系。"卡特要求邓小平要从苏联的观点去看待事物。据称，莫斯科对中国军队在其东部边境地区大量集结十分关注，同时北京对苏联军事力量的发展感到不安。

邓小平对此持相反的立场，他坚持认为苏联奉行的是侵略性的政策。实际上，他并不反对限制战略武器谈判，但他向卡特重申了他与《时代》的谈话观点，即美国不要指望从谈判上得到更多的东西。据一位白宫官员说，邓小平告诉卡特："限制战略武器谈判不能代替需要在其他方面采取决定性行动。"但邓没有透露他心目中的其他方面指的是什么。在美国国会，邓小平警告称，限制战略武器谈判可能会导致个别议员借机捞取选票，减少政府使条约获得批准的机会。

签署各项协议

在公开场合，邓小平起初提到苏联人时还躲躲闪闪，有所顾忌，然而，随着访问的进行，他逐渐地加强了攻势。例如，在参观华盛顿的国家艺术馆时，他的言论令1000多位在场者感到吃惊。他说，"新的世界大战的危险"正在增加，因为克里姆林宫"热衷于推行主宰世界的全球战略"。后来，看到主人对此没有提出反对意见加以制止，他开始在多种场合指责苏联，只是在美国高级官员在场的情况下，才有所节制。

苏联人起初仅仅提及了邓小平的美国之行，后来被他的斥责所激怒，《真理报》做出了激烈的反应，称邓小平"是反苏的执拗狂，对苏联致力于缓和国际紧张局势的政策充满敌意"。尽管如此，苏联似乎认为美国政府正试图同邓小平极端尖刻的言论保持距离。因此，苏联人在攻击这位中国领导人时，放了卡特一马。

美国政府在起草联合公报时，对谴责任何国家"试图建立霸权，对别国发号施令"的提法莫衷一是。本来，美国宣称将不发表联合公报，主要是想避免在类似措辞方面引起无休止的争论。可是后来当白宫提出发表一项联合公报时，美国务院官员就极力建议不要涉及"霸权主义"的提法。然而卡特决定同意白宫顾问们的意见，他们对此前的中美联合声明中曾使用过这样的字眼"没有大的争论"。事实上，是布热津斯基建议使用"控制"一词，他认为这比"霸权"相对温和，不易激怒别人。这种奇妙的理由说服了国务卿万斯，他在与邓小平的会谈中，采纳了布热津斯基的观点。卡特的一位高级助手说："中国人用'称霸'，我们用'控制'。妥协是中国人聪明智慧方面的一个强项。"一位白宫官员补充说："即使莫斯科感到不快，我们对'霸权主义'一词也不持异议。"然而，在美国国务院，资深的外交官们对这好斗的架势感到很沮丧，因为并没有同那里的苏联问题专家就此做进一步的讨论。

邓小平在台湾问题上也坚持己见。卡特要求他做出明确的保证，中国大陆不用武力去统一台湾岛。邓小平拒绝了，之后，邓告诉记者："我们将尽最大的努力，以和平手段使台湾回归大陆……如果我们承诺完全不使用武力，就等于束缚住了自己的手脚。"

台湾问题是邓小平演讲的主要议题之一。国会上，他与85名参议员共进午餐；同80名议员品茗，并与参议院多数党领袖罗伯特·拜尔德等国会领导人私下交谈。邓再三地向国会主人们表示，北京不会对台用武，除非迫不得已，"如果他们拒绝谈判，"他问奥尼尔议长，"我们该怎么办？"但是邓向议员们保证，统一之后，台湾可以继续搞它的资本主义经济，甚至还可以保留武装力量。

除了死硬的台湾支持者以外，所有人都给邓小平的保证打了高分。美参议院重要议员巴里·戈德沃特为了避开邓小平，突然返回老家亚利桑那州。但是保守派领袖、来自内华达州的共和党参议员保罗·莱格佐尔特说，邓小平的议会活动"总体上说会收到效果"。纽约州共和党参议员雅各布·贾维茨说："他没有针对台湾问题做出妥协的表示，但他说得已经足够了，我们的关系正常化将会继续下去。"

在星期二的第3次会谈中，卡特与邓小平在椭圆形办公室进行了25分钟的单独会谈，只有一名译员参加。白宫助手们只是说会谈"非常有益"，拒绝公开会谈的任何内容。两位领导人返回会见大厅后，开始讨论改善双边贸易关系的问题。在解决冻结资产问题上，他们的立场非常接近（美国冻结了7600万美元的中国资产；中国冻结的美国资产为1.97亿美元），以至于美国财政部长迈克尔·布卢门瑟尔本月晚些时候去北京时，几乎不会费什么力气，就可以达成双边贸易协定。

接下来，卡特和邓小平又迅速地达成5个协议，其中绝大部分是由助手们在此前已草拟的。协议于次日签署。这些协议促进中美两国关系的稳定发展，成为关系正常化所应得回报的标志。美国同意让北京在休斯敦和旧金山设立领事馆，作为交换，中国同意美国在广州和上海设立领事馆。美国还同意以信用贷款方式向中国出售价值5亿美元的通信卫星系统，和用于核研究领域的500亿伏电子加速器。这个加速器的价格高达2亿美元，将可能成为中国最大的设备。目前伊利诺斯州的弗尔米美国国家加速器实验室所用的加速器的能量只有其八分之一。最后，中美两国正式同意交换学者和记者，开放文化代表团互访。为了消除莫斯科对中美协定的担忧，美政府强调，美国并没有向北京提供任何苏联人尚未拥有的东西。

在签字仪式结束时，白宫东大厅里挤满了政府成员、参众两院议员和中国官员。卡特将他与邓小平进行的三天会谈称为"极不寻常"的会谈。总统补充说："我们为建立更牢固、更具建设性和更有希望的中美关系，制定了不可逆转的新政策。"邓小平用相同的语调，简短而热情地说："我们做了一件有意义的事情，这不是结束，而是开始。"

"了解美国人生活的全部"

与卡特的会谈是邓小平来美国的目的之一。他另一个目的是，正如他所说，"了解美国人生活的全部"。事实上，他的功课始于星期天的晚上，在他所乘的那架蓝白相间的波音707专机降落在安德鲁斯空军基地后的几个小时。邓小平和夫人以及代表团其他高级成员突然被接到布热津斯基在弗吉尼亚乡下的家中。布热津斯基的太太艾米莉用烤牛肉招待客人，他们的3个孩子充当伙计，端盘递碗。客人中还有国务卿万斯和被卡特提名出任美驻华大使的伍德科克。尽管经过了18个小时的长途飞行，邓小平的精神还是很不错。有人向他提了一个尖锐的问题，问他是否像卡特在国会中遭到批评那样，在国内各省也受到批评？邓小平咧嘴笑了笑答道："只有一个省反对——台湾。"过了一会儿，布热津斯基回忆起去年5月他的夫人访问北京时因敬酒而失礼的经历。万斯打趣地说："那种事不必再提了。"邓小平插话道："如果你不让他说，你就侵犯了他的人权。"

第二天晚上是邓小平访问华盛顿的社交活动的高潮。下午5点55分刚刚结束与卡特的紧张的会谈。35分钟以后，这位70多岁的老人又精神矍铄地携夫人来到白宫的"北门廊"大厅，出席欢迎国宴。正式宴会由卡特夫人罗莎琳亲自安排，从菜单（小牛肉和花茎甘蓝）到餐桌中央装饰用的红色和粉红色的山茶花，这些花是卓琳家乡云南所特有的。罗莎琳还核定了客人名单，将嘉宾人数删减至140人，这使出席这次宴会成为近年来华盛顿"最难搞到的门票"。被邀者大部分是政府高官，但也有11名企业家。这些企业家迫切希望能借中美关系修好之机到中国赚钱。一位企业家在排队与邓小平见面时，把一张名片塞进邓的手里。

最有争议的客人是理查德·尼克松，他1972年的北京之行以及以后的一连串的事件使中美关系正常化得以实现，因此邓提出要见他。这是尼克松自1974年辞职以来首次来到白宫，其间发生了一些令人尴尬的事情。奥尼尔议长的夫人拒绝与尼克松同桌共餐。在鸡尾酒会上，这位前总统在东大厅的一个角落里与前国务卿亨利·基辛格交谈。后来，基辛格说："我说再次见到他很高兴，他看起来对回到白宫也很开心。我们离开人群话旧，谈着我们自己的事情，没有谈中国人。当时我们的谈话很动情。"在进餐时，尼克松坐在布热津斯基的对面，布热津斯基问他，最崇拜什么样的领袖人物。尼克松说："你不能让我说出他们的名字。"但他并没有拒绝列举一些名字，如戴高乐、伊朗的沙赫和蒋介石。

用餐完毕，邓小平夫妇在卡特夫妇的陪同下，出席了在肯尼迪中心举办的文艺晚会。一小时的各种表演中包括，来自百老汇的音乐剧，杰夫里芭蕾舞团的舞蹈，钢琴家鲁道夫·塞金的演奏，约翰·丹佛的演唱。哈莱姆环球游览者的滑稽表演博得了全场喝彩。邓小平十分欣赏来自美国国家儿童合唱团的80名儿童用中文演唱的歌曲《我爱北京天安门》。晚会结束后，卡特夫妇和邓小平夫妇走上前去与篮球表演队员握手，亲吻小歌唱演员。卓琳上台时手领着卡特总统的小女儿艾米。卡特最后和邓小平留在台上，他情绪激动，不经意地将手搭在邓小平坚实的肩头上。

星期四一大早，邓开始参观活动。美方陪同人员有：贸易谈判代表罗伯特·斯特劳斯、商务部长朱尼塔·克莱普斯以及其他官员、新闻记者和摄影记者共290人，整整装满了两架飞机。其随行人员是外国贵宾在美国访问时所率人数最多的(但没有一个苏联新闻社的代表)。

第一站是亚特兰大，邓副总理在那里受到热烈欢迎。1500人在73层的〝桃树大厦〞酒店为邓举行了午餐会，每盘食品需花费20美元。曾顽固地坚持反对中共立场的美前国务卿迪恩·腊斯克出席了午餐会。他在席间讨好地与中国外长黄华〝亲切地〞交谈。数百名银行家和公司领导人聆听邓小平的讲话。邓开门见山地说：〝你们拥有丰富的经验，值得我们借鉴。我们愿意向你们学习。〞几名听众似乎想急切地给邓小平上一课，会计师威尔·基德对出席午餐会的另一位客人低声说：〝我们在这里只谈赚钱。〞律师托马斯·小拉莫尔补充说：〝亚特兰大是一个崛起的城市，它对什么政治派别并不关心。〞邓小平迅速地把讲话内容转向他所擅长的主题。他强调指出：〝世界大战的危险依然存在，霸权主义是世界和平与安全的最大威胁。〞中美联合公报中类似的观点具有深远的意义。邓小平把这一反苏讯息带到亚特兰大，在某种意义上是越过他们在华盛顿的领导人，直接向那里的人民呼吁。他赢得了长时间的掌声与欢呼声。

午餐过后，在南方黑人领袖的强烈要求下，邓小平来到马丁·路德·金的陵墓前。他向陵墓三鞠躬，并献了花环。然后，邓小平到亚特兰大城外的福特汽车公司的一家工厂参观。这家工厂去年下线汽车18.3万辆，是中国全年小汽车产量的14倍。在亨利·福特二世的带领下，邓小平乘坐高尔夫球车，参观了这家180万平方英尺的工厂，他观看工人们安装挡风玻璃上的雨刷器和空气滤清器。他向工厂经理询问了生产问题，并与28岁的员工沃尔特·赫德就工作条件进行了交谈。赫德的工作是将车体固定到底盘上，周薪为325美元，而中国工人平均月工资约为30美元。

第二天，邓小平飞往休斯敦。他发现得克萨斯州人非常想向中国出售石油钻探设备，然而得州人对他的政治立场有所保留。但是，保守的州长威廉·克莱门茨一百万富翁(Sedco石油钻探设备公司的创始人)，毫不犹豫地要求得州人，要像对待自己家里的客人那样善待邓小平。因此，得州人给予邓以最热烈的欢迎。

在莱顿·约翰逊航天中心，邓小平钻进训练宇航员用的航天飞机驾驶员模拟座舱。按计划，这些宇航员将于11月进行太空飞行。由经验丰富的宇航员弗雷德·海斯作为驾驶员，邓小平接受了着陆模拟训练。当航天飞机以大约3倍于音速的速度飞行时，邓顺着海斯手指的方向从飞机座舱向外面的电视屏幕看去：地球的弧形曲线、太平洋海岸、拉斯维加斯的灯光，最后是加利福尼亚的爱德华兹空军基地。在第二次着陆时，邓需要在200英尺的高度时按下按钮，降低下降速度。当跑道进入视野，他很高兴，惊奇地举起双手。邓很想做第3次飞行，这时有人告诉他过了时间了，他才很不情愿地放弃了。

当天晚上，邓忙里偷闲到休斯敦郊外的一家餐馆品尝了得克萨斯风格的烤肉。他饮着啤酒，吃了一些牛排、香肠、烤青豆、土豆沙拉和墨西哥辣椒，口味很重。然后在头戴牛仔帽的太太卓琳的陪伴下，通过停车处的洒落着木屑的红地毯，来到竞技表演场，观看他平生第一次见到的美国牛仔的马术表演。

邓小平一进入表演场，一支乡村乐队奏起美国乡村音乐。1500多名观众有节奏地鼓掌、呼叫。他们大多数是富裕的得克萨斯州人，每人花50美元购买了露天看台的座位票。当邓小平戴上牛仔帽时，人群中爆发出一阵笑声。他摘下帽子，学着牛仔们的样子在头上挥了挥。表演正式开始之前，邓和黄外长乘坐有棚马车绕场两周。邓副总理欢快地向观众挥手，回到自己的座位，观看女牛仔们赛马和男牛仔们的驯马表演。

第二天上午，邓小平又开始干起他的正事。在与50位编辑和出版商共进早餐时，他表示希望中国最终能与石油输出国组织进行竞争。为开发丰富的石油资源，中国将首先需要进口美国的钻探设备和技术。早餐后，邓匆匆地到休斯敦设备制造公司，参观了两个黑暗并充满噪声的全自动化车间，并在那里结束了他在休斯敦的全部活动。

星期六下午，邓小平飞往西雅图，下榻于华盛顿州一家酒店。第二天上午，邓小平一行登上90英尺高的水翼艇，快速地游览了西雅图港和洛克希德造船厂。其中，中国方面特别提出要参观粮食输送带和装货甲板。下午，邓小平参观西雅图以北30英里的埃弗雷特波音工厂。在世界上最宽大的建筑物（2亿立方英尺）内的地面上，11架波音747型飞机正处于不同的组装阶段。邓小平与波音公司的5家与有中国生意往来分公司的主管一起用餐，主菜是：敦格尼斯蟹、牡蛎及邓小平点的法式肉片。在亚特兰大休息一夜后，邓小平一行将于次日乘坐波音707专机返回中国。

邓小平的访问结束了，然而在他的身后，他给美国政界和商界领导人留下了极大的欣喜，他们为＂中美具有共同利益＂而感到心情激动。他对美国的访问看来取得了巨大成功。然而，一些中国问题专家，包括哈佛大学某系主任、美中关系观察家约翰·费尔班克斯警告说，＂欣喜的背后是危险＂，他们担心美国与中国政权进行贸易时将无法避免遭遇各种困难，热情洋溢的言语不久将烟消云散。更重要的是美高层外交官应该牢记：与华盛顿在世界政治中具有生死攸关关系的不是基本上处于落后和刚刚摆脱贫穷的中国，而是强大的苏联。

此时，美国官员们正在为邓小平访美的顺利结束而感到高兴。邓小平似乎也在以其保守的方式，分享着欢快的气氛。

波士顿交响乐团中国巡演

当指挥家小泽征尔于1979年3月抵达北京音乐学院时，他的汽车被欢呼的人群围绕着，在崇拜者的簇拥下走进礼堂里。如果说波士顿交响乐团成功地从上海开始了在中国的8天巡回演出，那么他们最后是以征服北京而宣告结束。

他们举行了3场音乐会，每场都进行了全国电视转播。最前面放着一排带有雪白椅罩的扶手椅子和放茶杯的小桌子。原来坐在这儿的是中国政府的高级官员们：邓小平副总理、外交部长黄华、方毅副总理和年近九旬的宋庆龄女士。在演出间歇时，邓举行了一场招待会，他说的话大意是：虽然并不怎么懂音乐，但他知道自己喜欢什么，只要增进友谊的事情他都喜欢。在音乐会结束后，他率领着他的"喝茶组"成员走上舞台，与交响乐团的成员们握手祝贺。

小泽征尔在选择曲目方面很能显示其水平。中国人喜欢小提琴，所以有两首协奏曲，A大调的莫扎特第五交响曲和门德尔松的协奏曲。首席小提琴手约瑟夫·西尔弗斯坦对以上两首乐曲技艺高超细腻。波士顿交响乐团还起用了一位中国艺术家刘德海，他演奏了一首琵琶协奏曲，在独奏中他转而演奏竖琴。

另外一位是钢琴家刘诗昆，他以降E调演奏了李斯特第一协奏曲。两位刘先生在性情上惊人地不同。琵琶演奏家非常和蔼，还在后台为波士顿交响乐团的成员们演奏了"HOME ON THE RANGE"曲目。而钢琴演奏家刘诗昆在"四人帮"当权的大部分时间都蹲在监狱里，脾气如烈火般暴躁。他抖着手走上舞台，然后一口气以权威般但令人目眩的速度演奏完了李斯特的协奏曲。在排练时，小泽征尔尽量让刘先生慢下来，但没成功。最后，他说："我们将尽量跟着你。"乐团也只是刚刚能跟上他。这位钢琴演奏家为自己的演绎辩解说："过去李斯特使用一些技巧来表现他自己，所以我使用这些技巧来使其不朽。"

波士顿交响乐团的大多数演奏家们都不欣赏这场演出，这成了批评中国音乐技巧的核心：他们不能保持延伸的旋律和拍子。"如果要使音乐本身表现出这激动和美感，你必须控制好。"小提琴家玛里露·斯皮尔馈赠给中央交响乐团的礼物是一个节拍器，"有时你会听到业余演奏团组以赶着回家的速度演奏完整首曲目。当音乐开始紧张时，刘先生却岔开了，与音乐的上下节奏不吻合。"小泽征尔在与北京交响乐团演出时也要解决同样的问题。"中国的音乐家们非常灵敏也非常出色。"他说，"但西方音乐令人激动的节奏稳定、旋律重复和重述对他们来说非常难接受。他们越来越快，乐节的结束时保持得不够长。"他补充说："这可能和他们的语言有关系，他们的语言是一些方块字，而不是流动的整句。"

要解决这一问题，音乐家们必须要多听些西方的合奏曲，并与老师们以不同的语汇进行训练才可以。现在中国的艺术界正在庆祝"四人帮"的倒台。琵琶演奏家刘德海先生再次有了一个活跃的保留曲目。在"文化大革命"时期，他在北京交响乐团演奏，当时该乐团只允许演奏9首曲目。

最受欢迎的自由出现在芭蕾舞方面。因为学校都关闭了，少了整整一代舞蹈演员。毛的妻子江青认为她非常不喜欢该舞蹈的两个基本舞步名称安特雷沙和巴代布雷，就下令取消了这两种舞步，这就好像从句子里拿走了动词一样。现在，芭蕾舞班人员又满了，经典芭蕾舞演出已经成为中国最卖热的门票。（译注：安特雷沙是一种芭蕾动作，往上直跳，在空中多次互击小腿。巴代布雷是一种芭蕾舞滑走步法。）

并非所有的事情都已经在这个新的中国里放开了。波士顿和北京交响乐团同台演出音乐会时，成员们之间得以相互了解。首席小提琴手已经和美方小提琴手非常亲密了，在一次宴会上，两个女人开始相互讲述她们各自国内的生活和家庭情况。一会儿，一个男的走到桌前，拍了拍中国这位小提琴手的肩，那是一个温柔的警告，然后她就变得一言不发了。

联合音乐会在可容纳18000人的首都体育场举行。小泽征尔充满了热情洋溢的幽默，使人无法不相信这种配置产生了音乐的吸引力。他说道："这就像你在黄河里游泳后，在大海里游泳一样。"观众们情绪欢快、反应强烈。大提琴演奏家马丁·霍赫曼在用二胡演奏了几首曲目后，观众们一遍又一遍喝彩要求"再来一个"。二胡是使用一个弯弓状物在两根琴弦之间演奏的一种乐器。霍赫曼在演奏完后非常高兴，他说："这个技巧就像钻牙，应当由牙医来演奏。"

最后的曲目是"星条旗永不落"（注：美国国歌），中国人似乎对此反应还不错。然后，小泽征尔和陪同他的母亲围椭圆形场地绕行一周，后面跟随音乐家的队伍越来越长。第二天上午，北京交响乐团几乎所有的成员们都拿着礼物和纪念品到机场为他送别。还有几个私人朋友洒泪而别。小泽征尔率领着他的乐团登上了747飞机。最后看一眼美国朋友，一定会使北京的演奏家们笑出声来：泛美航空公司在飞机两侧用汉语印上了"CHINA CLIPPER"（中国快速直达班机），但是因为语言误解，上面印的却是"中国剪刀"。（译注：CLIPPER一词有两个意思，一个是"剪刀"，另外一个是"快速直达的大型飞机"，而这里误以为是"剪刀"的含义，打上的汉语翻译错了。）

香港应付难民的进入

香港近500万的人口集中在404平方英里的土地上，历来就是世界上最拥挤的地区之一。现在，这个英国直辖殖民地正在尽力对付难民的入侵。除了从越南经海上到达的"船民"（即乘船外逃的难民）以外，还有大陆的偷渡客。《时代》记者戴维·德沃斯参加了一次缉拿并遣返非法移民在香港边界的巡逻，并于1979年6月发表了这一报道。

黄昏刚刚降临，沿着顺春(SHUM CHUN)河的稻谷和家禽农场，27岁的大卫·托马斯警长和他的小组就开始了他们的日常巡逻。泛光灯很快就开始搜索并照亮几层带刺铁丝网和一直通到河流上的螺旋状篱笆。托马斯是在北爱尔兰的英国军队里服过役的一个老兵，他突然用"星光夜视仪"发现了动静，"远处山脊那边来了两个人。"他说道。果然，可以看见两个人正在一个篱笆下挖洞，然后从带刺铁丝网中间钻过来。就在他们越过障碍时，托马斯和他的小组正手拿面包和用啤酒罐装的热茶在等着他们，在审问完以后，就立即毫不含糊地遣送回中国。

边境巡逻兵又抓住了一些"I—I"（非法移民）——那些企图从大陆偷渡到香港的非法移民的绰号。"如果抓住非法移民政府发奖金，我们可都发财了。"托马斯开玩笑地说。的确，今年迄今为止已经抓获并遣返了将近46000人；仅在6月份就抓到了11000多人。尽管如此，香港官员们估计他们只抓到企图偷渡到香港的人当中的一半。

对付这些难民，香港现在靠的是5艘非常老的警艇，900名英国军队廓尔喀步兵，150名正规军和90名香港士兵。虽然，香港仅次于马来西亚，是无家可归的越南难民第二大聚集区（现在这个殖民地里有55000名难民住在帐篷里），但是，香港官员们认为这比中国的非法移民的问题还小一些。因为越南人通常乘小船抵达，海上的警察很容易就能发现；另外，他们在香港的许多人最后会前往其他国家。

而大陆人则不然。受高工资的吸引和在家里所受的折磨，大部分中国非法移民将永远地留在香港。他们或单个前来，或几个人一起前来，并带着武器随时准备打架。许多人是被居住在香港的移民引渡到这个殖民地，进行这一行动中的最大的一个组织是有100名成员、称为"大圈帮"的团伙。该团伙的工作之一就是派一些成员到边境处郊游；在那儿他们接应偷渡者，护送他们进香港。其他的则是取道葡萄牙管理的澳门，那儿的"蛇头"用安有发动机的舢板引渡他们，价格会高达1000美元。还有一些会试图游向自由，穿着塞满乒乓球的枕头套做成的救生衣，或者，至少有一个是这样的：用吹满气的避孕套做成了一个救生圈。

很明显，当前的移民数目的增加部分是因为中国减轻了对此类非法偷渡案件的判处。香港总督麦里浩爵士估计：如果不采取行动，中国移民的数目总计可能会达到37万人；他已经向英国提出增加部署边境部队的请求，还要求北京政府加强他们本国边境安全。共有1000名英国士兵的第一批分队已经于1979年6月底抵达香港，并且中国第42军在今年2月份从越南战场撤回之后，据报道说正在边境巡逻。

政治之外的宗教

现在，中国似乎准备向外界表明他们对基督教——也包括其他宗教——采取了一个更为宽容的新态度。中国派出了正式代表团参加在纽约州普林斯顿举行的第三届世界宗教与和平大会，有8名宗教领导人抵达美国参加为期10天的会议。这一代表团包括佛教、穆斯林和基督教成员，其中英国国教大主教丁光训64岁，13年前教会被突然关闭后，他被人从教堂里赶了出来，失去了南京神学院院长的工作。这是30年来中国基督教领导人第二次被批准访问美国。

这次大主教丁先生的访问是中国当局承认中国基督教和其他宗教信徒一系列举措中最近的一项。在1月份，宗教事务局经过了多年的冬眠以后，在北京苏醒过来，并且在上海和广东的机构也一样。2月份在云南省省会昆明市举行了一次国家级的会议，建立了一项由政府出资进行宗教学术研究的八年计划。在上海，77岁的天主教大主教巩宾校和79岁的新教传教士王明道两个人都被关了20多年，据报道说他们已经被释放了。《人民日报》声明：中国政府将"坚定不移、一如既往"地坚持中国1978年宪法第46款。第46款保障人民享有"相信宗教的自由和不相信宗教的自由"。

7月末，天主教爱国联合会，即中国的"自主"天主教会，它在1957年同罗马分裂，选举了一个新的“大主教”——47岁的米歇尔·傅铁山。这一任命是自姚广玉在1964年去世后的第一个大主教。中国的天主教会已经和罗马以及梵蒂冈第二协会的改革切断了来往，梵蒂冈拒绝承认傅铁山的当选。但最近约翰·保罗二世教皇提到和中国天主教组织的联系“在精神上从来没有切断”时，他隐讳地提议重新建立外交关系，北京很快就做出了反应。

作为吸引基督教信徒们参与官方教会的计划，政府正在计划印刷修订版《圣经》——1919年联合翻译版，还许诺明年春季印刷《新约》部分。这一消息对美国基督教信徒来说还是非常鼓舞人心的——他们在中国传道一个多世纪，对中国还是怀有特殊感情的。同时，香港对这方面很关注的一位观察家还是对中国教会非常乐观的。

基辛格说毛泽东、周恩来

基辛格总是对中国抱有深刻的好感，《时代》杂志说，他撰文回忆了与毛、周的故事。

“毛主席的文章推动了一个民族，改变了整个世界。”尼克松这样说。“我没有能力改变世界，”毛带着一丝痛苦的表情表示，“我只能改变北京附近的几个地方。”

对毛而言，共产主义是真理。但是在20世纪所有共产主义的先驱者中，只有他窥视到了真谛。为了一个没有阶级的社会，数以百万计的人为之捐躯。毛开始明白，改变社会所需要的革命热情，在一段时间后都会转向他的人民的传统的对立面。国家建立了行政机构，但却会使革命的官僚们成为一个新的达官贵人阶层。受儒家思想影响形成的国家法律逐渐成为灌输统一价值观的工具。

毛无法接受这种事情：新事物到头来就是他要摧毁的东西，于是他发动了史无前例的疯狂的人民运动以解救他的人民；进行了多次夺权及破坏现有结构的革命。他们的执行者从没有执行过如此巨大、疯狂的任务。在深思熟虑之后发动的这场运动，为使革命能够继续下去，而目的就是推翻他们自己建立的体制。

对于共产主义遗留下来的问题，谁也没有这位身材高大、发动了中国革命的巨人了解得更清楚。这也许就是历史最大的隐秘。……他对苏联的指责极大地伤害了苏联，因为他所说的从根本上讲都是正确的。……他反对一成不变，因为这样可以保持中国对意识形态问题的热情。常言说革命会摧毁革命者。但他定了一个目标，非人力所能及。在他生命最后的几个月里，他已经无法开口说话，每天只能支撑几个小时，但他在最后一刻却留有足够的精力安排他身后的中国。而后，这位伟大、超凡、有先见之明的人物就像伟大的秦始皇一样离开了人世。他经常拿自己与秦始皇相提并论，也同样害怕自己最终的命运——成为历史的尘埃。他对尼克松说的话就像他说的其他话及想要说的一样，具有预言性：“我只能改变北京附近的几个地方。”

1971年我第一次见到周恩来的时候，他作为中国共产党的一名领导人，工作已经近50年。近22年来，他是中华人民共和国唯一的总理，这其中还有9年他兼任外交部长。对于哲学、回忆录、历史分析、战术研究、幽默的辩论技巧，他样样精通。他对实际情况的掌握，特别是对美国历史事件及我个人情况的了解是出类拔萃的。他言谈举止干脆、利落，这些都反映出他内心的压力，正如他本人所说，8亿人民的日常事务每天处理不完，还要努力保持思想上的忠诚。

周懂得展现个人魅力。我们代表团中的普通成员生病时，他会去看望他们。尽管我们之间级别存在着差距，他始终坚持在我的住所与人民大会堂之间轮流进行会谈。中国人对周好像有种特殊的敬爱，发觉他在所有其他领导人中是个具有特殊人格的人。我在1975年晚些时候访问时向一位年轻的翻译问起周的健康状况，他两眼满含热泪地告诉我周重病缠身，所以周去世后中国陷入巨大的悲哀之中。他是我所见过的人中，给人印象深刻的两三个人之一，我对周所代表的制度并不存在幻想，但当周去世时，我感到非常悲伤。世界将不再那么充满活力，前途不再那么光明。我们双方谁也没有忘记彼此的关系在根本上存在着分歧，我们也不会忽视随着历史发展，两国并肩前进的时间可能只有两艘舰船擦身而过那么长，而后我们又会发现彼此站在对立的一面。但我从事公职事业的一个收获是，我可以在政治家之间永无止境的纷争中，跨越意识形态的障碍，同一个伟人共事，给人类虚无缥缈的未来留下一些永恒的东西。

重新评价毛泽东

在两位助手的搀扶下，全国人民代表大会德高望重的委员长、81岁的叶剑英于上周登上天安门城楼，为庆祝中国建国30周年发表了重要讲话。他也必须出现在人民大会堂里11000名情绪激动的听众面前，因为这是中国共产党日历中最神圣的一天：1949年10月1日，那时叶剑英和其他获得革命胜利的领导人一起都站在毛泽东身旁，而这位伟大的舵手宣布了中华人民共和国的成立，并宣告："中国人民从此站起来了！"

叶剑英发表的30周年讲话并非只是庆祝胜利，在这次通过电视在全国范围内转播的讲话中，叶明确地说，革命的理想没能成为现实，叶剑英令人震惊地指出毛的"文化大革命"是一场彻底的"灾难"。他说道："这是自中华人民共和国成立以来我们社会主义事业的最严重的倒退，这场'文化大革命'使我们的国家陷入了分裂和混乱，血雨腥风，令人深恶痛绝。"已死去的林彪———度是毛选定的接班人，以及毛的遗孀、"四人帮"的头目江青，这些人成为这场错误必然的罪人。不过，叶剑英还是清楚地指向了毛泽东本人，他声明"领袖不是神，他们不可能不犯错误，因此不应当进行神化。"

叶还批判了与毛相关的其他两项政策。提到1957年的反对"资产阶级右派"运动时，叶说："犯了斗争扩大化的错误。"类似的，叶还指出1958—1960年的"大跃进"运动使中国的经济陷入瘫痪。叶说道："我们犯了武断决策、浮夸、盲目地刮'共产

风′的错误。″

主席台上坐在叶后面的还有在″文化大革命″期间被打倒的许多官员。他们当中的领袖就是75岁的邓小平，他于1977年重新成为中国的最高领导人之一，这使得叶讲话能够如此坦率。现在，邓显得比以往更坚定地要挽回毛激进政策所造成的破坏，把中国带上一条不可逆转的现代化道路。在周年纪念日前夜，12位″文革″期间的受害者被提拔到中央委员会。

和邓进行现代化建设的务实风格一致，30周年的庆祝活动采取了惊人的低调。同以往周年庆祝活动不同，没有搞奢侈的焰火表演和阅兵式。不过新华社还是宣称，北京将″呈现新面貌，许多广告牌都粉刷一新″。一些广告牌上的毛主席语录将被盖住，取而代之的是道路安全标志和关于现代化建设的一些劝诫语句。北京有750万的人口，首都的节日市场专门准备了100万只肉鸡和30万只鸭、鹅、松鸡、兔子和鱼等。另外，商店还供应充足的茅台酒———种和火箭燃料一样强劲的烈性酒饮料。

这场庆祝活动中在死后受益的最主要的人可能算是刘少奇，他是前中国国家主席。报道说，他1969年蒙冤受辱而故。有迹象表明他可能会被平反。叶剑英在他的讲话中间接地称赞了刘少奇，提到刘当权时那一届全国党代会具有″重要意义″。

在外交夹缝里的台湾

美国取消对台湾的承认一年之后，双方在有些方面的联系更加紧密了。

褪了色的黄褐色建筑就像幽灵一般矗立在台北熙熙攘攘的车流当中。用钢质大钉安装的沉重木门已经被封掉了，碎玻璃从一座高围墙里伸出来，大院里旗杆上那面除了战争时期曾一度中断外飘扬了63年之久的美国国旗（开始是该岛处于日本统治之下，后来是中华民国），现在已不在那儿了。钉在大门上黄铜金属板上的一组粗糙、没有喷漆的标牌上的文字现在已经非常模糊了：美利坚合众国大使馆。

美国给予北京完全的外交承认并且″取消承认″中华民国已经有一年了，这所废弃的大使馆代表着美国时代的过去。但是在过去的一年里，台湾已经显示出它非常自立，而它与美国的关系更多的是在形式上的，而没有多少内容上的改变。虽然正式的美国存在已经没有了，并且最后一个合法痕迹《相互防务协定》也即将到期，但美国在台湾的居民说：″双方正在玩一场新的游戏。″

这场新游戏的一个场馆就是一幢矮小粗壮的U形楼，这是前美国军事援助顾问团的住处，现在该组织称为美国的台湾学院。该学院由暂时″退休″的外国服役军官组成，他们向中华民国的护照持有者们签发前往美国的签证，数量同以前美国大使馆签发的一样多。更重要的是，它负责并发展台湾与美国不断增长的商业联系。

预计美国与台湾间的贸易额将由1978年的74亿美元上升到今年的96亿美元这一惊人的数字；这将使台湾成为美国的第8大贸易伙伴。相比之下，今年中华人民共和国与美国的双边贸易将达到18亿美元。华盛顿政府一直在静静地但系统地鼓励着双边贸易的增长。最近的主要贸易包括：美国进出口银行今年秋天派出了一个代表团到台湾，给予台湾1979年价值达5亿美元的贷款。自1月份以来，美国的各家银行也向台湾动力公司提供了2亿美元的贷款。通用电气公司就价值为3000万美元的涡轮发电机项目和台湾几家公司进行了合作。美国的台湾商贸会长在本月早些时候说："毫无疑问，我们已经增强了我们对台湾的信心。"

这一信心来自于台湾取得了惊人的经济成就，尽管经历了美国取消对其承认的外交倒退。现在人均国民收入接近1500美元，两年内增长了25%还要多。一项特殊的统计数字引起了西方国家的嫉妒：去年的生产力提高了25%，使得台湾可以负担得起16%的平均工人工资增长。总体上看，对外贸易也在持续快速地增长。该数字在1978年增长率达到非常高的35%，今年又上升了20%。在台北随处可以看到繁荣的迹象。《时代》周刊驻香港记者理查德·伯恩斯坦这样报道："这个城市到处都是非常豪华的汽车（大部分是台湾制造的）、彩电、幽雅而拥挤的饭店、咖啡厅、高级女士时装精品屋、各种各样昂贵的酒吧和俱乐部，供有钱的本地和国外商人消费。"

尽管台湾受到了外交上的孤立，但因为其经济的迅速增长，它还是赢得了许多外国的尊敬。一位台北的西方专家解释说："台湾一些客观事实使你对其非常乐观。他们有非常出色的经济政策，并且人们有着广泛的一致意见，他们不愿变成社会主义国家。"这一乐观情绪使得一些很长时间以前就在外交方面放弃了台湾的国家又慢慢地溜回台湾。在过去的16个月里，法国和比利时都在台北设立了新的贸易办事处。

然而，台湾并非把其生存的赌注都押在贸易和单纯依靠老商贸友谊的后门消费上。政治上的孤立使得国民党政府对军事独立给予了更大的关注。虽然在1979年美国没有向台湾销售武器，但预计台北政府向华盛顿列出明年的一大长串采购清单。项目包括：替代台湾现有的150架F—5E飞机，"鱼叉"舰对舰导弹，以及新型警戒机。

同时，台北也感到了必须具备更大的国际灵活性。30年来首次出现了政府悄悄鼓励台湾商人到东欧国家如波兰、匈牙利等国寻求商机，但不包括苏联。

然而，经济上的繁荣局面也带来了内部政治的不稳定。12月初，南部工业城市高雄市在警察力图驱散一个未获批准的反政府集会时，出现了500人的骚乱；后来有22人被逮捕。抗议人群中的许多人长期以来就要求国民党放松其过于严格的管制。政府的其他敌人要求台湾"独立"，意思是台湾应当放弃对大陆的领土要求，接受北京政府这一现实。尽管台湾出现了许多自我依靠的新思潮，然而政府还是非常讨厌那一观点。"必须要根除这一观念，"台湾蒋经国总统说，"这与国民意识是相矛盾的。"

为已故的刘少奇恢复名誉是邓小平副总理的又一次胜利。不仅如此，中央委员会还宣布接受包括汪东兴（毛前卫士）、副总理陈锡联、纪登奎和吴德（前北京市长）4位重要人物的辞职，他们参与了1966年至1969年的文化大革命运动。

......

在一些新的规划中所提出的刺激税收，经营自主权等，似乎都是彻头彻尾的资本主义的东西。一项最令人感到惊讶的革命就是中国政府去年竟然出现了110亿美元的财政赤字，主要是用于提高工资，农业补贴及提高工人其他方面的待遇。约有7亿美元的支出用于前官员落实政策而补发工资。

......

这可能是对未来普遍充满希望的社会中最令人感到沮丧的现象。不过它反映出近来许多中国人的一种不安的情绪。当 "四人帮"，包括毛的遗孀江青被剥夺权力，新的领导人开始执行务实的政策之后，中国获得 "第二次解放" 的第一次快感已经消退。到目前为止，一些消遣的生活方式已被允许：电视上又可以看到言情剧目，可口可乐和三洋录音机的鲜亮广告牌出现在人们的视线内。

......

03>

为刘少奇平反

　　"把工人阶级的大叛徒扫进垃圾堆！"
　　"把他扫进历史的垃圾堆！"
　　这是1967年北京的红卫兵举行游行时所高呼的口号，它预示着中国国家主席刘少奇的倒台。而1980年3月初，中国共产党中央委员会在北京举行会议，开始重写中国过去13年的历史。
　　由201名成员组成的委员会，经过一周认真的讨论，发表了一份正式的公报。公报宣布，1968年中央委员会所做出的关于刘少奇的决议无效，那份决议给刘贴上了"叛徒、内奸、工贼"的标签。据报道，刘于1969年在羞辱中去世，从现在起正式恢复其"伟大的马克思主义者、无产阶级革命家、党和国家的主要领导人之一"的名誉。
　　为已故的刘少奇恢复名誉是邓小平副总理的又一次胜利。不仅如此，中央委员会还宣布接受汪东兴（毛前卫士）、副总理陈锡联、纪登奎和吴德（前北京市市长）的辞职，他们参与了1966年至1969年的"文化大革命"运动。
　　党的决定十分果断，而且是必然的。刘在去世后被恢复名誉，标志着那些"文革"中被革职的官员们，如邓小平，已经完全回到了权力的中心。
　　中央委员会还恢复了"文革"期间被解散的中央书记处。许多分析家相信，书记处将是政治局中重要的决策机构。书记处的新领导人是胡耀邦。
　　中央委员会同时还强调要加强纪律性，邓小平认为，它对于中国贯彻实现现代化的方针是十分必要的，从中国宪法中取消所谓的"四大"是其主要保证之一。"四大"是指"大鸣、大放、大字报、大辩论"。这种"文革"期间盛行的方式现在被扫进了历史的垃圾堆。

美丽岛事件

　　一党专制的台湾以叛乱罪名对7名政治反对派进行公审的前几个星期，人权活动家就预言，审判将是一场司法闹剧。
　　美国一些重量级的法律教授、学者和专栏作家向台湾总统蒋经国提出抗议和诉求，要求对这些政治反对派进行宽大处理。美国前司法部长拉姆斯·克拉克称台湾"滥用戒严法令"。
　　当1980年3月中旬诉讼开始时，人们发现这次审判是到目前为止，台湾司法史上军事法院出现之前最公开、最公正的审判。蒋总统不顾其政府内保守派的立场，采取了非常规的步骤，向媒体、被告人家属、两名总部设在伦敦的人权组织——大赦国际的代表以及两名美国在台协会的代表开放审判。美在台协会是华盛顿于15个月前承认北京为中国的合法政府后，在台湾设立的非正式代表机构。

台湾这次对煽动暴乱罪的审判几乎与以往的审判完全不一样。以前案件陈述包括宣读起诉书，然后被告不可避免地被裁定有罪。这次，被告人由一个律师小组担任辩护，5人军事法官组成的陪审团给予被告人以足够的时间就有关他们"在国外颠覆组织的支持下企图推翻政府"的指控进行反驳和辩护。

审判中被告人慷慨陈词，声称他们的志向是在台湾实行民主改革。岛内许多报纸被允许全文刊载未经审查的庭审时被告人的陈述。这样，台湾1700万民众可以了解到更多的、通常情况下不能得知的对国民党政权统治的公开批评。

一位华人观察家说："审判虽然缺少真正的合法性，但它引发了没有先例的政治争论。"

审判指控被告人企图通过禁刊《美丽岛》组建非法组织。《美丽岛》争取选举权利、言论自由权利和要求取消自1948年以来作为反共措施之一的戒严令。

除此之外，《美丽岛》还一直同情台湾原住民，这些原住民希望在国民党政府内有更强的声音。此前国民党在中国大陆占统治地位近30年。

台当局在几个月中曾容忍《美丽岛》的存在，并一度允许其在全岛内各地举行过十余次非公开的集会。但去年12月，这家杂志因其反对立场被彻底取缔。《美丽岛》的领导人在高雄市组织集会导致被镇压。集会最终成为近20年最为血腥的暴乱，据称有183名警员在事件中受伤。

不过，检察当局在审判中指控被告在《美丽岛》的掩护下，蓄意制造暴力，推翻政府的证据不足。52岁的《美丽岛》杂志发行人黄信介，被特别指控试图向大陆走私价值1.4万美元的鳗鱼苗，而制造经济混乱。

黄对此予以否认，并据理力争，声称他作为《美丽岛》的发行人，唯一的目的是在台湾建立一个具有"督促政府改良"功能的合法的反对党。

审判预计本周结束，它使岛内警方声名狼藉。比如黄宣称审讯者用连续五六十个小时不让睡觉的方法迫使其作伪证。

不论黄及其同伙是否会被判有罪，其公开的"精神折磨"将永远留在可能成为台持不同政见者的记忆中，挥之不去。

青铜器与兵马俑

1974年在中国的陕西省，一些农民在渭河边的玉米地打井的时候，偶然挖出了一个陶俑。随后，在有组织的挖掘中一个令人震惊的考古发现公布于世：整齐地排列着上千个像真人大小的武士，大约有7000多件——步兵与战车、骑兵鞍马俑、跪射俑、武士俑，一个个造型逼真，栩栩如生。

上个星期（1980年4月），6个武士俑和两个陶马俑在纽约的自然博物馆中展出。这些只是在纽约最新展示〝中国青铜时代文物〞的一部分，随后这些文物将在芝加哥、福特沃司、洛杉矶和波士顿展出。〝时代〞是一个关键词，因为这些兵马俑显然不是青铜制品。但是，按年代顺序来说，它们的确属于青铜时代。大家应该感到庆幸是能够一睹这些兵马俑的风采——即使它们没有要求被包括在内，因为仅仅是那些展示的青铜器就足以令任何参观者为之倾倒。事实上，这次展示的文物比1974年送到美国展示的文物要好得多。1974年美国还没有正式承认中国政府，两国之间的谈判只限于政府的高层。所以美国只能展示中国为他们选择的一些文物。这次纽约自然博物馆馆长应邀到中国访问，他与中国讨论了需要展示何种文物和数量。展示的许多文物，大都是中国近几年出土的。

展示的105件文物有一件是出自商朝的精美三脚酒杯。一直追溯到公元前1750年，这是迄今发现的最早的青铜器；其造型精美和手法细腻，表明中国的手工艺者在几千年以前就已经具有很高的艺术水平。在商代（一直持续到公元前1030年），青铜器是非常珍贵的，一直都是皇族的特权；它甚至被用来拜祭神灵和祖先。实际上，被称之为〝鼎〞的器具象征着统治阶层的神权。在商朝最流行的装饰是一种神秘的野兽，它的眼睛显得非常引人瞩目。

总体来说，居住在黄河附近的手工艺者是将他们的装饰设计与器具的形状融为一体，并加以改进。而居住在偏远地区的手工艺者更具有创造性。以一个器具为例。器具的角变成了公羊的脑袋，而脑袋由突出的身子和羊角来支撑。这还不够，在羊的背上还有一只鸟，器具的周围再缠上一条龙。

展示中有几件精美的文物是出自4年前在安阳发现的妇好墓（大约公元前1300年）。妇好是一个令人生畏的女人——武帝的妻子。她偶尔也带兵打仗。在她的墓中有200件青铜器，大约600多件雕塑和陪葬的玉器和石器。这些青铜器中最引人瞩目是一个猫头鹰形状的水壶。玉器是一只尾巴展开，头顶有艳丽羽毛的鸟。

在公元前11世纪末期，商朝被周朝取代。博物馆展示的文物中有一件非常珍贵的青铜器，上面的文字记载，它是在周朝建立后的第8天铸造的。一直到现在美国都感到很意外，中国会同意送它到美国展出。〝这好比向美国借原版的《独立宣言》。〞馆长助理麦克斯尔·赫恩说。在以后的8个世纪，周朝的手工艺者越来越不受限制地在器具上增加图案。有一只大花瓶由8只蜷缩的猫支撑着，顶部还有一只栩栩如生，展开翅膀，准备飞翔的仙鹤。到公元前3世纪末期，一些手工艺者开始完全放弃器具的传统风格，这只犀牛形状的容器就可说明这一点。它的制作者抓住了犀牛颈部的皱折，突出一种明快、抽象的造型。从2世纪汉朝太子刘升的妻子的墓中出土了一件陶俑——一个跪式女孩。她手中的灯是可以旋转的，这样她可以将灯光照向女主人需要的地方。蜡烛发出的烟穿过女孩的衣袖，聚集到陶俑中空的腹中，这样烟尘就不会弄脏房间。这个陶俑的脸很特别，眼神专注，与众不同。

中国的考古学家认为，他们仅仅才挖掘了中国中原地区的一小部分，而中原地区是古代中国的国家中心。即使是秦墓，新出土的兵马俑也只是个开始。秦墓周围围绕着4英里的墙，位于地下150英尺。在始皇帝死后的第4年，一群抢劫者偷走士兵的兵器，然后纵火焚烧了覆盖兵马俑的木顶棚，将士兵活活地烧死。这就好像维苏威火山的岩浆覆盖了整个庞培城。秦墓可能也遭到过洗劫。秦始皇不是一个普通人，他有他的庞大计划。秦始皇统一中国后，他下令把长城连接起来抵抗北方部落的侵略。他还统一了度量衡、货币和文字。他甚至在稳固其统治之前就下令开始修建他的陵墓。这一工程一共花了36年的时间。根据史料记载，秦始皇生前，大约有70万人参加修建过陵墓。陵墓中还设有机关——弩弓，用来射杀入侵者。陵墓中用水银来代表国家境内不同的水系，像黄河、长江、甚至是大洋，在陵墓内环绕，流淌。

还有哪些盗墓者能抵抗这种陵墓的诱惑呢？但是陵墓依然存在，隐藏在平原之中。对中国考古学家来说，它就像一座灯塔，同时也是一种挑战，因为那里的宝藏可能比在美国博物馆展出的文物更加耀眼夺目。

邓小平的改革

9月，邓小平预计辞去政府中的职位。但是首先他要保证使全国人民代表大会通过一系列的改革方案。这时全国人大的3500名代表在北京召开人大会议已有10天。这些方案包括：征收个人收入调节税的法律出台（这项规定主要适用于外籍在华人员，因为只有大约20个中国人的月收入超过该税种的起征点800元（545美元）；中国的平均月薪为60元至80元（41美元至54美元）。）；提高合法婚姻的年龄（女20岁，男22岁）等。然而，其中重要的变化是为贯彻邓小平的计划而制订的恢复经济提高生活水平的一系列经济改革措施。

在一些新的规划中所提出的刺激税收，经营自主权等，似乎都是彻头彻尾的资本主义的东西。一项最令人感到惊讶的革命就是中国政府去年竟然出现了110亿美元的财政赤字，主要是用于提高工资、农业补贴及提高工人其他方面的待遇。约有7亿美元的支出用于前官员落实政策而补发工资。"文革"期间，他们被不公正地剥夺了工作。

另外的一些经济措施的主要目的是寻求更大的刺激和鼓励竞争。工厂和商业部门一改过去只是上缴利润的做法，将向国家上缴所得税。这就意味着他们将可以保留一部分利润进行再投资，为工人提供住房和更高的工资。各省、自治区政府也将对自己的财政负责，如果其收入超过其他省区，他们也可以按比例自留。在一次与意大利记者奥琳埃娜·法拉奇会见中（曾载于《华盛顿邮报》），邓小平承认他的计划可能带来"一些资本主义的东西，但我想这并不可怕"。

第一次快感过后

1980年9月，在全国人民代表大会上，中国新一代领导人向权力中心迈出了重要的一步。在人大常委会上，前四川省省长赵紫阳（61岁）和前安徽省委书记万里（64岁）得到了提升，被任命为副总理。赵将成为新的政府领导人，他将"负责国务院的日常工作"。

这次国务院重新洗牌再次显示出邓的领导层的团结一心，并将继续开展"四个现代化"运动，即工业、农业、国防和科学技术现代化。《时代》杂志新任驻京机构的负责人理查德·伯恩斯汀认为，中国的现代化的确已经收到了一些成效，但由于政治上充斥着许多不确定性又使之变得非常复杂。

"你们如何看待我们的四个现代化？"一位年轻的工厂技术员问，脸上带有一种期待的神情，然后又对自己的问题回答说，"理论上是很好的。"他说，"问题是如何执行。工厂现在仍然控制在不懂技术的人手里，他们根本不懂如何使工厂运作起来。如果你想搞一些新的东西，就好比用脑袋去撞铁墙。"

这可能是对未来普遍充满希望的社会中最令人感到忧虑的现象。不过它反映出近来许多中国人的一种不安的情绪。当"四人帮"，包括毛的遗孀江青被剥夺政治权利，新的领导人开始执行务实的政策之后，中国获得"第二次解放"的第一次快感已经消退。到目前为止，一些消遣的生活方式已被允许：电视上又可以看到言情剧目，可口可乐和三洋录音机的鲜亮广告牌出现在人们的视线内，就连一些简单的个人娱乐活动也出现了。然而，中国的知识界提出了一个严肃的问题，多少这样的享乐活动能够帮助仍处于贫穷落后的中国实现真正的复兴。

事实上北京近来出现了一种新型的宽松和控制。一方面，政府鼓励自由的措施，甚至可以就技术和经济等领域的计划进行自由讨论；而另一方面，在政治领域至今仍维持现状。

早些时候一个重要的来访者意大利共产党领导人恩里克·贝林格，与党的总书记胡耀邦举行了重要的会谈。他们的会见是中意两国共产党18年来首次友好地交换意见。

与此同时，对刘少奇的纪念活动不断兴起，刘于今年2月底被正式恢复名誉。中国人在祭扫清明节，纪念逝者的时候，有大批的工人、学生聚集在北京的中心，在阳光明媚的天安门广场的烈士纪念碑前，向刘献了花圈。

重建文明的强烈要求

中共中央委员会主席华国锋正如人们预料的那样，9月正式向全国人民代表大会宣布，他将从政府的最高职位上退下来，让位于赵紫阳。华同时还正式宣布7个副总理，包括过渡时期的设计师邓小平，将从政府的位置上退下来；其继任者当中有外交部长黄华。

中国不久将开始论证"社会主义优越性"，但是现在到处都存在不讲求效率的现象，平庸来自缺乏竞争和官僚主义的惰性。国家旅游服务既呆板又昂贵。例如，饭店预订房间，房客必须花钱雇一名翻译陪同从机场到饭店。许多观光者都花了钱，因为这种服务对他们来说是必需的，但无论如何那些翻译是用不着的。订中国国内航线的机票几乎是不可能的。工厂环境肮脏，机械设备的基本保养失当，令人感到悲哀。市场不定期出现积压现象，常常是堆积如山的多伤或枯萎的瓜果蔬菜。

中国鼓励人们刻苦学习和大胆想象。如果一个工人到大城市的图书馆去借阅艺术书，他在大多数情况下将被告知，艺术类书籍只提供给官方的艺术家协会会员。如果大学或研究所想从外国订购书籍和杂志，不能直接订购，必须报请更高一级的权力部门批准。

中国人生活中一个极不受欢迎的现象是被称为"强行搭配"的措施。它的意思是，如果一个人想从商店购买一种特定商品，一心追求奖金的售货员会同时强迫买主购买一种附加的滞销商品。

一个人的工作单位拥有巨大的权力是另外一些困难产生的原因，当地的权力部门决定其生活，决定其私生活的内容。出国学习，赴其他城市探亲，甚至结婚或离婚都需要经过单位的同意。几个月以前，北京发生了这么一件事情，一对夫妻想要离婚，丈夫的单位同意，而妻子的单位反对；在俩人最终获准分开之前，进行了耗时数月的仲裁。官僚主义任意使夫妻们分别工作在不同的城市，造成成千上万对已婚夫妻分居生活，没有什么比这更悲惨的了。今天生活中的一些实际情况具有讽刺意味，作为移民政策放松的结果，人们与国外的近亲属的团聚可能要比与中国国内的亲人团聚更加容易一些。

但毋庸置疑的是，近年来，中国的政治气氛更加缓和，经济条件不断改善。如果有机会，数以百万计的中国人将毫不犹豫地移民。但是目前对当局不满者已大为减少，甚至包括那些在过去20年中经历过苦难的人们。在中国人中，一种重建文明的强烈要求十分明显。

中国还能走多远

这能行得通吗？它到底能走多远？这些是中国领导人探索这个世界上人口最多的国家现代化道路时，它的人民不断提出的疑问。在过去的两年中，中国领导人放弃了以往那种严格的意识形态，而转向相对灵活经济。中国共产党已经调整了国家的经济政策，使地方工厂和农村拥有更大的主动权；政府也给予艺术家和作家新的言论自由，并且冒着风险选派几千名学者和科学家到西方资本主义国家学习。所有这些变化最终看来和中国共产党1949年武装夺取政权一样具有深远的意义。在人类历史上，像中国这样一艘巨大而沉重的轮船，能够进行如此之大的转变，是非常罕见的。

为了耳闻目睹中国的巨变到底能走多远，将来还会有什么改变，《时代》周刊总编亨利·葛朗沃德率领一批编辑到中国对4个地区进行了为期11天的访问。这些人包括社论编辑拉弗·葛雷丝、《时代》周刊经理雷·凯夫和首席记者里查得·伯恩斯坦。在北京经过短暂停留之后，他们访问了中国的农业大省四川省。目前，中国许多关于解放经济的实验都是首先在四川省进行尝试的。随后，他们乘飞机越过横断山脉到达西藏的拉萨（平均海拔16000英尺）。最后，他们一行到达3000英里以外中国东南部贸易省广东省。

这些编辑发现中国正在努力实现邓小平提出的"四个现代化"——工业、农业、科技和军事现代化。与过去做法大相径庭的是，地方农村和工厂的领导人逐渐能够以获取利润为基础自己决定种植何种作物和生产何种产品。在完成国家规定的份额之后，他们现在有相当大的自主权，可以将他们的某些产品直接出售给其他厂家或者在自由市场上销售。另外，他们还保留一部分获取的收益，以便在需要时使用。这些收益主要用来支付工人的奖金，购买原材料和新设备。随着与其他国家的接触不断扩大，特别是与工业化国家，如日本和西方国家的接触，这不仅使中国引进了新的科学技术，而且使中国认识到进一步地对外开放的必要性。但是，这种模式的现代化对于中国来说存在着许多弊端。中国的新一代领导人对此也是非常清楚的。中国已经开展了一些宏伟而富有灵活性的计划，但是这些计划在长期被集权控制的社会中造成了对立和裂痕。

《时代》周刊的编辑采访了数十名中国人，包括国务院成员、工厂经理、工人，以及教育工作者和艺术家。这些被采访的人都谈到了中国现代化的益处和弊端。他们都认为现在只是划时代的过渡时期。下面就是对7名中国人的采访：

万里副总理在北京人民大会堂开会前说："在我整个一生中，我一直在进行革命，而且我还要继续进行革命。"万里，64岁，是一位身材高大，和蔼可亲，满头银发的老者。直到今年早期，万里还是中国华东省份安徽省的省长。国家的一些新的经济政策在安徽省首先进行试验。万里和邓小平一样，两次被打为"反革命"，又两次出山。"就我个人而言，我经历了许多苦难。"他说，"作为一个政党，我们从我们的苦难中学到了许多东西。这就是我为什么有勇气进行这些改革。"

老一辈毛泽东主义者过去反对物质刺激，不过现在认为发家致富能使人民更加勤劳。万里说，地方农民不再仅仅按照国家的配额进行生产，而是自我决定种植何种作物，以满足地方市场的需要。他说："他们更明白该种什么，只有这样他们才能变得富裕起来。"在旧的体制下，工厂是按照规定的配额进行生产，并将几乎所有的利润上缴给国家，但现在大约20%的产品可以投入到自由市场。"我们还计划把权力下放到银行。"万里说，"在过去，工业投资一直是由国家直接提供。根据现在的新政策，企业可以直接从银行得到资金，不过企业必须要支付利息（中国银行个人贷款的利息大约是一年3%）。"

作为国家的主要经济决策者之一，万里非常清楚将来会遇到许多的问题。他说："我们有人力资源，有原材料。但最大的问题是我们缺乏有资格的技术人员和管理人员。但是我们也需要能够很快见到成效，以保证人民的信心。"万里说，"我们是有压力的。我们过去已经犯过了一些错误，但是如果我们再犯错误，那就不好了。"

"生产队大部分成员一点都不怕我。我只是尽我的职责把每件事情做好。但是如果有任何成员做坏事的话，那么他们就会怕我了。"滕家云笑着说。身体消瘦的滕家云是四川省成都市附近云门口人民公社曹康生产大队的党支部书记。年仅29岁，他就成为这个生产队蔬菜种植的权威。去年，450人的生产大队的年收入增加了35%，达到120万元（即81.6万美元）。滕说："我们之所以能够达到这种水平基本上有两个原因。首先，我们下大力气发展副产业，同时还建立了一些作坊（这些包括生产毛毯和硫酸的作坊以及修理农具的车间）。其次，我们让生产队拥有更大的权力，并且还采纳了多劳多得的原则。"生产大队制定了一套非常严格的制度用来统计谁干的"工作多"。滕家云已婚，有一个两岁的女儿，年收入900元（612美元）。他花了2000元（1354美元）为自己新盖了一间砖瓦房。有一部分钱是向公社信用社借贷的，没有利息。"我在农田里花费的时间很多。"滕说。但是作为党支部书记，尽管这一职务每月的薪水很少（每月22美元），他必须负责调解纠纷，惩罚违法乱纪，还要根据政府计划生育的政策，劝说村民只生一个小孩。因此，滕很清楚去年生产队有几例离婚（1例），有多少妇女做过流产（12位），有多少犯罪案件（6起轻微偷盗案件）。"领导无论什么时候和违反者谈话，通常都可以解决问题。"滕说："但是如果领导觉得有必要的话，他也可以召开大会，公开批评违反者。如果违反者还不积极悔改的话，那么对他进行处罚也是很容易的，因为我们制定了新的制度——多劳多得。"

由于靠近成都市附近的市场（340万人），所以曹康生产队要比其他边远的生产队富裕。滕说："我们需要政策具有连续性。这一点现在可以得到保证。"

滕是个退伍兵。以前他想当一名工人，有一份稳定的收入。但是现在他对农民的前景充满了希望。"我已经购置了许多家当，"他说，"我有一辆自行车，一块手表，还有一台缝纫机。到今年年底，我将还清生产队的欠款。我明年有什么目标呢？买一台电视机，大约400元（280美元）。以后我的收入还会增加，日子将越过越好。"

1966到1969年中国"文化大革命"期间，知识分子遭受的迫害远胜于其他任何阶层。红卫兵将这些知识分子称之为"臭老九"。几乎没有几位科学工作者、作家或教授能够幸免于难，按照术语就是"劳动改造"。今天这些受害者采用不同的说法："下放农村"。他们中有许多人受迫害而被迫自杀。中国科学院副院长宦乡说："这么多年来，我们一直是受着教条主义的影响，我们的头在地下，脚在天上。现在我们的脚终于站在地上了。"

宦乡，70岁，曾担任中国驻欧洲数国的大使，现在只是成千上万名知识分子之一。邓小平重新掌权后，这些知识分子被重新安置到重要的工作岗位上。目前，他是中国最有威望的智囊团的主要推动者。宦乡说："我们一共有8000名研究人员。我们的经济研究人员一直和经济部门合作，解决了许多的问题。我们甚至组织了关于人生目的的讨论。经过30年的政治动乱，我们的思想现在比较混乱，特别是我们的年轻人不知道在这个世界上要做些什么。因此我们为他们举行了一次公开的论坛专门讨论这些事情，让他们自己得出结论。"

由于政治动乱，许多年轻人的教育被迫中断。宦说："有些人在'文化大革命'中自学成才——那时他们学习非常艰难。"

宦说："中国现在有三种人不拥护中国的新路线。第一种，是那些木瓜脑袋——他们根本不能接受任何变革。第二种，是那些受自己思想禁锢的人——他们不知道如何去进行变革。第三种，是那些过于狂热的人——这些人容易走极端。"

宦最后说："中国的现代派和传统派之间将会有一场较量。不过，死守旧观念的人是没有出路的。我们现在正进行着一场全新的试验。我们到底能走多远？这还是一个问题。"

"在中国我们逐渐有了真正意义上的言论自由。"曹禺说的这番话或多或少可能有些夸张。曹禺，70岁，是中国戏剧家协会主席，中国著名剧作家之一。中国对于写什么和发表什么都有着相当严格的监督。但是自从1979年西方艺术在中国恢复以后，中国剧作家变得大胆起来，敢于创作了。仅在过去两年里就有数十部戏剧开始批评中国的弊端，反映政治动乱给个人带来的灾难。剧作家也开始谨慎地涉及曹禺曾经所说的"禁区"——爱情题材。

曹住在北京西部。他非常和蔼，喜欢邀请客人到他简单而舒适的房间做客。曹在国际上享有盛誉，到过世界许多地方（去年春天他到纽约参加他1940年创作的戏剧《北京人》在哥伦比亚大学重新上演）。他用其犀利的洞察力评估了中国的艺术自由。"中国的电影仍然有太多的限制。"曹说。在中国每年能够上演或发行200个新戏剧就相当不错了。曹说："如果有上层的干预，这就造成了很大的困难。所以这还取决于每个剧团，由它们决定自己的剧目。"

与大多数的作家一样，曹在"文化大革命"期间也经历过劳动改造。"我们现在将那段时间称之为'十年浩劫'，"他说，"稍微年轻的一代人可能得以幸免，但是我们却深受其害。过去我们受封建思想的影响很深，老百姓对统治阶级说的话看得很重。他们所做的一切事情都是对忠心与否的一种考验，而且有时一个人说的话就可以成为法律。但是，他们阻止不了我们反省为什么中国会沦落到这种程度，我们该怎么做才能防止我们重蹈覆辙。因此，我们需要挖掘一下是什么原因造成出现这么多新戏剧。"

四川省是一个人口大省，有1亿多人，与世界上10个最大国家并驾齐驱。杨仪萱被四川省副省长称之为"新近发现的管理人才之一"。她掌管着四川第一棉纺织印染厂。这个工厂坐落在成都的北面，红砖砌成，拥有1万名职工。杨仪萱，48岁，总是笑容满面，极具亲和力。她是从基层提拔起来，成为6个副厂长之一。第一纺织印染厂是四川省最成功的试点之一。

"文化大革命期间，工厂内各个派系之间斗得非常厉害，工厂为此3次停产，造成损失1亿元，"杨说。杨接着提供了一些工厂发展的数字："我们去年的产值比前一年增长22.3%，利润增加56%。今年前6个月，我们的利润就比去年增加了117%。"她认为这一切都归功于工厂自我管理的结果——自我决定生产什么样式的布，选用什么原材料，在什么地方的自由市场销售超额产品。"我们的成本降低了3.1%，"杨说，"我们现在开始多生产高质量产品。这些高质量产品比我们以前生产的低质量产品带来更高的利润。"

整个纺织印染厂还是一个十足的社会主义企业。国家规定它的价格和80%的生产配额。与在自由市场中相比，来自其他厂家的竞争要小得多。但是杨和她的职工没有什么怨言。她说："在过去，如果我们提出什么新建议，它必须要经过上级的批准。现在我们可以自己做主了。"她对自己不断增加的责任有何感受呢？"工厂的生产可能会下降，还有工厂遭受损失——这些是我唯一所担心的。"

以前的红卫兵

王克平与他的母亲、弟弟和妹妹一起住一座4层小楼里。屋内堆积着许多的木制雕刻。

1949年王克平出生在一个军人家庭，与中华人民共和国同岁。"文化大革命"中他是个红卫兵，那时才十几岁，在他的老家天津，他属于造反派，曾经参加过掠夺和烧毁一座罗马天主教教堂。经过这些教训以后，他成了一名雕刻家。他的雕像都是在从地方木材厂买的木头上雕刻的。这些雕像反映了当时政治盲目性的弊端。"如果我还是红卫兵的话，我可能把这些统统都砸烂。"

王克平实际上是北京电视台的节目撰稿人。他开始雕刻仅仅是两年以前的事，而且在那时也一个很偶然的机会。"我碰巧需要刻一块从椅子上掉下来的木头，"王回忆说，"我当时真的不知道怎么去雕刻，但是作为一名节目撰稿人，我受法国荒诞戏剧的影响很大。"虽然王的作品吸引了大批中外人士，但是他并没有被官方承认为艺术家，因此他不能以他的雕刻为生。

尽管王克平被排除在官方艺术家的范围之外，但他却属于另外一群非官方艺术家之列——即"明星"艺术家。这一称号源于去年的民主墙运动。去年，26位非官方艺术家被批准在北京的各大艺术馆展示他们的 160 件作品——这是中国开放的一个重要的举措。在展览中最具有争议的是王克平的大型毛泽东图腾像。在雕像中，毛泽东一只眼睛睁着，一只眼睛闭着。在这次持续两周的展览期间，每天都吸引了 4000 到 7000 名观众。王说："现在的领导人对经济有他们自己的一套，但是他们对于艺术和文化的认识却是另外一回事。他们仍然害怕西方的影响，认为它们没有价值，不道德。这些领导人封闭的时间太长，以至于思想僵化。但是，随着生活水平的提高，这对艺术和文化也有一定的影响。弘扬艺术的最好方法就是官方不要对其进行干预。"

审判"四人帮"

《时代》记者记述了中国审判毛夫人江青与她的三个伙伴的重要时刻。

下午 3 点，一行长长的轿车和公共汽车组成的队伍像一把刀子，刺破北京冬天的烟雾。当军警把好奇的旁观者隔开以后，一些表情严肃的男男女女从车上下来，大步通过公安部旁正义路 1 号（法庭）的大门，进入一个宽大明亮的法庭里。这里靠近天安门广场。就座以后，35 名法官和 880 名"群众代表"，面无表情地看着 10 名被告人被法警带进法庭，听取公诉人对被告人的起诉。

自此，人们等待已久的对声名狼藉的"四人帮"及另外 6 名高级"作恶者"的审判开始了。这次审判预计将持续几个星期，它是共产党在中国夺取统治权 31 年来，所进行的最重要的一次公开审判。最引人瞩目的被告是 67 岁的江青，她是毛泽东的遗孀，与其盟友组成的"四人帮"在 1966 年至 1976 年领导了毛泽东发动的、疯狂和充满暴力的"文化大革命"。他们于 4 年前，即 1976 年毛去世后不久被捕。被押上审判台的还有一伙前高级军官，他们与林彪一道，于 1971 年秘密策划谋杀毛泽东，以夺取最高权力。

这些被告人自被捕以来从未公开露过面。曾经当过演员的江青在审判开始时，看起来几乎摆出了挑战的架势。她大步走进法庭，昂首挺胸，几次用手把乌黑发亮的头发向耳朵后理了理。在宣读起诉书时，她又是傻笑又是打哈欠，明显地流露出对诉讼的蔑视。还有报道说，她曾精神崩溃，哭了起来。其他的被告人因受到长期囚禁而显得十分疲惫。"四人帮"的两名成员张春桥和王洪文理了头发。另外两名被告，包括 76 岁的陈伯达，是在法警的帮助下才坐到他们的被告位置上。陈曾是毛泽东的私人秘书和"文化革命"的理论家。

中国报刊在审判开始前就刊出了 2 万字起诉书的部分内容，指责这些被告人是"文化大革命"期间那些滔天罪行的罪魁祸首。起诉书明确指出，有 727420 名中国人在那个时期"受到迫害"，造成 34274 人死亡，但是起诉书并没有详细说明原因。那些受害者当中包括曾经担任中国国家主席的刘少奇，其遗孀王光美本人在"文革"时也受到了监禁。这次作为一名旁听者，她参加了这场审判活动。

起诉书列举了"江青林彪反革命集团"所策划的两次阴谋夺权活动。例如，1971

年林彪试图谋杀毛泽东的"五七一工程"计划。起诉书宣称当时作为毛泽东法定的接班人，林彪在伟大舵手视察中国南方时阴谋暗害他。计划的手段包括：使用火焰喷射器和火箭筒袭击毛的专列；炸毁专列将要通过的铁路桥梁；从空中轰炸专列；在上海炸毁专列停靠站附近的储油罐，然后趁混乱杀害主席。起诉书没有就毛如何幸免于这个精心策划的阴谋，甚至攻击行动是否实施做出明确的说明，阴谋家们把毛用代号称为"B—52"。

江青并没有被指控于 1976 年，在毛弥留之际伙同林彪或"四人帮"其他成员共同密谋武装起义，夺取权力。但她却被指控在"文化大革命"期间，有计划地迫害有创造性的艺术家。在这些事件中，她被指责在上海雇用 40 人，假装成红卫兵抄作家和演员的家，其目的是：寻找并销毁那些书信、照片和其他能给江青早年在上海活动经历带来不利影响的材料，她想对此保守秘密。

尽管这些指控是很严重的，但江青并无任何悔改的意思。她不承认有罪，中国媒体强调了她那恶劣的态度。据一些报道称，她想借毛泽东的名望保护自己，说她所做的一切都得到了毛泽东的批准。当审判在进行的时候，江青放弃了指定辩护人，决定由自己申辩。

毫无疑问，法院将宣布被告人有罪，法官们大部分都是党或军队的官员。的确，有关此次审判的一个真正的问题是判决中将怎样量刑。中国官方曾透露过一丝线索，"我们将把他们钉在历史的耻辱柱上"。北京的《人民日报》援引中国最著名的律师和法学专家张友渔的谈话，预言"判处的刑罚不会过于严重，原因是我们有一个宽大的原则"。他补充说："但是那也不意味着一些反革命罪犯不会被判处死刑。"

江青受审记录

她站在证人席旁，歪着头摆出一副刻意的漫不经心的样子看着木栏杆，用时而蔑视时而听天由命的目光，注视着她面前全体陪审团的法官们。法庭非常肃静。这时，弧光灯亮起来了。江青在证人席上，就"文化大革命"期间她试图夺取权力的问题，回答法官的提问。她对指控既不承认也不否认，而是在旁观者一片惊讶声中，干脆绕开提问，拒绝直接回答问题。

"江青，"主法官问，"你是否派人叫王洪文、张春桥和姚文元于 1974 年 10 月 17 日晚到你那里开会？"

"没有！"江青回答道。

"没有？"主法官怀疑地重复着。

"我不知道。"

"你们 4 个人谈了什么？"

"我什么也不知道，我怎么会知道？"

这么一点点法庭内的表演是向 10 亿中国人电视播放内容的一部分。中国的电视台每天晚上都会播放30分钟经过精心剪辑的审判情况。审问江青之后，就结束了上周（12月初）的取证调查环节。4个人，再加上毛泽东前秘书陈伯达分别被带上法庭回答4项主要指控内容中的第一部分："诬陷迫害党和国家领导人"，妄图篡夺权力。

首次法庭调查和取证是在一间宽大、明亮的法庭中进行的，接受调查的有比较顺从的"四人帮"成员之一、年轻的王洪文，在1976年被捕之前担任党的副主席；还有姚文元。王洪文称，1974年10月，江青在北京她的豪华别墅内召集了一次会议，想找办法使他们党内的敌人邓小平声名狼藉。江青等人觉得周妨碍了他们夺权计划的实施。在那次会议上，江青要求王洪文秘密飞赴中南部城市长沙，向正在那里停留的毛泽东编造关于邓周的假材料，向党的最高领导人汇报。王洪文在供词中宣称，他只是向毛转达了阴谋的策划者江青要求他说的内容。

对于那些指控，江青的回答是一次又一次的"我不知道"。因此，第二天中国官方报刊指责说，她"仍然没有从女皇梦中清醒过来"。"四人帮"中最后一个接受法庭质问的是前上海市委书记处书记张春桥，他沉默不语，拒不合作。他被指控犯有6项罪名。脸色苍白而且扭歪，留着令人生厌的小胡子，张春桥在被告席上紧闭双唇，眼睛盯着陪审团的法官们，在整整两个小时里未吐一言。北京的广播对张春桥的沉默指责说，"这表明，他仍然顽固坚持其反革命立场"。

事实上，这次审判也是上周北京大审判的一部分。特别法庭还分别对5名前高级军官进行了听证。据称，他们同国防部长林彪于1971年密谋暗杀毛。这些人被一个接一个地带到法庭，分别承认了他们各自在反毛阴谋中的作用。被告们有时还少有地承认自己有罪。例如，前空军司令吴法宪在被问到为什么于1969年把权力交给林彪的儿子时，回答说："为了拍马屁。"当法官善意地说吴可能对林彪之子的未来计划并不知情时，吴两次都坚持说："我应当承担责任。"

上周审判的两个部分，都向外界提供了观察中国最近进行法律制度改革的机会。在整个审判过程中，辩护律师言辞尖刻，甚至没有受到阻止，而审判法官审判时更像检察官，不时责难被告人。主法官驳回江青无理的要求，宣布"证据确凿，记录在案"。

罪行判决："四人帮"

大声呼喊"文化大革命"的激进口号，江青被穿制服的法警强行架出法庭。当江青被宣布犯有"反革命罪"并被判处死刑，缓期两年执行时，严肃的法官和检察官团鼓掌庆贺。其他9名被告，按顺序面向法庭站立，听候法庭对他们的判决。因此，在一个星期天上午，北京法院开庭，中国在经历了几周推迟之后，宣读了"江青——林彪反革命集团案"的判决结果。

对中国权倾一时的"四人帮"的审判达到高潮。当两个小时的审讯于上午9点开始时，被告人被一个接一个地带进法庭，坐在一根铁栏杆后。3位法官轮流宣读法庭长达14000字的判决。判决宣布每个被告人犯有一条或高达46条罪状，从诽谤党和国家的官员到阴谋暗杀毛主席。江和63岁的前上海市委书记处书记张春桥被定为"四人帮"的主犯，他们也是唯一被判处死缓的被告。对给予两年缓刑的官方解释是，判刑的犯人可以"通过劳动进行改造"。事实上，虽然在理论上他们的缓刑只有两年，但几乎可以确定江和张永远也不会被枪毙了。

作为"四人帮"之一，46岁的王洪文被判处仅次于死刑的判决——终身监禁，在"文化革命"期间，他从身份低微的小人物火箭般地上升到共产党最高权力层中的三号位置。"四人帮"中的第四人，49岁的姚文元被判处20年有期徒刑。包括5名前军队官员在内的其他6名被告人，被控在1971年阴谋谋害毛而被判处16年至18年有期徒刑。

像平常一样，江青在宣判时又进行了一番富有戏剧性的表演。刚一宣判就被戴上了手铐，她摆出一副蔑视的姿态，高喊"革命无罪！""造反有理！""打倒修正主义！"。在审判结束时，江拒绝离开法庭，看起来像是要瘫倒在地板上。但她最后被3个法警拖离法庭。

再明显不过的是，几位未能在那场暴力运动中幸免的中国高级领导人的遗孀也坐在听众席上，旁听星期天的宣判。前国家领导人刘少奇的遗孀王光美也在其中，王胜利似的宣称，这是"人民的胜利"。

社会主义的新变化

1981年

要去和平咖啡馆，得在四联理发店向右转，然后经过东风电影院，一直沿金鱼胡同向前走。在20世纪70年代后期被关闭之前，这家咖啡馆吸引着北京一些最时髦的年轻人，像"穿着柔软光滑的衬衫和裁剪得体的西装，还有紧身的喇叭裤和棱角分明的黑鞋"的李新国。白天是一名工人，夜晚是服饰分层打扮的典型的王益民。

……

人们努力争取打破意识形态的束缚并尽可能快地将本国现代化，这一行为鼓励了人们采取更实用主义的态度。尽管每年都会有多达700万个新的就业机会产生，但中国依然有超过2000万的"待业人员"——北京官方对失业的委婉说法。为了缓解就业压力，中国一直在悄悄地鼓励私营企业适度重新出现。因此，有数以千计的小型私有商业不断涌现，为人民提供从自行车修理到裁制服装等服务。

……

不久之后的现在，深圳成了一个巨大的建设工地。建设大军挖排水沟、修建道路、为工厂和公寓楼打地基，扬起了满天灰尘。当地的妇女身穿香港制造的紧身牛仔裤，在路边的售货亭卖着美国和英国的香烟和听装的可口可乐，出租汽车司机一个劲地想拉上疑惑不解的游客,就他们那些破旧的日本制造的出租车，他们还开价要一小时65美元。

……

04>

后"文革"时期的北京人

要去和平咖啡馆，得在四联理发店向右转，然后经过东风电影院，一直沿金鱼胡同向前走。在20世纪70年代后期被关闭之前，这家咖啡馆吸引着北京一些最时髦的年轻人，像"穿着柔软光滑的衬衫和裁剪得体的西装，还有紧身的喇叭裤和棱角分明的黑鞋"的李新国；白天是一名工人，夜晚是服饰分层打扮的典型的王益民，"从下巴以上，他像个强盗。从脖子到膝盖，他像个刚刚从街坊小馆出来走进伦敦迷雾中的英国人。但他的膝以下，那里他的军裤配上他的卡其布运动鞋，他看起来像中国人。他的装束——浅呢软帽、雨衣还有军装——塑造出一个被截成三截又被拼凑在一起的形象。"

这就是奥威尔重新发现的北京人，他自20世纪50年代从哈佛燕京研究所毕业后，就一直在关注着中国。他第一次到大陆是在1975年，知道了他所想知道的许多事情。中苏关系之间的裂隙和对美国最近在东南亚的战争的回忆加深了中国传统上的孤立感和自然而然的对外来者的不信任。虽然他为了和平与友好而风餐露宿，但奥威尔感觉他就像在"野蛮安排"的实验的一部分。没有平常的谈天说地，没有通信地址的交换，当然也没有女性同伴。"在中国缺少世界主义的城市街道上，当我走过时，我有时会看见母亲保护性地抱住她们的孩子。"

从1978年起，奥威尔几次重返中国去寻找那些改造过的街道。与过去相比，主动介绍的多了，对西式服装刮目相看。在和平咖啡馆里，王益民扫了一眼美国香烟、带有防震装置的手表和硬通货。他和他的朋友喝掺有啤酒的橘汁苏打，并讨论哪一个外国参观者愿意同他这样的人相处。

奥威尔能讲汉语，最后得到一本官方旅行的小册子；但他对王益民到底从事什么职业却始终拿不准。对他的印象深刻是，许多中国人表露出表达言论和欲望的意愿。一位年轻的女性说，她梦想成为一位时装设计师："当然我希望在我的一生中得到对我最好的东西。我认为那是人性本质。"奥威尔发现这样的情感与国家创立人的正统观念背道而驰，就像那些高举毛的小红宝书的人突然怀抱心理训练的手册。

"出去看外国客人！"充满了观察，它相当于1000幅崭新的新中国的照片。在上海宽阔的人民广场上，他遇见了乘机动脚踏两用车，在街灯柱之间进行障碍滑行的3个年轻人。其中一个男孩穿着他自己缝制的蓝色喇叭牛仔裤。他甚至带上了一个用圆珠笔写的LEVIS标签。在东北城市大连，奥威尔逛了"自由市场"，这里到处是叫卖陶器的小贩。他感到纳闷：这些商业活动如何有别于资本主义。他的导游回答说："为什么它不属于资本主义？原因是它在像中国这样的社会主义社会里，仍然不允许为了你自己的利益而剥削别人。你不能雇用另外一个人为你工作，为你挣钱。但假如你更加勤奋努力地工作，勤劳致富，那就对了。"

昨天的异端邪说成了今天的诡辩论据，昨天的敌人或许会成为明天的主顾。奥威尔注意到：来访的中国官员礼貌地享受着当地人的热情与好客——他们被邀请品尝大块的热乎乎的、还在流血的牛肉；热情的女主人几乎要撑破她们的紧身牛仔裤与衬衫。

在观看牛仔竞技表演时，中国代表团仔细听着，面无表情，而同时一个公共广播系统里的声音宣布表演开始。

美国人游历了中国的农场和工厂；中国人穿行于迪士尼乐园和飞机制造厂。这样的场景应该使从长岛到西雅图市场发展管理者感到振奋。奥威尔并不如此乐观。"在中国我所看见的是，我周围每个地方都存在不可调和的矛盾，"他写道并深思，是否"所有这些靠利益激发的活力最终将与用于在理论上指导中国的集体主义的道德规范相碰撞"。

奥威尔是怀旧的。尽管目标是不现实的，但无阶级社会的理想仍令他感到兴奋。

中国与荷兰的摩擦

向台湾出售两艘荷兰制造的常规潜艇几乎算不得属于本世纪的军火交易。但是，这宗议定的交易正在引起与3亿美元的价值完全不符合的吵闹。中国对于向它的台湾出售军事武器恼怒异常，它威胁说，将要削减未来同荷兰的贸易。台湾方面只要听到任何说要取消交易的风声，就会猛地抬起头，因此它也很容易像中国大陆人一样恼怒。这就让荷兰人陷在中间——在他们看来，北京向华盛顿的新一届美国政府发出不要干涉台湾事务的信号，使得自己成了牺牲品，他们对此感到愤怒。

紧张的情况在荷兰议会引起两次激烈的辩论，因为，无论它采取什么措施，都要损失数以百万计的美元。议会将对这个问题进行表决，但是，随着周末来临，每个人都在猜测表决的结果。总理凡·阿戈特说："为了明天能活下去，今天就要吃饭。"他公开表示支持这宗交易。交易成功会给荷兰带来急需的出口，并为这个失业率高达7.5%的国家提供600万工时的工作。但是，同中国的贸易潜力至少也是一样巨大的。随着政府内部的反对逐渐增加，凡·阿戈特可能不会再一意孤行强行批准这宗交易。

从一开始，阿姆斯特丹在这个问题上就跟中国处理得不好。凡·阿戈特访问中国刚刚过去几个星期，它就宣布了这宗交易。无论从哪方面讲，北京都被激怒了。它明确警告说，如果荷兰向台湾出售潜艇，中国将会减少同它的外交和贸易关系。

中国政府已经告诉几家荷兰公司，中国不再欢迎它们。荷兰的"壳"牌石油公司已经被要求停止在山西的价值数百万美元的石油天然气开采项目。中国政府还要求向大陆出口货物的欧洲出口商不要在荷兰港口停泊。

批准同台湾的交易将让荷兰每年在对华贸易上损失2亿美元，但是，取消这宗交易无疑会妨碍荷兰迅速发展的对台贸易。目前，荷兰与台湾的贸易额每年为3.15亿美元。

台湾到目前为止还没有威胁说要报复荷兰，但是，它已经有理由感到愤怒了。1月初，荷兰突然取消了台湾军官考察荷兰一座海军基地里的潜艇的计划。现在，凡·阿戈特总理又拒绝给予制造潜艇的维罗尔姆公司生产许可证。这一举措使得该公司不得不在别的地方寻求担保——台湾很可能将此视为是对它的怠慢。

无论北京对于这次潜艇交易的态度如何，它发出的警告既是针对华盛顿又是针对阿姆斯特丹。中国官员想要反击美国总统里根的亲台政策，他曾在竞选中称中华民国为"我们的老朋友和同盟"。具体地说，美国可能会向台湾出售军事硬件，包括先进的喷气式战斗机，而共产主义中国想要阻止它。当然，这对荷兰并没有多大的安慰，它不明智地扮演了一句中国谚语中的错误角色："杀鸡儆猴"。

不再急功近利

"中国的经济工作将从急功近利的痼疾中解脱出来，它将以自己实际的经济条件为基础，把重点放在实际的效果和稳步发展上。"这是中国副总理姚依林2月28日在中国全国人大常务委员会上的一番发言，他描述了由中国经济设计者们所做出的具有分水岭意义的决定。姚宣布大幅度削减13%之多的1981年财政预算；其中影响最大的固定资产投资额将被削减几乎一半。北京似乎在重整3年前开始的声势浩大的"实现四化"的发展战略。（注：1978年年初，中国规划了至少120项工程，以提升工业、农业、国防和科技水平。）

这项大削减并没有使外国公司感到惊讶，因为在过去的仅仅一个月里，北京撤销或中止了5项价值25亿美元的工程。损失最大的是那些在1978年和1979年受中国雄心勃勃工业扩展计划驱动，最先涌进中国市场的日本和西德公司。日本的一些公司，包括东洋机械工程公司、三菱石化公司等失去了在南京、胜利和北京建设7处石化工厂的合同，价值6.4亿美元。法兰克福的鲁奇机械联合企业预计将失去价值4.5亿美元5份类似合同中的3份。

更具爆炸性的是北京停止建设位于上海附近的宝山钢铁公司的二期工程。这一在建的50亿美元的工程被视为中国工业现代化的里程碑，中国在1978年与各大财团签订了合同，其中包括西德的西门子公司。这次停建的部分包括由西门子和其他三家公司联合建设的6.5亿美元的冷轧机设备，与三菱重工签订的4.25亿美元合同以及与日本钢铁集团的1.4亿美元工程。

中国这些被抛弃的贸易伙伴所表现出的气愤是可以理解的，一位日本商人谨慎地说："如果中国不能解决好这一问题，日本人民会非常失望。"在波恩，经济部一名高级官员的话相比之下显得生硬："当签订合同时，我们尊重他们，即使合同对于我们来说有极大的难度。我们只希望我们的商业伙伴和我们做得一样。"只有迅速支付"足够的赔偿"才能减轻"对中国人可靠性的疑虑"，恩里奇·万斯表示，他是西门子公司的董事会主席。

但是任何一点赔偿都必须等待复杂谈判得出结果。2月，日本贸易代表访问了中国，并就合同的撤销进行商谈。现在，一个中国代表团抵达东京为谈判做基础性工作。中国的一个特别使团也预计在本月（1981年3月）的晚些时候抵达波恩。

这次合同撤销行为不仅损害了中国的商业信誉，而且也造成了令人惊讶的财政损失。根据一则日本方面的报道，中国已经进口并支付了29%的日本设备，剩余的大部分已经生产完毕等待装船运输。大批的机械设备也建造完成并已从西德和其他地方运往中国。专家们怀疑这些设备的大部分是否能再次出售——甚至是储存，除非花高昂的费用。

中国官员试图从好的角度解释当前的局势，于是他们说现在的紧缩是为将来的扩展创造更完善的基础。他们解释说，突如其来的裁减是制止通货膨胀造成大量财政赤字和日益增长外债的必要措施。他们还提到了波兰经济的萎靡不振，以证明中国从重工业向轻工业转换是正确的，因为这需要相对少得多的资本投资和复杂技术。

但是中国无法反驳人们的指控，即规划方面的失误造成了当前的问题。比如，在宝山钢铁集团的选址问题上，不够充足的港口、陆地运输和电力设备使得必须再建造额外的90亿美元的基础设施。此外，建设石化工厂的冲动是为了实现到1985年石油年产量达7.3亿桶的目标，但是分析家现在怀疑中国是否能达到这一数字的一半。

当然，西方公司也并非毫无过错。欧共体中国问题高级专家路易斯·卡旺评论说，西方的出口商们非常渴望进入中国这一拥有10亿人口的大市场，因此他们无视一年多以前就已出现的即将进行紧缩的显著信号。甚至在更早以前，一些像西德经济部长奥托·兰布斯多夫伯爵在内的怀疑人士就警告过，他们说中国根本就不具备接受如此庞大商业行为的能力。但是这些警告大部分都未引起人们的注意。

虽然中国经济前景堪忧，但也有一些光明之处。一个积极的标志就是中国良好的对外贸易状况，它在1980年增长高达20%。今年尽管削减了大规模的采购，但其增幅至少是一半。对于美国而言，令人鼓舞之处在于中国的紧缩政策使美国公司有新的机会与日本和西德的公司进行竞争。美中贸易委员会副主席罗杰·W.苏利文得出结论：
"我当然不会建议任何人在中国目前重新调整的阶段袖手旁观、无所作为。如果那样做的话，你的竞争对手就会向前推进。"

洪水与饥荒

1981年3月底，国际救援组织的官员私下里非常紧张——也有些惊骇。他们终于明白了数月以来引发传言和猜测的不幸事件所带来的后果。中国，这一世界上人口最多的国度正经历着自1976年唐山大地震以来最为严重的——至少是这样宣传的——系列自然灾害。在两片不同的广阔区域里，大约2000万人口正依靠政府提供的匮乏的谷物配给维持生活，以应付洪水和干旱两大灾害。中国的共产党政府在它执政的31年历史上第一次被迫发表了慎重的请求，呼吁大规模的国际援助。这一请求是如此惊人和具有爆炸性，以至于无论中国还是联合国的官员对此都异常重视。

去年夏天，中国中部的湖北省遭受了数星期的倾盆大雨，导致了26年以来最为严重的洪灾。尽管宏大的防波堤阻挡住了来自扬子江的主要洪流，但是其他142处支流干堤却被冲垮，洪水淹没了地势低矮的产粮地带，使大约620万农民和家庭受到影响。受灾地区的一位观察家表示："大部分的农田都被淤泥和碎片覆盖，无法进行耕种。有些村里的几乎所有东西都被大水冲走。"尽管清理工作已经开始，但数以万计的中国人依然居住在暂时搭建的小棚子里，数以百万计的人过的是每天只有14盎司粗粮供应的饥饿生活。

然而，如果与发生在以河北为中心、影响到周边5个省并持续两年的旱灾相比，那么这场洪水就显得黯然失色了。估计有1400万人分配的口粮仅够维持生存。据一位最近前往参观的人称："那里有大片干涸的土地自去年年初以来就颗粒无收。水井要么枯竭，要么水位极低。"同时，那些地方传染病流行。然而，干旱依然没有停止的迹象。一位国际救援官员表示："从这再往别的地方，情况只会更加严重。"

去年12月，中国领导层终于做出决定，打破毛时代国家必须自力更生的原则，悄悄地向联合国灾害救助署求援。于是，该组织的考察团在1月前往了受灾地区。他们对中国自己的紧急救援措施印象深刻，因为至今已有5000人死亡。但是他们预计中国将需要150万吨大米、小麦和其他粮食，还需要药品、衣物、毛毯、种子、奶粉和其他的生活必需品。

目前，国际援助将来自哪些国家并不清楚。3月底，第一批1700万粒维生素药丸从联合国在丹麦的仓库运抵中国。欧共体也保证提供价值620万美元的援助，其中大部分为奶粉和食用油。尽管美国满怀同情地听取了中国的请求，但截至本周末，华盛顿方面还在考虑它的救援品。现在，用于国际救援的粮食储备已经因为非洲饥荒国家以及其他诸如波兰、越南等国的请求而变得非常紧张。因此，中国将不得不紧急从国际市场上购入至少7000万美元的粮食以满足它的需要。

中国官员坚持说，中国将尽最大可能自己渡过难关。但是持续的困境会产生深远的国际影响。因为河北和湖北省是传统的农产品富余区域，这就意味着两省的困难将把整个中国的粮食供应置于失控境地。去年，中国被迫进口了1200万到1500万吨粮食。如果干旱继续的话，那将影响到多达1.3亿的人口，使整个经济处于混乱状态。正如一位联合国官员所说的："想象一下，世界人口的1/4将依赖西方是个什么情景。"

1981年的中国基督教

今年复活节的日出时分，长城上举行了礼拜式。在这次礼拜式上，以及在北京的教堂里面，成千上万的基督教徒庆祝耶稣基督的复活。

上海市中心，800名教众挤满了漂亮的红砖砌成的福善堂，人们只有站的地方。信徒们高唱《爱是神圣的，所有的爱都是超越的》的圣歌，此后，他们听了李文凯牧师的布道。他告诫他们要始终忠于基督，而不仅仅是在星期天。这座教堂是上海重开的5座新教教堂之一，全国已经重开了100多座教堂。

1980年，渔业和加工业城市无锡的平安夜，就像在中国其他的40个罗马天主教教区一样，当地的教堂在被关闭10多年后，又重新开始供奉上帝。但是，由于中国的天主教徒不了解第二届梵蒂冈大会决定的礼拜式变化，3000人的会众只好用拉丁语庆祝弥撒节。庆祝活动以真正的中国式风格在户外结束，人们燃放的烟花照亮了整个夜空。

一个生活在河南农村的小贩说，去年，在他的公社举行的三次洗礼仪式上，"300到400人成了基督徒。"此人是一个很松散的"家庭教堂"组织的成员，这个组织发展极为迅速，特别是在农村。

南京神学院，年轻男女坐在刚刚重新漆过的教室里，聆听新教的基本教义——他们还上英语课和其他一些世俗课程。神学院是3月份重新开始招生的，从500名报考者中挑选了47名学生。该校是1966年以来第一家被批准培训牧师的学校。在那一年，毛泽东的红卫兵关闭了学校，逮捕了教员，毁坏了小礼拜堂，以及神学院图书馆里4/5的图书。

即使是在3年前，这样的情景还是不可想象的。但是，今天，随着共产党政权决定履行宪法里保证宗教信仰自由的诺言，基督教和中国其他一些宗教信仰又重新走向公开。

数千万——也许上亿——中国人仍然信仰古老的儒教、道教和佛教。它们对中国人来说既是文化力量，又是精神力量。许多世纪以来，伊斯兰教就一直牢牢扎根于中国人中。尽管自从19世纪末以来，中国就吸引着美国和欧洲的传教士，可是，直到今天，中国的10亿人口只有不到1%的人是基督教徒。

尽管基督教在中国地位并不重要，中国的每个省都传来基督教复兴的报道。基督教徒的人数已经和1949年共产党掌权以前的信徒人数一样多了，皈依上帝和广泛传播的奇迹疗法的故事村村相传。从"劳改"营释放出来的牧师和修女——有些人在那里待了20年——正在回到他们的教区。共产党政权正在将没收的教会财产返还基督教会众。它甚至常常向占据财产的那些人收取租金，以便让基督教团体能够开始修复工作。即使在伊斯兰教徒聚居区也能看到基督教的踪影。在新疆维吾尔自治区的首府乌鲁木齐，天主教徒现在一边重建教堂，一边在一座用稻草搭成的临时教堂里做礼拜。

中国现在对宗教采取仁慈的态度，原因是它想赢得外国的尊敬，发展对外贸易，以及它想维护国家统一，以促进国内经济的发展。中国最高的新教领导人丁光训主教这样描述共产党"统一战线"的宗教策略，"信教和不信教的人的共同之处是爱国主义，他们都希望中国变得更加繁荣富强。"

中国同苏联一样，印刷《圣经》和传单，甚至开设教堂都需要政府的批准。对年轻人的宗教教育只限于在教会内部的小规模集会上。事实上，中国新实行的宗教自由是不完全的。相对于重开的教堂，还有更多的教堂仍然被用作仓库或兵营。

南京大学是6所设立新的研究宗教的社会学研究中心的学校之一，该校举办第一次关于基督教的学术讲座时，有100名学生参加。北京的一名年轻女工说："……我喜欢基督教是因为它强调人类关系中的慈爱。"

对于那些着眼未来的城市居民来说，基督教之所以具有吸引力，仅仅因为它是美国和大多数欧洲现代化工业国家的宗教信仰。已经重开的教堂大多数位于城市，它们受全国性的新教和天主教机构的管理，这些机构和政府领导的宗教事务管理局密切协作——独立的教派已经被废止——丁光训主教是所有中国新教教徒的正式领导人。

香港的中国教会研究中心在中国进行了180例深入的录音采访，在此基础上，它告诉《时代》记者翁兵，"文化大革命"期间仍然有几万多座"家庭教堂"，这些教徒是中国基督教徒的主流。新教教徒比较适应世俗领导人的领导，他们开始在这些领导人的家里举行礼拜式，通常是在夜间。教众在礼拜式上共同学习凭着脑子记下来的《圣经》故事和圣歌，没有教堂可去的天主教徒也常常加入这些集会。

这种的礼拜式导致出现了一种真正土生土长的宗教，它使得中国的基督教摆脱了外国传教士的控制，因此它对于恐惧外国人的中国人的吸引力就更大了。丁光训主教最近正式承认了所有的农村家庭教堂，他希望能够逐渐将它们统一在自己的组织之下。

中国的天主教徒比新教教徒要少得多，他们的情况很复杂。中国的41名主教中只有8名主教是由梵蒂冈任命的。其余的33名是中国的教士选举产生的，没有得到教皇的批准，他们都是政府批准的天主教爱国协会的主教。在这样一种教会分立的形势下，有一个值得注意的例外：73岁的多米尼克·唐主教，他是一名在葡萄牙和西班牙经过培训的耶稣会士。尽管唐是梵蒂冈任命的，一直对教皇很忠诚，而且到目前为止他还拒绝加入天主教爱国协会。

今年2月，教皇约翰·保罗二世访问菲律宾期间，谈到了中国。他说，"无论曾经出现过什么问题，它们都是属于过去。"富有深意的是，教皇并没有冒险激怒中国。他没有向中华民国派遣罗马教廷大使，也没有指派红衣主教继任已经过世的南京保罗红衣主教俞平（1949年他随国民党去了台湾）。教皇断然将台湾的宗教领导人称为"台湾的主教"，而不是中国的主教。梵蒂冈内部人士相信，他将会断绝同台湾的关系，以换取同大陆恢复关系。

但是，中国对教皇在菲律宾的讲话反应很冷淡，"爱国协会"的主教可能会怠慢罗马教皇，拒绝梵蒂冈的建议。即使能够解决现在的主教的地位问题，中国的共产党领导人可能也不会让远在罗马的教皇委任以后的主教。

邓小平会见黑格

1981年6月下旬，国务卿亚历山大·黑格在马尼拉与菲律宾总统马科斯谈到他和中国领导人举行的为期3天的会晤时表示："那确实是有些紧张的时刻，但我们的确办成了不少好事。"黑格恐怕也知道美国与中国已达成的协议既是富有成果的，但又带有一定的危险性。这位国务卿不仅改善了自罗纳德·里根上台执政以来不断恶化的中美关系，而且将两国关系推动到一个更为紧密的伙伴关系，而这肯定引起了苏联方面的警觉。中美新型关系中最显而易见的标志就是：两国发表声明，美国原则上同意向中国出售武器。

美国的这一允诺可谓危险与希望并存。苏联对与它共有4100英里边界线的中国心存戒心。对于克里姆林宫而言，黑格的中国之行无疑是美国新政府致力于反苏立场的又一明证。无论美国出售给中国的武器多么微不足道，它依然加重了紧张气氛。在莫斯科，苏联的美国加拿大研究学院院长乔基·阿巴托夫告诉《时代》外交事务通讯员Srobe Talbott，黑格的中国之行"完全是针对苏联的政治讹诈，这进一步证明了华盛顿即将与苏联展开的有关恢复关系的对话是虚伪的"。

一些外交观察家对做出出售武器决定的时机感到意外，据说这是国家安全委员会在黑格即将飞往北京之前匆忙决定的。当时，苏联正全力关注着波兰境内的民主自由浪潮。而美中之间的新协议会使莫斯科更加孤立，并让克里姆林宫的领导人认定镇压波兰人的行动不会使美国损失什么。美国官员坚持说，对华出售武器不过是改善与北京关系的很自然的一步。他们声称，美国已经为将来与中国打交道保留了回旋余地，对苏联同样是这样。

国务卿却刻意对武器声明轻描淡写，他指出美国还没有接到中国人购买武器的具体要求，但是中国的每一项请求都要一一经过国会与盟国的审批。尽管中国人很有可能对购买诸如反坦克武器、防空导弹等防御性武器兴趣很大，但他们的出货单不会太长。由于受到资金的困扰，北京把军事现代化置于较低的优先地位，今年中国大幅度削减了17%的国防预算。一位美国官员称："中国人在军火市场上的购买力仅在多哥和扎伊尔之间。"

黑格曾在1972年帮助安排了理查德·尼克松的中国之行，因此他在中国受到了礼遇。他首先与中国副总理兼外交部长黄华进行了两轮会谈，之后又与主管经济的副总理薄一波举行了会晤。当黑格谈到里根政府计划缩小国家对经济干预的范围，并向地方政府放权时，薄一波，这位负责当前大规模财政和税收改革的领导人大呼："你们的计划听上去就和我们的一样！"此后黑格又会见了国防部长耿飚，并与副主席邓小平进行了长达2个小时的交谈。一位观察家评论说："他们果真好上了。"国务卿还与中国总理赵紫阳举行了会谈，赵给予了黑格高规格接待：他在重重高墙的中南海内接见了黑格，那是中国最高领导人的住处。

黑格此行的首要目的是与中国达成战略共识以"遏制苏联军事力量扩张的机会"。在与黄华的会晤中，黑格满怀激情地阐述了里根政府的外交政策，他指出美国与中国在诸如南部非洲、中东等问题上存在分歧，然而这些差异是战术上而非战略目的上的。

在热情洋溢的宴会致辞上，黑格指出："我们的目标实际上在世界的每一部分都是类似的，如果不相同的话。"在与记者的谈话中，黑格不断地形容中国是一个"友好的不结盟国家"。但是，中国的态度却在很大程度上是克制的。在北京人民大会堂举行的告别宴会上，黄华指出"我们双方的观点并不完全一致"，他还礼貌地表达了对里根政府是否能比卡特政府更好地履行诺言的怀疑态度。

正如人们想象的，最棘手的事情就是美国对台湾的支持。黄指出，里根对台北政府的友好姿态使台湾在与北京达成和解方面的态度变得强硬起来。对此，黑格的回答是美国将继续与台湾保持"非官方关系"，但是之后他又悄悄对记者说，"中国人对这一点是理解的"。他向黄华保证，是否向台湾出售美国先进的FX战斗机还未做出决定，而且对于台湾方面的武器需求，美国将严格从军事，而不是政治角度决定。

除军售协议外，黑格还做出了一个重大的让步。他向东道主承诺，美国政府将向国会提议修订超过100项的将中国作为共产主义敌人对待的美国法律，就如国务卿自己所说，"这些法案将中国推入了苏联的阵营。"放松的出口控制将允许北京购买先进的机械设备，如雷达、计算机等军民两用的装备。

少些理论，多些生产

电视摄像机慢慢地围绕人民大会堂富丽堂皇的听众席拍全景，那里1万名共产党员聚集起来庆祝有重大意义的共产党中央委员会全会的结论。突然，人群慢慢隐退，电视屏幕属于两个坐在主席台上的小个子。他们穿着同样的白色运动衬衫，愉快地微笑着并向浪潮般的掌声致意。其中一位是党的常务副主席邓小平，另一位是66岁的胡耀邦，新宣布的党主席。

在邓的领导下，这个群体将中国从之前的桎梏中解放出来，致力于工业、技术的发展和军事现代化。中央委员会六易其稿，完全推倒重写的27000字决定。这是为时一年的内部冲突争论的产物，是对毛近39年执政期的全面的检讨。尽管决定仍肯定毛"在缔造及建设我们党的过程中具有不可抹杀的功绩"，但他被指犯有"在社会主义社会涉及阶级斗争的理论与实践的错误"。毛最严重的错误，是发动无产阶级文化大革命，造成中国"最严重的倒退和最严重的损失"。决定强调恢复在文化大革命中牺牲者的名誉。

胡耀邦作为党主席第一次讲话，他讲到前面的道路将会如同攀登中国著名的泰山一样，"漫长而又曲折"。的确，在会议的最后时刻所指明的道路，对于一个从30多年压制中刚刚开始复苏的国家来说，是太过于雄心勃勃了。计划呼吁建立一个保证人民权利、保护宗教自由和在党的控制下扩展民主的法律体系。毕竟，这些崇高的改革设计出来了，这个计划同时突出了邓的使经济现代化更为实际的优先地位，并产生了一部关于私有企业的法律。在对外关系方面，中国重新确认了帮助第三世界的承诺。在另一外交领域，外交部长黄华率领一个高级代表团出访新德里。这是1962年中印边境战争以来中印第一次建立更为友好的关系的尝试。

另一方面，官方新闻社新华社宣布，假如美国坚持支持1979年的《与台湾关系法》，准许美国对在台北的中华民国政府发展商业与文化关系，中国有可能不得不对台湾使用武力。1981年6月里根总统说，他倾向于赞成这个法案。中国批评里根的立场，新华社说中美关系处于一个"关键的转折点"。

尽管在台湾问题上有些龃龉，但美国还是受到近一周来自北京的消息的鼓舞。一位国务院专家说："现代化者和改革者越是加强他们的地位，我们就越是乐于见到。它只会在未来数年内产生出一个更为强大的中国和更牢固的中美关系。"

胡耀邦——严厉的管理者

胡出生于中国中南部的一个农民家庭，14岁加入中国共产主义青年团，1933年加入共产党。他第一次引起毛的注意是在与国民党进行的国内战争期间充满传奇色彩的长征中，当时共产党穿过11个省，远征6000英里即将到达陕西省的延安。尽管胡未从中学毕业，还不得不自学，毛在20世纪30年代派他到越来越重要的共青团岗位上去工作。1941年，胡遇到了邓，当时两人都在部队任政治委员。随着国民党的失败，胡晋升为共青团的领导。

毛于1966年发动他的灾难性的"文化大革命"时，胡和邓一样，被贴上了"走资派"的标签。两个人都被剥夺权力将近10年。胡被流放到一个再教育营，在那里他不仅被强迫放牧牛羊，还得和牛羊吃住在一起。

当邓在1975年从流放中抬起头来，他把胡从马房中带了出来。但当胡准备了一个报告，指责政府将科学家错误地使用为农业工人时，他又一次被"清除"了。他的报告被斥为"大毒草"。

随着毛在1976年去世，胡又一次被邓推上了权力的舞台。从1980年起，他一直作为总书记处理中央委员会的日常事务。

即使在中国也对胡的家庭所知甚少。据信有3个已经成年的子女，据说多年来他们所有的人都在他的领导下过着同样俭朴的生活。

越南的麻烦

"我们的目的不是把越南打败，我们的目的只是让它恢复正常感觉。"新加坡外交部长苏比•哈那拔兰1981年7月在93个国家召开的一次联合国特别会议上如是宣布。这次会议是讨论一个复杂而又有争议的问题：如何劝说——或迫使——越南从柬埔寨撤走它的20万军队。

从一开始，会议就面临着一个主要的障碍。越南，这个在过去30个月的时间里占领了柬埔寨的国家和为入侵提供资金的国家苏联都抵制了会议。由于柬埔寨政府是越南扶植的，因此也未被邀请与会。

但美国和由5个国家组成的东南亚国家联盟仍然希望这次会议能够提供华盛顿称作"安排框架"的内容，并提出一些能够让河内从代价昂贵的冒险中退却的具有诱惑力的条件。东盟设计了一个方案，主要内容是消除越南对它撤出柬埔寨之后中国会夺取这个国家的担心。这个建议呼吁所有在柬埔寨进行权力争斗的力量，包括中国支持的3万到4万红色高棉游击队放下武器，这样，一个中立的、过渡性的政府就可以在联合国的监督下建立起来，并组织自由选举。

在金边，一位柬埔寨官员嘲笑了这个部署联合国维和部队的想法。在莫斯科，塔斯社把这次会议称为"惹是生非的闹剧"。北京对解除红色高棉武装这一点感到愤怒，在联合国，这个计划遭到中国外交部长韩念龙的反对，他告诫警惕越南的"两面三刀"。经过一周，一个含糊的妥协性计划被通过，呼吁做出"恰当的"安排，以确保柬埔寨的武装派别不干预或破坏选举——假如这种选举会发生的话。

这个问题不仅涉及长期经历灾难的柬埔寨人民的命运，同时也涉及相互竞争的中国与苏联的战略利益。在1979年越南从柬埔寨赶走了北京支持的波尔布特政权之后，苏联一直以每天300万至600万美元的代价资助越南。

美国国务卿亚历山大·黑格在联合国讲话时间接地指出，假如越南从柬埔寨撤军，经济援助就会接踵而至。他警告说："美国会继续对任何向越南提供的经济援助提出严肃的质疑，无论援助来自何方，只要越南还在侵略中浪费它宝贵的资源。"华盛顿已经成功地暂时冻结了联合国给越南的1.13亿美元的援助。

同时，美国也和中国东盟一道，共同促成了柬各种力量的联合阵线，以与越南进行战斗。因为联合阵线主要成分是波尔布特的红色高棉，里根政府在间接支持共产党的战斗部队的时候处于一种反常的立场，一位国务院的高级官员说："我们将会提供政治和心理的支持，但我们不会承诺任何军事援助。"

使事情变得更为糟糕的是，美国对柬政策是建立在向东南亚扩展战略的基础之上。在联合国，黑格把事情解释得更明白。他告诉莫斯科，作为越南占领柬埔寨的"资助商"，苏联对于解决这个问题有"特殊的义务"。将来，改善的美苏关系可能会受到莫斯科在此次会议上的表现的影响，同时也会受到从阿富汗撤离的会谈的影响。

悄然的市场观念

贯穿整个文化大革命直到毛泽东1976年去世，中国为经济行为所制定的规定是很严格的。如果哪个农民私自出售蔬菜或城市的家庭主妇沿街兜售刺绣围巾，那么灾难就会降临。他们的命运：被指责为"资本主义残余分子"，并遭到邻居的贬损和排斥。

毛去世后，人们努力争取打破意识形态的束缚并尽可能快地将本国现代化，这一行为鼓励了人们采取更实用主义的态度。尽管每年都会有多达700万个新的就业机会产生，但中国依然有超过2000万的"待业人员"——北京官方对失业的委婉说法。为了缓解就业压力，中国一直在悄悄地鼓励私营企业适度重新出现。因此，有数以千计的小型私有商业不断涌现，为人民提供从自行车修理到裁制服装等服务。

现年28岁的黄德衡（音）在两年前还属于北京失业大军的一员。当时，他和一群待业的朋友对国营照相馆为游客在天安门广场、故宫等旅游景点提供快速拍照的业务发生了兴趣。于是，朋友们一起凑钱加上借的钱买了一架照相机和胶卷。现在，他们的业务已有54名职员，利润累计达20万美元。"起初，我们甚至连如何冲印照片都不知道，"黄回忆道，"但最后不知怎样就会了。"一个不可缺少的动力就是纯粹的利润驱使。"我们意识到许多老年人无法外出照相，于是我们就带着相机直接到他们的家中。而国营照相馆是不会这样做的。"

北京最成功的企业家要算28岁的张战英（音），她是一位个头高挑、容貌端庄的妇女。1979年，在几经周折却没有找到工作后，她就在天安门附近摆了个茶摊。在做生意的第一个月里，她和伙伴就赚了600元（合350美元），此后，她们又开始卖快餐，以后又卖杂志、化妆品和服装。张现在开办了6家大型商店和10座售货亭，有职工326人，每月销售额达60万美元。

与国营企业不同，中国这些方兴未艾的资本家可以解雇不能带来收益的工人，但是他们又不是完全不受政府的控制。他们需要办理营业执照，并在2年的延期支付期后必须缴纳税款。偶尔，政府自己的行动也会被腐败所沾染：《工人日报》报道，在东北城市长春，要获得卫生和建设部门的许可必须缴纳回扣，一些官员甚至威胁说如果不让他们白吃白喝，他们就让私营饭店关门。

对中国新兴的资本家来说，他们得到的益处并不是发财致富——无论黄还是张的月工资都不超过70元（42美元），而工厂工人的工资也有35美元——而是仅仅可以就业罢了。据《工人日报》报道，有毕业两年的高中生还在找工作，而10个大城市去年已经就业的人中，有60%是在私营企业中解决的。在全国范围内，超过80万的人现在从事的是"个体劳动"。《工人日报》说："真正的就业只能由国家提供，这一社会观念、传统思维必须转变。"高级经济学家薛暮桥进一步指出："不久以前，有人还认为这些企业是'资本主义的小洞'，但我们现在要做的就是把这个洞扩大成大门。"

抨击美国对台政策

"10亿中国人民不可欺。"北京官方的新华通讯社近来有意严词反驳了《华尔街日报》的一篇社论，该社论呼吁里根政府，不要每次中国大发脾气时都畏缩不前、阿谀奉承，应该向台湾给予更多的援助。新华社的一篇文章称，一些美国人相信中国不过是

"一块他们可以随意切割的蛋糕"。

　　但事实却并非如此。继任的华盛顿政府的一举一动都在维护那艰巨而又微妙的外交平衡，坚持华盛顿和北京在1972年上海公报中提出的"一个中国"的政策，以免冒犯中国大陆和台湾的人民。在上海公报以及后来的1978年关系正常化协议中，美国和中国都同意台湾在技术上是中国的一部分。然而美国却不想抛弃这座岛上的老盟友。在1979年的《与台湾关系法》中，华盛顿方面同意提升与台湾的商业和文化关系，并向其提供防御性武器。

　　似乎直到前不久，北京才开始理智地理解了美国这一必须的相互矛盾的立场。比如，就在去年，卡特政府授权向台湾出售了价值5亿美元的武器装备。当时，北京对此几乎闭口不谈，但这些天来，中国发出的尖锐言辞标志着他们态度的重大改变。在国务卿亚历山大·黑格6月访问北京之前，中国人就发出了一系列的警告，而且一次比一次坦率，反对美国向台湾出售武器。《人民日报》第一版上发表的声明把中国的抗议推向了顶峰，声明称"如果美国再向台湾出售武器，中国将不可避免地做出强烈反应"。

　　显然，北京一直牢记着罗纳德·里根在总统大选中表达出的对台湾的支持，他还保证如果当选，他将升格美国与台北的关系。黑格对中国的访问就是要试图打消中国领导人的疑虑，表明美国实际上并未改变自己的立场。但是就在黑格尚未离开中国之前，里根总统又在一次记者招待会上挖黑格的墙脚，他表示："我并未改变对台湾的感情。"中国人困惑之极，他们在黑格按计划离开的几分钟前，到机场拉住他质问总统的那番言论。从此之后，中国对华盛顿台湾政策的抨击就渐渐变得严厉。

　　无论是北京还是台北都认定，里根政府在中国政策上言行不一致。尽管里根在竞选中做出了保证，国务院近来与台湾代表也谈到与台湾建立更加"频繁"、"诚恳"的关系，但事实上美国政府的官员坚持认为，里根对台湾和善友好的态度其实是形式多于实质。为了突出美国政府推行的是明确的亲北京的政策，黑格甚至提醒工作人员，与台湾代表的会谈不能安排在美国政府的大楼里。不仅如此，华盛顿决定将不承认台湾，不给予台湾代表以任何形式的官方地位。同时，向台湾出售战斗机的决定也推迟。台湾要求在波士顿建立另一家办事处以处理领事事务，这也遭到了拒绝。

　　那么，北京为什么如此猛烈地抨击美国呢？有一种解释认为中国的言语表明北京的外交政策出现了分歧。

　　在常经云（音）——台北政府支持的国际关系研究所所长——看来，北京也可能误解了华盛顿反对苏联的有关表述。常认为北京抱有一个夸大的观点，即美国在与苏联对抗的过程中多么需要中国这一"战略资源"。他指出，华盛顿事实上已经在中国政策方面做出了全面的让步。中国为此受益匪浅，它借此提高了自己的国际威望，并有希望从美国购买武器。北京大概相信，进一步向华盛顿施压会带来更多的好处。

　　与此同时，台北方面也以更加微妙的途径竭尽全力影响美国的政策。它拒绝了对托马斯·休·史密斯——现任美国驻香港领事馆总领事——担任美国驻台联络处（美国在台湾的非官方机构）负责人的非正式提名。原因：台湾想要一名级别更高且与白宫关系密切的外交官。台湾方面还想散布出他们与华盛顿关系改善的消息，刺激北京并以此引起里根的注意，兑现其在竞选中改善关系的保证。

专家们还说，中国千真万确想有一天能控制台湾。但是没有人认为北京会对台湾采取军事行动：大陆已疲于应付南边的越南和北方的苏联，它不会冒险去采取肯定导致与美国关系破裂的行动。根据中国问题观察家的判断，北京的目的是从外交、政治和军事上削弱台湾，直到它感到自己无力回绝进行谈判的建议。

深圳的实验

几十年前来中国的旅游者，看到中国的第一眼就是深圳这个沉睡的边陲小镇。从英国的殖民地香港跨过一座桥，很快就可以到达深圳。但是旅游者很快就能感觉到，他们正身处于另外一个国家之中，一个同熙熙攘攘的资本主义香港隔绝的世界。男男女女都穿着肥大的裤子，老是处于农村人的那种迷糊状态，只用1/4的速度挪着步子。

不久之后的现在，深圳成了一个巨大的建设工地。建设大军挖排水沟、修建道路、为工厂和公寓楼打地基，扬起了满天灰尘。当地的妇女身穿香港制造的紧身牛仔裤，在路边的售货亭卖着美国和英国的香烟和听装的可口可乐，出租汽车司机一个劲地想拉上疑惑不解的游客，就他们那些破旧的日本制造的出租车，他们还开价要一小时65美元。

深圳是一个正在茁壮成长的新经济特区的心脏。这个经济特区有127平方英里。西方的资本家可以在里面做生意。除深圳之外，在东南沿海还有其他两个自主经营的区域，即汕头和厦门。中国在进行的所有经济改革之中，没有什么比经济特区同西方式的资本主义制度靠得更近了。

3年前，中国官员就邀请香港的电器、玩具、鞋和衣服的制造商在深圳建厂了。中国告诉西方的商人，他们可以出口产品，分享利润。许多香港公司很快接受了这个提议，因为同那个拥挤的英王殖民地相比，深圳的租金要便宜95％，而且他们所支付的工资也要少75％。

然而，先行到达的人很快就碰到了严重的问题，因为深圳的工作质量太差了。雇员们大多都不熟悉扳手和其他的基本工具。中国的政府官员也要求在工厂的管理中扮演某种角色，比如任命主管人员，这些人通常是更擅长于搞政治，而不是经营一家工厂。此外，电话、道路和其他经济基础设施也非常有限。

深圳的一些投资最终几近是灾难，一些香港的投资者疲惫不堪地离开了那里。福特和三菱在香港的经销商同中国人在深圳建立了一个合资企业，生产卡车和客车。但这个工厂最终成了一个亏损大户，其产量只是潜在产量的很小的一部分，因为其管理毫无计划可言，同时也缺乏熟练工人。

虽然如此，北京官员还是下定了决心要使经济特区获得成功，而且他们也接受了一些必要的改革方案。政府让给外来的资本家的经营控制权越来越多。如今在某些情况下，投资者已能任命他们自己的本地老板了。很快地，外国经理将能自由地雇佣和解雇工人了。比如，电力和电子有限公司的电器工厂，在业主Y.K.陈坚持使用他自己的管理人员来指导生产之前，其产量是非常可怜的。这个工厂现在由24岁的陈宜晓（音）管理。她是一名从装配线上下来的女性。

中国人同时也努力地去解决基础设施中的一些问题。深圳对外经济和技术办公室副主任庞朋（音）骄傲地指出，很快就会有足够的电话和道路等服务设施，这个城市目前的建设热潮可以作为一个明证。香港的一位英国工程师说：″深圳现在也许看上去是乱糟糟的，但现在到处挖沟掘井，就意味着明年所有的基础设施将会到位。″

精明的商人早已很快地将资金投入到了一些令人困惑的企业之中。其中有纺织印染厂、大规模的生猪和家禽养殖场、饭店、造船厂，甚至还有一个百事可乐的灌装厂。香港的纺织和成衣制造商LMK集团，已在深圳投资了1400万美元，建造一个大型的印染厂，并将雇佣250个工人。经营经理埃迪·罗预测说，到10月中旬，LMK将会有每个月600万码布的产量。此外，他早已预见到，生产规模会扩大到包括纺纱、织布和制衣等方面。

在深圳以及独立管理的工业区蛇口，现在的外国投资总额已经超过了5.5亿美元。已有430个工程投入运营，另有330个工程正在建设或发展之中。经济特区就像是在共产主义的汪洋大海中的资本主义小岛一样，但是正在那里实践的做生意的技能也许会对整个中国的经济产生影响。

统一″九点″建议

几十年来，中共领导人对其对手台湾国民党政权的描述一直是，它″无非是一个叛国的、发动内战的独裁政府″。北京也时常拒绝排除使用武力攻占这座岛屿的可能性。但是1981年10月，北京抓住清朝灭亡70周年的机会，发动了一场旨在拉拢并赢得台湾的宣传战。在一项空前的提议□，北京邀请台湾领导人在统一后的中国与共产党″分享权力″。

初看起来，北京的九点提议似乎是为各自都声称是中国的合法政府的两个政权之间，一直以来所有的不可调和的分歧提供了解决方案。如果台湾同意在政治上并入由共产党统治的大陆，北京承诺不会介入台湾的地区事务，并将允许台湾居民在大陆自由旅行。北京重申了已经成为对台政策一部分的一个巨大让步，保证台湾可以保留军队并维持现行的民主体制。台北的国民党领导人也将在北京获得职位。

分析家们几乎无人相信北京真的准备与其在台北的宿敌分享哪怕是一点点权力。可是观察家们还是感到，北京是真的有意启动那些可以为一些重要的内政、外交目标服务的谈话。中国政府，需要扭转国内的那些指责政府为统一所做的工作还很不够的言论。北京的提议也好像是盘算好了的，想要使里根政府确信没有必要把先进的喷气式战机卖给台湾，因为这对于北京来说是一件非常严重的事，可能导致其与华府关系的崩溃。最后，中国做出这样的提议，可能是因为中华民国总统现年71岁的蒋经国的健康状况正在恶化。Swarthmore学院的中国问题专家肯尼思·利伯得尔说："北京担心，蒋死后，岛内就再也没人有这样的声望和权力可以为统一做出如此大的举措。"

台北轻蔑地拒绝了北京的提议，说这不过是宣传。国民党政府的一位发言人詹姆士·宋宣称："统一的唯一途径就是放弃共产党体制。"他还对《时代》通讯记者罗斯·H.门罗说："我们不会和共产党中国谈判！"宋还奚落了北京关于统一后不会介入台湾地区事务的保证，"他们会变成中央政府，而我们则会变成地方政府。你听说过中央政府不介入地方事务的吗？"当被问及本地出生的台湾人会对打开台北与北京之间谈判作何反应时，一位颇受欢迎的台湾籍立法委员康宁上（音）说："我们会战斗，我们会反抗。台湾人对去过大陆人所过的那种生活毫无兴趣。"

但是，台湾拒绝与北京谈判的强硬立场也可能给其自身带来风险，其中包括这样的可能性，即其不妥协的态度可能会削弱其与美国的关系。北京的一名西方外交官说："应当接受谈判的一个最有力的理由是，台湾绝不可能从北京得到比现在的这个更好的提议。谁知道10年以后形势又会变成什么样子？即使北京变得比现在强大了许多并且有能力提出更为苛刻的条件，但美国注意力也可能放在世界其他地方了。"

农村承包责任制

北京的领导人曾经用"吃大锅饭"来描绘在中国广泛实行的合作化农业制度。在这种制度下，农民分别集中在52000个懒散的公社之中，差不多是平均地分享着他们的劳动所得。后来，北京向后倒退了一大步，不再坚持这种集体主义思想。政府通过实行它称之为"责任制"的政策，还农于个体家庭。这种新的制度正在逐步地改变着中国8亿农村居民中大多数人的生活。《时代》周刊北京局负责人理查德·伯恩斯坦最近走访了一些这种新型的个体经营的农场，以下是他的报道：

安徽省的君潭（音）生产队差不多有几个村子那么大，它由62户家庭组成。最近这些家庭购置了一些令人羡慕的东西：44部收音机，11台缝纫机，5辆自行车，47块手表和17台挂钟。这些东西在富裕的西方也许看上去不足为奇，但在中国，这却是名副其实的流行消费品。正如君潭的农民所认为的那样，他们之所以能够购买这么多东西，应归功于责任制的优点。

两年前，当这种新的政策尚未实行的时候，全中国的农民都被分组编入生产队，共同在土地上劳作。每个劳动者挣着工分，并以此来换取一定量的粮食和很少一点用现金支付的工资。但是在君潭，工分已经取消了。据估计，中国40%的农村也都这样做了。取而代之的制度是，每个家庭分到了一块自己觉得合适的土地进行耕种。第一年，农民从生产队可免费获得种子和化肥；到了第二年，农民就得用自己的钱，或者以低利率借钱来买这些东西。每年，农民都要签一份4页纸的合同。合同规定，他必须将其一定量的产品上缴国家。在正常情况下，农民都能超过他所分配的份额。他所能生产的超出此份额的任何东西，他可以留给自己，可以卖给国家，也可以拿到任何一个自由市场上去。自1978年北京不再明令禁止以来，已逐渐繁衍生出了37000个自由市场。

中国的官员们预料到会有人指责他们抛弃了共产主义的基本原则之———合作化，因此他们解释说，责任制并没有真正地偏离集体主义农业，因为土地还是属于国家的，农民也不能进行买卖。如果中国这一大胆的新实验还不能算是西方所实行的那种私营耕作制度，那么，这就是在共产主义世界中，除波兰和南斯拉夫之外，同农村私营企业最为接近的东西了。

责任制代表了物质鼓励机制的一个胜利。仅仅是在数年之前，哪怕是农民自己养鸡、养猪，也会被无情地斥责为"走资本主义道路"的典型。而如今，各个家庭却可以自己决定如何才能最好地耕种自己的土地了。有一些家庭成员还从农活中解放出来，干其他能挣钱的活。比如，君潭生产队的一个妇女通过给其他家庭做衣服，每年可以挣到235美元。而现年34岁的木匠刘章英（音），也通过为其他农民家庭制作木制家具，挣到了212美元。他解释说："以前，我必须把做木匠活的收入的一半上缴，以挣得工分，以此来换取我的粮食份额。而现在，我能够保留做木匠所赚的一切收入。"刘和他家将耕种一英亩地的收入和做木匠活的收入合计起来，一年可以挣得1200美元。按照中国的标准来看，这简直是个天文数字。

中国的报纸同样也在宣传着这个国家其他地区所取得的巨大成功。在过去的3年之中，年平均收入以每年10美元的速度增长。而与之相比，前些年的年均增长还不到2美元。在沿海的福建省，农民们已开始用自己的资金购买了属于自己的机械，如脱粒机、小型拖拉机，甚至是用来打鱼的摩托艇。当以前还在强调集体主义平均共享时，可不会有什么能够刺激他们去这么做。在东北的辽宁省，这种新政策削弱了独裁的地方领导人的权力，因此据《人民日报》报道，现在在那里"打骂公社成员的现象少了，盲目指导、强制命令的现象少了，不参加体力劳动而瞎转悠的现象少了"。《人民日报》亦称，在地处北方中部地区的河南省，由于农民们对从事个体生产有着巨大热情，因此他们把本来留作儿女嫁妆甚至是用来给自己买棺材的钱，拿来购买化肥。

然而，新的制度也已经导致了一些问题。这种制度所产生的巨大效率，使中国本已严重的失业问题更是雪上加霜，因为它产生了大量的剩余劳力。据估计，在农村劳动大军中，有30%的人剩余。此外，中国的农村改革承认，当人们能够把个人所得利益视为直接结果时，他们会干得更卖力。这虽然大受欢迎，但也是姗姗来迟。在强制实施的集体主义政策之下，国家不断地鼓励农民们遵循乌托邦式的准则，例如"爱社如家"。在现在这个更为现实的时代，中国的农业官员承认，这种准则所导致的结果却是不如人意的。即使是目前，85%的农村的人均年收入仍不足100美元。北京的农业部官员刘序瑁（音）承认说："过去的发展速度的确不是很快。"然而现在，中国的发展看起来已经开始加速了，因为中国又允许农民吃小锅饭了。

低潮

一般来说，中国政府的公开声明的开头都是"伟大的胜利"和"形势一片大好"这样的宣传。但在上周（1981年12月），当3202名全国人民代表大会的代表会集北京举行一年一度的例会时，没有了自得之意。相反，最高领导人所描绘的是：国家正处于一个长时期的严重的经济困难期。

潜台词是重新确定在1979年由北京领导层首次推行，旨在扭转不现实的经济计划，它是在毛之后的中国实现所谓的四个现代化，即工业、农业、国防和科学技术的现代化。北京领导人12月坚持说，外国和中国商人都应放弃对中国经济快速增长的过高期望。

确实，代表大会的代表被告知，国家的经济调整政策取得了一些"伟大的成就"。例如轻工业今年上升12%，给人留下深刻印象的是农村收入的增加。还有，财政部长告诉代表们，中国1981年的财政赤字将从去年的80亿元下降到16亿元。但重工业的产出比去年下降了5%。全国的总增长率仅为3%，对于一个据估算人均国民收入只有250美元的国家来讲，这个速度太迟缓了。

还有，减少的赤字是通过降低消费来实现的。比如，首都基本建设支出从1980年的320亿元下降到今年的220亿元，几乎下降了1/3。仅在今年上半年，就有1500个工程被砍掉或缓建以节省经费。同时尽管中国呼吁其他国家在国防上增加投入以抵御苏联"霸权主义"，但它宣布中国的军事预算今年将下降到100亿元以下，与1980年相比下降了12%——与1979年相比，下降超过25%。

本届代表大会的一项重要议程是赵紫阳总理就中国的未来所做的报告。赵的报告如此之长，花了两天的时间才做完。报告指出今后5年中国将致力于把主要精力放在理顺他所称的"臃肿、重叠的行政机构"。传统上的低效官僚机构，可以上溯至孔夫子时代，历经战争、政治剧变甚至"文化大革命"而痼疾难除。据估计，现在中国有高达2000万的政府公务员。

在其他领域，赵宣布中国不久将向外国公司招标开采中国寄予希望的海上油田。他还确认了中国将尽量保持国内的石油产量高于每年10亿吨，以弥补不断增长的需求。

赵还发出了严厉的警告：绝不允许从社会主义中分离出去，绝不允许不服从党的领导。但他保留了对领导层自身的最强烈的斥责，指责官僚主义"带有胆怯、惯性和蓄意阻挠"，将中国的长期发展置于危险之中。他赞誉中国的现行政策，称一些工人的工资增长和城市与农村的储蓄增长是"较高生活水平和对中国经济前景的信心的确定无疑的信号"。在近期经济前景暗淡的情况下，赵所能提供的最好承诺只能是长期的展望。

这次中国勉强同意重新修订婚姻法说明，政府认为放松对离婚的控制相比起依然保持对离婚的压力而言更能维护社会和政治的稳定。在中国，婚姻的基础通常来说从一开始就不坚实，因为现在依然有许多婚姻关系是由父母包办或媒人介绍，它的基础还是"先结婚，后恋爱"。

......

现在，中国在各种重要事务上与美国展开合作。双方联合收集有关苏联导弹实验的情报数据。两国的贸易额从10年前几乎为零增加到去年的55亿美元，美国成为中国的第三大贸易伙伴（在日本和香港之后）。大约80家美国公司在北京设立了办事处，中国人民银行也在纽约开设了分行。

......

在广州，外国的影响随处可见。沿珠江大坝，许多年轻人在闲逛，拥抱亲吻，而在中国的其他许多地方，即使是比他们差得多的亲昵行为也是要被禁止的；在许多场合，他们的衣着好像完全是从时髦的香港搬来的。一位经常光顾的西方游客说，两年以前看衣着就很容易将本地人与海外华人区分开，现在一般情况下是认不出来的。

......

反对对台军售

美苏两国之间在波兰问题上的对抗产生了潜在的国际影响。事实上，这场危机为解决美国与中国复杂事务中最棘手的难题——对台军售——提供了一个微妙的开端。

去年春天，里根总统对台湾购买美国先进战斗机的请求颇为看好，尽管国务院曾警告他说，此类交易将威胁到非常脆弱的与中国关系正常化的进程。然而，当波兰危机发生后，美国向北京派出了一个高级代表团。《时代》周刊已经获悉，这次访问的任务是告知中国，美国已经决定避免向台湾出售任何一种比现在的F—5E更先进或精密的战斗机。与此同时，美国也敦促中国结束对苏联干预波兰镇压运动装聋作哑的态度。参与这次访问的国务院官员坚持说，双方不是在做交易。但是一些观察家认为，人们很难相信，访问议程上的这两项任务之间没有固有的联系。

事实上，由国务卿亚历山大·黑格、国防部长卡斯帕·黑格以及中央情报局局长威廉·凯西联名签署，并由参谋长联席会议主席戴维·琼斯支持的一份递交给总统的备忘录已经清楚地说明了此行的目的。他们一致认为，向台湾出售更多的F—5E型战斗机完全可以满足台湾现有的防御需求，而不需要给目前台湾想得到的威力强大的F—5G新型战斗机。(F—5E型战斗机于1970年研制，推力达1万磅，飞行速度可达1.6倍音速。台湾获得了诺斯罗普公司的许可，生产了数架该型飞机。诺斯罗普公司最新研制的F—5G型战斗机推力达16000磅，飞行速度可达2.1倍音速。与前一种型号不同，F—5G可以携带雷达制导导弹。) 波兰危机加上美国希望北京在反苏宣传攻势上的合作，给这些建议者提供了说服总统拒绝台湾购买更先进战斗机要求的机会。为了安抚台湾的支持者，尤其是里根总统本人，这份备忘录也建议向台北政府出售鱼叉式导弹和救援直升机。1982年1月，里根在与国家安全顾问一起进行的会议上批准了这次访问。支持出售先进战斗机的主要人物理查德·埃伦再也没有坐在国家安全顾问的席位上提出反对意见。星期六，一个由助理国务卿约翰·霍尔德里奇和政治军事事务局副局长罗伯特·布莱克威尔为首的代表团将前往北京。

中国人一直反对美国对台湾的军售，认为那是对中国内政的干涉。在1978年两国关系正常化的声明中，美国接受了北京的立场，即只有一个中国，台湾是其中的一部分，中国的唯一合法政府在北京。反对向台湾出售武器的人士认为，这种行为将破坏邓小平副主席倡导的亲西方的政策，导致中国人将中美关系降格，并推动北京重新与苏联发展亲密关系。但是台湾的支持者指出，1979年的《与台湾关系法》要求美国向台北政府提供"足够"的武器以满足其防御的需要。在总统竞选中，里根争辩说，美国如果抛弃老朋友将使美国所做的一切承诺可信度遭到破坏。

中国对军售问题非常不满，包括上个月(1981年年底)美国向台湾运去了价值9700万美元的老型号战斗机的配件。这种不满不仅表现在中国对波兰问题上的缄默不语，而臣还可以从北京不断增多的反美言辞中看出。新华社在上个月发表的一篇评论抨击美国和苏联一样寻求"霸权"，——这是扩张主义的代名词。然而，两星期前北京的《人民日报》发表了一篇社论却暗示，如果美国承认对台出售武器是对中国主权的侵害，那么也许有可能找到一条妥协的途径。"只要这一原则得以建立并得到承认，那么双方就可以通过谈判和其他途径解决这一问题。"社论写道。北京暗示，如果最终停止出售武器的日期敲定的话，它可能会允许美国有某些出售行为。国务院的官员私下里曾与在华盛顿和北京的中国同行接近，商讨一项计划，而那正是霍尔德里奇－布莱克威尔之行要讨论的。截断对台的军售将违反《与台湾关系法》，将无法被里根总统和国会里那些支持台湾的保守派所接受。

美国竭尽全力与北京展开贸易往来，对于这一点台湾政府无能为力，只能不情愿地默许。但问题的关键在于，北京是否能接受这样一个观点：美国向台湾出售F—5E型战斗机是其在军售问题上有所节制的表现，应该受到嘉许而非谴责。许多观察家认为那是不可能的。对于任何一桩对台军售，北京领导人都将毫无疑问地还以尖锐的言辞，指责那侵犯了其国家主权。但是他们是否只是表现在口头，还是真的采取行动那就要看北京权力层认为的轻重缓急了。因为他们发现，就如里根政府现在所面临的情况一样，自己陷入了一大堆的冲突矛盾中。去年，荷兰政府向台湾出售潜艇后，中国驱逐了荷兰驻华大使。尽管这样，许多中国问题专家认为，邓小平不会情愿把中美关系降级，因为这样就等于承认他们推行的亲西方的政策是失败的。

离婚的问题

新颁布的法律允许离婚——甚至只是因为感情不和。

北京的一位作家遇罗锦已经对第二任丈夫忍无可忍。事实上，她确信自己嫁了一个粗人。他似乎从未谈起过美学和生活中美好的事物，只有诸如黄鱼价格等愚蠢的话题。看足球比赛时，他像小孩似的又闹又叫。她曾拉丈夫去剧院接受文化熏陶，但他总是在应该落泪神伤的时候哈哈大笑。一天，她试图哄丈夫看本书，但他却不耐烦地说："我从不读书看报，但每年不都被评为劳动模范吗？"事实确实如此。于是她立即跑到附近的法院递交了离婚申请。法院多次做调解工作，法官也进行了严肃的社会主义道德教育，但遇最终还是以感情不和的理由赢得了这件案子。遇真诚地说："继续一场没有爱情的婚姻才是不道德的。"

虽然，在现在，离婚还会被贴上耻辱的标签，但是新近颁布的具有历史性的《婚姻法》使创纪录数量感情破裂的夫妇走上了寻求自由的道路。在1981年的上半年，北京的法院共受理了总数多达3444件的离婚案件，比去年同期增长了72.5%。在上海，根据最近的一项调查，仅仅一个区在6个月里就批准了50起离婚，这虽然按美国的标准不足为奇，但在中国却令人震惊。

一对夫妇——现在已成为著名的案例——对哪方家人应该支付婚礼的费用发生了激烈的争执，最后丈夫离家出走，于是妻子递交了离婚申请，结束仅仅维持了5天的婚姻。小兰是一位舞蹈演员，厌倦了自己内向的丈夫方宝建（音），于是提出离婚，在法庭上她声称："我不再爱对方。我向往的是自由的生活。"

中国文化长期以来一直非常反对离婚。人们总会用一句老话"白头偕老"祝愿新婚夫妇。但是在现实生活中，妇女几乎不可能首先提出离婚，而传统来说离婚对男子非常容易。丈夫只要派送信人到岳父那宣布他"不再和你女儿一起到神龛供奉祖先"。而岳父通常会默许，并表达没有管教好女儿的歉意。

在传统的观念里，妇女再次嫁人也是一件耻辱的事。即使已经定婚的新郎在举行婚礼前去世，新娘也只能和木头人举行结婚仪式（或是一只具有象征意义的公鸡），然后孤单一人度过余生。

1950年，新中国颁布了中国第一部《婚姻法》以消除封建婚姻的最后一点痕迹。该法禁止包办婚姻、纳妾、童婚以及干预寡妇再婚等。《婚姻法》勉强同意了离婚行为，但只能是在"调解和说服工作"无效，婚姻明显无法继续的情况下。中国需要团结、稳定的局面，因此政府要求夫妇双方响应"政治压倒一切"的号召生活在一起。在实际生活中，如果只有妻子或丈夫一方要求的话，离婚通常会被拒绝。但这部在一年前已经生效的新《婚姻法》与西方法律更为接近："双方感情的完全破裂"是离婚的充要条件，即使违背一方意愿，另一方也可以提出申请。

这次中国勉强同意重新修订《婚姻法》说明，政府认为放松对离婚的控制相比起依然保持对离婚的压力而言更能维护社会和政治的稳定。在中国，婚姻的基础通常来说从一开始就不坚实，因为现在依然有许多婚姻关系是由父母包办或媒人介绍，它的基础还是"先结婚，后恋爱"。更有甚者，夫妇双方经常发现他们陷入了政治婚姻的圈套，也就是说政治风向每一次发生新的偏转后，婚姻就变得索然无味，一无是处。比如，在"文革"中，一位被怀疑是"知识分子"的图书管理员害怕狂暴不羁的红卫兵，于是她嫁给了学校的造反派头子以获得政治保护，这叫作"红伞"婚姻。但是，当"文革"结束后，她提出离婚再嫁他人。有些人，比如前文提到的遇罗锦就嫁给农民以抵消自己成分过高的缺陷，让别人另眼相待。此外，父母现在也想终结以前的买卖式婚姻，也就是说两人结合的主要原因是为了能住上好房子，用上好家具，或者仅仅想找份工作或从偏远的农村调到城里。

人们在感情上的移情别恋，通常还要巧妙地加上被称作的"第三者"也是导致离婚越来越重要的原因。北京婚姻事务研究会严肃地表示，移情别恋可能是因为以下原因：社会地位的提高、暴富、对性或感情需求的不满足或就是"资产阶级自由化"。北京有许多思想家，他们总是警惕来自西方的侵袭和演变，这些理论家把不断上升的离婚现象归咎于资产阶级现实主义和个人主义的蔓延。不过事实上，要求离婚最强烈的确实就是那些西方化最严重的中国人。但是，一些婚姻专家却指出，不断增加的婚姻破裂现象也有其积极一面。因为，以前中国的婚姻主要是建立在经济利益的基础之上，但是现在中国人把重点放到了双方感情、关系融洽甚至是性平等上。官方表示，离婚的增加只是暂时的，大部分是那些受到了以前法律的限制而积压下来的。警觉的卫道士们希望他们说的是正确的。

中美关系谨慎的10年

尽管中国和美国建立了新关系，台湾问题依然没有得到解决。

理查德·尼克松称之为"改变世界的一星期"，此话并不为过。1972年2月28日，在美国总统具有历史意义的中国之行即将结束之际，尼克松和周恩来总理签订了《上海公报》，使中美两国恢复了邦交。在此之前，自从中国共产党1949年建国以来，中国一直和美国是敌对的。随后，曾经在朝鲜战场上殊死拼杀的两个国家马上互派外交人员。尽管问题依然存在，尤其是关于台湾国民党政权的地位和防务，正如有人所说的那样，中国的"美国十年"将毫无疑问地改变全球力量的格局。

中美两国路线的改变是出于前国务卿基辛格所说的"可怕的需要"：对付苏联施加的威胁。急于从越南战争脱身的美国把中国看作是潜在的合作伙伴，共同遏制苏联在亚洲的军事力量。中国与苏联进行了十多年的敌视之后，1968年苏联入侵捷克斯洛伐克以及1969年中苏边境的一系列冲突使中国人提高了警惕。北京认为美国不仅能够把中国从危险的隔绝状态中解救出来，还可以成为重要的合作伙伴，把西欧、日本甚至一部分第三世界国家纳入一个世界范围的联盟，共同对付那个中国人所说的"给和平造成最大威胁的超级大国"。

中国急切希望和美国达成和解，国家主席毛泽东说中国解决台湾问题的时机可以无限期地等下去。台湾远离大陆海岸90英里，1949年在内战中战败的国民党退居在这里。中国人一直把台湾看作是分裂出去的一个省，并认为美国支持它成为一个独立的国家。

现在，中国在各种重要事务上与美国展开合作。双方联合收集有关苏联导弹实验的情报数据。两国的贸易额从10年前几乎为零增加到去年的55亿美元，美国成为中国的第三大贸易伙伴（在日本和香港之后）。大约80家美国公司在北京设立了办事处，中国人民银行也在纽约开设了分行。上个月（1982年2月），中国开放了58000平方米的沿海富油地带，让46个石油公司竞争招标，其中一半是美国公司。

去年，16000名中国人拿到了去美国的签证，大约8万名美国人来中国观光旅游。8000多名中国学生在美国的大学和技术学校注册学习，是其他国家留学生人数的8倍。大约1200名美国人在中国生活工作，包括21名记者。数百万的中国人，可以按时收听到以前被禁止的美国之音广播，这可能是中国对外部世界最可信的信息来源。

美国从与中国的合作中得到了其他利益。在第三世界占多数的联合国大会上，美国的政策常常遭到否决，现在华盛顿有了一个影响力巨大的朋友。更重要的是，与中国的合作减轻了美国在东亚的防务压力。美国国务院的一位高级官员说："我们可以把这个地区的兵力部署到世界的其他地方。"

中国人对他们获得的利益也很满意，与美国的关系正常化后，加强了对抗苏联的力量。然而，他们还有一些失望。中国人原本希望从美国容易得到先进技术和对发展工程的优惠贷款。但是，他们等了很久，迟迟不见允许中国进口美国先进的计算机和其他设备的许可证。不过，到目前为止，两国之间最严重的问题是台湾的防务，这个危险的问题依然没有解决。最近的一次争端出现在1月，里根政府宣布将继续向台湾出售F－5E超音速战斗机。中国认为美国应该规定一个最后期限，逾期则不向台湾出售任何武器，或者至少应该表示它正在减少对台武器出售，因为《上海公报》把台湾定为"中国的一部分"。

自从美国做出向台湾出售战斗机的决定以后，中国在对美国发表的评论中表现得很恼火，甚至称美国为"霸权主义国家"，这是中国人长久以来对苏联充满仇视的称呼。邓小平对一位来访的美国商人说中美两国的关系"不好"，新华社也间接提到两国的友谊可能发生"倒退"。在"美国的10年"结束之时，中国没有发表任何评论或举行任何庆祝仪式。

但是，里根总统给赵紫阳总理送去消息，表达了他希望"为两国长期的友谊建立更加牢固的框架"后，赵紫阳也诚恳地答复说中国实际上很愿意打破台湾问题的僵局。显而易见，为了两国重要的利益，他们必须这样做。尼克松回忆起他一生中表现最杰出的时刻，早些时候在纽约的《时代》周刊上撰文说："中美关系的关键之处在于双方都必须认识到保持这种新关系具有极其重要的意义。哪一方都不会允许任何事务，包括在台湾问题上的分歧，来威胁到这种关系。"

整治腐败

《一个汽车大亨的垮台》，在《人民日报》上中国读者一般看不到这种新闻标题，但是上星期（1982年3月），《人民日报》用了一整版的篇幅报道了这条新闻。这篇文章详细叙述了河南省的两个官员是如何通过诈骗、贿赂非法得到1300辆汽车、摩托车和拖拉机，以及电视机、收录机、手表、照相机和缝纫机，并且在黑市上卖了110多万美元。

这起汽车贩卖案件涉及15个省的78名党员，是中国新闻界披露的最轰动的大案之一。当然还不是唯一最具轰动性的案件。最近，中国领导人采取强硬措施，共产党在人民心目中的形象重新焕发出光彩。他们掀起了声势浩大的运动，打击腐败、滥用职权和层出不穷的高级干部有组织的犯罪活动。

至今还没有哪个共产主义国家把执政党内部重大的不法行为揭露出来，中国领导人似乎在认真对待两个月前他们提出的1982年的主要任务：大力精简国家臃肿、效率低下的官僚机构，努力铲除腐败的根源。

3月上旬，北京对官僚机构进行改革的一部分宏伟规划出现了眉目。赵紫阳总理在全国人大常务委员会上说中央政府的部和其他高级别局的数量将从98个精简到52个，几乎砍掉了一半，机关的工作人员将减少1/3。北京现在的部长和副部长有将近1000人，根据计划要精简掉2/3。级别较低的机关一直是革命老干部退居二线的休息场地，它们的数量要削减一半。

行政机构的改革要求成千上万的干部离休，这项难度很大的工作是需要时间的。打击高层干部滥用职权、挪用公款和其他腐败行为是另一项事宜。几乎每天，中国的报纸上都刊登出文章，揭露一起起高层领导的犯罪事实，宣布某某领导因犯罪而被捕。

比如，倒卖的那两名官员与当地的农业银行的工作人员结交为朋友，银行贷给他们1万美元，名义上是给省工商局购买物资，实际上他们用这笔钱贿赂了一家汽车制造厂的领导。在该领导的关照下，他们拿到了汽车，并转手以高价非法出售。事情被揭发，两个罪犯受到法律的惩罚时，他们已经逍遥法外至少一年，原因在于许多参与其中的领导干部千方百计地为他们遮掩。据《人民日报》报道，这两人胆大妄为到了极点，竟然在他们办公室的门上贴了一幅字，上书：钱是开路的马，礼是攻破堡垒的千军万马。

其他的案件也暴露出类似的关系网和行贿受贿的事实。在被称为建国以来最大的诈骗案中，一个叫陈蒙效（音）的诈骗高手用一吉普车的花生、椰枣、蜂蜜和鸡开道，骗过了至少50个政府部门。他和别人签订假合同，答应提供子虚乌有的材料，甚至要建设工厂，然后把钱装进自己的口袋。陈的犯罪行为是被他存钱的银行职员发现的。但他们的报告没有引起上级的注意，包括公安部门。正如一份官方报道痛心疾首地指出的那样：我们的一些干部对此漠不关心。公章是严肃的，但干部本身不是廉洁的。

另一起案件涉及一个反走私机构的71名成员。反走私机构的职责是沿海岸巡逻，抓获非法违禁交易。但他们却把没收来的走私商品私自贩卖，获利40万美元。报纸还刊登了一个非常令人震惊的事件。27岁的毛小平（音）因强奸一个5岁女童，在1974年被判入狱。他利用重要的关系网，包括北京公安部门的一些干部，不仅提前释放，还入了党，在一家外贸公司找了份职务重要的工作。更加令许多读者感到惊奇的是北京一家广播公司的经理给私人团体提供色情电影。他的一个供货来源竟然有几家官方电影厂，它们打着"参考片"的名义从外国购买色情电影。

报纸上的报道证实了中国人普遍相信的事实，那就是腐败已经蔓延到党政机关的高层领导中。因此，当前打击犯罪的运动同行政机构改革一样受到老百姓的欢迎，这些老百姓每月的平均工资是30到40美元。但是，这场打击非法牟利的运动只有触及一些受到怀疑却没有点名的高级干部头上，许多中国人才会相信中央的决心。

处理人口爆炸

中国人口多是件好事。就算中国的人口增加好几倍,仍然能找到解决的办法。

——毛泽东,1949

正如中国人现在所承认的那样,毛泽东犯过许多错误,其中最严重的是他认为中国没有必要实行人口控制。1949年中国共产党执掌政权时,中国的人口大约为5.5亿。现在虽然缺少精确的统计,人口统计学家估计总人口为10亿左右。因此,过去30年间60%的经济增长被新生的人口消耗殆尽,没有用于提高中国贫困地区的生活水平上。

毛泽东的接班人为了纠正他的错误,制定了一项宏伟目标,计划到20世纪末把人口控制在12亿。目前的困难在于人民的反对意见很强烈,即使比较乐观的中国官员也公开表示这项目标不可能实现。现在,中国政府做出反应,出台了一些新规定,并警告任何违反规定的人将受到纪律处分和行政处罚。

北京的政策以一套奖惩制度为基础,鼓励一对夫妇只生一个孩子。在许多地方,保证做到这一点的夫妇会领到《独生子女证》,凭此每月领取5元的儿童健康补助,孩子上幼儿园报名时可享受优先待遇,上学可减免部分学费。与此相比,有两个或两个以上孩子的家庭,父母的工资在5到14年间一般要降低10%。

中国的许多地方坚决执行人口政策,比如农村的生产队,下达每年可以增加多少人口的指标限制。在中国计划生育同工农业规划一样得到重视。主管计划生育工作的副总理,中国政府中职位最高的女性陈慕华说:作为社会主义国家,中国实行的是计划经济。这就要求人口的生产同物质资料的生产一样需要计划。

乔治·布什在杭州

没有弄错,正是恰到好处的挑战。就在美国副总统乔治·布什抵达风景如画的湖边城市杭州之前几天,《人民日报》严厉警告,"严重威胁中美关系的危机依然存在"。尤其特别的是,共产党报纸抨击美国为台湾提供防御性武器是一颗"定时炸弹"。曾在1974—1975年间担任美国驻华联络处官员的布什,是目前里根政府前往中华人民共和国访问的最高级别的成员,他并不需要这种提醒。的确,就在他在北京与中国领导人进行为期两天的会谈之前,副总统以重新确认"我们建立正式关系的基本原则"来尽力拔掉潜在的台湾这颗炸弹的引信。布什说,基本原则包括美国原则上承认"只有一个中国,台湾是中国的一部分"。

在17天5个亚太国家的行程即将结束之时,布什努力的目标是重新肯定中国对华盛顿的重要性,同时收回里根政府对台湾出售防御性武器的明确决定。北京日渐增加地将一开始由《上海公报》明确的美国对于中国对台湾主权的确认,看作是彻头彻尾的口是心非。里根政府用同意与北京就武器销售问题进入谈判——它是如此没有成效——和否决了对台销售F—16战斗机作为回应。但华盛顿上个月（1982年4月）同时同意对台销售价值6000万美元的零部件，这项动议带来了北京的正式抗议，并重新警告继续对台进行武器销售可能会导致中美关系的降级。北京对美国在台湾问题上不断增长的不耐烦成为美国政府最敏感和最困难的外交政策问题之一。

北京的领导人向布什个人表示了友谊的问候，但他的外交服务却遭到了冷遇。与中国外交部长黄华在人民大会堂两个小时的会谈都被台湾问题所占据。副手描述这次会见是"坦诚与直率的"，这是对于公开讨论分歧的外交行话。党的副主席邓小平用马上声称他希望布什的访问"能驱散中美关系之上的阴影和乌云"来进一步强调台湾问题的严重性。

尽管副总统对于清除这种氛围做出了坚定努力，但中国官员们并没有从他们决不妥协的对台湾问题的立场上后退。在本周解除了11名副部长以希望理顺不实用的机构的赵紫阳总理说："我们都认为现在中美关系中存在严重的障碍。"结束了他的访问，布什宣布将会继续双边会谈。这显示出，双方都没有准备让步，但双方也都不希望承担将他们的分歧带入最高潮的后果。

开放中的广州

当中国奉行与外部世界进行贸易与接触的门户开放政策时，"这就是它，中国的未来。"在这些日子里，这种观点在广东和它的省会广州十分盛行。广东是中国人与外国人相互影响的中心，对中国领导人来说，它已成为集希望与问题于一体的省份。

北京办事处负责人里查德·伯恩斯坦报道：

广州机场的标记勾起人们对过去的回忆。从入口处到航空集散站，依然悬挂着红色大字：马克思主义、列宁主义和毛泽东思想万岁。但是，当旅客们步入曾经阴暗、寒酸的东方宾馆后，一切都面貌一新。宾馆里熙熙攘攘。咖啡店和饭店已经取代了单调的食堂。入夜，迪斯科音乐从国际俱乐部的舞厅传出。在那里，从女服务员合身的蓝色衬衫和裙子到咖啡杯与碟子都是从香港进口的。

东方宾馆是来访者到新广州后的第一站。广州是中国传统的对外开放门户，现在由于得风气之先而成为一个生机勃勃的城市。北京决定与世界其他地方寻求更为广泛的商业接触，同中国的其他城市相比，广州在这方面走在前面。

广州还没有转变成一个速成的香港。在东方宾馆之外，城镇还像一位破衣烂衫的贵妇，粉妆剥落，灰头土脸，和中国大多数城市一样破烂单调。但是，这儿的氛围已然改观。自1980年起，广东得到北京授权与外部世界打起了交道，省的行政部门已经同外国商人签订了13000份合同，从冰激凌和罐装水果到宾馆建筑与石油开采平台，一应俱全。同时，价值高达26亿美元的投资从西方和日本引进，据估计有90%是从有开拓精神的香港企业家那里流入的。

数年之前，亚洲的担心之一是中国会要回英国的皇家殖民地香港；现在看起来与此相反的事情出现了。在与香港一界之隔的深圳经济特区，来访者可能会有一个初步的印象，从经济上讲，中国的某一块145平方英里的土地已经"出租"给资本主义的香港了。这不仅表现在深圳到处流行牛仔裤，还表现在港元被广泛接受以及深圳可以从英国殖民地接收广播与电视节目。在投资中，大约15亿美元是由香港商人允诺的。多数新项目位于风景秀丽的大鹏湾，它是一座有高耸的办公楼与公寓楼的"新城"，是一个有处理19000吨船运能力的港口，还有两个高尔夫球场，再加上大约700家装配线工厂。除了与香港相隔的17英里长的边界线，深圳还有6个边境检查站。有些事情颇有意味，特别是眼下在中国投资的香港商人中，有许多是过去从共产主义制度下逃离出来的人。在摧毁了自己的商业阶级之后，北京已经对海外中国企业家敞开了大门。

在广州，外国的影响随处可见。沿珠江大坝，许多年轻人在闲逛，拥抱亲吻，而在中国的其他许多地方，即使是比他们差得多的亲昵行为也是要被禁止的；在许多场合，他们的衣着好像完全是从时髦的香港搬来的。一位经常光顾的西方游客说，两年以前看衣着就很容易将本地人与海外华人区分开，现在一般情况下是认不出来的。

这种外国影响的某些方面着实使党的领导人感到紧张。在过去几个月里，针对抵制从外面来的"精神鸦片"的宣传运动不断展开。当地报纸报道说，像走私、行贿、诈骗、挪用公款，甚至涉及色情这样的资产阶级的犯罪已经到了令人震惊的地步。比如说，上个月（1982年4月）在深圳特区的国家进出口公司的领导被控非法进口价值500万美元的彩电、磁带和盒式录音机。几周来，省当局已经公布了针对色情书刊的新的规定，禁止进口音乐磁带，开始了他们要求居民拆掉能接收香港电视节目的超高频天线的第三次运动，这些节目主要是美国进口片和多愁善感的广东方言肥皂剧。

正在清除"坏影响"努力，已经在香港和广东引起担心，唯恐中国在对外贸易方面也会进行限制。中国官员说：不会。享有很高声望的《南方日报》的64岁的主编坚持认为："事实上，我们的对外开放政策没有变化。"结果，与资产阶级影响所做的斗争可能会失败。比如说，架设超高频天线。尽管官方要求拆除这些广东到处都是的超高频天线，但有时当地居民在早晨拆掉天线，以免在白天被监察人员看到。然而到了晚上，正好是香港电视播出的黄金时间，绑着天线的竹竿子竖起来重又使用。

布什来访的变化

在1982年5月对北京的一次正式访问中，美国副总统乔治·布什在欢迎他的宴会上举起了他的茅台酒杯，提议为中美之间的友好合作而干杯。他对苏联"无耻的扩张主义"深感遗憾，这是经常得到中国领导人赞许的批评。长期以来，他们主要关注的是莫斯科对"霸权"的追求。这次，好像没有这回事一样，祝酒词并未博得中国领导人的反苏回应。当他们回敬时，根本没有谈到苏联而是谈到解决台湾军售问题的需要，但总体上驱散了中美两国关系的乌云。

自那以后，在与美国或其他国家到访者的讨论中，同样不再提中国对苏联的关注这个问题。带了一封信到中国来传递里根总统对一个中国政策的承诺的参议院多数党领袖霍华德·贝克和布什得到了同样的接待。索马里副总统侯赛因·库尔米尔·阿弗拉汗，他的国家在与以苏联为后台的埃塞俄比亚的战斗中得到美国的有力支持，在北京得到的不是对反苏联的赞许，而是领教了一番有关美苏武器竞赛的危险性的说法。当中国总理赵紫阳6月初访问东京时，情况大致相同。在公开场合，赵紫阳至少没有沿用北京关于苏联威胁的原有路线。相反，他抓住机会谴责两个超级大国的"巨大武库"，赵主张"两者都对世界和平构成巨大威胁"。

因此，北京一再重复的有关苏联"作为超级大国构成对世界和平的巨大威胁"的谴责，已经被对两个超级大国的批评所替代了。中国发言人最近谴责说，国际上从中东到福克兰群岛的剧变都是以"超级大国的争夺"为背景的。更有甚者，像"美帝国主义的走狗"和"美国是只纸老虎"等自10年前尼克松访华时就被埋葬的一些老的反美口号，已再次悄然潜入政治词汇中。

这种变化使中国问题观察家感到迷惑不解。毫无疑问，由于东面从乌苏里江到黑龙江，西面由于苏联入侵阿富汗而在新疆一线，苏联沿中国边界保持巨大的军事存在，而且，莫斯科通过其代理国越南，在印度支那推行冒险主义，中国仍然认为苏联是其主要威胁。相比之下，美国对中国几乎不构成威胁：与卡特政府的6亿美元相比，今年华盛顿对台军售额只有6000万美元，绝大部分是零部件。于是乎，令人匪夷所思的是，为什么北京将两个超级大国相提并论？

一个主要的原因可能是因为中国意识到，在世界看来，他们与美国的关系过于密切。他们用在像联合国这样的国际论坛上批评美国和反对美国这种方式，以凸显自己更为独立自主的地位。在联合国，中国阻止了得到美国支持的秘书长科尔特·瓦尔德内尔的连选连任。同时，作为超级大国玩弄的三角游戏中力量最弱的一方，北京似乎在寻求增加其杠杆作用的战略。

另外，北京政府明显对里根政府的真实意图不太清楚。在北京看来，卡特政府之后美国对外政策在声调与方向上的剧烈变化证明了其不可预见性，至少从长远来看是这样的。中国同时怀疑，里根总统尽管很少提到，但他可能不再认为中国共产党比苏联共产党更为重要。

与此相悖的是，里根狂热的反苏立场可能对北京有所帮助。因为美国总统已经抢先说出了那个问题，中国感觉到可以减弱他们自己的反苏声音，并继续移向其他问题。在北京，似乎出现了对20世纪50年代的怀旧之情，那是不结盟国家的万隆会议的时代。在万隆会议上，晚到的周恩来总理机智地使发展中国家对中国的力量与友谊留下了深刻的印象。用抨击两个超级大国的方法，北京希望恢复它在第三世界中的一些特权。一位在中国首都的西方外交官评述说："第三世界是北京的天然选区。"

苏联已经注意到北京在遣词用语上的变化，并尽其所能来利用它。3个月前在塔什干的一次讲话中，苏联主席勃列日涅夫呼吁中苏两国进行会谈以促进双边关系。5月《真理报》上一篇明显留有政治局痕迹的文章强调，苏联与美国不同，从来没有支持过两个中国的政策。低级别外交接触已经展开。上周，莫斯科16年以来第一次宣布，苏联运动员将在本周参加北京的田径比赛。

中国人对此心知肚明，已经用自己的方式做出了回应。但是，远离美国并不一定意味着更接近苏联。因为第一，各种问题——主要是使北京和莫斯科分裂的边界问题——离解决还相距甚远。另一点，中国最优先考虑的问题是经济增长，北京意识到莫斯科无法提供中国所需的如此雄心勃勃的技术与经济援助。而美国能做到这一点，因此，尽管中国采取迂回战术，重提纸老虎的老调，但透过表面，中国的对美政策本质上未变。

展望2001年

在1982年9月初中国共产党在北京的人民大会堂召开第10届代表大会时，常见的毛泽东画像不见了。以前写着"阶级斗争"和"世界革命"的标语也消失了，没有乐队演奏《东方红》。相反，这次自1977年以来中国第一次召开的代表大会，正如67岁的主席胡耀邦告诉1700名代表："党已经完全打破了教条主义和个人崇拜的束缚。"

邓小平在向代表们问候时，称早前几天的会议是党"自1945年七大以来最重要的会议"，那次会议确定了毛不可置疑的领导地位。邓允诺继续坚持中国已经在过去4年里一直致力于的开放政策。他说："我们应该向外国学习，吸收他们的经验。"邓也同时列举了中国的传统警告："必须坚决抵制腐朽思想的侵蚀，绝不允许资本主义的生活方式在我们的国家蔓延。"

自从毛去世后，邓已经走了很长一段路。邓要求代表大会修改党的章程。邓将加强共产党中央委员会秘书处的权力。对于老一代领导人，包括邓小平自己和副主席叶剑英元帅，邓希望党能够产生出一个新的由老政治家组成的中央顾问委员会，以指导胡和这一代新领导人。假如邓成功了，一个共产党国家的领导层便可顺利移交过渡。

在对代表们4个小时的报告中，胡宣布中国在20世纪剩余时间内的首要任务是经济现代化。他充满信心地提出，到2000年中国的国民生产总值翻两番，达到1.4万亿美元。（美国目前的国民生产总值是2.9万亿美元）尽管中国的经济制度仍将保持社会主义，胡提倡更多地依靠外国技术和市场机制，一个叫作"责任制"的资本主义概念已经允许农民们用作额外的工作来挣更多的钱，允许农民保留或出售分配额以外的产品。通过引用对这个方案的广泛支持，他呼吁继续坚持这个政策。

修改党章

经过一致表决，参加中国共产党第12次代表大会的1700名代表1982年9月通过了一部新章程。它废除了党主席这个职务，毛一直到1976年去世时位居这个位置长达31年。强调集体领导的概念，党的首脑除了总书记之外，没有更为耀眼的头衔。由邓小平谨慎地起草，新章程规定，用一种明显有别于毛的方式："不允许任何领导人独断地决定任何事情或者将自身凌驾于党组织之上。"

新的党章为中国年轻一代的权力过渡奠定了基础。为了加速这一进程，大会选举产生了一个新的172名成员的中央顾问委员会，许多人认为这是一个一些上了年纪的领导人退休的地方。同时，在一场旨在清除党内腐败与无能，以及不同政见分子的运动中，所有390万党员必须一一甄别，以重新确定他们的党员身份。

为了确立对党内整顿的支持，呼吁推动年轻和受过良好教育的干部到党的岗位上来。85岁的叶剑英元帅引用了一句唐诗："雏凤清于老凤声"，提醒代表大会要大胆选拔年轻干部。

在胡的报告中，去掉了平常对苏联是世界和平最大威胁的谴责。相反，胡将苏联和美国相提并论，称美苏都是"实行霸权主义的超级大国"。与美国的关系仍然笼罩在台湾问题的说法之下，胡说，他抨击苏联在中国边界地区集结重兵和对越南侵略柬埔寨的援助。他说苏联已经向北京提出一些试探性建议，提出一个中苏紧张关系缓和的前景。

这些天，为了与更为实用的党的理论相符合，新党章删去了意识形态中心原则：以阶级斗争为纲。相反，新文件宣称："中国社会的主要矛盾是人民不断增长的物质、文化需求同落后的社会生产力水平之间的矛盾。"

香港人的焦虑

香港对与中国在一起的未来感到了焦虑不安。在一位香港商人精致的山顶家中，晚宴已经准备好了。香港在远处山底下灯光闪烁，它的嘈杂之音也淹没在仲夏柔和的夜色之中。鲨鱼翅汤之后是风味对虾和蒸椰菜，在水晶杯的碰击声和筷子的磕碰声中，谈话不可避免地转向首要话题。在中华人民共和国的五星红旗下生活将会是什么样子？香港公民使用的将会是什么护照？流通的货币是什么？一个人怎么做生意？各种意见在桌子上你来我往，但清晰的思路很快就变得混乱：假如中国真的接管香港，最终的结果是，每个在桌上的人都已经做出了随时移民海外的计划。当问及一位中国妇女，她是否有永久居留美国所必备的"绿卡"时，她答道："我有一个绿卡，而我的正在美国读书的孩子们也会在几年之内符合拿绿卡的条件。"

在九龙一家女性服装生产厂，36 岁的王锡虹（音）每天工作 8 小时，每周工作 6 天，他正在剪裁准备起程运往美国市场的外衣。他已经在服装制造业工作了 20 年并攒起了足够的钱来为他的妻子和 3 个孩子买一套小房子。但他的年轻同事们的欲望绝不是仅仅停留在衣橱上的辛苦劳作，他们当中的一些人提出，假如中国有朝一日收回香港他将去投奔美国的亲戚。相反，王认为除了接受所有即将到来的一切之外，他别无选择。尽管如此，他还是对变化的前景烦恼不已。"在香港，金钱的压力很大，"他说："但我对这种社会感到满意，这里你可以挣到钱，你能攒到钱。"

在俯瞰香港的破烂不堪的泰河迁居者定居地，75 岁的陈程和他的妻子在绿色金属皮和油毡纸搭成的小棚屋前呼吸新鲜空气，他们自从 35 年前逃到这里后就一直住在这里。陈是一位靠每月领取 35 美元社会保险退休金的退休仓库工人，他列在等待公房的名单上有好多年了。他对仅仅 100 码远的私人高层住宅的富有邻居们并无不满，在那里他们的房租每月超过 1000 美元，他们的孩子们在封闭的南部草场地里玩耍。他说："在大陆，生活就不一样了。在那里，你必须在田地里劳动。而在这里完全是自己的生活。"

无论是高楼大厦中的极富，还是大量的穷人，对于英国皇家殖民地香港的 550 万居民来说，最引人瞩目的话题就是 1997 年 7 月 1 日。届时，根据英帝国历经周折从摇摇欲坠的清王朝手中强行取得的 99 年租约的条款，373 平方英里的新界将按期交还中国。

没有人预料到英国或中国会让这样一幕打开，但香港的居民却忍不住焦急起来。传统上，皇家殖民地只收集从境外那里来的海上漂流物。自 1945 年起，细流变成了洪水。受香港炫丽的灯光的吸引，超过 200 万人逃离大陆。由于个人欲望的驱动或受到政治迫害，他们翻越篱墙、贿赂官员，将自己塞入出海的捕鱼小船游过鲨鱼出没的水域。有些人成为或变成为难以置信的富有企业家；绝大多数是没有技巧的农民或工人。但是归结到一点，这些人帮助建设了一个骚动的、混乱的、追逐金钱的，但首先是自由的城市。

对统一的前景预测已经使正常情况下平稳运行的香港经济引来一场颤动，10 月的气氛也以小时计——恒生股票指数下滑了 234 点，使持股价值下降，平均损失了 21%。港元也跌至 6.40 港元对 1 美元的最低纪录。尽管并不是所有的责备都能算在令人恼怒的 1997 问题上，神经过敏的投资者对于关注未来又有了新根据。

英国首相玛格丽特·撒切尔夫人刚刚在香港待过 3 天，她宣告了支撑起殖民地动摇的信心。访问是在 14 天的东方奥德赛将近结束时进行的，这次她访问了日本和中国，在那里有关皇家殖民地的讨论一直是日程的主要议题。还有，撒切尔夫人用一个联合声明武装了自己，声明由中国签署，保证北京和伦敦将推动旨在保持"香港的稳定与繁荣"的谈判。在英国，她向在殖民地的商界领袖保证，意识到"它对于香港人民的道德义务"，撒切尔说，"我想我们的分歧能够弥合，我们也能够达成一项对中国与香港人民还有英国都满意的协议。"

　　焦虑的香港人，也许是不太现实，渴望对城市未来地位的某种特别迹象。在没有成功之后，他们想要得到他们的生活方式和社会经济体系得以保留的某种保证。毕竟中华人民共和国去年已经对台湾提出和平统一的两个条件。但很快就明白，这将是一场旷日持久与艰难的、解决如此复杂与涉及情感的谈判，它是没有成功保证的。

　　撒切尔刚刚离开殖民地，北京就开始向她的关于英国对香港负有义务的宣称发起挑战，称19世纪的条约是"英帝国主义劫掠中国领土的铁证"。官方的新华社提到了北京对香港享有主权的神圣使命。

　　香港的经济一直受惠于几乎持续不断的移民工人流。他们在5万家工厂中平均每周工作49个小时——这些工厂有的很小，其他的则是工人劳动条件差、工作时间长、工资低的血汗工厂，但这构成了殖民地工业的支柱。这些工人的实际工资收入在过去8年中上涨了40%，达到每月300美元。但这些工人们在混乱不堪的房地产市场上受到的待遇过差。有57万名占公地者生活在木板或金属板所搭成的棚屋里，这些棚屋成片地建在豪华公寓的旁边，位于不稳定的陡坡之上。有100万户家庭人口达到8人甚至更多。

　　香港社会广角镜的另一端是极度富裕的一群。有些美国银行家估计至少1500位香港居民每人财产总数达到1亿美元；除了其中少数人外，他们都是华人。世界上几乎没有任何一个地方能够像香港一样如此方便地将财富隐藏或转移到国外，黄金与证券的买卖也很活跃。由于个人收入税封顶为15%，公司合作税封顶为16.5%，香港成为世界许多大公司和银行的最佳亚洲总部所在地。香港商业总院的吉米·麦克格来格说："香港是世界上最好的真正的资本主义地盘。"

　　甚至在15年的倒计时开始以前，香港的金碧辉煌就开始蒙上一层沉重的色彩。曾一度作为香港繁荣景象的最明显的表现，香港的狂热的房地产在去年达到巅峰状态，然后开始下滑。在接下来的几个月里，工业用地价格下跌了40%至80%。对于1997的惊慌不安使事情变得更糟。许多商人在看到中国与英国之间的谈判最终发展到什么样子之前，宁愿租用工厂用地也不愿意去买。有些公寓用房过去每年可以收入100多万美元，但现在价格已经一下子下降了20%至30%，从令人不可思议的暴富降至仅仅是富裕而已。香港房地产开发商联合会的副会长方亨利说："有无确定的未来已经成为买主心中又一个担心。如果没有这种担心，买主们就会进行下一步，去买他们需要的房子。现在他们在买之前，不得不三思而后行。"

　　就影响的最小面而言，房地产的下滑会给香港政府带来麻烦，政府的预算已经超出了增长，在过去10年里提高了10倍。香港政府消费占国民生产总值的24%，它们当中的大部分用于扩大道路和公房建设上。根据法律，在香港的所有土地都属于皇家，来自房地产买卖的收入足以占到估计总额达60亿美元的行政税收的1/3。假如市场持续萧条下去，有一些使这块土地成为投资者的天堂的自由主义法律就不得不取消，否则殖民地将面临政府在许多工程上开支的大幅度削减。

在一个本已没什么值得庆贺的礼拜，财政大臣约翰·布来姆瑞兹宣布今年殖民地的经济比预想的表现要差得多。据计算，相对于1981年高达11％的增长，实际经济增长只有4％。出产于香港的货物出口下降了2％。投资只提高了3％，而去年高达13％。一位对此表示关注的商人说：“如今香港遇到了经济和政治的双重麻烦。”

香港殖民地可能是英国的一颗东方明珠，是不断收缩的帝国王冠上一颗最重的钻石，但对于它的“宗主国”来说，它的经济重要性在不断下降。香港是英国在亚洲最大的贸易伙伴，但它出口到英国的货物比它所从英国买入的要超出1亿美元。许多老的英国商行，或者说贸易公司的大部分股东是中国人。当英国不断转向欧洲的时候，它与香港的联系也就放松了。香港纺织品制造商抱怨说，在反对与欧洲共同体的贸易保护主义运动中，伦敦没有给予他们足够的支持。

香港居民同时也对1981年英国国籍法非常不满，实际上这部法律将他们降到二等公民的地位。那些以前持有英国香港护照的人不再自动享有居住在联合王国的权利。香港学生也像任何外国人一样，就读英国的大学要交付全额学费。

同时，英国在香港统治的最为公开的信号消失了。香港总督，现在是爱德华·尤德爵士，由英国女王任命，高级行政官员必须由伦敦批准，但这个城市的日常事务已经逐渐脱离英国。部分原因是，英国沉闷的表现是出于遵从北京的敏感性。英国女王伊丽莎白二世的肖像还绘在邮票和硬币上，但香港的纸钞只印有发行银行的正面画。当1976年女王访问这块领地时，她的讲话精心起草，甚至避免提到殖民地的字样。

过去北京表现出同样的克制。由英国人和廓尔喀族人军营组成的一小支防卫部队和几百人的当地志愿者守卫着殖民地的边境，但即使这样他们也没有对大陆有什么恐惧之感。在1949年和朝鲜战争期间，即使共产党的军队在香港22英里长的边界上集结时，他们也没有跨越边界。1967年“文化大革命”处于高潮时，当广东红卫兵和他们的年轻香港的仿效者要求殖民地“归还到祖国的统治”时，北京最终出动阻止了抗议。

北京对英国在法律上的有关殖民地的忏悔并没有什么同情之心，但直到最近它似乎对留下来的这一点有些满意。正如一位陪同撒切尔夫人在上海旅行的中方官员所说：“是社会主义政策允许香港像它目前一样存在下去。我们不要求谈判，而英国要求。”的确，在阻止1997年最终期限来临的麻烦的努力中，英国副外交大臣哈姆弗雷·阿特金斯去年1月份前去北京，提出就有关香港前程问题进行谈判。即使没有接受英国提出的有关开始谈判的最基本前提，中国领导层同意解决这个令人头痛的问题的时间最终来到了。

在获得中国开始谈判的同意之后，撒切尔政府发现自己在地球的另一侧被牵扯进一场殖民地的论辩之中。尽管皇家殖民地的情况和南大西洋岛屿上1800名牧羊农民没有任何可比性，但法兰克福战争却让公众的注意力转移到香港上来。结果，“主权”在英国人的耳朵里成了一个不同的圈，在更大范围内让一个仅仅是英国宣称主权的外交程序变得很复杂，使它看起来像是围着19世纪的3个条约在转一样。这样的关于条约的谈判使英国处于易受到对老式的帝国主义控诉的位置。香港《标准》杂志的编辑警告说："英国的立场，严格以已经过去的世纪的发黄的文件为基础，显得很顽固，甚至是一个时代错误。"

几个月过去了，北京开始逐步显现出它自己关于主权的主张。中国希望它对整个殖民地的宣言，不要被认为是对它所接收的资本主义属地任何经济利益的威胁。一系列从北京走漏的消息，无论是精心安排的还是偶然泄露的，都极力暗示这个主权概念主要包括某种对香港的政治控制方法。一个在香港的文字新闻社广泛报道的计划是，给予北京任命一位完全具有殖民权力的香港总督的权利。这个主意促成紧张的警告，这种计划是行不通的。

许多商人担心北京会压制英国谋取一种权力分配安排。一个由中国权威消息传播的计划呼吁在15到30年的过渡期内权力的逐步转移。英国的法律可能会被相对完整地保留，殖民行政当局用签订合同的方式保留，或者总督的位置可以在英国和中国任命者之间轮流。其他的方法模模糊糊到提到了可以用一个中英委员会来统治。一家银行的总经理阿尔伯特·阔克说："退一步说，权力分配也将会是非常复杂的。我确信英国在离开香港时宁愿与中国分享权利。"香港最早的贸易公司之一的怡和洋行的老板戴维·纽必京说（未经确认）："不论你是谈经济还是政治，必须绝对明确责任、权威和义务在什么地方。"

对于很多皇家殖民地的居民来说，唯一可行的打破目前僵局的解决办法是，在主权确认和它的实际运作之间再造一个具有保留面子特性的主权。比如，英国可以与中国签订一个友好条约，正式确认北京对香港的宣言。伦敦可以抛出几个象征性的让步，如允许中国国旗在政府官邸与英国国旗并列悬挂，或者用当地民兵替换下英国武装部队。也可以允许每年向北京"上贡"，可以用房地产税收的一定百分比。但这样英国可以维持统治。实际上，中国可以被赋予主权的外衣，以显示民族之骄傲，但它并不支配权力。这样的计策，用一位英国外交人员的解释来说："是用香港是中国一部分的虚幻来替代香港是英国一部分的虚幻。"

虽然暂时的民族与意识形态利益令人信服地促使北京推翻香港的资本主义住房卡，中国确实有其长期的目标，一波突然的外交主动行动令许多中国观察家怀疑，中国想要在台湾问题上干什么，台湾一直小心地注视着香港的事态。一位在北京的外国分析家说："假如中国在香港做砸了，那么台湾人民就永远不会相信大陆对他们做出的任何承诺了。"

据估计，找出主权问题的最佳结合点需要花费中国和英国3年的时间。大部分香港领导人认为如此长的时间会产生进一步的不稳定和严重的经济下滑。但是同时，用过去将殖民地带出低潮的同样办法，也许在将来也会这么做，少数殖民地居民已经准备好在15年倒计时中找到新的生财之道。撒切尔夫人刚一离开这个城市，富有创造性的沿街小贩就开始叫卖铅印的带有希望字样的T恤衫。但是对于4个美元1件的衬衫，它是买时间的便宜办法。

三个大国的博弈

自从周恩来第一次举起烈性茅台酒的高脚杯，欢迎理查德·尼克松在1972年对北京的历史性访问时候起，中美两国之间的官员们就一直在为伟大的中美人民之间的友谊而干杯。当然，事实上从一开始中美两国之间的关系就没什么友谊可言，而有的只是对苏联的共同敌意。过去10年，中国因素在世界权力平衡中一直是一个非常关键的砝码。中国人民解放军牵制了苏联49个师，如果不是这样，这49个师中的若干师可能会部署在苏联的西部边界，直接威胁欧洲和海湾地区。对于未来的前景，由于担心中国有一天会放弃与美国的战略合作而与苏联重修于好，西方显得心中无底，疑虑重重。

那个梦魇虽然离真正到来距离还很遥远，但西方对可能的中苏亲善的焦虑在与日俱增。中国官员带给美国同事的已经不再是文质彬彬而是互相指责。同时，中华人民共和国已经不再说敌视苏联的话了。

3月份，16年以来中国体操选手首次应邀参加在莫斯科举行的比赛。9月份，苏联两位田径高手参加了北京的年度国际马拉松比赛。对于中国人来说，体育由于其他手段的引导可以是政治性的，就如1971年美国乒乓球队由于为尼克松访华铺平的道路所建立的乒乓外交时美国人所发现的一样。

10月中国人用热情款待亲苏的法国共产党领导人乔治斯·马沙斯的办法，向莫斯科做出了缓和意识形态争论的姿态。两国的共产党领导人宣布，他们将继续发展他们之间的关系。在1965年当中国人指责法国共产党盲目效忠莫斯科时，这种关系破裂了。

但是最重要的巧合发生在北京的其他地方。中国外交部副部长钱其琛与他的苏联对等人物利奥尼德·日依切夫进行会谈，讨论如何改善两个共产主义世界巨人之间的关系问题。1979年下半年起，作为对苏联入侵阿富汗的反应，中国就已经延缓了那些谈判。在日依切夫到达北京前3周，中美关系正经历10年来不断增长的痛苦的最为紧张的时刻。困难的导火索是因为原有的关于台湾地位的争论骤然紧张。中共夺取政权30多年以后，海岛上的国民党政府仍然叫自己为中华民国。另外一方面，北京认为台湾是中华人民共和国主权下的一个省。尼克松和周恩来于1972年批准的《上海公报》从根本上说，是对于一个有分歧的问题达成一致，并且静悄悄地这样做了。美国没有对中国所宣称对这个海岛拥有主权进行争论，而是保留了继续与台北发展关系的权利。

1979年初，卡特内阁与中华人民共和国建立了完全的外交关系，并且筹划将在台北的使馆变为"机构"的外交虚幻，由从技术上讲离开或退休的外交机构专业外交人员充当职员。对中方而言，中国领导人用"与祖国的和平统一"的保证更换了"解放"台湾的誓言。美国国会由于唯恐这种经过周密考虑的歧义安排会促使牺牲老朋友台湾，故而推动通过了《与台湾关系法》，它清楚地说明美国国会继续为防守目的对台湾提供援助。

里根上台之后认真严肃地考虑了与台湾恢复官方外交关系，这将会导致美国在北京使馆的降级，也可能会导致使馆被逐。前国务卿亚历山大·黑格曾经是1972年尼克松访华的先遣人员，这时就极力劝阻里根不要开历史的倒车。

但是内阁在是否对台湾出售一些F—5G喷气式战斗机的问题上意见达不成统一，这种战斗机比构成台湾空军主力战斗机的F—5ES的性能要优越得多。对亲国民党的国会山上的院外活动集团来说，预期的军售成为内阁是否遵从《与台湾关系法》的意愿的一次真正考验。对于北京领导人来说，它是令人气恼的产生对美国在《上海公报》中的承诺的怀疑的原因。对于莫斯科来说，它是在北京和华盛顿之间锲入一个楔子的绝妙机会。

勃列日涅夫主席在一系列讲话中提出与中国恢复谈判。苏联的提议帮助刺激了里根内阁执行一项中国政策，当它最终揭去面纱的时候，值得注意的是它接续了里根的三位前任的政策。8月份，美国与中华人民共和国发布了一个新的联合公报，绰号叫上海二号。北京确认了台湾与中国的"和平统一"，同时华盛顿第一次宣布它对台军售不超过目前水平，并随时间"逐步减少"那些军售。很难想象尼克松或卡特政府会对温和的北京走得如此之远。

因为里根在两件具有讽刺性的事件上得到确证，他压抑住自己的亲台同情心并平安度过了来自右翼的愤怒。第一件事，假如他与具有战略价值的北京决裂，那将是他的美国国内对手，特别是民主党指责他"丢掉中国"的最为快活的日子。第二件事，保持良好的中美关系将是对不入侵台湾的最好保证。离开了有限制性的美国影响，共产党会更愿意一劳永逸地解决台湾问题。即使最好的美国战斗机中队也不足以挡住跨越海峡的全面出击。

但是北京似乎既不愿意给里根一个长时间的信用，也不愿意与里根合作让台湾问题成为一个放在后面的火炉去燃烧的问题。反而中国人选择继续给台湾问题升温。里根为自己批准"上海二号"公报反驳右翼的批评说，美国减少对台军售是同和平解决台湾问题的前途问题联系起来的。《人民日报》攻击总统"完全违背"了公报精神。中国人希望这种联系是心照不宣的。在他们的眼里，里根的罪过在于将其公开提了出来。

但是即使双边关系中没有这些原因的刺激，北京领导人也仍然可能尝试同美国拉开距离。他们担心，一旦他们被视为由美国主导的针对苏联的联盟中的小伙伴，他们就会冒在世界主要力量间无法发挥杠杆、平衡作用的风险，美国也好，苏联也好，还有第三世界。相反，提醒华盛顿中国不可小视，给莫斯科一些希望更多胡萝卜的刺激，中国领导人可以对美苏施加影响。

于是，就有了让日依切夫重回谈判桌的决定。于是，就有了赵紫阳总理最近"共同与超级大国们的霸权主义进行斗争″的呼吁，对超级大国故意用了复数，以将美国和苏联相提并论，并说他们是对″热爱和平和主张正义的国家和人民″的威胁。

但同时中国也在冒疏远美国的风险，可能美国的最高层对中美关系毫无热情。赵的攻击招致华盛顿严词反应，抗议这种″不友好的″言论和″过于单纯化的口号式的东西″。国务卿乔治·舒尔茨正在第二次设想完成暂定今年下半年对中国的访问，但里根对他自己明年去中国之行的主张反应冷淡。

感受到这种危险，中国人已利用最近的一些访问，如9月份尼克松，10月上旬前国务卿基辛格的访问，向华盛顿回馈谨慎的、积极的信号。中国高层领导人反复告诉尼克松和基辛格，没有必要关注日依切夫重访北京一事。邓说，在苏联没有满足3个条件之前，中苏关系不可能有″真正的原则上的改善″。这3个条件是：苏联必须撤出阿富汗，它与中国有边界相接；莫斯科必须停止对越南军事入侵柬埔寨的支持，印度支那是中华人民共和国的软腹，北京认为单是河内政权自己就足以构成对其威胁，更不用说与苏联联合起来了；最后，苏联必须从蒙古撤军并减少在中国北部边界的军事力量。然而在北京谈判的一开始，日依切夫就拒绝讨论北京的要求。今年10月，在会谈休会之前，万里副总理说苏联″对我们提出的对话条件充耳不闻″。

尼克松从北京返回的时候，充满了对北京领导人的乐观情绪，认为他们不是倾向莫斯科，只是做些战术调整，这最终也许还会导致加强它与苏联扩张主义进行斗争的能力。基辛格也很振奋。甚至他还在北京时，就向舒尔茨发了一封信，呼吁他自己到北京访问。

温斯顿·洛德曾经帮助基辛格最初打开中国的大门，后来作为纽约市对外关系委员会的主席继续推进中美关系。他说，在中国和苏联之间，可能″没有真正的和睦亲善″。中国重开谈判桌，也不是″拙劣地玩苏联牌以使我们紧张″。他还说：″中国人只是谨慎地给自己重新定位并保护自己，同时试探美国是不是能控制住自己的行动。″

至少苏联对中国做出某些和解的姿态是可能的，如从边境后撤一些部队。虽然那离北京对于与莫斯科关系正常化的条件还相距甚远，但它可能会促使美国国内对与中国发展关系的忧虑。那同样也会使台湾的院外集团得到鼓舞，削弱内阁对增加对台军售的抵制力，从而可能会破坏中美关系。

快速易人

关于职位易人的消息已经传了几个月，但真正换人的时候还是让人大吃一惊。在一场高层力量重组中，中国政府11月宣布外交部长黄华和国防部长耿飚已经被撤换。黄的离职看起来更为突然。他刚刚带领中国代表团参加勃列日涅夫的葬礼从苏联回来。在莫斯科，他还同苏联外交部长葛罗米柯进行了会谈，并传递了对发展北京与莫斯科之间关系的支持的热情言论。

　　尽管黄华的离任可能由于发生在与苏联之间的会谈时间过短而使莫斯科感到局促不安，绝大多数分析家认为这两件事之间可能并没有什么联系。69岁的黄华任外交部长将近4年，一段时间以来身体状态一直不好。报道说他一年之前就申请退休。一般情况下，这样的和解表态通常应由北京的决策者事先向苏联澄清。黄的继任者是吴学谦，60岁，是中国最年轻的高级官员之一。吴是上海人，他所说的英语是小时候在教会办的学校学的。虽然他只是今年早些时候才到外交部，但据说他精于国际事务，尤为关注第三世界。

　　新的国防部长是72岁的张爱萍，他是曾经领导国防科学与技术委员会的一位将军。作为邓在军队建设方面最为信任的人之一，张极为热心地主张军队的现代化。

中国的精神污染
1983—1984 年

中苏关系的缓慢解冻是中国走出孤立主义的结果。北京与莫斯科互相暗递秋波，希望能够借此对彼此的政策施加影响。中国的这一举措也可以看作是其希望更多地参与世界贸易，发展落后经济的自然延伸。一位美国分析家说："真正使人不理解的是为什么这一切不早点发生。"

……

现在一切似乎都在变化，人们的观念发生了很大的转变。这在 3 月 1 日在北京展览中心开幕的"夏秋服装销售展"上表现得尤为明显。不过这次展览的名字却是具有隐蔽性的。这不仅是中国在 30 多年的时间里规模最大、组织最好的一次时装展。在展览会上几乎看不到一件中山装，取而代之的是大约 200 种供男女老少穿着的新款式。

……

不需要任何护照来证明这个游客的身份。他是一只 8 英尺高的金丝雀，就是这样的一个家伙：天真无邪而又长着羽毛的外国佬。他不是别人，正是大鸟，《芝麻街》里的明星。NBC 制作了一个名为《大鸟在中国》的 90 分钟长的节目，并在 5 月 29 日播放。节目中大鸟游历了中国的各处风景名胜。这个节目耗 130 万美元，是由儿童电视工厂（《芝麻街》的创造者）和中国的国家电视台中央电视台（CCTV）共同制作，这实际上就是一部美丽的风光旅游片。

中苏关系回暖

这不是一封求爱信，但是经过20多年的敌对仇视，在苏联建国60周年之际，中国给苏联领导人发去了一封热情洋溢的贺信。中国政府在信中表达了两国关系逐步实现正常化的希望，并且建议"通过协商、具体的行动、解决影响两国关系的障碍，为实现这个目标共同努力"。虽然这封信里没有做出什么许诺，它还是确定了早先的迹象，说明中国正在认真考虑改善和苏联的关系。华盛顿的一位高级分析家说："中苏关系的缓和又向前迈进了一步。"

3个月前，经过将近3年的冻结，中国领导人邓小平同意两国之间恢复协商谈判，中苏缓和从而迈出了第一步。一直希望与北京改善关系的苏联政府马上做出响应。1982年11月，在勃列日涅夫的葬礼上，苏联外交部长葛罗米柯特意前去热诚欢迎中国外长黄华的到来。经过90分钟的会谈，双方宣布对中苏关系的前景持乐观态度。据塔斯社报道："苏联领导人正努力把苏中关系推上友好邻邦的轨道。"虽然黄华从莫斯科回国后，外交部长一职由前副部长吴学谦担任，但是人事的变更并没有影响中国的政策。

中国一向坚持中苏关系只有满足了以下3个条件才有改善的余地：苏联撤走部分驻扎在蒙古和中苏边境的49个师，苏联从阿富汗撤军，并且不再支持越南侵占柬埔寨。最近，中国政府暗示他们的要求可以降低。一个可能性是，苏联人也许同意在边境象征性地撤走部分军队。中国外交部表示满足了这一个条件，两国就可以展开正式的贸易洽谈，由此回避了阿富汗和柬埔寨这两个棘手的问题。

中苏关系的缓慢解冻是中国走出孤立主义的结果。北京与莫斯科互相暗递秋波，希望能够借此对彼此的政策施加影响。中国的这一举措也可以看作是其希望更多地参与世界贸易，发展落后经济的自然延伸。一位美国分析家说："真正使人不理解的是为什么这一切不早点发生。"

与苏联亲善可以使中国得到重要的切实利益。中国逐步老化的工业几乎全是在中苏为盟友的20世纪50年代，按照苏联提供的技术和设备建设的。现在，中国可以依靠苏联提供所需的备件和机器，使现有的工厂现代化，或者建设迫切需要的新工厂。中国在中苏边境上驻扎了100多万军队，边境局势的缓和有助于减少军费开支。华盛顿的一位外交官说："中国主要希望对苏联保持一点外交优势，此外，还需要经济援助，他们并没有期待发生奇迹。"

用一个美国官员的话说，美国政府对中苏亲善持"冷静的态度"。华盛顿的专家相信中苏两国持久的利益冲突，尤其在阿富汗和柬埔寨问题上的分歧，将限制两国友谊有任何新发展。美国一个分析家说："我们实在看不出中苏在任何重大问题上达成了一致，而我们也的确不想看到这一点成为现实。"即使中国和苏联的关系亲密一些，它们之间仍然存在许多摩擦。"美国不必惊慌失措，或者小心翼翼地讨好。"一个美国外交官说。"局势不会发生重大变化。那些为此担心的人应该意识到这是一个缓慢的进程，而且不一定危害到美国的利益。"

今年1月的一件事表明中国在处理对苏关系时依然十分谨慎。北京给莫斯科发去热情洋溢的贺信仅仅几天之后，中国政府就严词要求苏联的"入侵部队"从阿富汗撤军。中国领导人还把同苏联之间的实质性谈判推迟到国务卿乔治·舒尔茨2月初访问北京之后举行，这一举动显然是再次让美国放心。

江青被减刑

当法庭宣布她犯了"极其严重恶劣"的罪行，强行把她拖出法庭时，她肆无忌惮地高喊："打倒修正主义！"今年69岁的江青，被法庭宣判死刑，缓期两年执行。

这些年来，人们传说江青在狱中以做玩具娃娃打发时间，做完后在上面绣上她的名字，把娃娃毁坏。去年8月，总书记胡耀邦对记者说"她顽固不化，继续在政治和思想上与人民为敌"。但是1983年2月江青的缓刑到期时，中国最高人民法院却判处她无期徒刑。65岁的张春桥也被判处死缓。法院对此做出的解释是：犯罪分子没有明显地抗拒改造。

对这样的人为什么要心慈手软呢？一位中国官员说："政治上的考虑当然是最重要的，要维持国家现有的团结和稳定。此外，她也不再具有兴风作浪的能力了。"

对法院的判决，北京政府还发布了一项没有公开，但语气坚决的补充：那些该受到惩罚的一定要给予惩罚。

观看服装展览

红色的贝雷帽很别致地斜戴在一名妇女的头上，与之相搭配的红色上衣非常合体，简直都让人有点烦恼。至少按照通常的评论和销售尺度来衡量，这一组合是这个季节最热门的服装。这不是在巴黎、米兰或纽约。在北京，30多年来流行的服装一直是口袋很多的中山装，这种服装设计时是不分男女的，有时候要区分穿着这种衣服的人是男是女都很困难。斜戴着帽子？梳辫子？女性魅力？来华参观的外国人被告知，这些对于一个正在进行革命的10亿人的民族来说显得太轻佻了。

现在一切似乎都在变化，人们的观念发生了很大的转变。这在3月1日在北京展览中心开幕的"夏秋服装销售展"上表现得尤为明显。不过这次展览的名字却是具有欺骗性的。这不仅是中国在30多年的时间里规模最大、组织最好的一次时装展，同时还表明政府的观念发生了很大的变化，可以说是一个大转弯，这一转变显然很得民心。在展览会上几乎看不到一件中山装，取而代之的是大约200种供男女老少穿着的新款式。对于穿惯了中山装的中国人来说，这些款式的颜色是前所未有的。对那些厌倦了中国旧式服装的旁观者来说，他们在乎的不是这些制成品，而是它们丰富的种类。

北京市居民显然同意这一观点，大批居民奔向展览中心。展览中心的大厅只能容纳1300人，每天都有5万名迟到者被拒之门外。黄牛党将5分钱的门票卖到了2.4元，从中小赚了一笔。

在巨大的展览中心里面，参观者看不到西方式的模特在T形台上走步。事实上，只有大厅的一个环形台上有几个僵硬的、摆在商店橱窗里的服装模特。主要吸引人的还是北京地区的服装生产厂家展览他们生产的服装的63个摊位。每天的销售额平均为73000元。许多前来参加展览会的人花掉了半个月的工资。23岁的武芸（音）是北大的一名学生，她说她和25岁的男友郸铁江（音）在去参加展览那天每人花了22元。武芸说，即使这样，他们也没有找到所有他们想要的衣服。"所有最好的款式立刻就卖完了。"

参加展览的厂商也这样认为。事实上，这次展览体现了对资本主义的供求规律的前所未有的关注。就像其他地方的优秀零售商一样，中国的服装经销商正在想办法缓解局势。张祝显（音）是北京市一家服装企业的干部，这次展览会上获得了令人吃惊的成功的红色贝雷帽和红色上衣就是由这家企业生产的。他说："第一天，人们蜂拥而至，前来购买衣服。工厂不得不加班加点以满足人们的需要。"

富有深意的是，到目前为止，这次展览会上的主要评论者还是政府官员，他们允许举办这次展览是有很严肃的原因的。原因之一是想通过让日渐富裕的中国城市居民购买这样的服装来鼓舞民心。另一个原因是通过刺激购买来发展纺织业和农业。显然，北京的这次展览在这些方面做得还是不够的。外贸部部长陈慕华从女性角度提出了严肃批评。"颜色一定要再亮一些，再华丽一些。"她说。她还补充了一点每个女人都应当知道的东西：这次展览会没有将衣服和鞋子、手提包搭配起来，内衣也展出得太少。

为"臭老九"恢复名誉

1983年4月，大约1万名中国共产党党员、政府官员和工人聚集在人民大会堂，纪念卡尔·马克思逝世100周年。会上，党的总书记胡耀邦却向他们传达了一个出乎意料的信息。除了向马克思和恩格斯表示敬意之外，胡耀邦90分钟长的讲话更多关注的是北京政府迫切需要注意的主题：恢复中国的知识分子，或称"脑力工作者"，在1966年至1976年"文化大革命"期间遭到破坏的地位。

胡耀邦说，正确对待知识分子是一项"重要而又紧迫的问题"。恢复科学家、工程师和技术人员在塑造国家未来中的重要作用所需的时间"像金子一样宝贵"。他警告说，如果中国共产党的高级干部都没有领会到这一点，那么"他们的领导就好比摇椅政策，没有方向，也不会有结果"。

胡的讲话并不仅仅是官方言论的突然逆转。事实上，他更反映了邓小平和他的改革支持者在1978年执政以来中国现代化计划中最矛盾的方面之一。对领导层来说，问题是如何发展并激励中国众多的知识分子和科学天才，而又不会使长久以来就被灌输不信任那些用脑而不是用手工作的人的人民大众产生抵触情绪。可以预料，最初的行动一定会遭到反对，甘肃工人王士奇（音）就为此恼怒不已，在给《工人日报》的一封信中他这样说道："政府和很多企业最近都发出命令和一个接一个的通知规定，报纸上也出现长长的文章支持知识分子。我认为这是不对的。"

就在不久前的20世纪60年代中期毛泽东发动"文化大革命"，中国的知识分子在这10年中饱经苦难。那个时候，数以千计的科学家、教师、医生和学者被10多岁的红卫兵逼死。其他数以百万计的脑力工作者被迫去干扫厕所、在农村运肥这类工作。最终，这个国家所有的知识分子都曾经一度被发配到农村。从那时起就出现的这种状况的结果之一就是经济收入上的极大不平等。中国10亿人口中据估计有2.5%的人完成了某种形式的高等教育，从而被称为知识分子。他们中包括帮助设计制造中国氢弹和地球卫星的科学家和技术人员。在其他任何一个国家中，他们的贡献一定会得到丰厚的回报和国家给予的荣誉。可是中国知识分子的平均工资只有每月35美元，这至少要比城市工人的工资低10%。

经济和物质上的条件知识分子尚可忍受，但是来自中国各阶层对他们广泛的歧视却更让他们难过。北京大学一个毕业生说："有些领导并不真正喜欢知识分子。一些普通人也讨厌我们。"一个中学教师说："在一家工厂里要是你戴着眼镜，又有文凭，那么人们就会讨厌、嫉妒你。"

很多大学和研究机构在"文化大革命"狂热的压力下被迫关门，这让中国的科学和技术基础遭受了重大的损失，恢复它也许需要几十年的时间。政治局成员聂荣臻在去年晚些时候承认："在20世纪50年代，我们的半导体、计算机和激光技术虽然落后于美国，但是和日本在同一水平上。20年后，我们和美国的差距更大了，日本也跑到了我们的前面。"聂称，没有知识分子的参与，就不会有现代化，中国经济也不会到2000年的时候翻四番。

恢复知识分子地位这个过程所取得的进展仍是令人痛苦地缓慢。《人民日报》的一篇社论中说，北京第7化工厂48岁的副厂长朱玉凤（音）因为入党请求不断被拒绝而自杀。这份报纸把她的死归罪于来自"左倾思想"的压力。另一个事例是山西农业协会的科学家郑新文（音）。因为他曾经是右派，他的入党申请就遭到拒绝。

到现在，中国的知识分子都小心翼翼地表现出谦卑。邓小平的改革派也决心提高他们糟糕的社会和经济状况。但是，受高等教育的年轻人仍旧对现状没有耐心，渴望有更快的改变。甚至《人民日报》也承认在党的干部中还经常出现"对知识分子的各种歧视"。

给越南"第二次教训"

中国政府对越南当局发出严厉的警告，要求其立即停止武装挑衅，否则中国将保留反击的权利。

　　中国外交部发言人在1983年4月底做出的这个警告发言并不是一场全面大战的威胁，但也绝不是无聊的宣传。在中越边境的炮战不断升级时，中国表明它已做好准备反击越南在这两个国家间800英里边境线上的挑衅。更为重要的是，在河内加紧进攻反抗其占领的柬埔寨抵抗力量时，边境上发生的事件可能是中国试图震慑越南努力的一部分。柬埔寨前统治者诺罗敦·西哈努克亲王领导着反越抵抗运动，他在北京的一次记者招待会上所宣称的也证明了这一点。无论怎么看，这次发生的冲突使得边境局势达到1981年以来最为严重最为紧张的阶段。按照北京的报道，中国武装人员在云南省与越方发生至少4起冲突。同时，新华社称越军炮击了广西壮族自治区的一个地区，破坏了当地的小学、银行、农业局和一所医院。按照中方的话来说，他们直到那时候才开始回击边境地区的越军阵地。

　　在北京的外交官普遍认为北京并没有准备"给越南第二次教训"，自从1979年2月到3月间历时4个星期的中越战争以来，北京一直像这样威胁着。但是，一场严重的宣传战至少已经开始进行了。几个星期以来，中国的报纸媒体一直在谴责越南对位于泰国和柬埔寨边界的柬埔寨难民营发动的攻击。中国人在4月份早些时候尤其感到警觉，因为那时越南人炮击了位于柬埔寨的高棉难民营，并把战火烧到了泰国。中国宣称仅仅在3月份越南就要对总数达70起的针对中国的事件负责，这其中包括越军3次越境，向中国村庄开火，并企图攻击当地中国军事人员的阵地。《人民日报》称："这样肆无忌惮的挑衅已经到达不可容忍的地步。中国边防战士完全正义、而且是必须对此做出反击。"

　　在苏联的援助下，河内不仅占领了印度支那，现在还试图在柬埔寨消灭中国在该地区最后的影响力。这让中国十分恼火。为了反制苏联的势力，中国支持西哈努克领导的反抗联盟，以反对越南在1979年扶持的韩桑林傀儡政权。中国副总理万里在4月的一个会议中直接向西哈努克表示支持。

　　西哈努克否认中国和民柬联合阵线现在进行的斗争之间有任何战术联系。"我们是朋友，而不是盟友。"他说，"我们没有联合的指挥系统。"那么他是否想让中国给越南"第二次教训"？"这完全由中国决定，"他说，"中国正等着越南做出反应。要是越南不仅炮击，还动用步兵来侵犯中国，我想中国就会给越南第二次教训。"

美国的"东方快车"

　　曾经是"二战"中美国兵和周末度假狂最爱的美国吉普，现在正向中国驶去。美国汽车公司总裁保罗·提伯特和北京汽车公司的总经理吴中亮（音）签署协定，在中国共同生产吉普车。

　　美国汽车公司在中国的生意是最近为了提升销售额（1982年的销售额增长为29亿美元）而采取的一系列行动之一，期望以使该公司能够从财政赤字中摆脱出来。但这可不是件轻易做得到的事情。5月初，美国汽车公司宣布在第一季度亏损6600万美元。在过去的3年中，它已经总共损失了4.91亿美元。

这家公司将向中国提供800万美元的现金和另外价值800万美元的技术援助，在这个价值5100万美元的合资企业中占有31.4%的股份。美国汽车公司表示它将会把营运获得的利润重新投入，最终使它占有49%的股份。

在这个计划的最初阶段，美国汽车公司将为中国标准的吉普车BJ—212重新换装。BJ—212这款吉普车有部分是苏联设计的，已经有30年的历史了。美国汽车公司将会为它装上一台低油耗的四汽缸发动机，并进行其他的改进。第一辆改进过的吉普车将会在1984年从北京的装配线上开出来。从1987年开始，这种吉普将会被美国汽车公司广受欢迎的CJ—7型吉普车所代替。

对美国汽车公司来说，5月签署的协定为它的亚太市场奠定了一个坚实的基础，因为这家美国公司获得了中国产吉普车的所有出口权。提伯特说："这是我们一个主要的长期的机会。"在该地区，四轮驱动车辆的销售现在达到了每年10万辆，而且还正在以每年30%的速度增长。

美国汽车公司自从1979年以来就一直在进行改进，那时候法国最大的汽车制造商雷诺公司开始购买这家公司。这家法国公司现在拥有美国汽车公司46.4%的股份，而公司总裁约瑟·德得尔瓦尔地也是从雷诺公司来的。美国汽车公司就像大人国中的小人一样，与法国公司联合也许是它得以生存下去唯一的希望了。通用公司的销售额达到600亿美元，规模几乎是美国汽车公司的21倍，它的美国汽车市场的份额在去年8月达到了1.2%的最低点。

在过去的4年中，美国汽车公司的发展一直都受到法国的影响。除了四轮驱动的老鹰型车辆，这家公司已经把它过去生产的所有客车都退出生产线。取而代之的是一条从法国进口的新的汽车生产线，生产的汽车包括紧凑型Le型汽车和运动型富果牌汽车。而它的拳头产品是有着一个恰当名字的"联合牌"，在威斯康星州的可诺莎生产。

联合型汽车在去年9月开始生产，它的基本价格为5595美元，紧跟在福特的护航型、尼桑的警卫型和雪佛兰的谢韦特之后，是第4大紧凑型汽车。这对它来说可是件了不起的成就，因为其他的4家公司都有大得多的销售网。消费者说他们喜欢联合型的低价格和低油耗（在市区中每公升37公里，高速公路上每公升52公里）。

联合型占了美国汽车公司第一季度销售额的91%，而这家公司在美国市场的份额也翻了个倍，达到2.6%。美国汽车公司原本只希望在今年售出10万辆联合型，但是现在它预计能够卖出15万辆，而且还要在秋天推出名为"昂可"的后开门型。

美国汽车公司重新建立生产线需要大量的现金。公司计划从1984年至1987年投资12亿美元。为了筹措这笔钱，美国汽车公司4月在公开股票市场又发行了5880万美元的股票。它还积极为它的通用生产厂寻求买家，这家厂为美国邮政服务系统提供吉普车，关陆军生产卡车和其他车辆。在过去的3年中，这加工厂是该公司唯一一直赢利的下属企业，预计它的卖价将达到2亿美元。

对美国汽车公司的员工来说，这些新生意都将是好消息。过去的18个月里，美国汽车公司裁员15%，达到现在22000名员工的水平。这些留下来的员工在工资和利润上的让步也有9000亿美元。但是现在，公司又重新雇用了800名离职员工来帮助生产联合型。"我们离追求的目标还有很长的路，"可诺莎工厂的负责人邓尼斯·蒙通那说，"但是我们已经上路了。"

这种情绪也一直感染到了总裁提伯特。他说："美国汽车公司的火车最终开出了车站。"和中国签署了那份协定之后，美国汽车公司的火车可能就会叫作"东方快车"了。

美国"大鸟"游历中国

他并没有穿着百慕大短裤，戴着太阳眼镜，可是他却是美国旅游者的典型形象。他向当地人抛媚眼，仿佛他们才是外国人。他不懂当地语言，却抱怨没人听得懂"美国话"。他的旁白总是像这样的话："我真想知道是谁埋在了明陵里面？"

不需要任何护照来证明这个游客的身份。他是一只8英尺高的金丝雀，就是这样的一个家伙：天真无邪而又长着羽毛的外国佬。他不是别人，正是大鸟，《芝麻街》里的明星。NBC制作了一个名为《大鸟在中国》的90分钟长的节目，并在5月29日播放。节目中大鸟游历了中国的各处风景名胜。这个节目耗130万美元，是由儿童电视工厂（《芝麻街》的制造者）和中国的国家电视台——中央电视台（CCTV）共同制作，这实际上就是一部美丽的风光旅游片。

虽然这个明星扬扬自得的样子和它没完没了的唠叨让人讨厌，但是《大鸟在中国》比起大多数电视台播放的儿童节目要好得多。在这个节目中，不仅有当代中国数以百万计的自行车洪流的景象，还介绍了中国神话般的帝国王朝。它一幕又一幕地向观众展示了仿佛是宋代山水画中烟雾缭绕的群山和宏伟的瀑布那般的精美风景。

这个节目是资深作家和制片人琼·斯通的点子。他现年52岁，是《芝麻街》的先驱，并凭这个节目和《圣诞节的芝麻街》这样的特别节目获得过8次艾美奖。斯通的点子是创造出一个探求的主题。这个故事是这样开始的：大鸟（和在《芝麻街》里一样，都是由卡洛尔·斯宾尼扮演）在曼哈顿的唐人街中溜冰时，对一幅描写中国传奇性的凤凰的画卷赞叹不已。于是他心痒难耐，决心像亨利·基辛格一样去中国，去告诉凤凰说"美国的鸟觉得中国的鸟真的很漂亮"。寻找凤凰就成问题了。大鸟和它的跟班搭档巴克利狗必须要找到所有画卷中的中国风景，每一个风景都为寻找隐居凤凰的下落提供一条线索。在找到所有的线索之后，大鸟发现他闪闪发光的中国精神伙伴栖息在一棵巨大的树上。

每一个充满激情的朝圣者都需要一个向导，而大鸟的向导就是一个6岁的漂亮小姑

China Times

中国时代 1900~2000

（卷二）

娘，吴莲子。她就像是中国的秀兰·邓波尔，不过不像那个明星那般甜得令人发腻。她在这个节目中也同样光彩夺目。斯通是从100盘中国送过来的录像带里挑中了这个女孩子。但问题是莲子根本连一个英文字母也不会说。在录制之前，斯通寄给她一盘录音带，上面录下了她要说的64句台词。在她父亲的帮助下，她背下了所有的语音，可却一句话的意思也不懂。

在节目中，就在大鸟几乎放弃寻找懂美国话的人的时候，莲子出现了。莲子羞涩地告诉他："我说英语。""再靠近一些。"大鸟答道。于是就这样，她带着大鸟和巴克利狗到了长城（"嗨，墙在哪儿？"大鸟喊道。"现在你就站在它上面。"莲子笑着说。）然后这3个人又到达北京的天坛、石林和素有"中国威尼斯"之称的苏州的映月潭，还到了桂林附近的漓江。

在中国乡村几乎3个星期的拍摄过程中，大鸟的出现并没有带给当地儿童以笑声，因为他们从来就没有看过《芝麻街》。一些孩子还被这个庞然大物吓着了，大鸟突出的眼睛让其他孩子四处奔逃。一个小女孩甚至放声大哭。中央电视台的制作人员希望这个节目在六一儿童节播放时不会也产生同样的结果。但是这个国家对宠物的喜爱有着悠久的历史，孩子们也可能会把"大鸟"接受为他们的宠物。也许用不了多久，大鸟就会吹嘘说自己比他的东方对手北京烤鸭更受欢迎。

艰难的飞行

《纽约时报》的报道记录了中国民航局的故事。

按照北京的标准，5月下旬的记者招待会颇不寻常。它是由中国的国家航空公司——中国民航局的局长召集的，为的是祝贺本月早些时候被劫持到南朝鲜一家中国民航客机和乘客的安全归来。庆祝会很快就变成了一场诉苦会。"在过去的20年里，"一个西方新闻人员指责道，"中国民航一直被效率低下、服务恶劣、无能、事故和尚需解释的各种事故所困扰。难道局长先生就不觉得自己应该辞职吗？"

局长没有因此而辞职。但是在这个会议上又提出了常常被问及的问题：这家航空公司的记录——无论是地勤还是空中服务，飞行安全还是保安——有时候没能达到国际的标准。西方的旅游者可能并不习惯在他们自己的国家以外做航空旅行，常常抱怨中国民航是世界上最糟糕的航空公司之一。但也有其他人不同意这个看法。"他们的服务是有一些太生硬了，"在日内瓦的国际航空运输协会一个官员这么说道，"但我不会说它比许多第三世界的航空公司更糟。"

就像苏联的航空公司一样，中国民航也是国家垄断，它提供各种各样广泛的服务，像空中播种、工业和军事运输以及航空研究。虽然它具体拥有的飞机数量没有公之于众，但是大家都知道它至少经营165架飞机，从最先进的远程波音747SP到古老的（最早在1947年造的）安—2双发螺旋桨飞机。中国民航与亚洲、欧洲和非洲的19个国家之间有定期航班：自从1981年开始，它还定期飞美国。它的国内航线也有12万英里。

这些航班中的大多数都安全完成。但是，就像其他的航空公司一样，中国民航也有它的灾难和险些发生灾难的情况。最近的一些事故包括：

1982年4月，中国民航的一架英国造三叉戟飞机载着112名乘客和机组人员坠毁在桂林附近的山脉中，所有人全部遇难。地面控制人员被指责在飞机没有翻过山的情况下就允许飞机下降。但是北京的航空当局承认机组驾驶人员是从空军中"借调"过来的，对桂林附近的地形不熟悉。

1982年7月，一架苏联造安—18涡轮发动机飞机在从西安飞往上海的途中被劫持。但是劫持后来变成了一场空中混战。一个挥舞着斧子的乘务人员和用雨伞和酒瓶武装起来的乘客很快就打倒了劫持者。虽然劫持者放置的爆炸物在机身上炸出了一个3英尺长5英尺宽的大洞，但是飞机还是颠簸着安全降落在上海。这是中国民航第一起为人所知的劫持事件。

中国的媒体对中国民航事故的报道都没有什么压力，除非其中牵扯到外国人，因此就可能还有其他的飞行事故没有曝光。在北京流传的消息，在过去的24年中，至少有两次劫机企图被挫败。但是，对这些方面的控制已经越来越紧。两星期前北京悄悄地发出命令，把国内航空旅行的人员限制在至少县级官员或是军方上校级以上的人。而劫机的刑罚就是死刑。

中国民航因为其低安全标准而倍受指责。批评者指出飞机的驾驶舱总是挤满了机组人员，飞机轮胎的磨损也常常超过安全标准。去年在香港，对中国民航的一架飞机做例行检查时，在燃油过滤器中发现有金属磨损的碎屑痕迹。但是直到控制塔拒绝批准其起飞前，该架飞机一直拒绝更换发动机。而其他的一些问题就不是中国民航所能够控制的了，至少现在如此：机组人员常常拒绝在天气糟糕的时候飞行，考虑到中国只有3个机场装备有仪器帮助着陆系统 这种情况也是可以理解的。

地面和空中的乘客服务也很难达到国际标准。中国民航没有中央购票或预订票系统，旅客有时候不得不准备为座位展开争夺，以防地面工作人员让太多的乘客登机。有些飞机没有安全带。而尤其让一些外国乘客感到恐惧的就是有时候在座位已经全满的时候，让乘客用折叠木椅坐在飞机走廊上。机舱乘务员很少对乘客讲安全注意事项，而乘客随身携带的行李常常被堆放在安全门前面或是放在座椅上方没有关上的行李箱中。

中国当局已经注意到这些批评：今年早些时候民航局长承认在很多方面中国民航"让乘客感到不便和不愉快"，他许诺会改善这些东西。

5月下旬，航空运输问题也进入了政治领域。美国驻北京大使阿瑟·赫摩尔收到中国外交部的一份正式要求，要泛美航空公司取消定于6月15日开始的东京到台湾的航班。《时代》获悉，北京特别援引了1980年签署的中美商业航空客运协定，要求泛美航空公司把它在台湾的经营保持在1980年的水平。可是在那时候，这家航空公司就没有到台湾的航班。

这个让驻北京的美国外交官目瞪口呆的要求可能会进一步加深中美之间业已存在的寒意。美国官方认为这个要求与1982年8月做出的宣言相抵触。那份宣言说美国要继续与台湾"保持文化、商业和其他的非官方关系"。中国这个行动显示出北京对美国在台湾的商业活动采取了一种新的强硬的态度。这会在将来的中美关系中引发深远的分歧。

猜想1997

1983年7月，即使是北京最资深的外国记者也很难想出有什么事件可以与之相比。在外交部3号会客厅和英国外交官们讨论了2天之后，中国谈判代表姚广一走出来，就被飞来报道会议的香港新闻记者们围住了。人群一拥而上，姚广几乎给撞倒在地上。

姚大为吃惊，退到了楼梯的安全地带。由于这次关于香港前途会谈的双方已经相约确保机密，在此，姚最终的评论必然很简短。"我只能这样说，"姚说道，"会谈是有益的、建设性的，我们将在7月25日继续谈判。"说着这些话，姚奋力挤过毫无秩序的新闻人群，来到了自己的汽车前。这与他在中华人民共和国所习惯的那种记者们有条不紊的情况大不相同。

这次与香港新闻记者的相遇在某种意义上是有象征意义的。正如蜂拥的记者们挤到了姚，他们繁荣的英国皇家殖民地及其无拘无束的资本主义制度也让信奉共产主义的中国人感到不安。反过来，那种要求已经把香港变成了一座担忧的城市，为谈判中没有在解决这一问题上取得进展而担心。但是现在，至少有了一些希望的理由。正如姚的话所传达的，在沉寂了9个月之后，英国和中国又在会谈了。

在这些会谈中，利害攸关的是一个有着550万人口、其中主要以华人为主的城市的未来。在过去的40年中，香港已经成了世界上继纽约、伦敦之后的第三大最重要的金融大都会，同时，香港也是一个制造业中心，其出口超过整个中华人民共和国的总和。倚仗上个世纪与软弱的清政府签订的3项条约，英国已经统治这块殖民地142年了。其中两项条约承认英国对香港岛和九龙半岛的顶端享有永久主权。另一项则给了英国对新界外围的统治权，期限持续到1997年。在英国政府的敦促下，中国于去年同意就香港的未来开始正式谈话，同时，要求重新获得这块由于所谓的"不平等"条约所失去的土地。结果，1997年成了香港的试金石。想到一向以自由资本主义为标签的香港将要在一个社会主义社会中奋力生存的前景，那些通常都富冒险精神的香港人就焦虑。

这种忧虑不仅影响到了香港经济的健康，使得感到担心的投资者们开始两面下注以避免损失，而且也逼迫伦敦和北京重新开始谈话。去年10月，谈判陷入僵局，主要原因是中国人在谈判开始前就要求英国承认他们对香港的主权。谈判破裂之后，香港经济指数直线下落至历史低谷。但自从有消息说谈判将于上月英国选举之后重新开始，经济的恢复也是很显著的。比如，7月4号，香港恒生股票指数强跃52.25点，创9个月来的新高。几天后，停在1007点（对比：6月9号为863.10点）。一路暴跌的港元对美元的比价也从6月中旬的7.75升至现在的7.18。即使这样，控制香港经济的华人巨商中有许多人仍在为要不要投资于新事业而争论不休。

对于英国来说，香港的前途这一基本问题并无实际意义，尽管唐宁街的外交官们准备为这件事再进行至少两年多的谈判。英国不可能保持对这块殖民地的主权。谈判所涉及的区域——界街以外，当街的界碑现在还标着"城市边界，1993"——占整个殖民地面积的90%，并且其繁忙的国际机场和供水系统都包括在内。如果这些土地纳入了中国的控制，那么剩下的10%几乎不可能独自存在。因此，需要谈判的与其说是中国主权问题，不如说是在北京控制下的香港政府的形式问题。

在去年2月致中国总理的一封信中，玛格丽特·撒切尔首相表示了相同的意思。据香港的华人消息，有第三方在负责安排信件的交换方面起了作用。信件并未让出主权——伦敦想以此作为讨价还价的筹码——但它确实以一种极能展现西方外交见地的辞令给了中国人"一个非常明朗的信号"。外交官解释说，该信件写道："我们知道你们会得到主权。但在我们把这一切落实到白纸黑字以前，先让我们看看你们对于如何管理香港有何想法。"

至少一直到7月中旬的谈判为止，北京的计划还不明确。

红色资本家哈默在中国开采石油

签署这项协议的希望是4年前在休斯敦的一个烧烤野餐会上初露端倪的。当时，有人把正在美国做短暂访问的邓小平介绍给西方石油公司主席85岁的阿曼德·哈默。邓推开口译员，说道："不用介绍了。我们认识哈默博士，您就是那个帮助过列宁的美国人。您为什么不来中国也帮助帮助我们呢？"哈默与苏联的生意可以追溯到半个多世纪以前。他说，很高兴能和中国人打交道。但是，他指出，他的年纪大了，出行只能乘坐他公司的喷气机"西方一号"（Oxy—1），一架白色的波音727。而私人飞机在中国实际上是受到禁止的。邓回答说："这可以安排。你要来的时候，给我发个电报。"

两个月之后，哈默做了他的第一次中国之行。接着又去了几次之后，哈默的跋涉有了收益。在一轮激烈的竞标中，西部公司（1982年销售额为182亿美元）成了第一个从中国人手中取得石油认股权的美国公司。到明年初，基地位于洛杉矶的西方石油公司，与一群合伙的外国小公司，预计将在中国南海中两块面积均为415平方英里的海面上开始钻探作业。在北京饭店宴会厅欢庆成功时，在中国乐队演奏的《稻草中的火鸡》的音乐声中，哈默说："这是世界上最大的尚未开采的盆地之一。我们感到十分自豪。"

这次对黄海和南海58000平方英里海面的竞标，历时18个月，共吸引了33家公司，其中包括16家美国公司。5月，一个以英国石油公司为首的集团赢得了第一份合约。由西方公司牵头的集团预计要花费 1.2 亿美元用于勘探。如果能成功地发现达到商业数量标准的原油，那么生产合约将持续 15 年；中国将获得收益的将近 51%。

就像中国自身一样，中国近海的石油蕴藏情况也是巨大而又有些神秘的。据估计，储量在 300 亿到 1000 亿桶之间，可能与英国北海油田相当。但是由于技术和政治两方面的原因，中国无法维持其在现有油井上的开采，更无力独自开发这些巨大的原油资源。去年，中国与大西洋里奇菲尔得（Richfield）石油公司签署了一项单独的合作开发协议，现在已经在越南海岸边 3500 平方英里的海面上开始了打井测试。

去年，哈默结束了两年半的谈判。该谈判涉及一项研究，而该研究则可能导致中西联合开发世界上最大的、位于北京西面山西省境内的一座露天煤矿。

到现在，对哈默来说，与共产党国家敲定买卖几乎成了本能。1921 年，他首次前往苏联，为一次伤寒病流行提供救助。到了 1925 年，哈默取得了生产书写用具的苏联特许。一份资料显示，他的工厂每年生产 7200 万支铅笔和 9500 万支钢笔。

对于和一个苏联人的朋友做生意，中国人并未公开表示疑虑。他们也没有对哈默的资本主义方式表现出明显的不安。在最后一次中国之行中，哈默与同行的 23 名成员住在钓鱼台（据报道：租金为每天 5000 美元）。至于哈默，他说，与中国人做生意，回报大于困难，但"像所有好的推销员一样，你必须熟悉地形"。

无奈的计划生育

在所有的威胁中，中国最大的威胁来自于过于庞大的人口。

在 35 年间，中国的人口翻了一番多，从 4 亿 5000 万至逾 10 亿。过多的人把城市挤压得与农村一样。在城市里，人们经常谈论住房问题。因为没有私人住房供给，也就没有租用住房。单位根据家里的人数，决定分配多少英尺的生活空间。

北京的住房面积最大——每人平均 45 平方英尺，武汉平均 40，上海少一些，每人是令人难以置信的 30 平方英尺（除了厨房和公用卫生间）。但高级官员像得到优惠的外国人一样，可分得数百平方英尺的住房。

政府和党一样承认，中国拥有太多的人口；数字是残酷的、无情的、逃避不掉的。没有人知道该对它做些什么。太晚了吗？

党和政府有一项计划生育的政策：每个家庭只生一个孩子。在大城市，这几乎是强制性的。假如一个家庭超过两个孩子，有些政府机关将父亲的工资扣掉 10% 到 20%。有了第 3 个孩子，所有的孩子都不能上好学校。有第一个小孩子之后，爱国的父亲自愿去做输精管结扎术。

在农村，政府大力进行劝说、宣传，偶尔是强制性的。新的"责任"制，让每个农民在自己的自留地上耕种，这使男孩子们显得重要；他们长大后可指望他们去播种、耕作和收获；除了这些，还要照顾他们年迈的双亲。农民现在尤其不愿意只有一个孩子；假如第一个孩子是个女孩，事实的确非常严重——女孩会离家出嫁。因此，中国出现了令中国人自己都深感惊骇的政府公开谴责的情况——杀害女婴。

政府希望教育能使人口增长缓慢下来，政府的机关单位遇见一个希望生第二胎的家庭，就"劝说"家庭中止怀孕。但有些人没有被劝服。在一些农村，政府要求每个育龄妇女每两个月做一次怀孕检查。有些妇女跑到离家很远的地方，直到不能做流产才回来。

除了人口控制，中国没有内部解决办法。而除了可能让世界市场的工业化努力付之东流之外，也没有外部解决办法。一个办法是：以低工资安置中国过剩的人口，出口中国制成品，从世界其他地方，首先是美国换回食品、木材、棉花、食用油、肉类来使人民生活维持在温饱线以上。

中国的人口问题因此不仅是中国的问题而且是世界性问题。因此，人们不可回避地要去研究中国对世界的看法，研究它与美国之间变化不定的关系。

20世纪80年代的新疆

丝绸之路是中国同欧洲进行贸易和人员流通的唯一通道。许多世纪以来，这一位于历史上赫赫有名的丝绸之路中心地带的地区，现在被称为新疆维吾尔自治区，这个省份仍然像以前一样那么丰富多彩。仅仅在上个月（1983年9月），政府向新疆人民保证说，新疆作为"一个在战略和经济上都很重要的宝库"，政府对它是很重视的。《时代》驻北京办事处主任戴维·埃克森刚刚游历了新疆，他一直到达了新疆最西面的城市喀什，此前的30多年，西方记者一直是不能到这个城市去的。以下是他的报道：

城市的主广场上，长着胡子、穿着民族长衫的商人使劲地招呼戴着精心装饰的无边便帽的农民。戴着面纱的妇女从当地的一座清真寺前走过去，寺庙里面，年轻和年老的男子聚精会神地听着一名年老的阿訇大声宣讲《可兰经》。每个星期天，驴车发出"得得"声从满是灰尘的路上驶过来，车上下来的农民就在城市的广场上为了马匹、毯子、匕首和珠宝讨价还价。这里好像是19世纪的撒马尔罕或是20世纪的阿富汗，不过这里却能隐隐看到矗立在人民公园上方巨大的毛泽东雕像。喀什（人口16万）距离北京2200英里，长期以来就是传说中的贸易地，现在它是一个自治县的行政中心。城里面几乎所有的居民都是穆斯林，从民族上讲，92%的人是维吾尔族。

在喀什，地理位置的偏僻和民族多样化达到了极致。但是在新疆全境，汉族是少数民族：新疆的1300万居民中有60%都是维吾尔族。除了它的人口来自四面八方之外，因为新疆同印度、巴基斯坦、阿富汗、蒙古和苏联接壤，它的战略地位也是极其重要的。事实上，新疆首府乌鲁木齐市市长指责说："苏联在边境驻扎了军队。他们还向新疆进行广播宣传，并向这儿派遣间谍。"

　　新疆的商业中心是汉族人占多数居统治地位的乌鲁木齐（人口110万人），这是一个不太繁荣的城市，到处是突突冒着黑烟的工厂，泥巴砖砌起来的围墙，以及一排排只有一层的灰色房子。但是，这里也有经济发展的迹象。在天山纺织品厂，1200名工人，绝大多数是汉族女工，照看着机器织出优质的开士米羊毛衫，这些羊毛衫将被运到外地。1982年，也就是开工的第二年，该厂从出口中获利400万元。由于利润丰厚，厂里的员工每个月可以拿回家50元钱，比该省的工人平均工资多出大约20%。

　　然而，只有离开乌鲁木齐的工业区，真正的新疆才出现在眼前。新疆的人口只占中国的2%，但是面积却是中国的17%，因为这个省多数地区是没有人居住的，境内有面积多达125000平方英里的广袤的塔克拉玛干沙漠，和高低不平的天山山脉高达2万英尺的顶峰。然而，这个看似不太发达的地区却蕴藏着非常丰富的资源。点缀其间的有很多绿洲，富饶的土地出产棉花和谷物。新疆茂盛的葡萄园去年为它挣到了28亿元，这比新疆所有的工业加起来的利润还要多。在沙丘下面，有巨大的尚未开采的油矿，而今年仅仅新疆的煤矿就将生产1180多万吨煤。

　　然而，这一地区的大部分看起来仍然没有变化。例如，沿着高原一带，新疆的牧区的牧民中大部分都在那里放牧，他们住在圆形的顶上搭着毯子的帐篷里面——愉快地过日子，对中国的政策变化并不关心。在东风公社，副主席哈萨克人卡赞很高兴地承认说，自从1977年以来，这里就没有固定的每周政治学习时间。"我们现在很幸福，"他解释说，"因为我们有更多的工作时间。"

一定程度的进展

　　当温伯格在北京人民大会堂与邓小平会面时，这位中国领导人解释说，他用左耳听得最清楚。美国的国防部长坐在他的左边好吗？邓小平问。温伯格同意了，并巧妙地补充说他用右耳听得最清楚。"啊哈，"邓小平笑着说，"我们有很好的合作基础。"

　　事实上，这是1979年以来中美双方第一次似乎真正决定听完对方的意见。尽管像往常一样，台湾仍然是一个问题，但是，其他不那么敏感的问题现在被认为是双方发展更好关系的基础。10年前，尼克松总统极具象征意义的中国之行预告了中美关系的新纪元。1979年，在卡特总统任内，两国建立了正式外交关系。此后不久，也就是1980年1月，国防部长布朗访问中国，他给北京捎去话说，美国愿意向中国出口高科技产品，尽管不包括武器在内。中国很想购买，后来它向美国提交了一份秘密购买清单。

　　然而，自从里根当选总统之后，中国人和他开始彼此怀疑。1981年，当时的国务卿黑格访问中国，试图使中美关系升温。但是，在他回国以后，由于华盛顿根深蒂固的意识形态和政治上的反对意见，他被迫收回自己许下的诺言。

　　一些看似没什么大不了的纠葛使得中美关系比以前更加冷淡，比如湖广铁路债券事件，这桩陈年旧事可以追溯到1911年，当时的满清政府发行了铁路债券。去年，亚拉巴马州的一个地区法庭对中国进行了缺席宣判，要求中国支付欠下的价值4100万的债券。4月，美国政府批准年轻的中国网球明星胡娜政治避难，中国人因此取消了一系列的文化交流协议。

尽管有这些紧张状况，双方似乎正在举行秘密会谈试探对方。今年2月份，国务卿舒尔茨在北京发现，中国尽管在公开场合对台湾问题寸步不让，私下他们却正在把大部分精力花在美国的一项保证上。这项保证最早是黑格提出来的，美国许诺要将中国的贸易地位重新分类。5月份，商务部长巴尔德里奇告诉中国人，里根实际上已经将中国重新分类，将它列入了＂美国没有与之结盟的友好国家＂一类。

1983年春天，政府开始起草出口＂双重用途＂科技的指导原则——所谓的＂双重用途＂科技，也就是那些既可以用于军事目的又可以民用的产品。最后，在温伯格9月底5天的行程期间，他向中国人通告了这些原则。中国仍然受着美国关于这些科技的＂最终用途＂的法律的制约（为了确保这些科技不会转让给像北朝鲜那样的其他国家）。但是，将中国重新分类以及起草新的指导原则的最终影响将是允许北京进口范围要广得多的产品，包括计算机在内。

温伯格的中国之行明显透露出一种热情气氛，但是这并不意味着中美关系将出现大的跃进。就像赵紫阳总理告诉温伯格的那样，中国等着看美国的话＂会不会被行动证明＂。美国一定担心中国在与苏联的近战中，主要是将它当成一个小卒。但是，对于今年夏天早些时候刚刚宣布计划向台湾出售价值8亿美元军火的美国政府来说，中美关系可能比预期的要好。

与＂精神污染＂做斗争

几年前，当中国领导人邓小平颁布＂对外开放＂政策以引进外国的资本和技术时，他曾严肃地告诫人民＂资产阶级思想的渗透是不可避免的＂。这一点千真万确。在北京，长腿美女正缓缓地走在平展的T形台上展示最新的皮尔·卡丹时装。不远的地方，衣着考究的游客来到法国著名餐厅马克西姆在北京开的新分店用餐。即使是在郊外的空地上，一身牛仔服打扮的年轻人在现在已随处可见的盒式录音机的伴奏下疯狂劲舞。私营企业也在享有某种形式的自由。在过去的数月里，政府当局一直在发动一场旨在清除＂精神污染＂的战役，这是一个非常含糊的字眼，包括了从资本主义国家进来的各种东西，从色情刊物到存在主义思想。中宣部长邓力群认为，精神污染包括＂淫秽、粗俗或反动材料，艺术表现形式上的低级趣味，以及对个人主义的放纵＂，还包括＂与国家社会制度背道而驰的＂言论。

许多文化上的治理行为的最先的迹象通常是非常敏感的。同时，西方精神污染造成的损害也同样是隐晦的：北京的一位售货员从香港商人那里获得了2本色情手册，于是他精选并重新印制了7000多幅有利可图的图片；在福建省，一个生产公社用公共资金购买了12盘录影带和16盘黄色录像带，然后向每一位观看者收取5美元（相当于一个城市工人4天的工资）。

但是，西方的影响很明显不仅仅限于下流影片和时装。11月，事态变得严重了。《人民日报》的主编胡绩伟辞职，该报的三位副主编之一王若水被撤职。他们明显的责任是：在8个月以前允许发表一篇宣扬"异化"概念的文章，这个词曾被卡尔·马克思用来指腐朽的资本主义。

有意味的是，今年年初，实验派的非正统戏剧还是被允许频繁演出。戏剧家高行健的《公共汽车站》表现的是8人等待一辆永远没有抵达的公共汽车的故事。这个戏剧中明显地缺少了传统中国戏剧的所有要素：情节、寓意和说教。与此同时，人们还争相前往观看由阿瑟米·勒在北京享有盛名的首都剧院自编自导的《推销员之死》。观众们对戏剧中主角资本主义商人威廉·洛曼表现出满怀的同情，许多人在离开剧院时都热泪盈眶。

11月初，《人民日报》谴责了"社会主义制度存在异化"的"消极思想"，并指出"有些人走得太远，想把社会主义制度带向异化"。

尽管发动了这次运动，拥有4000万党员的共产党已经非常注意避免让人们回想起刚刚结疤的那些历史伤痕。官方的一篇社论称："我们禁止使用以前那种运动或是斗争方式。我们必须采用文明的方法去纠正不文明的行为。"与此同时，政府对"资产阶级"颓废发起的这场新运动鬼使神差般地正好与官方为期一个月的清除左倾分子和其他文革残余的运动同时发生，甚至是重叠。

这场反击精神污染的运动会朝哪个方向发展，或是要持续多长时间，没有人能预测。

竹子短缺的危机

它的名字叫作佳佳，是对小动物的昵称。当它在自己的领地里大嚼大咽一根竹枝时，饲养员看着它心里既喜欢又担心。这只重123磅，年满3岁的雌性熊猫最近才刚从野外带回来，但是它似乎对笼养的生活很适应。饲养员甚至希望它能很快产下小熊猫。但他同时坚持认为，大熊猫佳佳仅仅是"客人"而已，如果所有的条件都改善了，它将和伙伴们被放归自然。

佳佳暂时的家不是在动物园，而是在中国四川省丛林覆盖的卧龙保护区的繁殖站。这个保护区是中国和西方科学家，主要是美国人，联合建立的非同寻常的中心。他们的目的是：确保佳佳和其他类似的上千只野外大熊猫的生存。

对大熊猫最直接的威胁并不是人类，而是大自然。熊猫居住在高海拔地区，在那里它们的生存几乎完全依靠竹子。"竹子是熊猫99%的食物来源。"乔治·沙勒介绍说，他是纽约生物科学协会动物研究和保护中心的主任。自1980年12月以来，沙勒一直在熊猫的原始居住地进行研究工作。不幸的是，由于一种奇怪的植物突变现象，箭竹——大熊猫的主要食物——正经历一个周期性的开花期。这一现象发生后，每45年至50年一次，整个山坡的竹子都会突然开花，散开种子直至枯萎。竹子需要数年才能重新生长（大约3英寸高）直到为熊猫提供食物。在此期间，熊猫必须寻找其他食物代替。

卧龙保护区是中国12处最大的熊猫保护区之一和"中国——世界联合野生动物基金熊猫研究项目"的所在地。植物学家秦子生（音）在对该地区进行考察后发现，95%的竹子已经开花。现在，原本每天消耗25到30盎司竹子的大熊猫们只能吃普通的草，尽管它们肯定对此不满。秦还说，对熊猫粪便的分析表明，它们营养不良。

当冬天到来，大雪覆盖整个山坡时，熊猫面临的就不仅仅是肚子疼了。现在已经发现两只熊猫死亡。在1975－1976年间，处于不同生长周期的伞竹发生了类似的"开花——死亡"灾难，那次导致了四川和甘肃交界处一个熊猫种群里138只熊猫的死亡。

为了避免在箭竹地区发生类似的灾难——因为这里居住着相当规模的野生大熊猫，受到世界野生动物基金支持的中国科学家正在采取紧急措施。其中一个策略就是在山坡上放置烤熟的猪排和羊肉以希望熊猫改变正常的素食习性。沙勒解释说："如果能轻易地获取肉食的话，它们也会吃的。"科学家们同时也用肉引诱熊猫到低洼地带，因为那里生长着其他种类的竹子。

但是长久来说，熊猫最好的希望是居住在卧龙研究保护中心，预计将在11月末建成。该中心是由布朗克斯动物园主任威廉·康韦和中国同事共同设计的，它坐落在地形平展的山边，是世界上首屈一指的熊猫研究中心，其中包括了实验室、图书馆和维持熊猫的种群数量的喂养栏。沙勒说："中国人将有望拯救大熊猫，因为他们决心做到！但是这需要长时间的努力，而且你绝对不能放松。"

稍微减缓改革的步伐

1985 年

　　欧洲经济共同体最近的一份报告认为，北京对外国人来说很快要成为世界上花费最大的首都。欧洲经济共同体的这份报告说，这里的外国人购买的商品和服务的质量很少高过第三世界的水平，但是付款却同纽约和巴黎一样。官员们对这种价格政策并不表示遗憾。他们的论点是："你们是外国人，你们出得起钱。"

　　……

　　即使主要负责中国经济改革的中国领导人邓小平也开始号召要加以限制。他在1985年3月的一次讲话中警告说："我们所采取的开放政策，目的都是为了发展社会主义经济，而不是把中国变成资本主义经济，社会主义公有制始终是经济的主体。社会主义的目的就是要全国人民共同富裕。"为了支持恢复纪律和提高急需的收入，政府已经采取了一系列措施，显然是要纠正改革过头造成的影响。

　　……

07 >

改革还要推进

每年刚开始总是有新的决议，但是，1985年1月中国的政府工作人员经受了一场尤其鼓舞人心的变革。按照惯例，包括午休时间在内，中午吃午饭要2个小时。但是，那天他们只有一个小时的休息。尽管事先已经通知了缩短午休的消息，这仍然是一个很大的震动。那些已经习惯于骑自行车回家吃午饭的工作人员不得不在工作单位附近吃午饭。因为很少单位有餐厅，他们只好挤进十分拥挤、服务奇慢的餐馆就餐。广州的一些教师甚至要求他们的校长恢复2个小时的午休，以便让学生有时间回家吃饭。

对于这个世界上人口最多的国家来说，1985年的第一个星期就这样开始了。6年前，邓小平出台了一些十分大胆、影响极其深远的改革措施，这些在共产主义国家尚属首创，目的是将中国变成一个强大的现代化国家。6年后，改革之风依旧强劲。至少到目前为止，他提出的改革政策颇受这个渴望繁荣的民族的欢迎。他的政策旨在将计划集中经济转变成更多地以市场为导向的经济。

"恐怕我们有些老同志有这个担心。搞了一辈子社会主义、共产主义，忽然钻出个资本主义来，这个受不了，怕。"邓小平在一次讲话时说。元旦这天中国的媒体刊发了他的讲话。"影响不了的。影响不了的。"

邓小平实际上是在中央顾问委员会1984年10月的一次会议上讲这番话的，但是此前讲话全文并没有刊发。中国的媒体将这篇讲话放在头版，显然是为了给改革注入更大的动力。"因为现在任何国家要发达起来，闭关自守都不可能，"邓小平在为他提出的与西方建立联系的政策进行热烈地辩护时说。"我们吃过这个苦头，我们的老祖宗吃过这个苦头。长期闭关自守，把中国搞得贫穷落后，愚昧无知。"邓小平说，只有通过吸收外资和进行外贸，中国才能完成这样一个伟大的目标：到2000年实现国民生产总值翻两番。

现在，邓小平的改革又在其他几个战线上向前推进了。邓小平在过去两年内的主要讲话在全国发行。这本72页的小册子名为《建设有中国特色的社会主义》，它强调了提高生产率是解决中国各种问题的关键。邓小平说，每名工人都应当"千方百计使国家繁荣昌盛起来"，因为"国家强盛了，一切都好办了"。第二天，赵紫阳总理在一次讲话时宣布，将会放松政府工作人员严格的工资体制以体现个人贡献。政府还计划于近期取消国家补贴，放开价格。所有这些政策都代表了邓小平追求的渐进改革中最彻底——也是最具冒险性的措施。

最激动人心的改革信号可能是来自1985年1月在北京举行的中国作协全国代表大会，这是中华人民共和国35年历史上的第4次，也是1979年来的第一次。代表们畅所欲言，讨论如何避免曾在中国引起的历次运动灾难的发生与出现。然而，引起人们最多关注的还是中共中央书记处一名高级官员胡启立发表的讲话。他告诉与会的800名代表，党相信＂文学创作要自由＂，《人民日报》报道说，一些代表高兴得哭了起来。尽管胡启立没有说明＂创作自由＂是什么意思，许多人还是从他的话中得到了安慰。

邓小平现在正集中精力将改革从进展良好的农村扩大到城市。1979年他为农民制定了一种激励机制。这种机制规定，农民只要将一部分粮食上缴给国家，其他部分可以在市场上交易。这些改革措施取得了巨大的成功：例如，稻谷产量从1980年3.2亿吨增加到去年创纪录的4亿吨。1983年，农民的人均收入翻了一番，达到112美元。

然而，这种兴旺并没有扩展到拥有绝大多数效益低下的大型国有企业的城市。去年10月，在一次党的会议上，与会代表批准了邓小平提出的一项决议。这个决议详细阐明了一系列雄心勃勃的改革措施，这些措施的目的是为了使城市经济重新充满活力，并给工人提供一些动力。这个计划要求国营企业事实上的自治，对它们征收公司税，并大量减少中央计划。最为重要的是，这个计划为对国家补贴的商品实行价格改革做了准备。邓小平已经打算取消占了国家每年966.3亿美元预算几乎一半的财政补贴，让价格随市场因素变动。

许多中国人担心，由于实行这一政策，像大米和布料这样的基本生活用品的价格会飞涨。受打击最重的是这个国家的8000万城市工人，他们比农民获取额外收入的机会还要少。＂全体中国人现在都在谈论这个＂，一位在北京一所重点大学任教的英国教师说。赵紫阳驳斥了价格即将上涨的谣言，称它们为＂街谈巷议＂。但是，政府并没有透露怎样和何时放开价格，这一点只会使消费者更加紧张。

如果价格真的上涨，中国不得不对付大规模的通货膨胀，民众的抱怨就会使当局实行的改革政策受到批评与阻力。尽管还没有党内官员公开批评过这项宏伟的计划。邓小平的计划要运转，就需要懂管理技术和才智超群的人员来管理。然而，中国共产党的4000万党员的很大部分连小学都没有上完。

中国未来的领导人现在正在出现。去年12月的一次党的会议上，邓小平夸奖了一些年轻成员。邓小平还宣布，明年9月份将召开共产党代表大会，选举50名新成员进入346人的中央委员会。这次预料中的整顿目的是为了给更年轻、思想更开放、受教育程度更高的官员让出位置，这些人可能会拥护而不是抵制改革。现在政府还计划裁军和招募有文化的年轻人而不是提拔政治上可靠但没有文化的军官，从而将人民解放军改造成一支更为精干、更为职业化的作战力量。

邓小平显然在试图确保改革能够继续下去。最近几个月，他对外国访问者强调说，他提出的对西方开放是中国对外政策的一个永久性特征，而不是一时的突发奇想。但是，如同新年突然刊发的讲话所显示的那样，邓小平也感到，想在城市实行改革，还需要一点新的个人推动。

做成买卖的眼力

"有你们的技术和我们的勤劳，我们就可以击败日本人。"中国官员自信地这样说道。他们正在奔赴西欧和美国寻求现代科技以拉动他们已经陈旧的经济。在许多中国城市和省份，当地政府官员已经开列出众多需要现代化、扩大规模或者需要寻求外国资本合作伙伴的行业的名单。他们的需要包括一切可以想象到的东西，上海需要浴缸和真空吸尘器，而浙江的一个沿海城市需要一支深海捕鱼船队。

在华投资倾向于谨慎。"我们经常不得不强调我们的投资回报，"中国国际信托投资公司的一名执行总裁解释说。"在华投资一定要符合我们国家的经济计划。"中国努力吸引外国投资的主要目的是为了现代化。中国政府的贸易代表说："我们国家对现代科技的需求是巨大的。我们正在寻求合作项目以推进中华人民共和国有计划的工业化进程。"

在他们到处奔走的过程中，中国人很快就找到了破产的公司，这些公司可以用比较便宜的价格收购下来。克特·斯坦豪森是一名杜塞尔多夫的顾问，他一直就西德的潜在投资向来自天津这个工业城市的代表提供建议。他说："这样的公司对中国人来说是天上掉的馅饼，很受他们欢迎，因为它们以低廉的价格提供了现代化的设备和技术。"目前，中国的技术人员正在西欧拆卸两家破产的公司，并将拆下的零部件打包准备运回天津。一家公司是设在慕尼黑的藏达普摩托车公司，1977年它处于巅峰时曾生产了115000台摩托车和4万台发动机。这家公司的市场被日本竞争对手吞掉了，去年夏天申请了破产。在伊朗买主没能达到最终期限后，中国插手进来，两天之内就用530万美元敲定了这宗交易。他们希望最终能够实现年产摩托车20万辆。

北京已经给了天津和其他13个沿海城市在寻找和购买新的工业方面很大的优惠。例如，天津可以无须得到北京的批准，就可以在一个项目上花费3000万美元。去年秋天，天津的政府官员还花费300万美元购买了位于法国阿尔萨斯·洛林省瓦尔蒙城稍显陈旧的宝克内克冰箱厂。如同在藏达普一样，中国的技术人员正将这家工厂拆卸，然后在中国重新组装。他们希望到明年可以开始在天津生产40万台新冰箱。

中国人最近还在奶牛、自然资源和高科技公司方面投资。去年8月，7名中国农业专家花了一个月的时间调查了西德的奶牛养殖场。在他们此行结束之时，他们购买了400头以产奶量高而著称的霍斯坦奶牛，将它们用大型喷气式客机运到北京附近的一家奶牛养殖场。中国政府还花费大约4000万美元在华盛顿州购买了两块尚未采伐过的林地，现在它正在调查阿拉斯加的渔场和林地，加拿大的碳酸钾矿和铜矿，还在提议同一家澳大利亚公司联合开发西澳大利亚的一个铁矿。

去年年底，中国购买了两家美国高科技公司的股份。一家是自动数字有限公司，这家公司位于纽约的霍珀格，专门制造电子设备。另一家是桑太科公司，位于新罕布什尔的阿默斯特，专门生产供个人电脑使用的点矩阵打印机。自动数字有限公司已于1983年申请破产，在经过重组之后，正在找寻买主。"我们一致决定不跟共产党人做生意，"自动数字公司的前任主席和执行总裁华伦·伯里蒙说，"但我们是现实主义者，这是我们生存下去的唯一机会。"

伯里蒙说，这次交易"对中国人来说是一笔只赚不赔的投资。他们买下了最新的科技，他们买下了技术，他们买下了一家有着良好声誉的公司，而且他们花钱很少。"这家价值150万美元的公司现在由北京第一机械设备厂和它的合作伙伴香港苏桑托集团共同管理。去年，南京电信投资大约200万美元，买下了桑太科公司19%的股份。桑太科负责销售和宣传的副总裁约翰·蒂根说，这样安排对于中国人来说，"是一种边听边学的做法"。

而中国的技术人员开始学习生产流程，以便最终能在中国建立自己的工厂。新来的中国伙伴非常努力地培养厂里的美国工人对他们的好感。中国官员向自动数字有限公司的员工送圣诞贺卡。在桑太科公司，中国工程师在过去的4个月里一直和桑太科的员工生活在一起。自动数字有限公司的销售经理玛丽·普拉说："我们刚开始听说中国人要接管我们时，我们以为这是个玩笑，大家都很焦急。现在大家则是充满了希望，坐观形势的发展。这要么就是公司的新开端，要么就是它的末日。"

西方商人对于中国人有没有训练有素的人员和技术让复杂的高科技工业设备在中国产生效益持怀疑态度。在和中国的贸易官员共事6年之后，西德的斯坦豪斯说，这种担心是没有根据的。"永远不要低估中国人，"他说，"对他们来说，未来已经开始了。"

在华犹太人的希望

在中国中部偏东的开封市（人口45万）一条没有铺柏油的住宅区小街南传经路上，和平经济建设开发有限责任公司正准备营业。北京决定允许开办私营企业之后，在最近几个月，涌现了大批公司，这家公司就是其中之一。但是，这家仅有9名员工的公司并不想赢利，甚至不寻求顾客。经过官方的同意，这家公司正在起草建立一座博物馆的计划。这座博物馆是为了纪念中国历史上几乎被遗忘的一段历史——也是这个国家今天最独特的少数民族：犹太人。"我觉得犹太人是一个民族，"公司的创办人，62岁的赵平禹（音）说，"当我见到外国来的犹太人时，我会自然而然地感到与他们有一种亲缘关系。"

今天，开封的犹太人只有数百名，但是过去曾经有上千人。他们大部分是商人，唐朝（618－907）时从波斯和印度来到这里。元朝马可·波罗来到中国的时候，他听说北京、杭州和泉州有犹太人。那时的其他记录还提到广州和昆明有犹太人。尽管14、15世纪时 少数其他城市建立了犹太人社区，但是，曾作为宋朝都城的开封的犹太人社区是最大的。开封的犹太人由7个家族组成，他们的名字都是皇帝钦赐的。他们念诵规定的日常和安息日祷辞，严格地庆祝宗教节日，遵循饮食禁忌，创办希伯来语学校，实行割礼。这一切都是在与犹太人世界的其他部分长达几个世纪的几乎完全隔离中进行的。

1642年，黄河泛滥，冲毁了他们面向西冲着耶路撒冷的犹太教堂，自那以后，开封犹太人的命运急转直下。教堂后来又重建了，但是，19世纪50年代时，又被洪水冲毁。到那时，开封的犹太人社区同化程度已经很深——中国尽管历史上一贯排外，但是对反犹太主义却知之甚少——社区的成员已经在减少了。导致这种现象的原因有通婚，成员进入学者——官员阶层以及缺少拉比。一些犹太人转而信仰同属于一神教而且禁食猪肉的伊斯兰教。因此，犹太人有时又被称为"蓝帽回回"（以区别于传统的戴着白帽的穆斯林）。重建教堂缺乏资金，最终教堂的木头和石头被卖掉换成了食物。在当年的地点上，现在有一栋3层楼的红砖建筑，里面安着一座医院的锅炉。19世纪末，新教徒和罗马天主教教徒拯救了教堂的经卷和祷告书。这些圣物现在被保管在以色列、加拿大和美国的图书馆里面。

到20世纪初，开封的犹太人社区只保留了两项传统的犹太教习俗：不食猪肉和在吃羊肉时，剔除筋腱。后一习俗起源于约伯和天使摔跤的故事（《创世纪》32：24－32）。因为这一习俗，中国剩余的犹太人又被称为"挑筋教"的信徒。1966—1976年的"文化大革命"给犹太人又带来新的威胁。赵平禹此前已经开始为研究中国的犹太人收集材料，在他被下放到农村接受"再教育"期间，红卫兵毁坏了或是偷走了他的材料。尽管赵平禹下定决心建造一座犹太人博物馆，他对《圣经》几乎完全不了解，而且从来没有见过大烛台。但是，他记得父亲和祖父讨论过犹太人的节日，以及不加盐和发酵粉烤制面包的习俗。"他们想庆祝逾越节，"他回忆道，"因此，当中国人庆祝阴历新年时，他们就把羊血涂在门上。"曾经矗立在那座犹太人教堂里的显著位置，为了纪念中国犹太人社区历史上的重大事件的两根石柱，现在就存放在开封一座现有的博物馆破旧的仓库里，处于一种半受保护的状态之中。它们周围是落满灰尘的菩萨和古董。"每年的旅游季节，总有两三群美国犹太人大会的会员来这儿参观这些石柱。"一名管理人员说。赵平禹计划为自己的博物馆制造这些石柱的复制品，他希望这项工程能最终导致一座新教堂的建立。开封市市长已经原则上同意了这些计划，尽管资金问题是一个很大的障碍。赵平禹预计所有资金将只能来自海外，但是他还没有开始募集资金。他和开封另外一名杰出的犹太人，62岁的石中玉（音）都很急切地宣传他们先祖的风俗和信仰。但是，眼下他们的活动还只是局限于纯粹的历史事件。

李荣新是元朝时开封7大家族之一很少的一个直系后代。20世纪20年代时，他上过一所犹太学校。1949年共产党执政之前，他去了上海的一座犹太教堂。"我还是犹太人，"现年75岁的李荣新说，"我想去犹太教堂，我想更多地了解犹太教。"李荣新唯一的宗教禁忌是不吃猪肉，他感到同开封的其他犹太人隔离开了。他们意识到彼此的身份，但是许多人不愿意承认他们的血统。"对于那些分散在中国的犹太人来说，"李荣新说，"称自己为汉族人要比其他少数民族引起的麻烦要少。"

尽管开封的犹太人社区没有公开的宗教信仰，剩余的风俗也非常少，但是，中国政府已经将犹太人视为一个正式的少数民族，在他们的居民身份证上注明了"犹太人"。按照规定，这一称号所带来的优待之一是不受中国严格的计划生育政策的管制。另外，他们可能很快就能重建他们的教堂，所有这些都给了开封的犹太人新的希望：他们多年的衰落最终结束了。

掏外国人的腰包

国际上的一大谬见是认为中国是个生活费用不高的国家。实际上，官员们显然认为，用所能设想出来的赚钱法去赚外国人的钱是光明正大的。

例如，一张火车票，外国人付的钱就比中国人要高170％。飞机票和旅馆食宿也收同样高的价格。

欧洲经济共同体最近的一份报告认为，北京对外国人来说很快要成为世界上花费最大的首都。欧洲经济共同体的这份报告说，这里的外国人购买的商品和服务的质量很少高过第三世界的水平，但是付款却同纽约和巴黎一样。官员们对这种价格政策并不表示遗憾。他们的论点是："你们是外国人，你们出得起钱。"

大多数学中文的学生学会的第一句话是"你好吗？"但是在目前的中国，一个外国人更可能听人问他，是否愿意搞一点黑市外汇交易。

在外国游客经常光顾的广州、上海和其他大城市，交易一般是用人民币换美元和港币。

然而在首都，往往是用外汇券做交易。这是中国政府用来兑换"外国朋友"手中外汇的有价证券。中国需要用外汇来实现现代化。普通中国人手中有了外汇，能够买到人民币所买不到的重要商品。

所有这些都是非法的。然而搞这交易的相当普遍，尽管差不多每个街角都有一个警察，两个街角之间还有几位警察，每个使馆门口和旅馆入口处都有门卫，然而这些都不起作用。

一个外国人，如果在北京一个主要的外交人员居住处附近散步的话，那么不管白天黑夜，他都得迎战一些老老少少的中国人，这些中国人唯一能讲的英语就只一句话："换钱吗？"

有些人骑自行车追上来，有些人从胡同中蹦出来，有些人在人行道旁以做小买卖作掩护。经常，香蕉小贩是最常见的做这种生意的人。在目前这段时间，香蕉小贩卖起了柿子，但是他们真正的生意是买卖外汇券。

对这些马路小贩说来，不幸的是，政府明文规定外国人差不多要每件东西都得付外汇券。所以外国人无多大兴趣用外汇券来换人民币，即使兑换率为2:1也如此，外国人能用人民币买的东西是汽油、邮票、土产、毛式制服、宽松便服和帆布鞋。

如果说在北京旅行是件难以忍受的事，那么乘坐中国民航的班机就实在是件令人担心的事了。

中国民航因其工作人员粗鲁、班机经常取消，以及可能是世界上机场行李传递最慢的国家而闻名。大多数中国人都是很友好的，并且总愿意使人满意。但在中国民航的订票处，你根本找不到彬彬有礼的踪影。

民航似乎决心保持它那世界上最少安全感的国家之一的名声。今年1月中旬一架客机在济南坠毁，这是中国民航局3年中宣布的第4次重大坠机事件。

中国正在期待外国人来中国旅行，以便赚取外汇来帮助它实现雄心勃勃的现代化计划。

去年，将近90万外国旅游者前来中国，为它增加了15亿美元的硬通货储备。大多数人对游览公认的名胜之地是很满意的，这里就有长城、紫禁城、上海过去外国人的住地、西藏，以及长江三峡。

但现在，中国正在试图搞收费极贵的高尔夫休假、滑雪休假，还有最近的打猎旅行等项目，以此来吸引游客。不过看来，这还为时过早了一些。

几项小的调整

当去年中国出现发售彩票现象的时候，人们是带着无法比拟的热情参加这种活动的，因为，35年前共产党政府成立以后就禁止进行赌博。一些地方政府起初是为了征集资金，结果这种活动很快被用来资助各式各样的项目。

发售彩票的做法完全适应于去年10月中国决定在几年的乡村经济改革取得成功后又把经济改革扩大到城镇地区去的形势。

彩票是中国在经济发展道路上明显放慢步伐的牺牲品之一。近几周来，中国一些高级领导强调要反对几种"不健康的倾向"，他们认为，这些"不健康的倾向"是由于过分看重市场调节作用造成的。这些弊端包括：黑市上的货币交易、投机倒把、向工人滥发奖金和虚报产量等。这些都是党的纪律检查委员会归纳的"新形式下出现的8种歪风"中的典型表现。据说，这8种歪风是由于最近突然实行权力下放造成的，它们使中国领导人感到烦恼。

政府企业所得的利润既不存入银行也不搞再投资，而经常是作为奖金发下去，有些个人则把钱放在褥子底下，不能有效地加以利用。具有讽刺意味的是，几年来官方在赞扬农村改革时曾部分地鼓励过这些做法。像"豆腐大王"和"养鸡皇后"这样的超级生产商被树立为新制度的榜样。"豆腐大王"靠大豆发了大财，"养鸡皇后"从养鸡中获利18000美元，马上购买了一部日本产的小轿车。中国领导人认为，公开赞扬给预期的工作以奖励使人们对前景所抱的希望迅速膨胀起来，以致使共产主义思想受到忽视。

即使主要负责中国经济改革的中国领导人邓小平也开始号召要加以限制。他在1935年3月的一次讲话中警告说："我们所采取的开放政府，目的都是为了发展社会主义经济，而不是把中国变成资本主义经济，社会主义公有制始终是经济的主体。社会主义的目的就是要全国人民共同富裕。"为了支持恢复纪律和提高急需的收入，政府已经采取了一系列措施，显然是要纠正改革过头造成的影响。

有一批人过分热烈欢迎这种资本主义的方式。中国银行行长在向他和他的高级经理人员每月定期发放奖金并擅自向职工发工作服之后被撤职。已经查出国营企业和政府机构发放奖金"过头的"，要求职工退回过头部分。在东北本溪市附近的138个国营公司总共发服装5万套，价值516万元，政府在发现后，已设法追回一半多。在甘肃省凡奖金超过正式工资两个半月者，一律缴纳特别税。

然而，即使在一个难以预先知道什么时候会发生突然变化的国度里，这些公开的警告和采取的限制措施仍不足以表明是方向上的变化。其中一位观察家说："目前纠正的只是一些过分热情的小事。改革者们认识到，他们过去步伐快了些，现在他们自己正在把速度放慢到可以控制的程度。"

江南命案谜团及宣判

审判开始前一小时，成群的武装警察便做好了准备，以应付聚集在台北市中心那栋灰暗的法庭建筑外面的人群。只有那些佩戴专为这次审判发放的特殊徽章的人经过搜身之后才允许进入法庭。台北市政府采取了史无前例的措施让外国记者熟悉台北的司法体制，以避免他们对市政府的立场有任何误解。台湾的竹子帮头目，41岁的陈驰力在8名警察的护卫下走进法庭，他和另一名被告35岁的吴屯一起站到了法官席前面。陈驰力和吴屯以及被认为逃亡到菲律宾的童奎森一起被指控谋杀了美籍华人作家亨利·刘。去年10月，亨利·刘在加利福尼亚达利市的家中被枪杀。

随着法庭审判开始，陈驰力声称是台湾情报局局长王时林中将下令他杀掉亨利·刘的，因为这名作家是一个双重间谍，既为台湾工作，又为中国大陆工作。陈驰力很谨慎地说，王时林先告诉他，"教训一下亨利·刘，因为他在自己写的东西里面说我们国家和蒋经国总统的坏话。"陈驰力接着说，王时林在吸收他从事情报工作之后，在一次训练课上会见了他，王"告诉我一定要干掉亨利·刘，因为他受过训练，成为一名地下间谍，但是他现在成了叛徒，背叛了我们"。但是，陈驰力坚持说，他并没有打算干掉亨利·刘。原因是他已经调查过亨利·刘的背景，发现"他的父亲被共产党枪杀了，母亲是饿死的"。陈驰力说，他对亨利·刘的"不幸遭遇"深表同情。

晁昆衡（音）法官早些时候已经私下问过王时林，他说这位情报局长否认了曾下令暗杀亨利·刘。但是，王时林承认曾经见过陈驰力，因为他相信这位黑帮头目可能会对情报收集有用处。这名中将和其他两名情报局官员目前已被军方扣押。外交部长楚复三（音）已经保证"很快"就会起诉他们。

亨利·刘1949年离开大陆来到台湾。1967年他到了美国，此前他可能接受过训练，以刺探中国大陆的海外活动。据说他是一个双重间谍，同时为台北、华盛顿工作。尽管情况如此复杂，依照台湾法律，他被谋杀这桩案子的焦点可能只是两名黑帮成员的罪行。

然而，有关黑帮和高级官员勾结的证词对政府的形象产生了负面的影响。原告认为，陈驰力"一心想巩固不断扩大的帮派的力量"，因此他显然设计好了与王时林见面。王时林曾是前任总统蒋介石的助手，与蒋氏家族关系密切。情报局愿意招募黑帮成员的做法招致了批评。国防部长宋昌弛评论说："一个严重的错误。"

晁法官会怎样处理陈驰力和被扣押的军官相互矛盾的证词将会在很大程度上决定这次审判的可信度。1985年3月下旬，法庭休庭，人们的推测集中于几个尚未回答的问题。为什么情报局开始要招募陈驰力？亨利·刘到底得罪了谁，谁下令枪杀他的？最后一个问题，台湾的军事情报网络在多大程度上受政府的控制——以及在多大程度上受平民司法的制约。

人们的期待在不断增加，1985年4月中旬，台北地方法院一个由三名法官组成的小组宣判台湾竹子帮前头目陈驰力和成员吴屯犯下了谋杀罪。去年10月，他们在加利福尼亚达利市亨利·刘的家中枪杀了他。庭长程春佳（音）解释说，法庭没有宣判他们死刑，是因为被告已经坦白交代了所有情况。这两名被告被宣判终身监禁。几天后，台湾的一个军事法庭结束了就控告国防部情报局前任局长王时林中将和他的两名助手下令暗杀亨利·刘一案举行的听证会。

台湾政府似乎正在让满心疑虑的公众——以及密切关注事态的美国当局——感到满意，让他们相信自己将会使出铁腕来处理这桩引发巨大争论的案子。然而，上面的两件事并没有解决围绕亨利·刘被杀而出现的许多问题。

这桩谋杀案被广泛理解为对其他美籍华人的警告，让他们不要批评台湾政府。无论是民事法院还是军事法院都没有从这桩案子的被告身上得到进一步的发现。对陈驰力和吴屯的审判只持续了9个小时，对王时林和其他情报局官员这样的关键证人的取证都是私下进行的。法庭基本上没有调查其他政府官员是否也被牵涉在内。即使是这样，终身监禁（尚待上诉）的判决在台湾还是相对比较严厉的。陈驰力在台湾差不多成了一个民间英雄。一名美国官员尖锐地批评了审判程序，称它反映了台北和华盛顿之间的"观念差距"。"我们想要的是能够得出一些清楚的答案的全面调查，"他说，"我们还没有看到这样的调查。"

亨利·刘的遗孀海伦也对这次匆忙的审判进行了批评。"我并不想对杀人凶手进行额外的惩罚，因为我知道他们只是奉命行事，"她说，"但我的确想知道真相。"在旧金山，她的一名律师哲罗姆·加奇克称这次审判是一场闹剧。他说："这是一桩公然的国际恐怖主义案件，可是美国政府竟然对此无动于衷。"加奇克还批评了美国没有要求台湾引渡两名被告。

王时林和陈驰力都承认讨论过"亨利·刘的问题"，但是王时林否认了陈驰力说的他曾下令黑帮暗杀这位作为情报局线人的作家。在重新构建亨利·刘的死因的过程中，庄三名法官组成的小组似乎回避了王时林的责任。根据它的说法，当一位双方的熟人想把这位黑帮头子介绍给情报局长认识时，陈驰力抓住这个机会"为他的政府做点事情以赎回过去的罪孽，并得到情报局的保护，以免因为是竹子帮成员而受到惩罚。"在后来从事情报活动的过程中，王时林说，他向陈驰力提过，"他正在想办法阻止亨利·刘"出版关于王时林的"不利情况"。法庭最后说，陈驰力"相信，通过采取行动对付亨利·刘，他能够赢得王时林的支持，因此他提议干掉亨利·刘"。同时，王时林在为自己辩护，"也许我应该为这桩谋杀案负一些道义上的责任，"他说，"但是，从法律上讲，这是黑帮头子陈驰力的个人行为。"

减缓改革步伐

4月的北京迎来了春天。天安门广场上的排列成行的红旗在充满芳香的空气中猎猎飘扬，一溜飞驰而来的崭新的出租车停在人民大会堂入口，车上下来了参加中国的立法机关——中国人民代表大会六届三中全会的代表。然而，在会堂里面，赵紫阳总理向2712名代表作了长达15000字的开幕报告，他宣布北京政府即将恢复5个月前刚刚放开的一些经济控制政策。

全国的电视和广播都播出了讲话片段。这次讲话可能是一次坦率的检讨。赵说，自从1978年政府开始放开被官僚体制窒息的国民经济以来，经济建设取得了"令人满意的巨大成就"。但是，去年10月开始的改革导致了工资失控，物价暴涨，贷款增多。邓小平3月对此提出了严厉批评，作为对他的响应，赵特别提出了"不良行为"急剧增多，包括贿赂，囤积居奇和向工人滥发奖金。

改革的目的是为了向以经济不景气而著称的中国城市注入活力。北京希望，通过改革，能够给国家的2亿工人带来一些自由企业的激励。在过去的5年内，8亿农民已经尝到了这种激励带来的好处。这个计划提高了许多工种的工资上限，允许许多工业品，以及食品和住房的价格随市场因素变动。恐怕最引人瞩目的改革措施是北京决定国营企业保留一部分利润，不用将它全部上缴给国家，以增加再投资和工人福利计划。

但是，中国的许多商人和官员似乎并没有明白自由市场体制的细微之处。赵紫阳说，货币供应失控是"一个严重的问题"。在过去一年中，这个问题加快了通货膨胀这个螺旋的旋转。1984年中国工人的总工资上涨了21%。实行改革措施之后，工资涨幅最大的一次——46%——是在第四季度。

赵紫阳似乎负有间接责任，因为他允许政府控制的中国银行和管理国内银行业的中国人民银行在过去一年里向国家经济注入了大约95亿美元资金。事实上，发行的这些纸币大部分都用于了银行贷款，1934年，银行贷款增加了28.9%。赵紫阳指责说，增长的背后是盲目的乐观：国家新政策规定，银行过去的贷款业务是确立未来贷款分配额的基础，银行正好利用了这一政策。"因此，"赵紫阳说，"有些银行官员忽视总体利益，竞相提供贷款，以增加以后的信贷基数。"企业也有类似的政策，工资标准和以前的工资额挂钩，它们也"盲目提高工资，发放奖金……以提高工资基数"。

北京已经采取措施控制那些犯错误的银行家和商人。在过去的一个月里，中国银行和中国人民银行的行长已被解职，这显然与他们滥用改革措施有关系。2月份以来，政府已经从流通领域回收了相当数量的纸币，这一举措减缓了贷款发放，帮助控制了通货膨胀。

赵紫阳暗示，最近还将有更多的规定出台。在新规定之下，任何一年工资总额超过国家规定上限的企业将要缴纳附加税。同样，工人工资超过一定数额也要缴纳个人所得税。赵紫阳说："为了减少人为的高工资和高福利，'大锅饭'的平均主义做法将被废止。从7月份开始，工资将同'具体工作、责任和贡献'挂钩。"

赵紫阳还表示，政府将对价格上涨实行更加强硬的政策。为了控制贷款和流通中的现金，政府将指示中国银行和它的分行实行统一的信贷和金融政策，每一分行的现金都要封顶。政府机关必须缩减10%到20%的行政开支，停止用公款购买冰箱、电视机和其他高质量消费品作为福利发放给员工。赵紫阳说，对于一般消费者来说，政府将恢复旧有的市民预订消费品的"预售制"。倒买倒卖从中获利的做法将被严格禁止。

赵紫阳在他措辞强硬的讲话过程中，数次被热烈的掌声打断。看起来，那些由省市地方党员干部选举产生的代表们懂得，政治局为了实行改革而严厉批评滥用改革措施的行为是很认真的。本周（1985年4月），人大将批准一项新的预算，讨论遗产法草案——这是1949年共产党掌权后的第一个此类法案——并将通过一项决议。根据这项决议，1997年香港摆脱英国殖民地身份重新获得主权后，至少将保持资本主义50年。到5月初为期15天的会议结束之时，改革的官方步伐可能会减缓下来。但是，改革的领导人可能仍然保持乐观。赵紫阳说："中国变得繁荣富强，中国人民变富裕的前景是极为光明的。"

进来的摇滚

令人眼花缭乱的聚光灯闪耀着，一群衣着华丽的歌手和乐手在几名穿着十分暴露的黑皮裙、跳着探戈舞的伴舞者的引导下，有节奏地转个不停。两名来自英国的带着孩子气的摇滚歌手边走边唱。这一幕是人们很熟悉的：英国的流行组合威猛乐队的音乐会。但是，他们却不熟悉音乐会的举办地——北京工人体育馆。1985年4月，这个乐队的中国之行（这是有影响的西方摇滚组合第一次访问中国）遭遇的大体上只是6000多名中国观众的礼貌和迷惑。

观众有10多岁的少年，也有高级官员。他们中的大多数人只是面无表情地观看演出，在一个半小时的演出过程中坐在硬座椅上一动不动。稍微投入一些的听众用手指拍打着大腿，或者轻轻地摇头。在听完包括威猛乐队的《走之前叫醒我》在内的流行歌曲之后，一名年轻的中国音乐系学生发表了她的看法："这场演出只会让人发疯。"

但是，观看了演出的几乎4000名外国人中（绝大多数是学生）的许多人却没有这样的拘束感，他们吹口哨，欢呼，甚至在过道上跳舞。少数大胆的中国人也加入到了他们的行列中，穿着绿色制服的警察大为惊恐，不住地将他们赶回到座位。这些模仿西方人的丑角几乎得不到那些表现良好的观众的同情。"一群流氓，"一名27岁的中国大学生嘲笑说，"像这样吵吵闹闹根本没有必要。"

在威猛乐队飞往广州举行第二场演出的过程中，一名乐队成员进行了更为怪异的表演。飞机起飞后15分钟，一名后备号手突然发疯，将一把小刀捅进腹部。然后他闯进机舱，飞机被迫暂时俯冲，后来警卫人员制住了他。

威猛乐队中国之行的一个令人遗憾的影响可能是激化了围绕最高领导人邓小平提出的对西方文化"开放门户"的政策的争论。批评家越来越多地告诫人们，文化进口会导致"精神污染"。但是，对西方文化的需求却是难以满足的：迪斯科舞狂潮正横扫全国；北京电台每周都要播出长达一个小时的当代西方音乐；5部美国影片，其中包括《星球大战》和《挖煤工的女儿》，正在许多城市上映。

威猛乐队的音乐会是政府从去年开始实行新的宽松政策的一个重要标志。仅仅5年前，摇滚乐还被斥责为"腐化堕落"，被称为强奸、卖淫和吸毒的根源。但是，邀请该乐队来华的全国青年联合会的一名官员对威猛乐队的音乐的评价是，"对年轻人很有益"。

美国军舰访沪

去年8月美国海军部长约翰·莱曼访问北京的高潮是签署了一个允许3艘美国驱逐舰于今年某个时候访问上海的非正式协议。自从1949年之后，这还是美国军舰第一次进行这样的访问。现在，共产党领导人胡耀邦披露，这3艘军舰将不会携带核武器，这进一步损害了本来就已经伤痕累累的将美国、澳大利亚和新西兰结合在一起的太平洋共同防卫组织，因为美国拒绝在组织内的停靠港实行不准携带核武器的限制。

胡耀邦的话是中国第一次公开承认这次计划好的访问，他的讲话正好发表在动身访问澳大利亚和新西兰之前。当记者问他美国军舰将携带核武器还是常规武器时，他说美国已经同意军舰上不携带核武器。

仅仅两个月前，新西兰首相戴维·兰格拒绝美国驱逐舰"布查南"号访问新西兰的港口，因为美国不肯做出这样的保证。由于兰格的拒绝，美国取消了6次在南太平洋和新西兰进行的联合军事演习。难道美国要在核武器问题上不肯对同盟让步，却要对中华人民共和国让步吗？美国国务院说，不是这样的。4月，国务院发言人爱德华·杰雷吉安说："我们没有像媒体报道的那样对中国人做出保证，说计划访问中国的军舰不会携带核武器。我们在军舰访问这个根本问题的政策仍然是不变的：也就是，我们既不确认，也不否认我们的军舰上有核武器。"

然而，五角大楼和北京的官员暗示说，双方可能确实已经达成默契，军舰不会携带核武器。但是，鉴于美国的现行政策，海军部不可能明确地说出这一点。在华盛顿，一名海军部军官抱怨说："中国人公开讨论这个协议，等于是泄露了协议。"

美国的高级军官对于将美国与中国的协议和美国对新西兰的立场进行比较的做法大为光火。"中国不是太平洋共同防卫组织的成员，"一名官员说。在新西兰，政府在胡耀邦访问前夕的反应比较低调。政府"很有兴趣地"注意到了胡耀邦的话，副首相杰弗里·帕尔默说。他还补充道，如果反对核武器这个问题出现的话，他会很高兴同北京的共产党领导人讨论他的政府对此的政策。

现在邓小平和他的助手们认为应该抓住时机更进一步，全面实行市场体制。根据1984年年底通过的一项规划，国有企业也可以实行承包制。中央虽然制定了宏观的生产目标，但是只能直接分配一定数量的生产原料，只能按照固定的价格出售一定数量的工厂产品。国家允许，甚至要求企业管理者自己联系原料供应商，自己决定除了必须卖给国家的产品外还生产什么，可以浮动的价格自由寻找买主。国有企业要上缴55％的企业所得税，其余的利润归其企业所有，用于再投资、给职工发放奖金、补贴住房、医疗、娱乐等社会福利。企业的大部分投资仍旧由国有银行提供，不过厂长们必须通过竞争贷款，还要支付5％的利息（20世纪70年代末的利息率只有1％）。

......

这是西方极具典型性的一幕：成千上万的工人被警告说，他们的公司处于困境中，他们的工作面临危险。但是，这次的一幕不是出现在底特律、曼彻斯特或里尔，而是中国东北的沈阳。去年市领导将3个亏损企业的工人集合起来，给他们下了最后通牒：要么就赢利，要么就让企业破产。如果工厂不能产生足够的效益以还清它们的贷款，政府就要卖掉它们，并解雇员工。

......

08 >

风云人物：邓小平

自1927年以来，《时代》周刊每年都选出在前一年中对世界事态发展产生过最大影响的个人、民族和事件——不管好坏。在今年选择第五十七位"当年风云人物"时，编辑部考虑过诸如强有力的苏联新领导人戈尔巴乔夫，南非反对种族隔离政策斗争的代表人物、狱中的黑人领袖曼德拉，为救济非洲饥荒灾民募捐而举行义演的歌星鲍勃·格尔多夫以及恐怖分子等重要风云人物。编辑部最后决定超脱日常新闻而考查对历史具有巨大潜在影响的现象：中国彻底的经济改革。这场改革向马克思主义的正统观念提出挑战并解放了10亿人民的生产活力。中国领导人邓小平由于实行这些具有深远意义的变革而成为《时代》周刊"1985年风云人物"。

邓小平早在他领导世界上人口最多的国家掀起一场大胆的改革，建立了一个几乎全新的社会之前，他就丧失了一只耳朵的部分听力。今年81岁的邓小平曾经偶然拿这部分听力开一些适当的玩笑……他其实很明白中国目前实行的体制与传统的马克思主义者（尤其是苏联领导人）所信仰的许多原则不同。邓小平的改革试图把两个看起来水火不容的体制融合起来：国有制与私有财产，国家计划与市场竞争，政治专政和有限的经济文化自由。毋庸置疑，无论是西方世界还是共产主义世界持怀疑观点的人都感觉他似乎想把共产主义和资本主义结合起来。

这还是一个风险极大的赌注，其中涉及的各种因素水火不容，邓小平大胆的尝试可能会导致一场经济混乱，也可能将中国带到一个也许即将到来的辉煌世纪。但是，1985年邓小平再一次表示出他要把改革进行到底的决心。邓小平在拥有中国80%人口的农村进行的改革已经基本上完成，随后他开始集中精力改变中国的城市，要求国有企业的领导效法如饥似渴地追求利润、重视革新的资本家，这项任务似乎更为艰巨。

到20世纪末，第二次革命的第二阶段能否改变中国20世纪以来一直极端落后的现状，完成邓小平的理想，这是大家都在猜测的话题。第二阶段改革的起步有些困难，又遭遇了比第一阶段农村改革更多的反对意见。但是如果成功的话，这场改变将带来世界范围的巨大而深远的影响。

到那时，历史上一直担心东南边界受中国威胁的苏联将面对一个在共产主义指导下国力大增的邻国。世界各地的共产主义，尤其是第三世界国家，将看到一种不同于失败的苏联模式的马克思主义。包括台湾、韩国在内的中国在远东地区的地区和邻国将发现以前的政治对手变成了贸易伙伴，昔日的经济弱者变成了强有力的竞争者。或许，更重要的是，美国其他西方国家将发现它们的敌国，世界上第三个共产主义国家的神圣信仰已经演变成一种可以与西方共处的制度，尽管不会在所有方面，但是在某些方面，西方还要为之喝彩。

邓小平已经比世界上任何国家的领导更深刻地改变了人民的日常生活。相隔短短几年，再次访问中国的外国人几乎不敢相信他们来的是同一个国家：粮食市场储备丰富，经营自由，农村处处是干净整洁的农家小院，繁荣的乡镇企业层出不穷，从外国引进的东西各种各样，从计算机技术到摇滚乐，都是中国人以前闻所未闻的。邓小平持续推行的改革计划，将更加深刻地影响历史的进程。

在所有这些动荡不安的重大事件和现象中，只有戈尔巴乔夫上升为苏联领导人这件事的重要性可以和邓小平在中国推行的改革相提并论。虽然戈尔巴乔夫在就任国家最高领导时出尽了风头，其后，他与里根的高峰会谈又占据了电视和报纸新闻的头条，但是到年底为止，他对历史的影响还没有发挥出实际作用。与其生气勃勃的个人魅力相比，他对苏联外交和内政政策带来的变化真是相形见绌。尽管戈尔巴乔夫和邓小平一样把促进经济发展、提高人民的物质生活水平作为自己的首要目标，但他的行动过于谨慎，与之相对照的是邓小平已经在中国实施的更为激进和深入的改革。1979年华盛顿同中国全面恢复外交关系时任美国负责东亚事务的助理国务卿理查德·霍尔布鲁克说："邓小平所做的是世界上其他领导人没有做过的事业。"

戈尔巴乔夫、邓小平和几乎每个共产主义国家的领导都面临一个相同的基本问题。中国共产党总书记胡耀邦1984年接受意大利共产党《团结》日报采访时说："十月革命（1917年的十月革命使苏联成为共产主义的老大哥）已经过去了60多年，为什么社会主义国家的发展还没有超过资本主义国家？到底是什么出了问题？"

1978年，邓小平第三次复出，走上领导层之后不久，就勇敢地提出国家控制这个制度本身有问题。他马上着手把它改造成人们以前从未见过的形式，这种制度刚刚建立，还没有统一的名称。外国分析家常常称之为"市场社会主义"，一些中国人说它是"商品经济"。邓小平的说法是"具有中国特色的社会主义"。他很著名的一句话借用了一个我们熟悉的比喻，不管白猫黑猫，抓住老鼠就是好猫。

邓小平改革的精神实质是解放个体的生产积极性，在中国社会，个体主义的概念是有贬义的。他首先在农业部门展开改革。即使在共产主义世界而论，毛泽东对中国农业的集体化改造也是很极端的。公社按照国家的指令种植作物，收获全部上缴国家分配。报酬按"工分"核算，同生产没有关系。比如，农民种植水稻，积累了一定数目的工分，但是无论最后的产量是高是低，他的报酬都不会有什么变化。

邓小平改革了公社制，代之以承包制。虽然土地仍归国家所有，农民（主要是个体家庭）可以向国家租借一块土地。租金的支付方式是按照固定的价格向国家出售一定数量的大米、小麦或其他粮食。一旦农民完成了这个义务，他要种什么作物就可以自己决定，还能在自由市场上不受价格限制地出售作物（尽管国家对某些价格的波动范围做了限定）。

最初的租期大多是两年或三年，现在通常延长到15年，牧场的租期甚至是30年。1985年出台的法律规定租期可以继承。农民有了牲畜，富裕的还买了农用机器，过去两年中，拥有拖拉机的人数从9万增加到29万。尽管国家保留了取消一个农民家庭的租期，把它租给他人的权力，却很少行使。农民们逐渐把土地当作自己的，好像自己完全是主人那样来使用土地。

国家允许，更确切地说，鼓励农民在国有的土地上盖造私有房。中国农村的道路两侧堆积了很多盖房子的砖块，有的农民甚至花钱雇人盖房。而在毛泽东时代，许多农民要住在集体宿舍，在公社食堂吃饭。现在仅仅在生活方式上发生的变化几乎就称得上革命性了。

改革的结果是意义重大的。中国农民勤劳致富，1978年以来，每年的粮食产量增加8%，是前26年增长率的2.5倍。产量增加的同时，品种也增加了。除了大米和小麦，中国人饲养的家禽和猪增加了（中国是世界上养猪最多的国家）。据加拿大地理学家瓦克拉夫·斯米尔估计，农村改革最大的效果是平均来看，目前的食物为人体的正常生长和健康提供了充足的能量和蛋白质。对于一个在4000年有记载的历史中经常遭遇饥荒的国家而言，平民百姓终于可以吃饱肚子了。

私有企业是农村改革的副产品。邓小平和他的助手担心取消人民公社后，大批无业农民会流落到城市，那里也没有工作让他们干。20世纪70年代末开始，国家允许个体农民和农村集体开发副业，收入归自己所有。

经济体制在变化

私营企业和集体企业虽然发展迅速，却仍旧是相对比较小的力量。据最近的统计，1060万家登记的私营企业销售额80亿美元，雇用了1500万工人，也就是中国非农业劳动力的4.5%。大约170万集体企业雇用了1亿工人，在某些省份，集体企业成了主要形式。然而，全国85000家国有企业雇用了绝大多数的劳动力，工业产量占中国的4/5。以前，国有企业一直按照毛泽东从斯大林那里搬来的体制运作：所有的原材料由北京的各个部门分配，投资由上面制定，企业的产品种类、产量、销售地和销售价格都由国家决定，国家还决定工人的工资、工种，企业的利润全部上缴国家，损失也由国家补贴。1984年，上海的一个厂长说他不必请示上级而可以自主批准的金额只有33美元。

早在1979年，邓小平政府就开始调整这种体制了。强调重工业的斯大林模式的"五年计划"被终止了，国家把大量资金用于电冰箱、洗衣机和电视机这些消费品的生产。一些控制逐渐开始松动。1982年，北京不再指定所有的衣服式样，由市里的工厂自己设计。尽管中国80%的人仍旧穿着毛泽东时代的宽大衣服，却有不少人穿上了牛仔裤、西装、裙子和高统皮靴。

现在邓小平和他的助手们认为应该抓住时机更进一步，全面实行市场体制。根据

1984年底通过的一项规划，国有企业也可以实行承包制。中央虽然制定宏观的生产目标，但是只能直接分配一定数量的生产原料，只能按照固定的价格出售一定数量的工厂产品。国家允许，甚至要求企业管理者自己联系原料供应商，自己决定除了必须卖给国家的产品外还生产什么，可以浮动的价格自由寻找买主。国有企业要上缴55%的企业所得税，其余的利润归其企业所有，用于再投资、给职工发放奖金、补贴住房、医疗、娱乐等社会福利。企业的大部分投资仍旧由国有银行提供，不过厂长们必须通过竞争贷款，还要支付5%的利息（20世纪70年代末的利息率只有1%）。

政府公开宣称改革的目标是把直接下达生产指令的"行政计划"改为松动的"指导计划"。北京国际研究中心主任宦乡说国家计划"……打消了企业和工人的积极性和创造性，把一个本来富有生机的经济搞得萎靡不振。中央集权程度越高，制度越刻板 制度越刻板，工人就越懒惰；工人越懒惰，生活就越贫穷"。企业管理者现在和西方资本家一样需要面对利息率、市场需求、价格和利润。国家不再收取企业所有的利润 也就不再补贴企业的损失。而国家的规划制定者明确指出他们准备让效益不好的国有企业破产。

这项雄心勃勃的计划刚开始时有点混乱。1984年年底，国有银行滥用国家新近赋予它们的权力，任意贷款，中国人民银行不得不命令它们停止贷款。工厂老板则普遍抱怨他们必须征得地方党政机关的首肯才能行使1985年国家授予他们的权力。邓小平第一次决定大大削弱成千上万的国家、省级和地方党领导的权力和特权，这些人已经习惯对企业施加生死予夺的大权。可以想象的是，许多人即使没有完全阻碍改革，也在拖拖拉拉，不执行中央指示。

此外，广大群众也有反对意见。为了给新生的市场体制创造生存空间，国家取消了对粮食、服装和公共产业的补贴，逐渐放松了一些工业品的价格。由此产生了资本主义的毒瘤通货膨胀。1985年年初，有些城市的粮食价格上涨了35%。国家不断给工人增加工资，减缓了通货膨胀的恶果。可是，持续上涨的物价仍旧在普通人中间激起了怨言，尤其是那些老年人，他们对1949年共产党取得政权前发生的恶性通货膨胀依然记忆犹新。

但至少这种体制比共产主义世界的其他体制能更好地和真正的、发展成熟的资本主义合作。中国历史上有人热切主张向外面的先进国家学习，有人封锁国门，这场论争持续了几个世纪。邓小平则打开国门，进口诸如机器、如今随处可见的录音机和便携式音响等各种商品。他毫不忌讳历史给中国留下的记忆，宣布对外资实行"门户开放政策"。

然而，中国的大门还没有完全敞开。更恰当地说，邓小平的政策是一个气门，通过它中国吸收了一些精心挑选的外资。尽管如此，至1984年年底，已经有2000多家外国公司在中国投资。投资者大部分是在亚洲发财的海外华人，还包括70家美国公司，67家日本公司，42家英国、西德和法国公司。当前的发展趋势是由中国国有企业和外国公司合资组建企业。仅1985年上半年，就有687家合资公司注册，几乎和1984年全年注册的合资公司一样多。北京甚至还允许94家外资建立自己的独资公司。这些外资有明尼苏达矿业制造公司在上海附近独资建设的3M中国有限公司，生产绝缘磁带和其他产品。

引进外资、技术和管理方法是为了加快中国的现代化建设。为了完成这个目标，中国建立了4个经济特区，在那里外国投资商进口原材料和半成品时可以享受特殊优惠条件，雇用工人也能享受一定的优惠。还有许多投资商把外国真正的或所谓的生活享受带到中国：快餐、可口可乐、皮尔·卡丹的时装展览、高尔夫球场、游乐园，甚至还在北京开设了闻名遐迩的巴黎马克西姆餐厅的分店。

最近，邓小平承认经济特区这样的展示性项目还没有显示出价值。不过，他总体上依然对外资和外国的商品持欢迎态度。"有人说我们不应该打开窗户，因为开了窗，苍蝇和虫子会飞进来，"他10月份时说，"他们要把窗户关起来，这样我们都会由于缺少空气而窒息。但是我们要说，开窗呼吸新鲜空气，同时打苍蝇和虫子。"

人民生活水准上升

邓小平奉行的外交策略似乎是：努力和所有国家搞好关系，使国家能够集中精力搞经济发展。中国已经谨慎地和苏联恢复了贸易、文化交流。北京不遗余力地向亚洲的非共产党国家证明中国愿意成为它们和平的邻邦。

这种不同任何国家发生冲突的政策所取得的最辉煌的成就是1年前与英国签订的协议。根据这个协议，中国政府将在1997年对香港恢复行使主权，同时保证香港高度开放、自由的资本主义制度至少50年不变。现在北京正在推出比"一国两制"更宽大的政策作为台湾问题的解决模式，在此之前，北京曾威胁用武力收复台湾。北京提出不仅可以允许台湾保留资本主义的经济制度，还允许其拥有独立的武装力量。到目前为止，台湾方面还不买账。邓小平急于扩大贸易，增加海外投资，他正努力使中国成为非共产主义世界经济体制的伙伴。1986年，北京希望申请成为关税和贸易总协定组织的正式成员。关贸总协定有90个成员，监控着世界贸易的规则。

邓小平的经济政策而非外交政笫使之彪炳史册，具有同样历史意义的是中国已经转变成一个致力于稳定的国家。邓小平不惜一切来保障经济改革的成功，极力主张不管理论依据是什么，也不管有没有充分的理论依据，经济改革都会成功。到目前为止，经济改革基本上是成功的。

无论用什么标准来衡量，中国仍旧是个贫穷的国家。邓小平的目标是到2000年把人均收入提高到800美元。与1980年人均300美元的水准相比，这个标准足以使中国跨入中等收入国家的行列。不过，在1982年中国人的平均收入还很贫穷。去过四川省的人注意到不少农民还在使用木头轮子的手推车，用木犁耕地。就是在这个国家，博物馆的展品显示早在2000年前的汉代人们就开始使用铁犁了。

但是，对许多中国人而言，生活水平提高了。工业品和农产品的产量都增加了。1935年年初，工业品的年增长率达到了23％，政府担心速度过快，便下令放慢速度，以防造成物资短缺和通货膨胀恶化。在毛泽东时代，中国消费者梦想购买的"三大件"是：自行车、手表和缝纫机。现在的"三大件"是电冰箱、洗衣机和电视机。"想想看吧，"一位西方外交官说道，"住在贵州省中部的人现在能看到晚间新闻，看到贝鲁特和纽约的电影。而3年前，居住在对面山上的人他们还一个都不认识。"

邓小平说："一些人要先富起来，然后其他人再跟着富。"邓小平们精心为之提出了依据：通过自己劳动得到的财富本身没有错，马克思谴责的是靠剥削其他人劳动得到的财富。用从前的一句口号来说就是"致富光荣"，作家奥维尔·谢尔曾把这句口号作为他的一本书的书名。

中国的知识分子正在进行激烈的论争，讨论什么符合马克思主义的基本原则。企业出售股票符合马克思主义原则吗？一位理论家回答说符合，只要股票是被职工买去。如果是集体企业的话，被乡邻购买（事实上，一些企业已经开始出售股票了）。企业职工和乡邻们可以相互买卖股票吗？"这还有待研究。"一位专门研究马克思主义思想的社会科学家甚至说，既然马列主义是科学，那么非党内人士也应该有重新审视它的权力。他说："科学属于大家。"

奇怪的是，捍卫马克思主义纯洁性的莫斯科没有像人们预料的那样对邓小平的改革表示反对。他们私下里害怕如果改革成功，中国将会成为更强大的军事威胁。但是在公开场合，苏联的报纸杂志报道中国的经济发展，只发表了温和的原则性疑虑。苏联如果希望和北京继续搞好政治关系，必然不能指责北京的改革。莫斯科的一位亚洲外交官说，苏联人"还想给自己留下选择的余地，万一5年后，他们也想亲自尝试一下改革。苏联人可能不会把资本主义引入经济特区，但他们可能对受一定控制的市场体制感兴趣。"

高度工业化的苏联会从以农业为主的中国学到什么东西吗，苏联官员对这个想法嗤之以鼻。但是他们至少对中国的改革很好奇，从某些方面看，他们对此很感兴趣，尽管他们不愿承认这一点。阿切尔·丹尼尔斯·米德兰公司（美国一家经营农产品的大公司）董事长德韦恩·安德烈亚斯经常到中国来。他1984年去莫斯科，同当时主管苏联农业的戈尔巴乔夫私下谈了两个小时。"他对我告诉他的关于改革的事非常好奇，"安德烈亚斯回忆道，"他尤其想知道中国与外国公司建立的合资企业是如何运作的。"

世界对"改革"的态度

意大利共产党领导赞扬中国提出了苏联模式的马克思主义为什么会在经济上失败这个正确的问题，东德的官方报纸《新德国》上刊登了一篇非常赞成中国改革的文章。

南斯拉夫社会科学家、目前在美国做访问学者的斯维多扎·斯托贾诺维奇甚至还说　在许多人眼里，中国已经成为共产主义世界的新先锋。　更令人吃惊的是罗马尼亚布加勒斯特大学社会学教授西尔维·布鲁坎的观点，罗马尼亚是华沙条约集体中与莫斯科正式结盟的国家。布鲁坎在美国的《世界政策》上撰文说如果中国建成了现代化经济，　克里姆林宫即将面临一个戏剧性的选择：要么墨守成规，越来越多地依赖军事力量施加影响，要么勇往直前，剧烈地调整经济政策和全球战略。共产主义运动领导权的问题将由苏联所做的选择来决定。　

　　布鲁坎和西方分析家一样，相信中国现代化建设的成功必将　引来一大批追随者，尤其在第三世界　。许多非洲和亚洲领导人都把马克思主义当作重要的反殖民思想，但是又怀疑苏联的模式能否行得通。非洲的马克思主义者提出了　非洲社会主义　，认为只要符合一党专政，什么都能接受。中国的榜样很可能使他们相信，不必照搬苏联的模式也能发展经济，而且在理论上仍旧是马克思主义者。

　　但是在亚洲还有两个复杂的因素。一些国家，尤其是印度尼西亚担心一个强大现代的中国会使它们沦为政治附庸。还有一个更加直接的考虑：中国已经成为环太平洋地区处于工业化进程中的台湾、泰国、新加坡和韩国的强大的经济竞争对手。不断增长的农产品产量使中国成为粮食的净出口国。玩具、石油等其他各种产品的出口量也在增加。低工资使中国可以与任何发展中国家展开价格竞争。此外，中国还为发达的贸易伙伴提供了一个潜力巨大的市场。

　　美国要竭尽所能开放对中国出口商品的市场，为中国进入世界贸易体系排除各种干扰，这是符合美国的利益的。但是包括美国在内所有的工业化国家的保护主义者给政府施加了压力，要做到上述两点也不容易。其中一个引人瞩目的事件是以佐治亚州众议员埃德加·詹金斯命名的詹金斯议案。詹金斯议案要求限制来自中国和其他亚洲国家的纺织品进口数量，并且在国会两院得到通过，但是里根把它否决了。

　　然而，对中国在世界上将要发挥的作用的种种推测都建立在两个关键的先提条件上：邓小平的改革继续并且推广下去，还要在一个相对短的时期内产生预计的效果。可是，目前看来两者都无法肯定。

　　邓小平自己的决心是毋庸置疑的。　这是中国唯一的出路，　他对《时代》记者说，　其他路只会走向贫穷落后。　在共产党9月召开的一次会议上，许多改革的支持者被提拔到党和政府的中高级职位上。……

　　更深入的问题是邓小平和他的下属能否进一步解放市场，使之正常运作。66岁的沃纳·格里希是西德的一名经理，受聘管理武汉一家国有柴油发动机厂。他发现这个工厂和许多中国工厂一样，人员严重过剩。　如果我辞退700人（总共2140人），我们的产量还是一样多，质量则更好，因为我们的资金多了。　他说。但是他失望地辞职了，因为管理者不允许他辞退职工，不允许他实施他认为必要的改革。　铁饭碗　，即终身雇佣制这一毛泽东时代的传统依然根深蒂固。

上海的一位高级经济干部这样解释为什么至少要保留一些生产配额："我们当然不能给每个工厂都放权，让它们想生产什么就生产什么。如果所有的服装厂都生产牛仔裤，没有一家生产上衣，那该怎么办？"资本主义的回答是自由的价格体制会防止出现这种现象。牛仔裤的价格下跌，上衣的价格飞涨，许多牛仔裤生产商会丧失全部财产，他们会乐意转向生产上衣的。但是中国的改革者们看起来不愿让价格自由浮动，用这种方式指导投资决策。

最棘手的难题是中国能否取得邓小平努力创建的相对自由的经济，同时不削弱马列思想对政治和社会的控制。

1986年的深圳

《时代》周刊的长篇文章记录了正在发展中的深圳。

想象一下白手起家建设一座城市。想象一下把海边的一片狭长地带，原先是种植水稻的水洼地和渔村，在短短几年内变成了大都市。深圳就是我们要说的这个城市。深圳市面积126平方公里，隔着一片蜿蜒曲折的水域和香港相对。高层公寓楼旁边是没来得及铺上柏油的马路，走路不小心的人要当心路上还未填上的沟壑。在中国最高的大厦 54层的国际贸易中心后面，堆积着挖掘出来的土堆。起重机的影子在空中掠过，空气中满是尘土，噪声比西方摇滚乐演唱会的音量有过之而无不及。自从1980年被北京指定为经济特区以来，深圳一直是中国的新兴都市。虽然在中国南部与它相邻的珠海、汕头和厦门也拥有前所未有的自由，可以吸引外资、引进技术，但它们的发展没有深圳这么显著。从1980年到现在，深圳的人口从3万增加到大约38万。深圳与外国公司签订了18C多份合资协议，价值7亿多美元。大约400名商人把深圳当做他们的家，还有300人正在来这里安家。深圳的平均工资是每月79美元，几乎是中国其他城市的2倍。

难怪中国的年轻人把深圳看作一块充满机遇的土地。我们以陈丽（音）和她的丈夫吴显兴（音）为例。几个月前，25岁的陈丽在一所外语学院教书，27岁的吴显兴是湖南省长沙市的一名工业设计员。他们对前途不满意，开始认真考虑有关深圳的传闻，听说那里工作机会多，工资高，住房充裕。吴乘火车来到450英里外的深圳，很快在一家电子工厂找到了工作。妻子陈丽讲一口流利的英语，被这家工厂聘为翻译。今年夏天，他们移居到深圳，没有懊悔没有遗憾地开始了新生活。"物价虽然高了一点，但我们的工资也高，"陈丽说，"我们住得很舒适，也喜欢自己的工作。总之，我们喜欢这里。"

然而，对中国领导人而言，这个短期内建成的城市不是昙花一现的成功。深圳仍然在发展，但不是沿着北京制定的方向。去年夏天，邓小平表达了对深圳未来的担忧。他没有像往常一样赞扬深圳的进步，而是把它描述成一项"可能失败"的"实验"并说："我们希望深圳成功，但是如果失败的话，我们可以从中吸取教训。"

需要吸取的教训已经很显而易见了。深圳的低税收是为了吸引美国、日本公司，以及香港和海外华人来投资。但是大约90％的投资来自香港和澳门。更令人失望的是外国投资商没有把资金用于建设新产业，而是大部分用于建设公寓、办公楼、酒店和娱乐场所。

中国领导人渐渐明白了，1997年将回归祖国的香港同胞把深圳当作了附属的休息地和游乐场。许多香港人给大陆的亲戚购买住房，亲戚们从中国当局得到许可，搬到深圳居住。每个星期，27万左右的香港人来到深圳探亲访友，观光旅游。他们最喜欢去的地方是海洋世界和游乐场，游乐场有单轨缆车和双路过山车。1984年，深圳6.66亿美元的税收中，旅游业和零售业占了1/3。工业虽然也在发展，在整个经济中占的分量却不够多。深圳没有像北京所希望的那样吸引高科技公司，而是生产服装、塑料制品和流水线的电子产品。一位香港官员说："香港投资商在这里建起的更像一个迪士尼乐园，而不是中国技术发展的温床。"

经济自由使深圳变成了一个现代大都市，在这里金钱是至关重要的。去年，警察驱逐了500多个乞丐。他们中的一些成年人把儿童组织起来，派他们去火车站乞讨。现在深圳最流行的消遣似乎是玩钱，把港元抛出去使官方汇率上涨。

一些香港官员认为中国政府发展深圳是别有用心的，因为深圳与香港的新界相邻，可以作为窗口向人们展示1997年香港回归后还能保持自由贸易的制度，给那些易变的投资商一颗定心丸。就这个目的而言，深圳确实慢慢给香港人注入了信心，但也给邓小平的批评者提供了口实。他们指责深圳给国家的其他地方造成人才流失，改革也带来了"文化污染"的后果。为了防止其他地方的人涌入深圳，政府在深圳和广东省接壤的边界上修了一圈铁丝网，还有一条巡逻路，路边安装了弧光灯。

北京政府正在采取措施控制深圳的发展。高科技公司可以暂时免税，为了减慢楼房建筑速度，那些买了住房却不住的人要缴税。政府将发现很难给已经释放出来的经济热潮降温。在一个人人都慢条斯理，对时间十分慷慨的国家里，深圳人却行色匆匆，别具一格。"门铃一响，我就颤抖，"一位读者给深圳的青年报写道。他接着诉说了朋友的来访如何打乱了一天的安排。中国人对深圳的发展寄予了过高的期望，即使深圳由此陷入了颓势，它依然能够得益于"说干就干"的激情而继续发展。深圳充满了活力，它需要把自己的活力引导到恰当的位置。

上海市长江泽民

今年夏天，当北京宣布江泽民将接替汪道涵出任上海市市长时，人们并不出乎意料。毋庸置疑，59岁的江泽民是个政绩卓著的领导。他在苏联学习过电气工程，精通4国语言。江在中国进出口管理委员会任职3年，多有建树，后来任电子工业部部长。但是，正如他本人第一个承认的那样，他从来没有管理过市政，更不要说管理中国最大的工业城市了（上海有1200万人口）。"我没有经验，"他的谦逊很令人欣赏，"我是个博而不精的人。"

上海的经济改革反应缓慢，中央政府为此大伤脑筋，这正是选择江泽民做上海市市长的原因。大概 3 年前，在邓小平的鼓励下，上海有了与外商做生意和吸引外资的极大自由，不用再首先征得北京的同意就能出口商品。中央授予上海可以与外国建立合资公司，筹集国际资金，为建设工程招标等特权。如果一切进展顺利，创汇额已经占全国 1/4，工业产量占全国 1/8 的上海将发生巨大的变化，兼具华尔街和鲁尔工业区的双重作用。

但是以前被普遍认为中国最进步的大都市上海在贯彻改革方面，已经落在北京、广州，甚至重庆和深圳的后面。深圳建成的合资企业比上海多（深圳 150 家，上海 90 家），面积只有上海 1/3 的广州拥有的私营企业比它多（广州 10 万家，上海 9 万家）。按这种速度发展下去，上海将面临失去中国商业和工业中心的传统地位的危险。"这里明显缺乏创造性和动力，"一位市里的中级干部说，"我们或许比较安稳，但是改革的步子太慢了。"

如果城市的建筑会说话，上海的建筑会证明他说的是正确的。当北京和广州为拔地而起的现代化宾馆和办公楼自豪时，上海还是一张黑白照片，凝滞在 20 世纪 30 年代。1949 年共产党接管政权前，矗立在邦德路两边的英国商行和银行依然如故，只不过现在看起来污浊陈旧，好像另一个时代的背景。

上海没有跟上邓小平的号召，其部分原因在于它不得不把许多精力花费在日常生活上。这是中国最拥挤的城市，面临严重的住房紧张问题。100 多万家庭住在狭窄的一居室里，没有基本的生活设施。有一户姓陈的人家，5 口人挤在一个房间里，屋里刚好能摆下几张床。他们和邻居共用一个厨房和走廊里的公共厕所。"我们总是互相碍事，"陈爸爸抱怨说。陈家的经济能力较宽裕，可以买得起大一点的房子（3 个孩子年龄在 19 岁至 26 岁之间，都有工作），但是没有房子可买。

街道上交通堵塞，黄浦江是个散发出恶臭的下水道。甚至上海的郊县在尝到发展的甜头后，也要讨价还价了。郊区的农民使用了化学肥料后，不再乐意收集城里人的粪便做肥料了。

上海能发展成大都市，是历史的偶然。这是个大海港，由此很容易进入中国内地，英国、法国和美国的商人正是看中这一点，才在上海建立各自的租界，经营了 100 多年，直到共产党取得革命的胜利。在殖民地时代，上海几乎没有中央计划，英法美 3 个租界的下水道系统各行其是，上海不得不费力地把它们连接起来。20 世纪 50 年代，毛泽东强调农业发展，忽视城市发展，上海的发展自然缓慢了下来。

从某种程度上看，上海过去建立的工业反而限制了它今天的发展。中国的其他城市可以造新工厂，上海则不一样，它已经有几百家老工厂，对它们很难实行改造革新。工人们几十年来习惯了旧的生产体制，因而不愿学习更有效率的新生产方法。"上海是个难啃的骨头，"市里一位领导说，"它庞大，傲慢，又陈旧。"

用这几个形容词形容上海6000人的官僚机构是很恰当的。政府机构有时好像在阻挠改革，而不是在促进改革。其他城市已经成功地分散了市政机构的权力，上海依然保持高度的中央集权。一位西方人这样形容臃肿的市政府："上海有聪明的脑袋，稳健的双脚，但是肚子太臃肿了。"厂长们抱怨市里要他们上缴的税收增加了，却不给他们权力推行改革，而只有这样才能完成市里下达的任务。"权利和义务应该结合在一起，" 一家灯具厂厂长牟德庆（音）说。然而行政机关似乎不喜欢邓小平改革所倡导的经济自由。"就业率是极其重要的，不应该掌握在厂长个人的手里，"上海一个经济部门的高级领导说。问题的症结可能在于邓的改革会削弱政府行政干部的权力。"如果让厂长决定工资、奖金，我们就会失去权力，"这位经济专家说出了心里话。

江泽民市长意识到不首先处理城市的问题，上海就难以实现邓小平的改革理想，江说首要的是"基础设施的发展和建设"。他的前任，担任5年市长的汪道涵向中央反映过上海的困难，使江泽民更容易实现他提出的目标。1984年年底，赵紫阳视察上海时，批评上海的经济发展太慢。汪市长回答这是由于上海几乎把所有的税收都交给北京，只留下14%。赵紫阳允许上海1985年留下23.5%的税收，1986年则增加到25%。

江泽民很清楚仅仅依靠制造业，上海将难以发掘它的经济潜能。中国各地都建设了工厂，上海不能再指望从遥远的省份获得生产原料。1984年年底，高级经济学家和规划制定专家为上海起草了发展的蓝图，重视高科技产业、银行业和远洋航运。2月，北京批准了一项地区性规划，把上海置于中国东部城市商品销售服务网的中心位置。一些上海人认为这个决定反映了中央相信上海能完成邓小平的殷切期望。

江泽民看起来对成功充满了信心。"遇到困难时，一个富有进取心的人应该勇往直前，毫不退却，"他挥动着手说。历史证明江泽民的乐观是有根据的：在过去的100年里，上海对经济刺激反应灵敏。20世纪20年代，上海的繁华使它赢得"东方巴黎"的美誉，现在它的风华虽然几乎荡然无存，但是在上海重要的购物街，繁华的南京路上，仍然能看见驱动它前进的精神。这里的商店以汇集全国各地的商品而驰名中国，购物者熙熙攘攘，人来人往。服装、鞋子和其他地方产品货源充足，还有索尼盒式录音机、卡西欧计算器。任何一个像上海这样繁荣昌盛的城市都有十足的把握预言邓小平的改革必定能取得成功。

渴望前进

下一代领导人将决定改革是成功还是失败。

1986年秋季，北京宽敞的人民大会堂里召开了为期6天的会议，中国领导人的交接班仪式开始了。中国政治发展的前途和经济改革的命运是最受人关注的议题。共产党代表大会结束后，131位高级干部同意从高位上退居二线，他们大部分是七八十岁的老人。这次大规模的退位是将近10年来党内最大的人事重组，为将要带领中国进入21世纪的新一代领导人的升起铺平了道路。

这场变动是目前悄然发生在中国的改革的一部分。工厂、农村和政府机关中，有抱负和改革意识的年轻人正稳步成长起来。与老一辈相比，他们受过较好的教育，热切地希望发挥自己的才能，勇往直前。在接下来20年左右的时间里，他们将决定着邓小平把中国建设成经济发达国家的蓝图能否实现。

刚刚进入最高层的技术专家型干部有57岁的李鹏，他被普遍认为是中国下任总理的候选人。李鹏是已故周总理的养子，是苏联培养出来的工程师，能讲俄语，当过中国能源部部长。

未来中国的政策将由这样的高级干部制定，年轻的专业人员将负责执行这些政策，37岁的唐艺盖（音）就是其中一位。唐高大强壮，说话速度很快，是新疆维吾尔自治区经济研究中心副主任。"文化大革命"时他是红卫兵。"那时人们的所作所为，今天想来都很懊悔，"他回忆说，"那是个动乱的年代。"

20世纪60年代的动乱过后，唐一头埋进书本，从知识中寻求解脱。他被经济学家的著作深深吸引，从卡尔·马克思到弥尔顿·弗里德曼都读过。1976年从新疆大学数学专业毕业后，唐成为"文化大革命"结束后中国第一位获得经济学硕士学位的人。他放弃了出国留学的机会，选择到政府部门工作。他说："我来自中国的边远地区，我想为祖国的发展尽一臂之力。"

36岁的潘伟明（音）历尽曲折，终于成为上海市宣传部副局长。"文化大革命"期间，他在中国中部的井冈山区种植稻米，经营一家小规模的杀虫剂厂。28岁时，他去北京大学学习中国文学。在校期间，他担任学生会主席一职。潘毕业后回到上海，在上海市宣传部工作，职位晋升得很快。"我和农民生活了8年，"他说，"亲眼目睹了我们国家是多么贫穷落后，这深深地震撼了我们，使我下决心改变中国的面貌。"

"文革"留下的创伤使一些年轻人不敢发表见解，担心他们可能成为将来某场政治变革的受害者。王力平（化名）亲眼看见他的父亲，一个大学教授，在"文革"期间被迫做了8年车工。王不想让人们注意自己，不过他希望去美国拿到管理学博士学位，然后边教书边做咨询工作。但是，王意识到他所学的很多知识依然不能付诸实践："在中国的大部分工厂里，我们学的关于任务设计、工作结构的知识都用不上。"

王的同学马彪（化名）1966年至1968年在农场工作，1970年大学毕业。去工厂干了10年后，目前他在一所小规模的西式管理学校学习。和王一样，马彪也怀疑所学的知识能否在实际工作中用到。他说："书本上的办法不管用，它没有告诉你在权力的压制下如何管理，也没有告诉你如何对待工厂的党委书记，因为书记仍然持有很大权力。"

随着事业的发展，马和他的同代人将不得不处理这类困难和担忧。然而，越来越多的迹象表明，中国年轻一代的领导人坚决拥护邓小平的改革。

中信董事长荣毅仁

在昔日资本家的领导下，一个经验丰富的国有公司在吸引外资。

去年夏天，在公共汽车和自行车的嘈杂声中，围观者惊讶地看着由20辆深蓝色凯迪拉克组成的车队驶入北京的繁华市区。这些豪华轿车内设酒吧间和电视机，是中国一家大公司最新的展示品。这家公司就是中国国际信托投资公司（CITIC），它在中国如同那些豪华轿车一样引人瞩目。这家国有公司用各种机智精明的方法来吸引外国投资者。这是共产党执政后中国机构第一次购买凯迪拉克。中信董事长荣毅仁在接收这批轿车时说："我们的外国客人希望能乘坐舒适的汽车。"

中国国际信托投资公司是在邓小平的亲自过问下于1979年成立的一家精英公司。邓提议绕开北京呆板的官僚机制，成立一种西方的投资银行公司。一头银发70岁的荣毅仁出任董事长。公司目前已经协助外国公司投资各种生产，从啤酒生产到煤矿采掘都有，还从外国筹集了上亿美元的资金。"中信给中国带来了新鲜空气，"卡姆斯基公司总经理弗吉尼亚·卡姆斯基说，这家贸易咨询公司在纽约和北京设有办事处。"你提出一项计划，中信的人会问适当的问题，你谈到投资回报时，他们也明白你的意思。"

中信很多的经营风格和资产都来自荣毅仁。他的经历和中国近年来的历史一样跌宕起伏。解放前，荣毅仁是上海的大工业家和副市长。他亲眼看着共产党执政后，他的工厂被收归国有。20世纪60年代的"文化大革命"期间，荣毅仁和夫人受到红卫兵的打骂，上海的家被没收，他被迫去打扫厕所。忍辱负重了10年，70年代末，荣毅仁终于公开恢复了名誉。现在他住在北京一所舒适的房子里。他说："长久以来我一直认为资本主义的经营方法对社会主义的企业也同样适用。"

为了使两种制度融合起来，荣毅仁召集了以前的资本家和才华横溢的年轻技术专家，组成中信的管理阶层。"我们接受一个项目前，要研究市场情况，"67岁的金旭平（音）说，他是中信的两个总经理之一。解放前，金在家族的保险、石油和烟草公司中学到了资本主义的经营方法。"文革"期间，他被送到农村，种植蔬菜，忍受了无数的政治训导。

自从1979年公司创立以来，中信很快着手发现在中国做生意的新方式。他们没有把投资仅仅局限在北京的"五年计划"项目上，这个富有革新精神的公司在全国范围内寻找有利可图的机会。注意到全国对啤酒的需求不断增加，中信同日本的三得利公司共同投资3000万美元成立一家合资企业。初步的成果令人鼓舞，产量将在接下来的两年内增长一倍。

中信同外国公司合作了各种各样的项目。目前，它和美国的集团企业比阿特丽斯合作生产包装食品，通过下属公司为联合技术公司销售直升机。此外，中信在纺织业、化工厂、机器制造业都有投资。它还是个主要的房地产开发商。去年夏天开始使用的 29 层的公司总部在北京市鹤立鸡群。中信投资的一栋 50 层的公寓楼竣工时，它的总部将不是首都北京最高的建筑了。

中信常常到外国资金市场为许多公司筹集资金。中信的股票已经在香港、日本和西德上市。然而，中国依然被封锁在美国的资金市场之外，因为它停止为 30 年代的铁路贷款支付利息。

去年 5 月，中信在曼哈顿的世界贸易中心设立一个 4 人办事处，直接和美国的银行、公司打交道。办事处由在哈佛大学受过教育的经济学家、56 岁的丁辰领导，事业欣欣向荣。丁辰不知疲倦地在美国各地奔波，联系愿意到中国投资的公司，那些金融家都敬佩地称他"奔波博士"。在华盛顿的一次聚会上，中信筹集了 6000 万美元的资金。丁在谈话中小心地驱散人们对中国未来的任何担忧。他说："中国的开放政策不是暂时的权宜之计。改革开放在本世纪不会变，在下个世纪的前 50 年也不会变。投资环境只会越来越好。"

北京的荣毅仁竭尽所能来保障这一点。他还有一个梦想，希望中国建立自己的股票市场。尽管现在看来这只是个遥远的设想，荣毅仁总能把他的设想变成现实。回首中信的开创性事业，荣毅仁自豪地说："我是按照自己的方式做出来的。"

私人保安出现

经过两年来的打击犯罪活动，几千名重犯已被处决。北京声称它正在赢得这场打击违法乱纪行为的斗争。根据官方的说法，自 1966 年"文革"开始以来，中国从来也没有比现在更安全一些。

然而，对许多试图在自由市场上赚点钱的中国人来说，这种说法倒会是个新闻。对他们来讲，犯罪分子的骚扰变得愈来愈厉害了，而不是减轻了。这种情况带来的一个直接后果是出现了私人保安机构。《中国日报》报道说，单是在广东省去年就成立了13 家这样的保安机构，雇用了将近 500 名穿制服的警卫人员。某城市的一个区雇用了私人保安人员在 14 个自由市场上巡逻，因为在这些雇来的保卫人员没有来到之前，有些私人商贩常受窃盗之害。作为一种附带的好处，这些保卫人员还把 1000 名无照商人赶出了这个区。这些保卫人员绝大部分是练过武功的复员军人。

依靠私人积极性来保护人民大众这种做法要是在以前一定会被认为思想上是有问题的。但是，由于现在强调自由以经营和控制公共开支，官员们希望私人机构能更多地挑起打击犯罪活动的担子。公民帮助政府维持公共秩序在中国并不是什么别出心裁的新想法，多年来，臂戴红袖章的民政辅助人员一直在帮助地方警察维持交通和控制拥护的人群。在大部分情况下，人们都不理会他们的指挥，事实上，中国人甚至经常无视正规警察的指挥。

对私人保安机构的仅有的限制，就是他们必须向政府登记注册，他们的保安人员必须受过法律程序知识的训练，必须着制服、佩证章。虽然雇用保安不能逮捕人，但他们可以扣住嫌疑犯，把他们扭到警方。单是他们存在本身就可以证明，他们的确能起作用，也可以证明政府几乎愿意试用任何办法来解决犯罪问题。由于北京去年决定到1986年年底复员100万军人，私人保安机构在招收新人方面估计不会有什么困难。

武器市场的谨慎买主

大宗买卖不容易成交。但是，1986年2月，来自16个西方国家和波兰的160家军工企业在北京参加了中国第一次大型武器展览，"1986年中国国际军事工业现代化博览会"。按照最高领导人邓小平四个现代化的计划，军队的现代化并非是优先考虑的。因此，一名驻北京的西方军事武官说："中国还不能够购买任何大型的武器系统，但是他们却到处逛得很多。"《纽约时报》的记者关注到了中国对于高科技武器的渴求。

但是，中国必须购买一些外国科技，以逐渐实现武装部队的现代化。2月初，美国国防部披露说，它将在中国批准之前，通知国会它将向北京出售价值5亿美元的电子设备。类似这样的军火交易的传言大大鼓励了在北京的军火交易商。参加武器博览会的美国航天工业公司营销部经理冈纳·库奇勒说："这儿的每个人都认识到，这是一个潜在的极其重要的市场。"

军火商们希望在这次博览会的直接影响下，能够和中国进行一些有限的交易：事实上，北京今年可能要为它300万人的部队进口仅仅10亿美元的军火。但是，中国对外国，特别是西方的军事科技仍然抱有浓厚的兴趣。原因之一是，中国军队正在逐渐摆脱毛泽东时代"人民战争"的游击战术，转而运用就地作战的战略，而这需要现代化的军队和精良的装备。

中国的军火出口业现在位居世界第7，排在美国、苏联、法国、英国、西德和意大利的后面。为了给现代化提供资金，这个行业每年从军火出口中赢利大约15亿美元。它的出口对象主要是第三世界国家，例如巴基斯坦、伊朗、阿尔巴尼亚、埃及和北朝鲜。它出口的军火包括F－6喷气式飞机（苏联米格－19的中国改装型）、T－59主战坦克、大炮和小型武器。这些武器操作简便，而且价格便宜。4月，中国将在深圳经济特区举办第一届军火出口博览会。

中国已经成功地削减了效益低下的军工企业，而且已经差不多完成了100万士兵的退伍。这些举措将使国家节省大量军费。国家敦促军工行业部管理下的军工厂将未得到充分利用的资源用于生产消费品：去年，这些军工厂产值的36％，大约8亿美元，都是来自像电冰箱、摩托车和为石油工业生产的设备这样的产品。到1990年，这个部下辖的军工厂产值的2/3都将来自民用品。

如果国会不阻止最近的中美军火交易，美国的承包商将在6年的时间内，提供50架

F—8飞机使用的电子设备，包括机载雷达、导航设备、机舱里的显示屏以及使飞机获得全天候作战能力的计算机。面对4500英里的中苏边境那边装备要精良得多的苏联空军，中国空军的当务之急是获得全天候作战能力。

在华盛顿宣布出售电子设备的一揽子计划之前，去年秋天，中国还向美国购买了价值9800万美元的设备用来更新炮弹生产技术。这次的电子设备交易还包括了几项提议，根据这些提议，经过许可，中国可以生产精确度极高的美国"陶"式反坦克导弹和MK46鱼雷。西方军事分析家一致认为，尽管要实现军队完全现代化还需要花费数十亿美元，中国显然已经为达到这一目标采取了谨慎的措施。

性在中国逐渐正名

珍珍疯狂地跳了一夜舞之后，在洗澡时，她的男朋友突然闯进屋内，使她遭到了不幸。李艳一直向往成为一名演员。一名诡计多端的男演员狡诈地告诉她，英格里·褒曼和索菲亚·罗兰把她们的一生乃至肉体都献给了艺术，这使她失去了贞操。

瞠目结舌的读者看到了中国政府正式出版的新书《姑娘，要警惕啊！》中这些告诫性的故事。通常板着面孔的新闻界正在越来越多地发表关于性的文章，这是表明性压制的一贯政策正在受到进攻的一个迹象。牵涉到性行为的犯罪率急剧上升，尤其是强奸案，有时把仅仅是诱奸的行为也定为强奸。离婚率也在上升。新华社的报道说，目前，"由于缺乏性常识引起的性生活的不和谐"使许多家庭的关系相当紧张。

各种杂志进行的民意测验表明，人们的态度正在迅速改变。就在1982年，在一次调查中，80%的被调查者认为，婚前的性行为是不道德的。而在1985年年底进行的民意测验中，持这种看法的人只有60%到65%。性压制在年轻人中比在老年人中更不受欢迎，这并不出人意外。在1985年秋对北京地区已婚者进行的一次调查中，30岁以下的人中只有一半反对婚前性行为，而50岁以上的人中有3/4的人反对婚前性行为。

在某种程度上说，这些民意测验的结果是政府下述决定所带来的产物，即通过允许新出版各种性生活指南和设立关于性知识和婚后生活教育的课程，使性这个概念跳出小框框。去年9月，上海办了第一所新婚夫妇学校，讲授两个星期有关性生活、性卫生以及避孕常识的课程。一些结婚多年的夫妇仍感到在这方面无知，他们也报名补习这些课程。上海400多所中学中有40所正在试验为十二三岁的学生开设含有性教育的课程。这些课程主要是讲授有关生理卫生和几个"性的道德观念"。把重点放在生理学上简直是不规范的。中国社会一向相当保守，连生理学课程通常都把性解剖的部分删去。许多新婚夫妇进洞房时只是朦朦胧胧地意识到他们该做什么。

尽管法律和习惯产生了一些降温的作用，但是无法约束的思想和行为也出现了，而且人们通常把这些思想和行为归咎于西方。许多中国人认为，西方人似乎受动物的本能所制约，不顾家庭的团结。尽管如此，更为开放的态度看来在继续出现。去年夏季，一向严肃的上海《解放日报》曾以不偏不倚的态度谈到处女失去贞操的问题，称之为＂不是好事，但也不见得是不可救药的坏事＂，这种态度使人们感到意外。像其他国家一样，中国认识到，那些旨在掩盖性行为的课程和书籍会助长这些行为。年轻的姑娘们正在读《姑娘，要警惕啊！》这本书，以得到性生活的告诫。

在中国成长

1957 年，一名中国诗人，同时又是知识分子的乐黛云在和丈夫从北京一座公园回家的途中，被一场春天的暴雨淋得浑身湿透。就在雷声电光之中，乐黛云灵感突发，写下一首歌颂暴风雨的诗，＂无论多么强劲，无论多么雄猛，＂她后来回忆道，暴风雨＂都会将人们从日常事务中唤醒，将他们提高到一个新的意识层次；它会清洗和更新一切事物，甚至我自己的心灵，我的灵魂，我的意志＂。

乐黛云很快就迎来了自己的暴风雨。第二年，因为有人说她有＂右倾主义＂倾向，她被称为＂人民的敌人＂，并被开除党籍下放农村劳动。多年以后，为了避免在始于 1966 年的＂文化大革命＂中遭受进一步迫害，她烧毁了自己的《致暴风雨》。尽管她记不清诗里的原话，但是她用这首诗的名字作为她的自传的题目。《致暴风雨》是乐黛云狂热的革命信仰和那些宣传革命的人对她的残酷迫害的一曲挽歌，尽管这曲挽歌有时显得很天真。

1931 年，乐黛云出生于中国南方广东省一个中产阶级家庭。17 岁时，她考进著名的北京大学，这是国民党统治时期左翼活动的温床；在那里，她加入了共产党领导下的民主青年团。1949 年人民解放军赶走蒋介石领导的国民党进入北京不久，乐黛云加入了共产党。她是一个模范党员，很快就因为她的杰出贡献而受到奖励；1950 年，为了纪念 1919 年反对外国干预中国事务的＂五四运动＂，北京举行了第一次庆祝活动，乐黛云作为大学知识分子的代表参加了庆典。后来，她又作为世界学生大会的代表去了布拉格。她最终成了北京大学文学系的一名教师。她相信，作为一名共产党的官员，她是有影响力的；作为一名教师，她是受人欢迎的。

因此，1958 年，当她被打成＂右派＂时，乐黛云大吃一惊。乐黛云犯的错误不过是计划创办一本文学杂志，这个计划从来没有实现。她被派到北京以西 30 里的斋堂公社，通过体力劳动去除自认为高人一等的想法。

在她的自传里面，乐黛云试图通过回忆总结教训，流放期间的严酷场景仍然在书中保留下来：文质彬彬的哲学教授被迫就如何杀猪发表讲话；将他们本来作为宠物来养的一只蟋蟀吃掉；饥饿的猪朝着一切可能的食物，包括人的粪便冲过去。从始至终，乐黛云总是拼命朝好的方面想，以支撑自己的信仰。可是，结果显示，仅仅有良好的愿望是不够的。

1960 年，她的＂右派＂称号被取消了。乐黛云被允许返回北京大学，但是她只能从事研究工作和一些副科的教学，还一直受到别人的批评。"文化大革命"开始后，学校生活被打断了，乐黛云和其他名声不好的知识分子被人交给一把扫帚，让他们打扫校园。在她工作的时候，孩子们嘲笑她，要求她高唱专门为"黑帮分子"创作的《狼歌》："我对人民犯了罪/我是人民的敌人/我知道我的罪/我要被党改造。"

她的家人的命运继续恶化。乐黛云16岁的女儿被迫和其他年轻人一起到了北方黑龙江省的一个军垦农场。她12岁的儿子是一个数学天才，可是，1971年，红卫兵决定在江西省仿照北京大学开办一所供农民上学的大学时，他不得不陪着父母前去。乐黛云的丈夫对自己作为一名哲学教授的前途感到担忧，于是开始为"四人帮"写宣传小册子——1976年"四人帮"倒台之后，这给家庭没有带来好处。

在北京外国语学院教授英语的卡罗琳·魏克曼将上面的回忆整理成了一本书。这本书使得乐黛云能够喋喋不休地讲述意识形态术语和她写过的诗，并将这些变成微妙而又亲切的段落——由于忧虑使奶水发酸而不能喂儿子吃奶，对于流产的负疚感，对女儿的初恋又甜又涩的回忆。

乐黛云的生活是被放在20世纪中国吵闹的年轻人中间的。从这个意义上讲，《致暴风雨》不仅仅是一名妇女成年的故事，也是一个国家走向成熟的故事。

耕地被占非常严重

农村耕地面积正在像沙漏里的沙那样慢慢消失。商用土地和建房用地的价格高得惊人，这可能是在城乡规划方面无法可依或有法不依。这是休斯敦的情况吗？休斯敦执行的就是对土地采取不干预政策，其结果已使得那里出现了要么好好利用，要么不好好利用，甚至很糟糕的局面。不过，这是中国农村的情况。据《中国日报》报道，中国每年要失去120万亩耕地，这是由于市区在向四周扩展延伸造成的。在受影响最严重的广东省，人均可耕土地面积只剩下1/8亩了，同美国郊区居民庭院所占面积大小差不多。驻北京的一位西方农业专家说："在中国，人民基本可保住温饱，但距丰衣足食仍有距离，因此不能那样浪费耕地。"《华盛顿邮报》的调查，同样表明了这一事件的严重。

由于中国的耕地面积只占全球耕地面积的7%，而它的人口却占全球总人口的23%，所以，中国感到担心是有道理的。这个问题是如此紧迫，以致全国人民代表大会估计在本月将通过一法律，将第一次对土地的使用做出规定。几项最根本的规定中的一项，就是将允许对工业和建房用地征税。农、牧、渔业部副部长相重扬（音）说："自1949年解放以来，在我们国家，对于非农业用地一直处于基本上免费使用的状态。这种做法不是合理使用土地。"

根据法律，中国的所有土地（它的所有农产品产量也一样）都是归国家或集体所有的。虽然一些农民愿意从事农业劳动，但其他人对搞事业，如建筑承包感兴趣。农民开始从事非正式土地交易，用土地去换钱。1984年，北京官方鼓励采取这样的做法，即允许农民长期出租土地（包括长期使用权），同时，明确准许个人之间可转让土地的出租权。这样做的目的是：把耕地集中在那些有更大兴趣耕种土地的人们的手里。

这项规定已经引起了某些出乎意料的后果。许多农民放弃农业，转而去从事其他工作，他们在那些本来用于播种水稻的土地上建筑房屋。去年年底，福建省共产党的"纪律检查委员会"严厉批评"某些党员干部在耕地上为自己建造舒适的住宅。"

这种放任自流的政策已经引起一场活跃的土地所有权的地下交易，北京的一些官员、农会的一些领导人，以及城市集体企业和国营企业的领导人也卷入了这场交易。去年进行的一次调查表明，贵州省的一个县有236户从事土地投机生意；参加这些交易的差不多都是党和各级政府的官员。例如，该县农业局的一名退休的副主任从一个农民手中买了1/8耕地来建房，随后他又从出售这些房屋中获利1875美元。

同样使当局感到不安的是在转让房地产方面煞费苦心地搞出的那些办法。北京出版的《农民日报》斥责说："在有些地方，（买卖土地）完全是按旧社会的那套方式进行的，买卖双方要在契约上签字画押……在买主讨价还价成交之后，他还要大摆宴席。"

打破"铁饭碗"

这是西方极具典型性的一幕：成千上万的工人被警告说，他们的公司处于困境中，他们的工作面临危险。但是，这次的一幕不是出现在底特律、曼彻斯特或里尔，而是中国东北的沈阳。去年市领导将3个亏损企业的工人集合起来，给他们下了最后通牒：要么就赢利，要么就让企业破产。如果工厂不能产生足够的效益以还清它们的贷款，政府就要卖掉它们，并解雇员工。1986年3月，北京《经济日报》宣布，其中两家企业已经免于倒闭，但是另外一家工厂，一个防爆设备制造厂很快就要倒闭，数百名工人将失去工作。于是，自从1949年建国以来，中国企业第一次被迫宣布破产。改革是必要的，因为负债累累的企业正在大量消耗政府资金。去年，超过20%的国营企业出现亏损，总亏损额比去年增加了7%。北京告诉地方官员，要想办法避免用政府资金支持亏损企业，如果有必要的话，也可以不顾一项核心原则：保持充分就业，或者通常说的"铁饭碗"。事实上，失业工人的队伍正在壮大：北京承认，360万工人正在"等待就业"。

沈阳是实行企业破产的试点城市，它所引起的反响是很广泛的，省政府和市政府控制着中国大多数集体企业。它们分配原材料、人力，批准技术革新，以及做出其他重要决定。即使是这样，北京还是正在起草一项法律，将破产确定为官方政策。制定它的依据是，管理人员和工人很害怕破产，他们会受破产法的激励，努力提高企业的经济效益。同时，政府还需要确保在价格和管理职责方面的其他根本性改革能够得到实行。

沈阳市已经计划关闭一家企业，这在工人和管理人员中引起了一场关于如何使企业走出困境的讨论。"实事求是地讲，对于工厂的困境我们自己也有责任。"《经济日报》引用一名工人的话说。沈阳一家即将倒闭的农机厂厂长郭良才向员工发出呼吁，要求提高效益，此后，该厂的生产和销售情况都得到好转。一家五金铸造厂的情况也已好转。

根据沈阳的临时破产规定，只有那些亏损额在一年内达到净资产80%的工厂才会被强行关闭。市政府要求企业为工人设立救济金，以免企业出现停产。经济效益好的企业将优先得到原材料和人力，亏损企业的员工如果将企业扭亏为盈，政府将提高他们的工资。

沈阳市前副市长李长春最早提出政府可以允许企业破产时，他的建议在市政府里面引起了轩然大波。一名反对者说："资本主义的玩意。"另一名反对者说："工人们能接受吗？工厂倒闭他们就会全部失业。"李长春为他的提议进行辩护说，那些常年亏损的企业的财政赤字"全部被记在政府的账上。表面上看，它们没有破产，但是它们已经让政府财政陷入严重的困难了"。最终政府里的反对派接受了他的这一观点，但是，中国的其他城市——以及工人们——是否会接受这一观点，还有待进一步观察。

蒋经国的继任者是谁？

中山会议中心位于距离台北市12英里的阳明山山顶上。那里气候凉爽，薄雾笼罩。1986年4月，大约1000名台湾执政的国民党党员在此举行了1984年以来的第一次全会。

在大会两年的休会期间，国民党领导层遇到了自己的挑战。一场金融丑闻使得卡西组织——一个从事银行业和制造业的私营企业集团——破产，两名内阁成员和国民党秘书长被迫辞职。台湾军事情报机构的成员卷入了1984年在旧金山附近谋杀美籍华人作家亨利·刘一案。一个富有攻击性的反对派不住地猛烈攻击蒋经国总统领导的集权政府。蒋总统现年76岁，兼任国民党主席。尽管出现了这样一些问题，代表们对为期3天的会议似乎还是满意的，这一点让人感到不安。国民党领导人并没有为党派注入新的活力，而是重申了他们的基本原则：从共产党人手中解放大陆，在国民党的统治之下重新统一中国。

这种自满情绪在蒋经国的开幕词里是很明显的。这次长达40分钟的讲话被国民党官员称赞为描绘未来的蓝图，其实大体上不过是重复了过去的立场而已。对于代表们来说，更让他们感兴趣的是蒋经国的露面。他年事已高，而且有严重的糖尿病，这使得人们对谁将成为他的继任者议论纷纷。尽管蒋经国讲话时语气坚定，走路也不用人扶着，他看上去还是比许多同龄人要缺乏活力。

由31名成员构成的中央常务委员会每个星期都召开会议，确定政府政策的指导原则。这一机构的组成通常可以大致上反映哪些人属于国民党的核心圈子的成员。现在，蒋经国做出了另一保持现状的举动，他只更换了4名委员会成员，加进了两名大陆人和两名台湾人，使得保守派牢牢地控制住这一机构。

常务委员会的成员顺序的排列往往反映了他们的地位。因此，人们密切地关注着顺序的排列，以期能够发现谁将会进入"集体"领导层，大多数分析家认为，这个人将会成为蒋经国的继任者。排在最前面的两个人是年事已高的政客，他们几乎没有机会继任蒋经国。排在第三的是63岁的副总统李登辉，如果总统位置出现空缺，他将自动成为总统。尽管人们从未怀疑李登辉将会成为总统，但是他可能只是一个有名无实而不是掌握实权的领导人，部分原因是因为他是台湾人。

　　排名较高的还有行政院院长，72岁的俞国华（排第六），尽管他由于卡西事件的影响而名誉受损，但是仍然深得总统的信任。然而，中央委员会里两名地位最高的军界人士排名却引人注目地低，这表明蒋经国仍然强调建立一支职业化军队。蒋经国的次子41岁的蒋孝武没有参加会议，去年2月，他被派往新加坡担任从事外侨服务工作的中级官员，大概是为了证明蒋经国说的他不会竞选总统的话。

　　经历了多年的独裁统治，许多市民对集体领导的前景表示担忧，主要是因为他们觉得集体领导将会使政府优柔寡断。另外一些人很乐观地谈到台湾最近发生的变化。"这个社会变得更加多元化，"政府研究开发评估委员会主席魏云说，"没有任何一个元素可以支配整个系统，就是政府也不能。"集体领导层能在多大程度上团结起来是另外一个问题，这要取决于领导层成员对大陆的威胁的认识有多么清楚。只要政府官员和党内官员认为台湾海峡对面的巨人对他们构成威胁，他们就会有避免重大分歧的巨大动力。

银行年会上的对抗

　　1986年5月上旬，亚洲开发银行的各成员国代表抵达马尼拉参加该组织的年会，他们肯定发现少了什么东西。以前俯视马尼拉海湾的12层楼高的银行建筑前面悬挂着45个国家的国旗，但是，现在只有45根光秃秃的旗杆。这些国旗是3月中旬中国成为这个组织的最新成员国后取下来的——亚洲开发银行成了第一个中华人民共和国和台湾的中华民国政府同时都派有代表的国际机构。这里就出现了一个问题：这两个政府都宣称是中国的合法代表，尽管它们不反对对方成为这一组织的成员，它们却拒绝悬挂对手的旗帜。亚洲开发银行的官员提出了一个很策略的解决办法。现在只有一面中间画着亚洲开发银行黄色标志的紫色旗帜飘扬在银行建筑的上方。

　　这次会议的主要议题是讨论几个星期前发布的亚洲开发银行年度报告。这一报告发现，与1984年6.6%的经济增长率相比，1985年的增长率猛降到3.6%。但是，这次为期三天的会议的主要引人瞩目之处还是政治活动，特别是两个中国预期中的对抗。所有的目光都集中到北京派来的陈慕华率领的11人代表团。陈慕华是中国人民银行的行长，她成了亚洲开发银行的第一位女性总裁。然而，她不必面对台湾来的对手。他们留在了岛内，这是亚洲开发银行19年的历史上第一次有成员国不参加会议。

　　亚洲开发银行的两个中国的问题可以追溯到1983年，北京在这一年表示有兴趣加入该组织。它想加入的动机既有政治上的，又有经济上的。亚洲开发银行去年向24个国家发放了总计19亿美元的贷款，用于这些国家的开发项目。这一组织长期以来一直被认为是这一地区最强有力的多国机构。北京想在亚洲开发银行应该向哪些国家贷款的问题上取得发言权。但是，北京要加入有一个问题：就像在联合国、世界银行和国际货币基金组织一样，除非将台湾驱逐出去，否则北京不会加入。尽管亚洲开发银行势力最大的两个成员国日本和美国都支持中国成为该组织的成员，但是他们都不愿意抛弃台湾。

解决的办法并不复杂，只需要更换一下名字就可以了。以后"中国"只对北京适用，而台湾将被称为"中国台北"。台湾极力争辩说，为了公平起见，北京也应该被称作"中国北京"。但是，亚洲开发银行使用的办法同1984年洛杉矶奥运会上区别两个中国的方法类似，最后，台湾决定不退出亚洲开发银行。同样重要的是，北京同意不再坚持让台湾退出。两个敌对政府事实上决定成为同一重要国际组织的共同成员。

这一突破显示了北京方面外交策略的转变以及台北方面新的灵活性。北京似乎软化了它对台湾的强硬立场，以期实现重新统一，至少在实际做法上是这样的。与此同时，北京还像一些西方外交家说的那样在政治上达到了更高的老练度，因为它没有强行解决一个可能会使中美关系恶化的问题。另一方面，台湾也表现了新的政治上的成熟，更愿意做出让步。"只要我们留在这一组织里面，就会有仗打，"台湾外交部的切恩·邱说，"如果我们退出，我们就丢掉了阵地。"亚洲开发银行的官员暗示说，台湾没有参加会议是很必要的，只有这样才会避免国内可能出现的对于继续留在这一组织的反对。但是，如果明年台湾不派官员参加会议抗议只挂一面旗帜的决议，它在亚洲开发银行的影响可能会进一步减小。

台湾，灵活性的迹象

中国大陆和台湾在37年的时间里没有对话，更不用说谈判了，因此它们签署的协议来得出奇地快。1986年5月，在香港的几家俱乐部里，来自中国大陆和台湾主要航空公司的代表进行了会面，讨论将一架波音747运输机以及3名机组人员中的两人交还台北。这架飞机是4个星期以前被显然是叛逃的飞行员转向飞到广州的。

起初，人们怀疑会议不会有任何结果。台北引用国际航空协议，并强调长期以来它一直拒绝与北京政府打交道。它要求中国不经谈判就归还飞机。北京将这次得到飞机视为一个与台湾人进行对话的机会，坚持双方必须聚到一起讨论移交的细节。

让北京感到吃惊的是，台湾同意了。与此同时，香港记者称之为"飞机外交"的政策已经启动。在第一次正式允许的双方民间或者官方代表进行的会面上，中国民航的官员要求（台湾）中华航空派飞行员到广州取回飞机。（台湾）中华航空担心这样做会被认为默认了共产党政权，因此它坚持中国民航将飞机移交给香港，也就是这架飞机当初从曼谷起飞时的目的地。谈判进行到第3天，北京让步了。一名大陆飞行员将把飞机和机上的轮胎和电子设备以及两名想返回台湾的机组人员送到香港。在草签协议后举行的记者招待会上，中华航空的首席代表向北京代表致谢，感谢他们使"会谈取得了丰硕成果"以及他们"精心照顾飞机和尊重机组人员的意愿"。

台湾的国民党政权常将北京称为"土匪"政权，因此，台湾代表向北京代表这样友善地讲话，使得大陆与台湾的关系的暂时解冻更加令人迷惑。台北是在缓和它拒绝与北京进行一切联络的态度吗？台北的官员断然回答了不，他们声称这次波音747事件是一个孤立事件。政府情报处的处长在立法院里回答问题时说："我们政府一贯坚持不接触、不谈判、不让步，这一立场绝对没有任何变化。"一些分析家甚至说，台北对北京的立场可能会更加强硬，以突出一切都没有变化。

事实上，台北并没有认为这次波音747事件已经了结。在香港的中华航空谈判人员坚持认为，台北"保留着让中国释放机长王锡爵的权利"。王锡爵是一名退休的台湾空军上校，妻子和两个孩子都在台湾岛上。在台北，政府官员说，他们可能会想办法引渡王并对他进行刑事诉讼。在前几天的新闻发布会上，机组人员中的副飞行员和飞行工程师说，王锡爵显然是独自行事。"我为此已经计划好久了。"他告诉两人中的一人。

尽管台北官员保证，飞机事件不会影响与大陆的政策——或者说缺乏关系更合适——这一事件还是导致公众中出现了以前很少问到的问题。台北《联合早报》——这家报社通常支持国民党——的一篇社论说："共产主义中国已经迫使我们进行了第一次的面对面谈判。"有鉴于这次飞机事件，"现在应当是全面反省"现行政策的时候了。

没有人会说，台湾与大陆的重新统一——这是中国最高领导人邓小平的夙愿——将要实现。国民党也不会放弃它反对宣布台湾独立的立场，一旦做出这样的决定，就等于是背弃了国民党原来说的他们才是全中国的合法统治者的话。但是，有迹象显示，在表面上的宣传口号下面，一种更为务实的处理与大陆关系的态度可能正得到更多人的支持。香港中文大学的国际亚洲研究中心主任拜伦·翁说："台湾的蒋经国总统已经表现前所未有的灵活性。"拜伦·翁还预测台北和北京"将会增加非官方和民间接触"。

还有迹象表明，国民党正在放松对岛内政治舞台的严格控制，尽管只是稍稍放松了一点。蒋介石总司令38年前颁布的戒严令仍然有效，真正意义上的反对党尚未出现。但是，在菲律宾的阿基诺依靠"人民权力"的力量当上总统之后，76岁的蒋经国总统已经开始采取谨慎的措施与"党外"集团，一个由国民党外持不同政见者组成的松散的联盟，进行对话。

这到底是态度上的变化，还是策略上的变化，目前还不清楚。例如，政府提醒"党外"集团，对持不同政见者的控制依然很严格。为了纪念5月19日戒严令颁布38年，500名党外集团的支持者在台北琅山庙前的院子里举行了集会，并打算步行半英里走到总统办公楼。阿基诺在"人民权力"运动中用黄色象征对马科斯的抗议，受到这一做法的启发，党外的示威者戴上绿色的头巾和丝带，象征他们以和平的方式发表不同政见。

这次游行本来可以成为1979年以来规模最大的一次。在那一年，南部城市高雄举行的示威导致了许多人被逮捕。但是，这次参与游行的抗议者正要准备开始游行，寺庙外面聚集了1200名警察。交涉了几分钟之后，示威者只好在寺庙里面进行了12个小时的静坐，示威的组织者、立法院成员戴维·蒋说："我们可能没有达到我们的目标，但是我们发表了反对继续实行戒严令的意见。"

在琅山庙事件之前，党外的代表同政府处理关系时在一直取得间断性的进展。5月10日，国民党官员和反对党成员举行了第一次会议，国民党同意党外公共政策研究协会设立分支机构。这个协会是两年前成立的，目的是为了将分裂的各派团联结在一起。作为交换，党外集团表示要在宪法范围内行事。这是一个重要的让步，因为这个基本法与争取台湾独立是不相容的。党外集团的戴维·蒋说："台湾海峡隔开了共产党和国民党，因此他们可以不管对方。我们不得不和国民党共同生活在这个岛上。"

两天后，国民党任命了一个12人的党派委员会研究所谓的"四个敏感问题"：戒严令，政党的合法化，国家立法机构的未来构成以及省级自治政府的恢复。前两个问题很快就被搁置，留待国民党下一次全国代表大会讨论。这次大会最早也要1987年春天才能够召开。但是，其他两个问题是可以和反对派讨论的。

国民党在台湾依然受到民众欢迎，主要是因为它为国家带来了繁荣（人均国民收入3000美元，是亚洲最高的地区之一），以及财富相对来讲比较平均的分配。然而，国民党秘书长马素雷相信，与党外的对话对于"国家统一和和谐"是非常重要的。"我们可以听听他们的意见，我们希望他们能更好地了解我们。"

之所以决定同党外进行对话，也可能是因为国民党担心，有一天美国对台湾独裁政策的检视可能会使华盛顿减少对台湾政权的支持。里根政府最近给美国的飞机公司开了绿灯，允许它们帮助台湾研制一种新型战斗机，以期在20世纪90年代早期取代逐渐老化的诺思罗普公司生产的Ｆ－5Ｅ战斗机。北京认为，即使是这样间接的帮助台湾也是违背了1982年的《中美对台出售武器联合公报》。美国在公报中保证，将减少提供给台湾的武器的数量以及降低武器的高科技含量。美国官员反驳说，协议只包括硬件，而不包括技术转让。

近些年来，邓小平对待台湾的国民党员的方式更多的是安抚，而不是谴责。1979年，他提出"一国两制"的原则，这一原则是解决香港问题的基础。根据这一原则，中国将在理论上给予台湾一定程度的自治。除此之外，邓小平还表示，台湾可以保留资本主义制度和自己的武装力量。北京还明确表示，国民党官员可以收回1949年共产党掌权后在大陆上被没收的财产。

更让人吃惊的是，北京批准修订了中国的现代史：以前被共产党人骂为"叛徒、刽子手、吸血鬼"的蒋介石，从去年开始，被媒体说成是在30年代的抗日战争中帮助了毛泽东的同盟者。与此同时，北京正鼓励台湾人访问大陆，依据台湾法律这是非法的，但是只要借道香港是很容易做到的。更为重要的是，尽管去年大陆由于外汇储备不足而减少了进口，大陆与台湾的间接贸易额（主要是通过香港）还是大大增加了（1985年大约为13亿美元）。

最终可能会导致台湾改变对北京态度的关键因素将是国民党更换领导人。立法院那些老态龙钟的成员——许多人还是40年前进来的——正在迅速死去。他们的后继人是在台湾长大的，这些人不像建立国家的那一代人，对于输给了共产党始终耿耿于怀。大陆对台湾的威胁越来越小，可以和世界上最繁荣的国家进行更多的贸易，对于美台关系的焦虑，所有这些因素都会使台北采取更加宽容的态度，不仅对台湾海峡那边的巨人，同时也对国内的反对派。华盛顿布鲁金斯学会研究现代中国的专家哈里·哈丁说："某些非同一般的情况正迫使台湾采取更加灵活的政策。"至少也是更加务实的政策。

开放中的考验

去年10月，乔治·布什副总统访问北京期间，十分隆重地从一辆当地制造的汽车的轮子后面爬上车。中国官员脸上露出了笑容。这可不是那种笨重的黑色轿车，而是一辆刚从北京吉普厂的生产线上下来的造型美观、四轮驱动的切诺基轿车。这家工厂是美国汽车公司和中国一家国营汽车制造厂建立的合资企业，最近刚刚更新过设备。它预示了计划在中国从事商业活动的西方公司前途大好。然而，这家工厂仅仅生产了800辆吉普，运作时间不到一年，就要在6月中旬因资金问题而被迫停产2个月或者更长时间。

现在，这家工厂暂时成了另一种象征：对于任何以为中国是一个容易赚钱的地方的资本家来说，这是一种警示。尽管中国领导人邓小平保证在华投资利润会是很丰厚的，成千上万的外国商人还是发现，对于不够精明或者没有耐心的外来投资商来说，中国可能是一个金融泥沼。新来的公司面对着一大批令人迷惑的问题，从劳动力价格上涨到通信设施落后到变化无常的税收政策。所有这些都让许多一度很乐观的外国企业感到泄气。自从1979年中国开始允许外国投资者进入中国后，外国企业就一直在涌入中国。

西方公司现在正密切关注这家吉普车制造厂的命运，看看北京政府是不是认真地为外国投资者营造更好的经济气候。这家工厂的困境代表了外国企业常常遇到的出乎意料的混乱情况。在这个例子里，中国政府停止供应工厂需要的用来向加拿大的AMC公司购买吉普车配件的资金。原因是，去年出现了购买消费品狂潮，使得国家的外汇储备大量减少，北京不得不对进口产品进行全面的限制。1986年5月下旬，AMC宣布，北京已经原则上同意提供所需的资金。理由是很充足的：这家吉普车制造厂如果破产，将会使国家的对外开放政策陷入很尴尬的境地。

类似制约吉普车制造厂的官僚政治纠葛可能会损害中国作为一个热门的商业活动新前沿的声誉。1985年，中外合资企业的数目增加了130%，从1000家增加到2300家。这些新增加的企业包括：为香烟过滤嘴生产醋酸纤维素的赛拉尼斯公司；日本的松下电子公司（生产电视机彩色显像管）；西德的宝丽金（生产音乐光盘）。但是，驻北京的大多数西方大使馆现在正暗自建议国内的商业领导人，不要在中国创办合资企业。一名西方外交官说："人们普遍认为，在过去的6到9个月内，外国在华投资形势已经不再那么吸引人。"

最近人们认识到在中国做生意并不容易，然而，这一点仅仅反映了经过一段时间的大肆投机之后有益的清醒。面对着严峻的现实，外国资本家现在必须找到适应的办法。6月初财政部部长詹姆士·贝克在访问中国参加美中联合经济委员会的年会时说："我建议处于困境中的美国企业坚持下去。中国人将会正视并解决这些问题。"

西方的总裁们最通常的抱怨是，中国官员在与他们打交道过程中，经常编造税种、规则、规定，而不是遵循书面的政策。因此，在华的外国公司发现，由于众多没有预见到的花费，他们的利润大大减少。例如，一家西方公司开设的旅馆的食品和饮料部经理说，从香港运来一船食品，有时候一个月征收20%的税，另一个月征收60%的税。"我提出抱怨，"那名官员就说，"看，规定说我们可以征收20%到60%的税。如果你非要让这件事有个结果的话，那么我们要回头对上次那一船食品再征收40%的税，以便我们的政策能够保持一致。"之所以出现这种反复无常，原因之一是中国只是到现在才开始建立详尽的司法和税收体制。

在华的许多外国企业在劳动力方面遇到了问题。一名英国管理专家说："你在购买劳动力上的花费可能只有别的地方的一半，但是通常员工的工作效率也只有一半。"政府试图说服外国公司以它能够谈成的最高工资雇用尽量多的工人。圣保罗的一家公司卡迪欧佩斯计划于7月份开始在靠近中国中部的西安的宝鸡开办一家合资企业制造减轻心脏病痛苦的药。它发现，当地的官员要求工厂配备大量发挥不了任何作用的副经理。但是，这家明尼苏达州的公司坚持只雇用35个人，而不是两倍或者三倍于这个数目。中国人最终做出让步。

因为众多的工人要接受高科技生产方式的教育，因此许多生产厂家生产效率非常低，至少在开始时是这样的。麦道公司上月开始在上海的一家合资公司组装MD－80双引擎飞机。这家公司不得不花费3个月来生产一架飞机的机身，而在一家美国工厂只需要一个星期。但是，在花了差不多10年的时间才谈成这宗建造25架价值2000万美元的飞机的交易之后，这家位于圣路易斯的公司坚持说，它很高兴工厂正在运转，而不是还在讨价还价。

其他一些合资企业也出现了亏损，因为中国官员一直极其热心地从外国资本家身上榨取钱财。在北京的一名美国商人说："在中国做生意就像陷在蚁冢里，它们一直在吞噬你。一天，他们要征收追补的修路税；又一天，租金上涨70%；又一天，付给中国职员的工资要增加一倍。"中国一记者去年12月在上海《世界经济信息导报》上发表文章 指责中国官员"以一种缺乏智慧的过于精明"赶走了外国公司。他得出的结论是，"只有让别人赚钱，自己才能赚钱"。

眼下，少数赢利的外国人包括旅馆经营者，以及为新来的外国公司提供服务的顾问。到目前为止，中国人还倾向于阻止任何外国公司直接进入中国市场。中国有10亿消费者，这个市场让外国公司垂涎三尺。

　　尽管中国的生活费用对于市民来说是很低的，但是外国人的办公场所的价格可能会达到天文数字。在北京，租用一间有两个房间的舒适的办公室，一年大约要花费7万美元，这几乎是在纽约的价格的两倍。霍利维尔公司在北京的办事处非常拥挤，职员们不得不把文件柜摆在洗澡间里。即使是这样，去年超过520家外国公司设立了中国办事处，这使得26个城市的外国公司办事处的数目达到了1448个。

　　许多专家将中国反复无常的政策变动，比如减少从日本的进口，视为通往消费社会的长征过程中的暂时性路线调整。在外国人看来，中国的发展有时显得比较慢。但是，从国内来看，中国的发展是具有革命性的。邓小平已经实行了7年的建立以市场为导向的经济计划产生了一些令人痛苦的负面影响，包括通货膨胀率增加两倍，去年已经达到了8.8%。美中贸易全国委员会当选主席罗杰·萨利文说："中国人进展神速。但是，他们还有很长一段路要走，要足够快地进行所有的调整是很困难的。"

　　尽管在中国经商出现了许多新问题，很多公司仍然热情不减。5月早些时候，已经在日本开了561家餐馆的肯德基宣布了在北京开餐馆的计划。亚特兰大的开发商约翰·波特曼计划在上海建设一座三栋高楼连体的建筑，其中包括一座50层楼的旅馆。显然，外国资本家虽然从中得到警告，却并没有被吓倒。他们现在意识到，在中国取得成功过程是缓慢的，而不是迅速的。

这一变迁之所以能平静地发生，其中一个原因是人们对蒋经国的去世不感意外。因为糖尿病和逐渐失明，过去几个月来他只能在轮椅上活动，他的衰弱是显而易见的，因此人们都猜测说他的生命差不多走到终点了。另一重要原因是政权的移交顺利而平淡。余院长出现在电视上的时候，65岁的李登辉，一位士大夫，已经举行了简单仪式宣誓继任总统。他曾担任蒋经国的副总统达4年之久。

......

蒋经国去世

已经好几个小时了，一个谣言在台北喧闹的大街和光亮的摩天大楼里流传着，等待官方的证实。1988 年 1 月 13 日晚上 8 点稍过，行政院长余国华（音）终于眼有泪光地出现在国立电视台，向民众宣布：77 岁的蒋经国，前统帅蒋介石的儿子，台湾国民党长久以来的领袖，因心脏病于当天下午去世。"我们失去了一位能干的领导。"余国华说，"我们每个人都感到悲痛。这是一个无可挽回的损失。"

19 位内阁成员召开紧急会议，立即宣布哀悼 30 天。政府下令，全岛的电影院、戏院、夜总会和其他娱乐场所都要关闭。电台暂停了正常的节目，代之以古典中乐和西乐。几天里，电视台只播放郁闷的黑白片。为了预防发生动乱，国防部宣布取消全部42.4 万军队的休假，最靠近中国大陆的台湾岛屿金门、马祖，部队进入戒备状态。

1950 万台湾人中，绝大部分都正常地做生意。一些哀悼者，有的臂缠黑纱，成群结队地聚集在总统府附近，向装饰着花朵的蒋经国肖像致敬。但没有多少人像 13 年前得知蒋介石去世时那样地痛哭。蒋云世后不到一天，台北的车流又像往常一样拥挤起来。许多商店在窗户上张贴哀悼告示，但仍像平时一样人满为患。

《华盛顿邮报》的分析文章称，这一变迁之所以能平静地发生，其中一个原因是人们对蒋经国的去世不感意外。因为糖尿病和逐渐失明，过去几个月来他只能在轮椅上活动，他的衰弱是显而易见的，因此人们都猜测说他的生命差不多走到终点了。另一重要原因是政权的移交顺利而平淡。余院长出现在电视上的时候，65 岁的李登辉，一位士大夫，已经举行了简单仪式宣誓继任总统。他曾担任蒋经国的副总统达 4 年之久。余院长宣布蒋经国死讯后几分钟，李登辉向全岛发表电视演说，呼吁民众"团结起来，完成蒋总统未竟的目标"。

对已故总统的颂词立即涌来。美国的问候是其中一份最先到达的。自 1979 年以来，由于与中国大陆交好，美国终止了与台湾的官方外交关系，但仍然向台湾供应武器，并将台湾列入第五大贸易伙伴。里根总统和夫人南希向前总统遗孀、苏联出生的蒋方良致以私人问候，说："我们将牢记蒋总统在推动贵我两地人民的良好合作上所做的努力。"

一份令人惊讶的友善问候，从大陆发来了。北京宣布，中共中央委员会向国民党中央委员会发送了唁电。

虽然移交平静，但权力的交接是历史性的。它标志着蒋氏近 60 年统治的终结。蒋介石于 1928 年成为大陆中华民国主席，开始了对中国的统治。1949 年，毛泽东带领的共产党军队取得全面胜利，蒋介石带着 200 万军队和亲信跨过海峡，把政权移到台湾，在那里，他一直统治到 1975 年逝世。

1978 年，蒋经国对总统职位做了设想，采取步骤，防止蒋氏家族成员或军队政体在他之后继任总统。"他想表示，政治体制本身有内置程序，可以处理继任事宜。"加州斯坦福大学胡佛研究院的高级研究员雷蒙·麦耶斯说。

随着蒋经国的逝世，控制台湾政治达39年之久的大陆精英的重要性看来要减退了。台湾人口中，80%是土生土长的台湾人，上了年纪的大陆人却仍然占据政治统帅亮位。国民大会1000名成员中，以及立法院320名成员中，他们占了大多数席位。他们掌握了绝大部分关键的军队领导职位，并在政府机关和大型国营企业中担任最高职务。意识到政权中这种大陆人和台湾人的不平衡，蒋经国于1984年挑选李登辉，一位土生土长的台湾儿子，担任副总统，反映出他坚信，旧秩序必然要让路给未来更准确地反映台湾人口组成现实的新秩序。

继任者李登辉

然而，作为一个台湾人，李登辉缺乏打进国民党内部圈子的基本条件：出生于大陆，在海峡战争中及战后与蒋介石紧密合作。李登辉还缺乏与岛内两大重要权力基础——军队和知识分子团体——的显著联系。因此，他被认为是蒋经国6年计划的维持者，该计划于1990年期满，至于他在政府管理上可以打下多深的个人烙印，仍是未知之数。"李登辉肯定会拓展自己的权力，"加州桑塔·莫尼卡的兰德公司亚洲事务专家约拿芬·朴拉克说，"但他是否能真正掌握政权，却是值得怀疑。"

如果李登辉面临政治挑战，更大的考验将是他必须保持台湾经济奇迹的推动力。在过去20年，台湾从一个穷乡僻壤发展成为轻工业生产基地，出口量居世界第11位，产品包括纺织品、家用电器、运动用品和电子元件。在这过程中，台湾积聚了约750亿美元外汇储备，是世界上外汇储备最多的地区之一。但仍存在一些重大问题，包括如何适应瞬息万变、竞争激烈的地区环境？在对手南韩、香港和新加坡面前，无数台湾小企业在力量上略逊一筹。还有，如何处理经济繁荣所产生的中产阶级对政治和社会提出的越来越高的期望？

为了有效地面对这些问题，一些分析家认为，李登辉也许不得不采纳集体领导形式，而行政院长余国华和国民党总书记李焕将产生巨大的影响力。"我不相信总统地位会像以前那样稳固，"37岁的立法院成员、自由国民党员赵少康说，"权力将由三方面来瓜分：总统、行政院长和党主席。"

在蒋经国的坚持下，台湾近期公布了促进台湾民主的措施。受这些措施限制，谁能真正主宰权力，对于台湾政府来说十分关键。去年7月，台湾取消了戒严法。该法于20世纪40年代实行，目的是防止共产党渗入台湾岛。国家安全法取而代之，虽然仍禁止鼓吹共产主义或者台独，但其主旨已经转移到其他事情，例如新闻检查和进出程序，涵盖了军事到民间机构各个方面。

去年10月，蒋经国废除了一项长期禁令，允许台湾人到大陆探望亲友。蒋经国还提议让反对党合法化，现正在立法机关的考虑之中。不过，自从1986年自由主义的民进党非正式成立以来，人们已经期待制定这一法律。

　　人们希望李登辉能遵循前任的改革道路，虽然他的步伐可能会慢一些。蒋经国为了使改革能在顽固多疑的国民党中逐层顺利推行，费了不少工夫。例如，行政院长余国华就是一大阻力。这位前中央银行家十分保守，对蒋经国的创新持审慎态度。由于李登辉缺乏蒋经国的政治手腕，老一派对他也不完全信任，他必须在国民党中坚分子和反对分子要求更大自由的压力之间，推行谨慎的路线。"蒋经国具备了推行不受欢迎但必须的政策的个人影响力，"华盛顿智囊团之一、太平洋委员会的总裁马丁·拉萨特说，"现在没有人可以这样做了，因此，往后的政策只好听从大部分人的意见。"

　　李登辉可以期望国民党总书记李焕的支持，因为70岁的李焕热衷于转变。其他被经常提到的新内部小圈子成员包括：蒋纬国将军——蒋经国同父异母的弟弟，国家安全委员会主席；沈长涣（音），前总统的总秘书；以及68岁的郝柏村将军，总参谋长。郝柏村曾给李登辉发电报，拍胸脯说军队军官都效忠新总统，保证支持他的政府。

　　短期内，李登辉将继续实施蒋经国的政治弹性。华盛顿一位美国国务院分析家说，"任何推翻目前政治方针的企图，只会增加他们所努力避免的不稳定状况。"其中一个不可动摇的目标，就是在民族主义条件下与大陆统一，而不是在共产主义条件下统一。1月中旬，李登辉在向全岛民众发表的电视讲话中，表达了逃亡宝岛的大陆人所抱有的这个希望，他说，他将"为完成统一中国的任务而贡献最大的努力"。这种说法并没有错，因为"只有民族主义者才能统治中国"是国民党的信条之一。台北一位西方分析家说，"我不认为三不政策会有任何改变。"——指的是国民党对共产党的政策：不接触，不沟通，不妥协。

李登辉的挑战

　　在北京致送的吊唁中，也可以清晰地看出统一的意愿。在大陆看来，统一是海峡两岸的共同目标，虽然对立双方在"两个中国合并后该由谁来统治"这个问题上存在分歧。吊唁中抚慰的语调也显现出北京对台湾局势存在一丝担忧：在新总统的领导下，台湾可能最终宣布独立，而共产党对台独行动一直以来采取武力威胁。

　　大陆有理由关注这一动向。最近几年，台湾有少数人煽动台独，声音越来越大，包括反对党民进党，原因部分是为了制止国民党中坚分子支持蒋经国允许台湾人参观大陆。到目前为止，约有1.15万台湾人获准回大陆探亲。讽刺的是，尝试了大陆的生活滋味后，这些人都更彻底地觉得台湾才是家。一位在台北的西方观察家说，台湾人发现了很多事情，其中一件是，在大陆，他们觉得自己是外人。大陆的贫穷令人吃惊，那里的亲戚总是问他们要电视机和钱。

　　在政府和国民党之外，特别是在年轻人当中，统一的概念缺乏共鸣。事实上，由于两岸非直接贸易——大部分是通过香港——每年已达10亿美元，李登辉也许会对经济联系的兴趣大于对意识形态差异的关注。"像李登辉这样没有打过仗的人，对共产党并不是深恶痛绝。"大陆一位社会学家说，"他们对贸易和接触的态度，将会比国民党保守派更开放。"

无论李登辉采取什么政策，他的努力都可能需要对台湾僵化的政治体制进行彻底修订。三大议会组织——立法院、国民大会和具有弹劾、指责和枢机权力的监督机构控制院，约有1400人，其中超过80%是国民党老人，大部分于1947年和1948年在大陆当选，之后从来未举行过换届投票，一直代表着遥远的民意。

按照蒋经国的指示，政府于1986年曾就重组议会机构进行过研究，根据研究结果提出一项动议，呼吁年老立法人员自愿退休，领取丰厚的退休金。该动议将被列入今年夏天的国民党第十三届党员代表大会的议程。如果动议通过了，立法院肯定会产生更多有活力的争论，因为现在的立法院中，虽然年轻的国民党制定法律者不多，但他们比前辈们更自由。如果国民大会大多数席位由选举产生，那么，可能性就更高了。由于总统和副总统是由国民大会选举产生的，国民大会还有权修改宪法，因此，这个机制可以让台湾人史无前例地、民主地改变政府架构。

与政治事件相比，李登辉面对的经济挑战就如田园诗般轻松了。虽然台湾实际上没有什么自然资源，也没得到多少外国援助，但却成为成功地区中最耀眼的经济成功故事。

在过去20年，台湾每年经济增长率超过9%，廉价、勤劳、受过良好教育的劳动力，以及强大的创业热潮，推动台湾经济前进。1967年人均年收入只有265美元，1987年达到5000美元——归功于中产阶级要求台湾政治架构要反映经济成熟度。

台湾对美出口额高于英国、法国、南韩、墨西哥和香港，它们全都是美国的10大贸易伙伴。但深谋远虑的台湾人担心，有朝一日这一奇迹会终结。日本和南韩都在加强研究开发，美国和其他贸易伙伴吵着要台湾取消长期的贸易壁垒，台湾用以制胜的经济模式正迅速地过时。"美好的旧日子过去了，"计划经济发展部部长陶Y.T.说，"我们正处于变革的时代。"

现在，制造业的平均月工资为535美元，台湾不可能再依赖廉价劳动力了，这一优势已转移到泰国、马来西亚、中国大陆及其他国家和地区。台湾目前的实力，来自于数以千计的小企业，但小型企业难以承担科研的巨额投资，因此其向高技术转型的过程比较缓慢。满足于成为Sears、K—Mart、J.C.Penny和通用电气等著名外国企业的供应商，台湾企业很少在海外推广自己的品牌。这些小型、无名的企业，越来越难以与实力雄厚的大型集团竞争。例如南韩，已经建成了一家汽车企业，1987年有望出口超过32万辆汽车。

保守的、由国民党控制的台湾银行体系，也进行高科技创新。全岛的大型金融机构中，大部分倾向于向国民党控制的国营企业贷款，导致活力充沛的小型企业无法获得款项，只好向黑市借贷，利息高达20%，而银行担保贷款的利率才8%。结果，台湾经济中私人投资环节缺乏生气。全岛的投资中，私人投资刚刚超过一半，约占56%。

1985年年底，新台币对美元的汇价上升40%，使投资结构上的弊端更加恶化。汇率上升的原因是美国的压力，去年美国对台湾贸易的逆差达150亿美元。新台币升值，导致台湾产品在海外的价格昂贵。另外，对台湾数以千计人员规模在50人以下的小型运动用品、玩具和运动鞋生产厂家来说，税费也十分重。

很少人知道李登辉对快速变化的经济形势的看法，但人们希望他不要改变已经建立起来的经济政策，至少一开始不要这样做。蒋经国在经济上的主要成就是促进了跨国界自由贸易，曾经高达168%的汽车部件进口关税被逐渐调低。由于放松了外汇管制，市民现在可以不必经政府批准，每年支出价值约500万美元的外汇硬货币，从而更易于积极向亚洲其他国家和地区投资。外资一直是台湾的亮点，从1986年的7.7亿美元上升到去年的约13亿美元。

作为经济学家，李登辉可能会认为，台湾经济其中一个领域已经足够成熟，可以进行改革，那就是至今尚不对外国人开放的股票市场。另外，李登辉也会最终对台湾落伍的银行动手：台湾银行拒绝为大多数人开办信用卡和支票账户，贷款主管还要对坏账负个人责任。

目前至少有一个事是毫无疑问的，就是维持政治稳定。与南韩大选时震动全国的军队行动相比，台湾应付改革反对躁动的军备状态简直不能相提并论。"反对派将愿意对李登辉这个首位土生总统不抱成见。"《共同财富》杂志的总裁、出版人查尔斯·考预测，"为了自身的利益，他们将不会制造麻烦，因为他们知道民众反感这种做法。"蒋经国去世后几个小时，民进党自动取消30天内的反政府集会和示威。民进党领导人对新总统的赞词也充斥着台北的报纸。

也许要到过几个月，李登辉才面对第一个艰巨的政治挑战，届时反对党将重新要求直选和"自主"——民进党对台独的代名词。在那之前，李登辉有时间改善他与国民党保守派的关系，并与党内年轻一代建立新的联系纽带。正如一名台北的西方分析家所说："时间站在李登辉那一边。"

但愿李登辉能跟上时间的步伐。蒋经国的去世，标志着亚洲一代领导人的终结——从1986年菲律宾马科斯的下台开始，到1987年中国大陆和南韩有序的继任。正如其他地区一样，台湾是幸运的，因为可以进行和平的政权转换。而李登辉所面对的，就是要创造同样和平的未来。要完成这个万众期待的任务，只有靠他自己来努力了。

这样一位士大夫

李登辉具有步步领先的天赋，尽管始终有点奇怪。在成为总统的过程中，有一些障碍是极为巨大的：作为一个农夫的儿子，父亲以前还当过矿工，李登辉居然可以在一个崇尚创业及官僚技巧而不是学历的社会中爬上顶峰；他在台湾出生，却可以在等级森严的国民党——1949年从大陆逃亡过来并从此主宰台湾——中平步青云；虽然他的大半生并没有表现出对政治伎俩的兴趣，现在他竟位极一个政府，而这个政府重视对执政党国民党的忠诚多于能力。然而，在16年的政治生涯之后，学者出身的的李登辉赢得了广泛的认同，被认为具有谨慎的诚实本性和说服技巧。一位台北的西方观察家说："李登辉是一个彻底的政治动物，但他隐藏了部分魅力或技巧。"

1923年1月15日，台湾的新总统出生于一个天主教农民家庭，在台湾省台北县三芝乡，位于台湾北端的山地。小时候，他一边上学，一边在家里的稻田和茶园中帮忙。当时台湾是日本的殖民地，高中学历在台湾人当中已经很不错了，但不知为什么日本决定优待资质优异的李登辉：4个台湾小孩获准和日本男孩一起，入读著名的台北高级中学，李登辉是其中之一。6英尺高的李登辉，操着流利的日语，于1942年考入京都帝国大学，直到1945年第二次世界大战结束才中止学业，回到台湾，到国立台湾大学攻读农业经济学，于1948年毕业。

在国立台湾大学教了几年书之后，李登辉到了美国，1953年获爱荷华州立大学农业经济学硕士学位。1957年，他加入农村重建联合委员会。该委员会是一家十分成功的美台合资企业，台湾古老的农业系统之所以能转变为亚洲最有效率的系统，该委员会扮演了重要角色。1968年，李登辉又获得了康奈尔大学的农业经济学博士学位。

李登辉在农村委员会的业绩引起了国民党官员的重视。一直以来，李登辉都避免与政治沾边——仅于1970年加入国民党，但令他惊奇的是，1972年获邀担任蒋经国总理首届内阁的政务部长。李登辉再一次吸引了人们的视线：台湾政府强制命令农民，必须以固定的价格以大米换取农药。李登辉废除了这一计划，把农民解放出来。他的种种政策赢得了农民的赞誉。他的出色表现给蒋经国留下深刻印象，1978年就任命他为台北市市长。

在任内，李登辉又避开国民党的派系政治，把自己塑造成为"全面清廉"人物（一位熟悉他的人说）。例如，他命令手下不得给任何声称自己是他亲戚的人行方便。在处理敏感事件方面，李登辉也证明他手段灵活，例如处理颇具争议的台北防洪项目，该项目需要迁移5000户人家。正如一位老朋友所描述的那样，作为市长，李登辉的政绩是"温和地接近和安排人民"。1981年，李登辉被任命为台湾省长，3年后直升为副总统。

工作时，李登辉说话温柔，在私人生活中，他也是十分低调。大部分闲暇时间都用于陪伴结发39年的妻子、两个女儿和3个孙子。他有一个儿子，1980年患癌症去世，年仅31岁。李登辉热爱阅读——英文的、中文的、日文的。朋友们形容他的知识面宽广得"惊人"。他还喜欢打高尔夫球，夸口可以让10杆。听说他也喜欢收集珍奇的仙人掌。

李登辉是虔诚的长老会教友，尤其是在儿子去世后更加坚定了他的宗教信仰。听闻他曾经说过，从退出公众生活之后，他想成为一名传教士，不知道是否开玩笑。但至少在未来两年，他要成为牧羊者。

而这一切，就在于这位士大夫还没有成为台独教父之初的表演给人留下的历史印象。

解放军的现代化

当杨白冰坐在全国人大的讲话席时，他草绿色呢布军装上简单的徽章让人根本不知道他是军队中官阶最高的政委。杨正发表讲话建议恢复人民解放军的军衔体制，这一机制曾被批评为封建、资本主义和修正主义的产物。这一新的制度，杨告诉人大的155位委员，"将推动武装力量的现代化和正规化建设。"

杨白冰建议的11级军衔制已于1988年7月初在人大获得通过，这只是一系列军队改革的最新举措，这次改革旨在将原本装备落后、高度政治化的军队改造为一支现代化、专业化的武装力量。伴随军衔制度出台的，还有引入包括星标、帽檐、肩章和饰带的军服，以取代以往所有军人一袭绿色军服的样式。

新的军衔和军装的使用目的是为了鼓舞军队的士气，因为中国领导人为了有利于农业和工业现代化的发展而决定降低军队现代化的重要性，他们削弱了军队的权力和威望。

自1985年，有100万名军人，包括45万5000名军官退出现役。尽管中国还保留了多达350万人的军队，但与520万人的苏联军队相比，中国人民解放军已经丧失其世界上最庞大军事机构的地位。现在，北京宣布还有7万名军官将脱下军装，到政府部门任职。现在的军费预算5.8亿美元，占国家预算的比例已由1979年的17.5%下降到8.5%。而美国相比起来，却支出多达2920亿美元，或占其预算的27%的军费。

军队数量的精简还得益于邓小平成功的经济复兴。"幸运的是，军队对农村孩子的吸引力已不如以前，"在北京的西方外交官说，"现在他们从事农业耕种就能有可观的收入。"

诸如向外国出售武器所得的资金都被投入到军队的现代化进程中，其中不仅仅包括新式的坦克、飞机和其他装备，还包括发展与以往不同的战略战术。他们还在恪守着游击战术："敌进我退，敌退我追。"在过去的3年里，中国已经创建了自己集团军，包括陆军、海军和海军陆战队以抗击可能的入侵者，同时还有"拳头部队"、快速反应部队，用以对付在与苏联接壤的4600英里的边界线上发生的小规模冲突。去年3月，面目一新的人民解放军经受了一次考验：它在离越南200英里的有争议的南沙群岛轻而易举地击败了的越南海军的挑衅。

何智丽与让球风波

在汉城奥运会前夕，实力强劲的中国乒乓王牌选手何智丽的排名已跃居女单选手排名第一。对于乒乓球这一比赛项目，运动技巧和竞技体格是同等重要的。这位现任的世界冠军今年才23岁，她身材高挑、端庄而富有活力，在比赛时总是握紧拳头四处挥舞显示信心。在过去的一年中，她的边线大力抽球——更不用提她那种为了胜利不惜一切代价的冲劲——使她在6次国际锦标赛中获得3枚金牌和1枚银牌。要否认她第一的位置是很难的，但令人惊奇的是，她将被拒之于奥运会门外。

去年6月，国家女子乒乓球队的主教练张燮林从3名奥运会女子参赛选手的名单中删去了这名上海籍明星。他选中了一位并不出名的21岁选手陈静，认为陈更有夺牌胜算，因为她"体力好、充满活力"，并且"其他队对她知之甚少"。虽然他也承认何智丽是一位"非常优秀的选手"，但张依然坚持认为何现在状态不佳。"此外，"这位教练说，"她不擅长双打。"

但是这一事件的真正原因是什么呢？中国体育界里几乎没有人相信张的解释。但那位乒乓明星却被"这一决定震惊了"，她告诉《上海日报》，"我已经做好了（为中国）赢得第一枚奥运会乒乓球金牌的心理准备。但为什么不让我去？"何的许多球迷也为她叫屈。孙美英是一位前世界级乒乓球选手，现任国家队顾问，她呼吁收回这项决定。"无论在知名度还是事实上，"孙在《中国体育报》上写道，"何智丽是最优秀的单打选手之一，应该参加奥运会。"英文《中国日报》的副主编表示，何的缺席表明"公平竞赛的准则已经被抛弃"。

真正的问题似乎出在何智丽不久前的过失违反了其他准则。上个月出版的《中国作家》杂志刊登了一篇报道，一位杂志作家注意到，去年当何智丽在39届世乒赛上赢得世界冠军凯旋时，媒体对此却没有大张旗鼓地宣传。为什么会遭受冷遇呢？在新德里举行的决赛上，文章写道，何智丽的教练曾指示她在半决赛中输给一位防御型打法的队友，因为他们认为在决赛中那位队员比何更有优势击败韩国选手。毕竟，何智丽曾两度负于该选手。但是，何不顾命令依然击败了队友，并在后面的比赛中击败了那位韩国选手。

该作家在报道中写道，尽管兴高采烈的球迷们当时想"何的斗志令人敬佩"，但批评人士却要求对何进行惩罚，因为"她违反了组织纪律"，即个人的所得和名誉必须服从于组织和国家的利益。在考虑两方面的意见后，上级形成了一项决定，"因此，大众媒体变得沉默。"

但事实上媒体并没有保持沉默。"这是中国媒体第一次公开讨论是否应该让一位著名的运动员参加国际锦标赛，"中国新闻机构声称，人们反反复复地对事件的细节争论得面红耳赤，"人们正热切地等待着事件的最后结果。"他们也热切地盼望着能席卷那4枚至关重要的奥运乒乓金牌。但是即使没有何智丽，中国也能凭借其选手的天才资质和丰富的经验对其主要竞争对手形成优势。中国在近30年的时间里一直主导着这一体育项目并保持绝对优势，但这种局面在汉城将经受考验，因为欧洲的男选手和韩国的女选手是严重的威胁。让何智丽坐冷板凳或许是对秩序的屈服，但如果奥运会比赛的结果导致新的排名秩序，中国就会感到懊恼而气愤的。

性革命袭击中国

在中国，影响深远的改革所带来的常常是出人意料之外的社会麻烦。但是几乎没有哪个方面的问题像伴随改革而来在两性关系上的随便态度这个新问题那么令人感到不安。多年来，北京的官员们一直告诫毫无警惕的公民提防性罪恶，想以此来挡住这方面的威胁，人们对他们的努力不予理睬。近日来，政府允许就手淫、未婚先孕和性犯罪这些以前遭到禁止的问题为政府工作人员举行公开讲课和讨论会，这个方面的讲课吸引着全国各地大量的人群。上海的社会学教授刘达临说："对中国的四个现代化，我们已听到许多了，还应当再加上一个第五个现代化，即观念现代化。"

在中国繁忙热闹的大街和拥挤的小巷里，有人再次开始靠卖淫赚钱。在上海这样一些城市，性病发病率增长了3倍，而官方曾宣布已消灭了这种病。另一方面，新接触到西方思想的千百万中国人，成了浪漫的爱情和性满足的牺牲品。据说大约有60%的中国人对配偶不满意。强制性的调解劝告并没阻止一年50多万人离婚。警察的搜查也未能阻止地下销售黄色书刊和录像带。刘说："中国人像在黑暗中待得太久的人一样，当窗户突然打开时，就会感到头晕目眩。"刘是中国最著名的性学家。

那么，医治矫正的方法是什么呢？刘开的处方是，信息，信息，更多的信息。他经常举办有关性的讲座，写了30本有关爱情、性和婚姻的畅销书，帮助开始出版新杂志《性教育》。主要是由于刘及其同事的游说，国家已同意拨款在全国各地6000所中学开设实验性的性教育课。教育家们认为，中国在性方面的觉醒与其说是对公共道德的威胁不如说是一个表示进步的迹象。香港的精神病学家、性教育的倡导者吴明伦博士说："除资本主义外，如果人不在一定程度上享乐，那么社会就不可能现代化。"

吴和刘两人有时在同一个讲座上讲课。他们持有的共同观点主要是源于常理和"性乐"，而不是源于马克思。例如，刘并不宽恕婚前性生活，但他认为这是生活中的事实，因为中国高达30%的青年在婚前有过性生活。他认为，计划生育政策鼓励的晚婚和晚孕"不符合人的生理发展"。人在十八九岁达到性成熟，很可能在得到官方批准之前很久就做自然而然会做的事。

一场越来越激烈的辩论的主题是，面对目前的局面人们该怎么办。把不能要的胎儿打掉。政府资助的流产早就成为中国已婚夫妇实行计划生育的一个方法，但政府仍然拒绝向单身的男女提供避孕用品。因此，未婚妇女宁肯秘密地去做危险的流产，也不愿因选择合法的途径而暴露他们不正当的关系弄得丑事外扬。刘感到烦恼地说："如果我们教他们如何避孕，可能婚前性生活会变得更加普遍。"

当局拒绝正式承认中国有同性恋，而且他们往往把同性恋看作是犯罪。警察在深圳至少封闭了一家已成同性恋者聚集地的酒吧。刘说："人们通常把同性恋行为当作是流氓行径。"他对处理这种属禁忌之列的性行为的忠告是：对它们采取现实主义的态度，而不是以迷信的态度和刑事处罚来对待他们。他说："我们想让人们接触病菌以增强他们对疾病的抵抗力。"

然而，一些官员依然决心阻止中国性革命的进一步蔓延。《性教育》杂志创刊号的封面正式刊印有这样的话：此杂志仅供内部阅读，而不向公众出售。这么一来这家羽毛未丰的杂志就更难赢利了。这家杂志的投资者似乎愿意采取拖的办法来对待政府，而且第一期杂志已经售出这个情况使得乐观主义者断定，在这场有关中国对性解放能容忍到什么程度的辩论中，最终占统治地位的将是中国的务实精神。《性教育》杂志社论说："在中国，封建社会的影响依然根深蒂固。"但是，他问道："你认为能把受到人民大众欢迎的思想窒息而死吗？"

放开物价的恐慌

据报道称，在沿海的江苏省，有一个家庭因为害怕出现全国性的经济崩溃，竟然买了800盒火柴，以防短缺。而在北京，有一位老太太也因为同样的原因而在家里囤积了1000磅的食盐。而在一次抢购狂潮之中，北京百货商场在两个小时之内，就将所分配的整整一个月的40台洗衣机销售一空。在全中国的各个城市里，人们排起了长队，从银行里取出存款。这一趋势实在太严重了。在广东省，有些银行分行因此而陷于停顿。由于这股购买狂潮使得货架空空如也，还造成了食物和其他商品的短缺，因此流言飞起，称省级官员正加紧准备对付可能出现的骚乱。

这股狂潮绝对不会恶化为整体的混乱无序。但是在官员们提出稳定的措施之前，一股真正的、非理性的恐慌之情还是席卷了全中国，因为人们害怕经过近十年的时间而辛勤建造起来的经济改革大厦毁于一旦。

1988年10月初在北京的人民大会堂，在一次非正式全体会议上，会议通过了一个五年计划。据最终的会议公报称，该计划将力图"结束经济活动中的混乱状况"。中央委员会的声明称，"明年将以更小的步骤实行物价改革"。声明同时建议指出，"应紧急采取"措施来检查通货膨胀情况。

北京希望它的这些举措能使过热的经济降温，并且能赢得时间，使通向繁荣昌盛之路的坎途变得平坦无阻。保罗·史雷斯伯格是美国卡内基国际和平基金会的高级职员，长期以来是中国问题专家。他说："由于物价体系的重建，他们将速度由50英里／小时降至35英里／小时。"

正如这次会议着重指出的，经济虽然经历了一个狂热扩张的阶段，但目前已陷入困境达一年之多。为了抵消物价的增长，支撑境况不佳的工业，国家增加了人们的收入，投入了大量的新印制的钞票，发放了过多的补贴。这些行为对本来就在飞速增长的通货膨胀率来说，无异于是火上浇油。回顾过去，其实在8月中旬，改革运动就似乎受到了限制，因为那时，领导人们汇集在避暑胜地北戴河的一个集体疗养院里，宣布了一个五年计划，要放开所有物价。在一周之内，大多数的主要城市和一些农村地区发生了恐慌的抢购行为，因为人们以为主要商品的物价会上涨，所以都想进行囤积。与去年同期相比，这个月的消费支出上涨了40%，是人民共和国的历史上幅度最大的一次增长。受影响最为严重的是有着1250万人口的工业中心上海。那里的零售额超过1987年的水平达60%之多，基本商品的短缺已非常严重。

北京迅速采取了措施来安定民心。它提高了存储利率，想从银行这头掐断这股热潮；政府命令增加诸如彩电、自行车等商品的产量；在一些地方，还对每个家庭能够购买的主要家用电器数量做出了限制。然而，北京还是用了数周的时间才将这股抢购狂潮置于其控制之下。

无论如何，经济的增长，特别是去年的增长，是非常迅速的，同时也是混乱无序的。1988年的上半年，国民生产总值的年增长率攀升到11%，达到约1500亿美元。1987年总体的工业产量暴涨17%，同时农业产品产量增长了5%。到处都在建造新的住房和工厂。1988年前7个月，就有14000个新工程破土动工。同期之中，政府投入了22亿美元的信贷资金，进行首都建设。

这种繁荣已经造成了巨大的混乱。其中最大的麻烦就是通货膨胀。这个问题在共产党的前30年统治之中尚无人知晓，因为当时的物价和工资都是国家规定的。中国的官员们把通货膨胀率确定为20%，但国外的外交官估计实际上可能是30%或者更高。一位34岁的医生说："什么都涨价了。蔬菜是涨得最厉害的了，而肉价也居高不下。"她补充说，她和当记者的丈夫一个月加起来只有30美元的收入，他们几乎无法靠此生活。那些在经济改革之下出现的饭店，由于价位过高，因此将工人拒之门外。北京的一些公园，比如以前皇家的颐和园，将门票提得这么高，使得普通市民再也不可能经常去游览了。

北京的一位西方外交官说，"他们就会面临恶性通货膨胀，这从政治上来说是不可能的"。然而，人们都期望这个国家转向"企业改革"。这一术语意指要营造出一种环境，它使国营企业拥有自治权，能自主决定投资和生产；它也鼓励开办新的企业；它也会使一些公司至少是部分地实行私有化。但是大多数经济学家也一致认为，企业改革中的问题同放开物价中的问题相比，更令人不敢向前。因为在企业改革之中，要说服工人扔掉保障其一生的"铁饭碗"，此外还要处理随之而来的失业问题。

一个中国百万富翁

刘希贵身上唯一能看出他并非是外表所显示出的身份地位的迹象，就是他身上揣着的一盒美国香烟。否则从他的衣着、简单的发型以及被太阳晒得黝黑的脸上判断，他只不过是中国广大农民、工人的普通一员而已。33岁的刘是一位沉默寡言，热情诚恳的人。他经常站在停着卡车的小院子里，与工人混在一起谈天说地。和其他司机一样，刘经常驾驶一辆捷克造TATRA牌卡车。但完全不同的是，他是老板——一位百万富翁。

刘希贵是一家业务不断扩展，资产已达160万美元汽车运输公司的所有人。当地官员在谈到中国迅猛发展的经济时，他无疑是鹤立鸡群的。但是他的成功也引发了一个特别的进退两难的境遇：身为百万富翁的刘被党组织拒之门外。当地官员为此事一直争论了3年时间，尽管刘对此寄予了很大希望，但现在似乎还没有做出决定的迹象。问题争论的焦点是党章中的一项条款，即禁止党员从事私营事务，特别是那种可能使人成为个体百万富翁的行为。刘辩解说，他是实践了党的政策才能富裕起来的。"这并没有任何冲突，"他说，"没有党的政策，我不可能会有这家公司。我是一名共产主义者。"

他的生活肯定无法同与之类似成功的香港实业家相比。他住在3间俭朴的房子里。他的2个孩子还睡在炕上，那是一种传统的土床，通过在床下烧火取暖。家中的客厅里摆放的也是廉价的木制家具和塑料花，点的是一盏荧光灯。刘每月工资为135美元，略高于他付给妻子的108美元，但少于其他工人的工资。他唯一的奢侈品就是2辆轿车。

尽管刘不是一位完美的消费者，但他依然雄心勃勃。在这样一个以"万元户"为富裕衡量标准的国家里，刘的目标是将自己多达270万美元的财产翻一番。一星期内，他工作7天，每天工作12个小时。在挂着地图、装有电话的小办公室里工作一整天后，他会自己驾驶着卡车，装载着建筑材料行驶在漆黑的偏僻公路上。他要求工人像他一样投入工作，那些人每月拿回家的工资是这个国家平均工资（23美元）的5倍。"我要求他们努力工作，他们也觉得自己会得到优厚的报酬。"刘说。

虽然刘天性沉默，但他却是一个广为人知的人物。沈阳城郊几乎所有农民都认识并尊敬他，其中大部分人都是他的雇工。但是他们都非常自由地对刘的党员权利进行争辩。态度强硬的人们指责刘希贵这类人都是靠剥削工人而肥起来的，他们不会为了人民的利益而奋斗终生。支持刘的人认为，仅仅因为某人的富裕而歧视他是不公平的。其他一些对政治毫不关心的人却更直接地想要去重新分配他的财产。刘说他已经接到了"一千封"索要现金的恐吓信。他接着说："我碰到过拿着匕首逼我借钱的人。"

但是刘依然记忆犹新的艰辛历程使他无暇去顾及精神上的不公平待遇。为了冲破贫穷的枷锁，刘曾在一家小医院里卖了30次血，用卖血的收入买猪。到了1979年，人们突然被允许签订合同为国家提供商品和服务。这时，他成功地获得了承包村里经营不善的汽车运输公司的合同。他卖掉了猪，雇了2名司机并在4个月里赚了2700美元，之后，刘转向建筑公司和公路局。他5个兄弟中的4个都拒绝加入他的公司。他们指出，如果刘要是在"文化大革命"中开办现在的公司，他会被当作"走资本主义道路分子"加以迫害。

此话千真万确，但现在走发财之路有了转机，而刘正好坐在方向盘前。现在，地方官员为这位百万富翁居民自豪，甚至仰仗于他。自1979年，刘上缴了27万美元的税收。像许多西方慈善家一样，他为学校和公益事业募捐了大量资金；他赞助了本地的足球队，捐款给养老院，并为自己的老家修了一条路。金钱或许买不到他所期望的党员身份，但他自己说，他的动机完全是出于马克思主义的：他所做的好事、好榜样是"为整个国家效劳"。

中英两国相互妥协

虽然内地的革命热潮似乎已经消退，但对于具有殖民地"皇冠"之称的香港来说，中国仍然是一个变幻莫测，有时甚至是令人畏惧的近邻。尽管中国大陆现在正致力于经济和社会改革，但10年之后会是什么结果仍然不确定。因此，香港的许多年轻技术专家不敢冒险：他们纷纷离开这块殖民地，表达他们对前途未卜的心情。尽管北京承诺在1997年7月1日中国恢复对香港行使主权后，香港将保持资本主义制度和原有法律。但在经历了155年的英国统治后，这块殖民地正遭受一场潜在的人才流失。

英国和中国政府为了缓解人们的焦虑并树立信心，对1997年的权力交接安排达成了一致，中国从原有立场上有所软化。1988年11月底在广东召开的一次会议上，中国官员同意，1995年选出的香港立法会将保持，直到4年后，即1999年任职期满为止。这就认同了英国方面所谓"直通车"的概念——最初被中国方面拒绝——主要是为了保证选举产生的香港地方政府能在敏感的过渡时期管理香港。

作为交换，中国要求未来的立法会委员接受中国正在为香港起草的《基本法》，并宣誓效忠1997年后的香港特别行政区。这项妥协达成的意义远远胜过了政权交接技术性方面的问题，这也是近50年来英国撤出其殖民地时做的最小心谨慎的准备。数百名来自中国、英国和香港的官员正忙于起草、反复修改、讨论并谈判这块世界上地价最昂贵地区的未来。

这一过程正好发生在香港地区政治觉醒时期。人们是否能够对谈判产生信任，主要或至少间接和"基本法起草委员会"的工作息息相关。1985年，中国组成了这一59人的委员会，对1997年后香港的发展进行勾画。为了赢得香港人的信心，中国任命了香港本地的23位人士作为委员会的成员。不久之后，这一委员会又负责组建了一个180人的"基本法咨询委员会"，作为在重大问题决策方面代表香港人观点的集团。

去年4月，当中国完成了基本法的第一次草案后，这一咨询集团开始真正兴盛起来。"基本法咨询委员会"用了5个月的时间与香港公众举行公开会议对草案进行咨询。

咨询的最大发现是香港公民对加强民主价值观念的考虑越来越多。这次达成的妥协表明，中国原本全神贯注的是香港的主权问题，而现在中国对香港公众观点走向的担心在一定程度上取代了前者。"我现在还待在这是因为我是一个乐观主义者，"马丁·李说，他是受过英国式训练的律师，现在是基本法咨询委员会的成员，同时也是目前立法会的议员，"我只想告诫双方政府为香港做最好的设计。"

印度总理访华

仅仅18个月以前（1987年6月），印度和中国的军队还正在沿着他们有争议的喜马拉雅边境集结，世界上两个人口最多的国家似乎又要进行一次军事对抗。然而，1988年12月，两个大国正在准备进入一个新的，人们希望也是更好的双边关系的时期：新德里和北京正在为印度总理拉吉夫·甘地对中国进行5天的访问做准备，这是42年来印度领导人第一次进行这样的访问。

甘地的中国之行将结束长期以来的相互不信任。20世纪50年代末期，中印两国在很棘手的喜马拉雅边境问题上出现分歧，这种不信任也就是从那时开始的。没有人指望中印领导人在北京的会谈能够解决这一问题，但是，如果一切顺利的话，这次访问可能会使两国的外交和经济关系更加密切。对于印度来说，甘地极具风险的北京之行也是他为了突出印度已经成为一个地区性大国而进行的一系列过分自信的外交活动中的一个关键组成部分。一名印度高级官员说，印中会谈也适合一种"每个国家都在彼此谈判"的东一西方环境。甘地访问完中国后，下一站将是伊斯兰堡，预计他将在12月底与巴基斯坦新任总理布托进行会谈。

上一位访问北京与中国领导人进行会谈的印度总理是甘地的祖父尼赫鲁。他是1954年访问北京的。中国第一次提出邀请是在1984年拉吉夫母亲印地拉的葬礼上。一年多以前，甘地终于告诉正在新德里访问的中国副总理吴学谦："我们很愿意来。"

44岁的甘地将成为他的中国同行66岁的李鹏总理的客人，还将会见共产党总书记赵紫阳和中国的高级领导人，84岁的邓小平。这些会谈估计只会达成一些文化和航空方面的协议，但是，正如甘地的一名高级助手解释的那样："这次访问的意义就在于，总理进行了访问。"印度著名的国防战略家苏布拉曼亚姆补充说："这次访问会不会有什么具体成果，并没有关系。但是，两国之间一定要有最高级别的交流，因为我们根本受不了另一次战争。"

两国在2100英里的边境上的领土争议导致了1962年一场短暂而血腥的战争。边界纠纷在两国国内都是一个很容易激起民族情感的问题，1981年以来，两国就此举行了一系列会谈，但没有取得任何成果。北京已经表示，它现在要本着"相互理解的精神"讨论这个问题。

两国关系的改善，苏联也发挥了一定的作用。它在寻求与中国改善关系的同时，一直积极鼓励两国改善关系。长期以来，印度与苏联在安全和外交方面的紧密联系都是建立在两国遏制中国的共同利益之上。新德里担心，逐渐改善中苏关系可能会影响苏联和印度的关系。为了减少印度的担心，戈尔巴乔夫总书记在过去两年间对印度次大陆举行了两次访问，最近的一次是在11月。

为了符合印度地区性大国的身份，北京会谈的一个内容就是柬埔寨问题。新德里想在这个问题上从外交方面发挥更大的作用。甘地政府是越南和河内支持的金边政权为数很少的非共产主义朋友之一。印度很有兴趣成为柬埔寨交战各方的调解人，如果围绕驻柬埔寨的5万名越南士兵撤军问题能够达成协议的话，印度恐怕也会对成为这一协议的保证人感兴趣。

一种挑剔挖苦的观点认为，甘地曾想解决邻国斯里兰卡的泰米尔—僧伽罗人之间的对抗，但没有取得成功，因此他会很愿意得到一次可以进行补偿的机会。1987年7月，甘地试图通过与贾亚瓦德纳总统达成协议来消除对抗，但是，这却引发了僧伽罗武装分子的血腥反应，因为他们认为印度侵犯了斯里兰卡的主权，而他们对此很憎恨。印度在斯里兰卡的7万名士兵的维和部队发现自己现在卷入了一场游击战。已经有将近700名印度士兵和4300名斯里兰卡士兵在战争中丧生。

北京的会谈重点将不会是这些迫在眉睫的问题，而是一种长远的关系——甘地热情待人的个人风格估计将会对此非常有用。即使中印两国关系的冰山只有顶端融化，双方可能也会感到很满意。

中、韩间的突破

去年9月，汉城奥运会期间，中国的电视报道插播了大量的广告，其中有一个做得很漂亮的高士达电子的广告。中国的数百万电视观众可能只有极少数人才知道高士达是一家韩国公司。但是，尽管播出这一广告还显得很谨慎，它却反映了中国和它东面新兴的资本主义邻居之间迅速发展的贸易关系——而且这种关系不再是秘密的了。朝鲜战争期间，中国派部队支援北朝鲜的共产党政权，自那以后，中国和韩国就成了敌人。随着中国实行经济开放以及韩国努力开拓新的市场，两国悄悄而又轻松地建立了互利互惠的商业伙伴关系。

12月早些时候，韩国的KIA汽车公司将把首批1000辆中客车和小型载货卡车交付中国大陆——这是两国20世纪80年代中期开始定期贸易以来最大的一桩生意（估计价值1亿美元）。两国还在计划其他大宗交易，但是，对双方来说，和以前的敌手做生意需要一些技巧。北京迫切需要韩国的资金、技术和加工制品，但它一定要注意不能和北朝鲜这个同盟作对。任何国家只要同"三八线"那边美国支持的汉城政府打交道，平壤的金日成政权都会对它表示公开的敌意。同样，中韩商业联系的加强在台湾也正引起不安，因为韩国是台湾在这一地区很少的关系密切的朋友之一。

中国和朝鲜被最窄处只有150英里的鸭绿江隔开，两国是天然的贸易伙伴。70年代时，两国开始秘密进行小规模贸易，绝大多数是通过的香港的转口贸易。1983年，中韩官员就返还一架遭挟持飞往韩国的中国客机的问题进行了谈判，两国关系开始解冻。两年后，中国决定参加1986年的汉城亚运会，两国贸易额增加更多。去年，尽管北朝鲜呼吁中国抵制在汉城举行的奥运会，中国还是决定参加，两国贸易额进一步增加。

今年，两国的双边贸易预计将达到30亿美元，而去年是18亿美元——10年前仅仅只有1900万美元。相比之下，1988年中国和北朝鲜的双边贸易总额只有5亿美元。直到最近，几乎所有的中韩贸易都要通过中间人，主要是香港。而现在，约有一半的贸易是直接贸易，估计两国到年底可能会正式开通直达海运航线。除此之外，政府管理的韩国贸易促进公司说，它很快就会得到北京的批准，在中国设立办事处。

在进行经济现代化的过程中，中国对韩国的加工制品尤其感兴趣——纺织品，彩色电视机和其他工业品——它现在正鼓励韩国的投资商在华开办工厂，对华转让科技，特别是在电子和钢铁行业。"中国有意在一定程度上模仿韩国的经济模式，"布鲁金斯学会（华盛顿的智囊团）的亚洲问题专家哈里•哈丁说。韩国不像台湾、新加坡和香港，韩国的经济是建立在大企业集团的基础之上，中国人对此比较适应。而且，中国认为，韩国的工业技术水平——既不是特别先进，也不是特别基础——非常适合中国的发展。

韩国资源贫乏，它需要一些中国极其丰富的商品：玉米、棉花、煤以及其他东西。同时，韩国的出口商还很想进入中国这个他们看来极其巨大的市场；他们担心，由于实行贸易保护主义的压力，以及1992年欧盟贸易组织的出现，他们传统的出口市场美国和西欧将会缩小。

加强与中国的关系还有政治上的动机。自从去年2月卢泰愚总统就任以来，汉城一直在努力同整个共产主义世界扩大交往——苏联和它的东欧同盟国以及中国。在这一过程中，它希望能缓和同北朝鲜的关系。"汉城认为，像这样扩大交往可以帮助北朝鲜采取务实和坦诚的态度，"韩国航空的顾问彼德•玄说。10月份，韩国在布达佩斯特设立了一个常设大使馆，这是它在东欧设立的第一个。韩国商人还和保加利亚、波兰和南斯拉夫签订了经济合作协议。

韩国试图利用经济关系获得政治上的好处，然而，这一点可能与北京的目的不一致。北京更愿意保持两国之间的秘密关系，以免激怒平壤。中国和莫斯科正在进行一场拔河比赛，以赢得平壤的忠诚，中国不想输给对手。"如果按照北京的想法，"北京一个智囊团的研究员说，"我们和韩国的经济关系就会蓬勃发展，但是两国之间却几乎没有任何政治关系。我们不能过分疏远平壤。"

尽管一切都进行得很谨慎，平壤显然还是感到不安。为了表示不满，他们给予苏联人飞越北朝鲜领空权，并同意苏联的海军船只使用北朝鲜的港口。然而，考虑到最近中苏关系的解冻，他们可能会发现，要使这两个共产主义超级大国彼此对抗是越来越难了。12月中旬，中国外交部长钱其琛成为1959年以来访问莫斯科的第一位中国高级官员。他的访问可能会为明年的中苏首脑会面打下基础。莫斯科最近正在想办法增加它与汉城的贸易，这一点让平壤更加感到不安。苏联和韩国目前正在商讨交换正式贸易代表。

北京和汉城的密切关系在台湾引起了更为严重的焦虑。只有23个国家承认台湾的国民党政府——而韩国是亚洲唯一的一个国家。台湾担心，中国和韩国的贸易关系可能会为韩国承认北京政府铺平道路。今年早些时候，台湾官员开始讨论一个有争议的"双重承认"方案。根据这一方案，即使一些国家承认中华人民共和国，台湾仍然可以同它们保持经济和政治关系，台湾目前的政策要求与这样的国家断绝关系。

台北的担心可能太过草率。今年早些时候，中国总理李鹏强调指出，北京没有打算与汉城正式建交。除了中国与平壤关系密切之外，还有一个原因使得中国在这个问题上很谨慎。"如果中国能承认两个韩国，"美国国务院的一名官员说，"为什么世界就不能承认两个中国呢？"

对北京来说，政治上的纠葛使得同韩国的贸易成为一件很微妙的事情。他们在处理与韩国人有关的事务时显得尤其地慢：1985年以来，已经有30多家韩国公司申请在中国建立80家合资企业，但最终只敲定了5家。它们包括：总部设在汉城的大宇财团出资在福建开办的一家冰箱厂以及电子业巨人三星计划开办的一家彩色电视机厂。一旦有机会，更多的公司将在中国开办合资企业：韩国工业协会所做的一项调查表明，75%的韩国大公司想在中国投资。大约有100家韩国企业已经通过香港在中国从事商业活动。

香港移民热

1997年是这块英国直辖殖民地回归中国的日子。对于香港的市民来说，它就像地平线上的积云，充满着不确定性。"每次集会，人们都会谈论这件事，"一位年轻的银行家说，"你有什么打算？你怎么安排的？这类问题听得越多，你就越是要问，干嘛留下来呢？你会觉得，有一天，你将成为留在后面的唯一一个人。"

尽管这位银行家宁愿留在香港，他还是屈服于这股移民热潮，准备移居到美国。1万名香港市民已经离开，还有至少5万名香港人正安排在国外安家。香港的英国当局坚持说，目前还没有出现危机，但是，他们最近设立了一个特别工作组以限制移民的人数。香港总督韦说："很显然，这正在成为一个问题。"

银行、会计公司和计算机公司以及整个服务业的员工正在稳步减少，特别是管理人员、工程师和其他专业人员。去年，香港最大的银行汇丰银行的670名职员和主管中的10%移民到外国，今年移民的人数估计还要多。过去两年间，香港的经济以每年25%的速度增长，失业率仅有1.5%，"人才流失"使得本来就很严重的劳动力短缺更趋严重。最近对计算机行业的专业人员进行的调查表明，2/3的人计划在未来5年内移民。

香港的一位美国银行家说："每个能移民的人都在做准备。"

　　中英两国的官员都试图安慰香港的 560 万名居民，1984 年的中英联合声明和正在起草的基本法会给香港提供足够的保护，香港不会出现政治和经济巨变。根据中英联合声明的条款，在 50 年内，香港作为中国的一个特别行政区可以保持自己的社会和经济制度。但是，很少有人对这样的承诺抱有信心，特别是那些从中国逃难到香港的人。

　　绝大多数移民者选择的国家是加拿大和澳大利亚，这两个国家一直都在努力寻求香港的专业知识和财富。去年，香港的加拿大领事馆发放了 22100 张移民签证，而前年只有 8800 张。除了鼓励拥有像销售和管理经验这样的特定技能的人之外，渥太华在 1986 年设立了特别投资者这样一个范畴，凡是个人拥有净资产 50 万加元，并愿意在 3 年内投资 25 万加元的人，可以移民加拿大。

　　澳大利亚在过去的 11 个月里向香港移民者发放了 7666 张签证，此前的 12 个月里，它共发放了 5199 张签证，而就移民问题进行咨询的更是猛增到 4 万人。澳大利亚计算机行业的一名招聘人员定期在《南华早报》上做广告，吹捧"澳大利亚有极好的机遇"。澳大利亚移民顾问协会的副会长斯特林·亨利说："移民者大多处于 35—45 岁这个年龄层，在制造业和贸易业工作过，而且有钱投资。"

　　去年，美国在香港的总领事馆也发放了更多的签证——8517 张，1986 年是 7325 张——但是，这些签证大多是发放给那些与美国公民结婚的人，或是已经有家庭成员在美国居住的人。然而，美国官员说，这些人中只有极少数可以说参与了这次移民热潮，因为现在批准移民的人早在 1979 年就提出申请了。但是，美国的移民法最近进行了修改，提高了给香港的配额，决定今年发放的签证总数至少要增加 4400 张。

　　许多地区已经感觉到了香港移民带来的金融方面的影响。香港商人正在买断多伦多的成衣制造区里的工厂并对它们进行现代化改造，他们的投资使得这一地区重新充满活力。"他们在多伦多创造了商业繁荣，并开拓了一个富有活力的房地产市场。"多伦多处理移民事务的律师门德尔·格林说，"人们开玩笑说，每一个来这里的人都会买一座价值 40 万美元的豪宅和一个价值 3000 万美元的购物中心。"由于价格上涨（平均每座房子价值 22.5 万美元），许多首次买房的人几乎无法进入多伦多的房地产市场。中国投资者的大量涌入使一些加拿大人感到愤怒。"人们看到他们携带巨款，开着豪华轿车来到这里，显然他们无所事事，"多伦多房地产委员会的主席埃德·霍说，"人们对此很恼怒。"

　　香港商人常用的一招是把他们的家人安定在国外，然后作为"加拿大人"或者"澳大利亚人"返回香港经营他们的企业，因为香港仍然被认为是做生意的最好地方。像这样的移民有一个说法叫"飞行员"——这在广东话里是一个双关语，意思是"没有老婆"。最近有部片子名为《爱上飞行员》，讲述了一名香港男子和一名香港女子的爱情故事，他们的家人都在国外定居。

　　即使有钱又有技术，要想在另一个国家开始生活还是不容易的。38 岁的龙福伦（音）

是一名律师，曾在英国牛津大学念过书。他认为自己的最佳职业道路是在美国而不是在香港，于是两年前他搬到洛杉矶。他通过了美国的资格考试，在洛杉矶一家大型律师事务所谋得职位。但是，司法体制的不同以及失去他以前在香港时喜爱的那些关系对他构成严重的障碍。他仍然不能肯定自己是否做出了正确的决定，但是，他下定决心在自己选择的土地上取得成功。"这就是美国梦，"他轻声笑着说，"如果我再老5到10岁，做起来就更难了。"

香港官员认为（这也许只是一种愿望而已），因为有些国家现在敞开大门，所以人们忙着办移民签证，这股移民热很快就会降温的。这也许是对的。然而，其他人相信T.L.曾的话更为准确："1991年左右是人们真正开始移民的时候。"

　　恢复中美合作的关系，对中国和对我们一样是利害攸关的事。不进行经济改革的政治改革，从长远看必将失败。没有政治改革的经济改革在短期内可以取得成功，从长远看也将失败，除非把政治改革及时跟上去。

　　......

10>

大规模的人口迁移

中国大陆的农民纷纷拥进大城市和农村工厂，形成了历史上另一次非常庞大的人口迁移。

数以百万计的中国大陆农民现在离开土地，迁移到城市和乡村工业单位。这一人口移动正在改变中国大陆的面貌，令它看来更加都市化和现代化。但是，它也为这个毛泽东曾自豪地宣称以"一穷二白"的农民为基础的社会，带来了诸如犯罪和人口拥挤等种种都市问题。

上海以西大约130公里的江苏省一个村，象征了今天从农业转移到工业的变化。这个一度毫无生气的穷乡僻壤从198′年至今，居民的每年收入已增加了4倍以上，达到相当于230美元。很多人盖了新房子，大多数都有自行车和电风扇。至少1/3的家庭有电视机，有10户特别富有的人家还有洗衣机。该村村长说："我们之所以有进步，是因为政策正确和努力工作。"

这个村的村民以前几乎全都务农。但是现在不论哪一天早上，我们只能见到很少的几十个农民俯身在村中1500公顷的稻田中劳作，或者在那31公顷的桑田上收集蚕茧。其余1460名村民则分别在两家集体所有的缫丝工厂中劳动，或者在3家私资企业———家印刷厂、一家木材厂和一家印刷线路板工厂中劳动。还有少数人则受雇于一些副业，例如养蚕或养鸡养鸭。村长说："过去我们没有工业，大家都吃耕田的大锅饭。"

中国大陆人民以往大多数以务农为生，收入仅足糊口。现在农民虽然仍占多数，但是数目正在迅速减少。自从1978年后期在邓小平的农村改革政策下引进市场激励以来，生产力急剧提高，中国大陆3.5亿人的农村劳动力中有1/3无须从事农耕。在已脱离农田的数以百万计人中，大约有80%已被吸收到商贩行业、服务行业和地方企业，例如贩卖超产的农作物以及开煤矿和制造乒乓球之类的企业。其余的则涌向北京和上海等大城市去找报酬较低的活儿干，例如做临时工、小贩、厨师或者保姆。

根据中共人口普查，1982年只有大约20%的人口在城镇居住。4年后，这个比例上升到37%。20世纪80年代结束时，即使人口不到5000的村镇，由于吸收了剩余的农村劳动力，预料其人口也将增加一倍。研究中国农民生活达40年之久的北京大学社会学系主任费孝通说："这将需要很长的时间。不过，由于我们正在减少农民所占的百分比，将他们改变为现代工人，因此真正的变化将会来临。"

政府希望避免随着人口重大变动而产生的一些问题。宾夕法尼亚州立大学经济学教授琴恩·普莱比拉说："他们不想出现像加尔各答那样的城市。"计划工作的重心是一项双管齐下的政策，目的在于控制城市人口扩张和鼓励农民"离土不离乡"。

中国大陆人口转移的动力是邓小平的农村改革，这些改革准许农民在完成国家所定的数额之后，将所能生产的一切多余产品在公开市场中出售。土地虽然仍被视作公有，财产，但农民将土地使用权私自转让已有10余年之久，而且这种做法亦为政府所默许。这样，愿意耕种的人便有了较多的耕地，对其他行业有兴趣的人则可转营新的工作。结果，农业生产自1979年以来每年跃增6%至8%。

城市工资平均比农村多一倍，农民就是受到这样的工资引诱前往城市地区。不过，在小城镇中如果想找到工作、获得居住权和领到粮票，还是需要取得户籍。

在政府较为宽容的新政策下，许多人都获得一年或两年期的城市暂住证，使他们可以在城市中出售剩余的蔬菜，采购供作转售的货物，或是以合同工人的身份从事工作。这类人加上过境的人和进城工作的人，构成了每天来往于城乡之间的所谓流动人口。

人口不断流入中国大陆各大城市，有利也有弊。以上海为例，为数估计达26万建筑工人的涌入，有助于它完成庞大的建屋计划。但是，上海的街道本已拥挤不堪，新添居民造成解决不了的交通挤塞难题。一个公安局的警察说："我们不再有交通繁忙和稀疏的时刻，只有繁忙时刻。"

更令人担心的是移居者对政府造成的重大财政压力。中共虽然推行了一些自由市场的措施，但政府仍然对人民提供差不多从生到死的照顾。在北京，为解决新居民每年在住房、粮食、水电、教育、医药和交通方面的费用，政府即须负担约10723美元。犯罪和失业越来越普遍。1987年秋天，北京一个区的警方在一次扫荡与外地移民者有关的投机倒把活动后，逮捕了300名流动小贩，另处以罚款者2377名，驱逐出境者2989名。

为减低中共所谓"都市病"的不良影响，政府自1984年起正式鼓励乡村和中小型城镇发展工业。到今天，已有大约7000万人在1000万中小企业工作。许多这类工厂的员工只不过一二十人，他们制造的消费品、简单纺织品、砖瓦、水泥和肥料，1987年几乎占中国大陆总产量的20%。这种改变，已经建立了一个茁壮成长中的工业与服务性行业。

尼克松谈中美关系

邓小平在宣布退休前一个多星期，会见了现代中国最亲密朋友之一的理查德·尼克松。《时代》杂志获得了尼克松回国前给国会两党领导人的一份关于中国问题的报告。摘要如下：

自从我17年前访问中国以来，中美关系正处于最坏的状态。最重要的原因之一是美国人和中国人对于6月份发生的事件是用完全不同的眼光来看待的。我们之间的差距是完全无法逾越的。和我谈话的每一个中国领导人都坚持说对示威运动的镇压是必要的和正当的。他们认为，美国的反应是对他们内政的无法接受的干涉。

在几个场合我指出使用过度的武力是一个悲剧，他们拒绝接受这种提法，他们坚持说那是一个事件。

危机能否得到解决？假设冷战已经结束，苏联已不再是我们两国的主要威胁——对于这个结论，我遇到的每个中国领导人都表示不同意——恢复同中华人民共和国的良好关系对我们仍有着强大的战略利益。布什总统将于12月2日到地中海去同戈尔巴乔夫会谈。戈尔巴乔夫并不是一个不懂实际的民主主义者，也不是一个博爱主义者或傻瓜。他将是热情的，但是根据他过去的表现，我们可以假定他必定还藏有一两张未打出来的牌。我们决不应把中国当成一张牌。然而，假如戈尔巴乔夫能够打这张牌，对我们并无好处。今天，中国人正在同俄国人会谈，我们也在同俄国人会谈。但是，我们同中国人却互不交谈。冻结高层间的接触，是为了表达我们对军队行为的不满。现在，我们必须采取一种能为我们的地缘政治利益服务的政策。

中国是一个核大国，没有中国的合作，我们就不可能有一个有效地防止核武器扩散的政策，也根本不可能有防止向中东等麻烦地区出售导弹和其他毁灭性武器的有效办法。

由于日本已经成了一个超级经济大国，并且也拥有了成为超级军事和政治大国的能力，一个同美国密切联系的强大而稳定的中国对于平衡日本和苏联在东亚的力量是必要的。

中国将不可避免地成为一个经济大国，它的10亿人民将为发达的工业国家提供一个十分巨大的市场。难道我们愿意把自己排除在外而把这个巨大的市场拱手让给日本人和欧洲人吗？难道我们就愿意冒险在下个世纪不要中国做我们的盟友而宁可要它做我们的敌国吗？没有世界上1/5的人民的合作，我们怎能解决全球气温变暖和其他环境问题呢？

恢复中美合作的关系，对中国和对我们一样是利害攸关的事。戈尔巴乔夫的政治改革能成为报纸的头条新闻，而邓的经济改革则生产出了商品。不进行经济改革的政治改革，从长远看必将失败。没有政治改革的经济改革在短期内可以取得成功，从长远看也将失败，除非把政治改革及时跟上去。如果邓的经济改革以及他的开放政策能继续下去，那么，要求政治改革的压力就会不可避免地在那个方面取得进展。

同我会见过的所有领导人都告诉我说，邓的经济改革将继续下去，并且不可逆转。我对邓说，"每个人都同意应该克服腐败和通货膨胀。问题是，在克服它们时，你们会不会把那些在你领导下，在1979年至1989年之间使平均国民收入增加了一倍的新生长出来的私营企业也很好地保存下来并得到发展。"

怎样来修补裂缝？

中国可以考虑做出努力来解决分歧，欢迎旅游者、学生、科学家和愿意向合资企业投资的商人；美国应考虑取消经济制裁，恢复对愿在中国投资的人提供的政府协助，世界银行重新向中国的主要项目提供资金。

我们双方采取步骤恢复关系的时间表和方式，只能通过最高一级的私人外交才能取得协议。美国政府现在应该考虑走出自己的第一步：恢复中美双方高级官员间的接触。孤立现在的和未来的中国领导人的做法，使他们以为美国在采取不公正的行动反对中国，从而使他们更加气愤甚至憎恨美国，是毫无意义的。中国的长城厚得很，你就是在墙里，人们也很难听见你的声音，在墙外则根本不可能听到你的声音了。

在我们之间有时是非常激烈的讨论中，有一个非常积极的因素，就是没有一个中国领导人说过布什总统一句坏话。他们有时责怪国会、新闻界和美国之音，但从未责怪总统。巴巴拉和乔治·布什（他于 1974 年至 1975 年曾在北京任美国联络处主任）在中国被看成是老朋友而受到尊敬和怀念。

现在，制裁法案已经通过（措施包括暂时停止贸易援助，冻结卫星和某些核原料的出口，停止同中国做生意的企业的风险保险）。我们能够预料中国人会做出不好的反应。但是，由于他们对总统的基本尊重，我相信，尽管我们的关系进一步恶化是不幸的和没有必要的，但也将不会是致命的。

中苏解冻带来新格局

若一切顺利，本年度最值得猎取镜头的机会，将是戈尔巴乔夫及邓小平于 5 月在北京会晤的时刻。然而这个时刻将不仅是一个猎取镜头的好机会而已，这次高峰会议也将是美国自 1972 年尼克松访问中国大陆以来所享有的重要优势正式告终：过去华盛顿可以与北京及莫斯科双边的领袖进行会谈，而中苏之间不但缺乏高层对话，事实上连低级别的接触也付之阙如。

得以与中苏双方进行会谈，而中苏双方却无法进行严肃对话，的确是美国在外交上的重大优势。有时华府官员极望能仰仗"中国牌"的优势，但中共方面却机敏灵活，对于事态的发展，掌握得很有分寸。1978 年，卡特总统与北京建立了全面的外交关系，使双方的关系建立在长期的而非个人的基础之上。

这项前美国总统里的"尼克松与卡特政策"，至少带来了 3 项重要后果。首先，这项政策使中共开始发展与其他太平洋边缘国家的建设性互动，因而导致中共长期以来被视为是该地区之不稳定危险因素的情势为之告终；第二，因当年未从越战中光荣撤退而受到负面影响的美国的战略地位，出人意料地大为提高；最后，中国、美国及日本之间的新关系，使苏联在这一地区遭到外交上的挫败。

尽管如此，美国对其所拥有的"三大国对话专利权"即将丧失一事，应仍无可惧。中共及美国的关系目前稳健地建立于互惠的基础上，戈尔巴乔夫及邓小平不可能因举行高峰会议，即在意识形态上重归统合，抑或是再度联手。戈尔巴乔夫及邓小平有能力可以大幅度地纾解亚洲的紧张情势。两项过去的包袱，应是他们此次会谈的最重要的议题，而在这两件事情中，美国均可扮演一重要的角色。

　　柬埔寨是邓小平及戈尔巴乔夫可对和平有新贡献的关键性层面。自越南从10年前入侵柬埔寨，将红色高棉逼入泰柬边界的四面受敌之境以来，柬埔寨即生活在外来影响力的阴影之中；它们不再需要因波尔布特及其党羽的威胁而惊惧，但这个国家却仍遭到外国的占领，边界的战事也持续未歇。

　　热烈的外交活动目前至少在6个以上的国家展开。等待在另一个戏剧舞台的中央扮演主角的，是西哈努克亲王。尽管行径善变无常，西哈努克仍一直能向他的人民与世界昭示，他就是他的民族国家的化身。而他对于任何柬埔寨问题的解决形式，都不可或缺。

　　柬埔寨问题要中苏共同支持，这一切都令人鼓舞。但柬埔寨问题的解决需要莫斯科及北京两方的支持。若莫斯科及北京能协议运用它们的影响力，迫使双方与西哈努克谈条件，则柬埔寨问题便有可能解决。

　　在卡特及里根统治下的美国政策，美国恢复了在亚洲的影响力；并且在亚洲的三大玩家——中国、日本、苏联之间，建立了相当稳定的权力平衡关系。若戈尔巴乔夫真心期望苏联能参与该地区的"经济奇迹"，他应接受这种权力平衡，以及美国海军在这里的驻防。

　　在邓小平的改革仍在进行的路上，而戈尔巴乔夫又深为国内问题所苦的情况下，他们的决定所能维系的持久性，的确并不稳定。但就外交政策而言，这两人仍能以最高的权威性对话。他们所拥有的权力不仅是可以正式终止长期以来的敌意，同时也能对和平带来重大贡献。也许要开始欢呼亚洲的新纪元已经来临，仍为时过早。

在最近一年多时间里，中美两国间的关系一直十分冷淡，商业是极少数双方仍可能合作的领域。正是因为这一点，布什政府敢于不顾国会的愤怒，解除禁止将美国制造的人造卫星运往中国的禁令。也正是因为这一点，北京才会将它的卫星发射场交给大约 80 名休斯公司的技术专家和美国空军监察员使用长达两月之久，让他们将卫星装配到运载火箭上。

......

中国人在家里一般不谈论性生活的具体细节，而对陌生人更是三缄其口。除此之外，对于这份列有 240 个问题的《全国性文明调查表》，在中国人口中进行抽样调查，其难度可想而知。尽管如此，有 23000 份有用的调查表返回到了刘达临（中国最知名的性学家）的手里。调查结果将在 1990 年 5 月上旬向中国的媒体公布。

......

中国官方让一名藏族女孩来点燃亚运会的火炬。经过亚运会的精心准备，北京已经变成了一座五彩缤纷的城市。在这 16 天之内，北京只会为它的体育健儿们的精彩表演喝彩，向邻国承诺和平与友好。

11 >

美国开始解除制裁

1990年4月，在中国西南的西昌卫星发射中心火箭发射的倒计时中，发射专家组的成员和大约200名外国客人都将他们的目光集中到在装有长征三号运载火箭灯火通明的发射架上。阿拉伯人拨弄着念珠，缅甸、巴基斯坦、蒙古的客人也神情紧张地凝望着。而那些已为这些价值1.2亿美元的发射装置和美国卫星投保的跨国商人也同样神情紧张。接着，重达202吨的火箭终于呼啸着冲向蓝天，控制中心里的人们鼓起掌来，就连在附近铁路上看热闹的成千上万的农民也欢呼起来。担心忧虑一下子被欢庆替代。

当这枚香港人所有由休斯公司制造的通信卫星"亚洲一号"与运载火箭成功分离的时候，休斯公司副总裁史蒂夫·道尔夫曼骄傲地宣称："历史掀开了新的一页。"美国驻华大使詹姆士·李雷祝贺中国进入国际商业卫星发射市场，并称这一事件为"中美关系中的积极因素"。

在将近一年的时间里，中美两国间的关系一直十分冷淡，商业是极少数双方仍可能合作的领域。正是因为这一点，布什政府敢于不顾国会的愤怒，解除禁止将美国制造的人造卫星运往中国的禁令。也正是因为一点，北京才会将它卫星发射场交给大约80名休斯公司的技术专家和美国空军监察员使用长达两月之久，让他们将卫星装配到运载火箭上。

这些让步来之不易。尽管中国运载火箭拥有十分可靠的发射成功率（26次发射有25次获得成功）和便宜得近乎成本的价格（大约一次发射需3000万美元，仅为西方竞争者的40％），但直到1986年，它都没有在国际上引起什么关注。那一年，美国和欧洲的航天事业受到了重大挫折。美国的航天飞机"挑战者"号升空不久爆炸，而欧洲的"阿丽亚娜"火箭也发射失败。在这种情况下，也因为一次发射便宜2000万美元和不需数月等待，澳大利亚政府和一家香港私有财团与中国航天工业部下属的中国长城工业公司签订了合同，为其发射3颗休斯公司制造的人造卫星。几乎在同时，这桩生意遭到了美国私有火箭发射集团协同欧洲财团阿丽亚娜公司的强烈抵制。它们试图通过不给休斯公司发放卫星出口许可证的办法来使长城公司无法进入这一成交额数十亿美元的市场。

后来，在中国政府承诺不向中东销售任何中程导弹之后，里根政府于1988年批准颁发了许可证。本来具有一年发射9次能力的中国还同意在6年内，每年最多进行5次国际商业发射，在每次发射准备期间将火箭（注：美国制造的卫星）载荷置于美国专家的监管之下。

在美国国家安全顾问布莱恩特·斯考克罗夫特几周前秘密访华时，中国再次重申了其不向中东出售中程导弹的承诺。很快，香港亚洲卫星电信公司得到了美国官员"出口许可证即将发放"的私人担保。1989年底斯考克罗夫特第二次访问北京之后，布什解除了对所有3颗卫星的禁令。他宣称这一成交额3亿美元的生意很符合美国的国家利益，并且可以为亚洲提供通信联络。

当美国国会在圣诞假期之前针对卫星出口的授权书加上特别禁令的时候，布什政府的官员也加入到休斯公司拯救亚洲卫星的行列中来。休斯公司的院外活动家史蒂夫·列维说："我们保证会在总统签署那道命令之前将卫星运出美国。"休斯公司将重达2732磅的人造卫星用获得特别许可的波音747飞机直接由洛杉矶运到了西昌，在那里卫星遵照安全措施被迅速地安置在一间"完全合乎标准的房间"里。

曾任美国国防部长助理现为休斯公司律师的戴尔·丘吉尔说："这是一个个人战胜政府的故事。"它能否再次发生将取决于在中国所发生的一切。而布什就不得不在就事论事的基础上来处理美国人造卫星出口的问题了。

很明显，双方都处于两难境地。长城公司副总裁说："80%的商业卫星是由美国制造的，如果美国人拒绝同我们合作，我们也是巧妇难为无米之炊。"但另一方面，也十分清楚，美国可以使用的手段十分有限，他说："如果美国政府不允许中国发射他们的卫星，我们就会准备向任何想要导弹的人出售导弹。"

北京面貌的新改变

去年整整一年的时间里，中国政府开始积极筹备定于今年9月22日在北京举行的亚洲运动会。中国政府一直把这场运动会定位在为北京赢得2000年奥运会主办权的一块奠基石以及对中国现代化成果的有力彰显。

整个北京城为亚运会的准备工作投入了全部热忱。在亚运村，到处是学生、工人和士兵们在清扫路面和挖掘水渠；几乎所有的体育馆里都可以看到中小学生头戴黄色棒球帽、身着标有亚运会志愿者的运动衫挥动着扫帚和铁锹；士兵们在各个旅馆前栽种松树；4万名工人夜以继日地加紧施工，以赶在规定日期之前建成和修复公寓大楼、旅馆、会议大厅和新闻中心以及33个体育馆。亚运会组织委员会的秘书长万嗣铨说："如果中国申办2000年奥运会成功，我们只要再修建一个新的体育馆，再对运动员居住区进行扩建就可以了。"

但一些中国官员也在为如何拿出足够的资金来支持这次盛会而忧心忡忡。他们清楚亚运会将带来巨大的经济困难。1976年，加拿大为蒙特利尔奥运会负担了10亿美元的赤字，这是个尽人皆知的例子。

这次非同寻常的亚运会将花费5.1亿美元，比最初的预算多出1亿美元。超支部分基本上是突然增长的建筑花费导致的。为了弥补超支，主办者开始渐渐变得不怕受到来自公众的谴责。他们在长安街设立广告牌，而过去这条绿树沿街的大道是不允许有广告牌出现的。美国和日本的企业，诸如可口可乐饮料、富士彩色胶卷已经作为广告客户进行了注册。主办者还到处发行纪念币及邮票。此外，政府批准了彩票发行活动。此外，颇有争议的摇滚歌手崔健也得以举办义演性质的音乐会。

北京利用韩国急于打入中国市场的心理向他们要了1000万美元的广告费，同时还不失时机地向这个1986年亚运会和1988年奥运会的举办者取经。韩国恰恰非常乐意在这里掏腰包：三星集团投资400万在位于长安街的中央人民广播电台的顶楼修建了巨大的霓虹灯；韩国航空公司也在积极为得到北京首都国际机场的准入券挥动它们的支票簿。因为韩国在申办1970年亚运会时曾因财政原因半途而废，所以现在它们对中国有同病相怜之情。一位韩国业余运动协会的官员说："我不希望再看到另一个国家像我们在1970年时那样丢脸。"

北京正在竭尽所能地避免哪怕是最小的尴尬出现。中国许诺要进行大规模的植树和美化环境行动以使北京"亮"起来。北京副市长兼本次亚运会筹办委员会副主席张百发号召市民们讲究"文明与礼貌"：号召北京城内700万骑自行车的人要像机动车一样遵守交通规则；搭公共汽车要避免你推我挤的"登车竞赛"；服务行业则要注意行为举止得当，以免他们的照片引来舆论的批评。中国政府的热忱没有白费，北京变成了一个拥有气度不凡的外表的城市。

李鹏访问苏联

米哈伊尔·戈尔巴乔夫在几个月前对中国进行的国事访问被定位为现代外交行动。这次外交行动被舆论界炒作为结束中苏30年对峙局面。1990年5月初，虽然没有大张旗鼓的宣传，李鹏对苏联为期4天的访问一方面推进了两个社会主义大国之间貌似升温的友好趋势，另一方面也不可避免地加深了两国在意识形态上日益明显的分歧，在某些方面，这种分歧比去年5月要突出得多。

李鹏是自周恩来1964年之后第一位访苏的中国政府首脑。与其他各级代表团官员一起，李鹏为中国同苏联达成了解决6个问题的6项协议，内容从两国在7000公里长的共同边境上军队部署问题到太空研究领域内的合作均有涉及。在两国都存在为时近一年的国内不稳定的情况下，双边关系基本上保持在正常的轨道上。正如李鹏总结的那样："去年，在戈尔巴乔夫总统对中国进行历史性的访问期间，我们有两句话：捐弃前嫌，开辟未来。现在我所做的访问就是要为'开辟未来'铺平道路。"

中国从来没有公开批评过戈尔巴乔夫的"改革"和"新思维"。但是私下里，北京方面并不认同某观点。

李鹏总理在访问中尽量避免表露出类似的情绪，相反地，他还找一些颂扬性的话来评价戈尔巴乔夫的改革。李鹏总理说，与苏联领导人探讨使他更加确信，这种改革仍旧是坚持"社会主义方向"的。他进一步指出："每一个国家都有权力决定自己建立社会主义的方式。"在谈及东欧国家时，李鹏说："现在说它们脱离了社会主义还为时尚早。"但是，就算它们真的放弃了社会主义道路，中国仍将与它们保持外交关系。

戈尔巴乔夫仍旧自诩他的改革为"第二次共产主义革命"。在明确提到脱党行为和民族主义的分裂情况时，他宣称改革进程一定要坚持"主流改革与合法改革"。

几项协议中最主要的是双方共同在边境裁减军队的议案，双方约定由目前苏联驻军50万，中国驻军65万的状况改为"正常的睦邻友好关系所需的最少量"。虽然为李鹏访苏所做准备工作中的多次协商长达几个月，但边境驻军确切的数目限额仍未能得出。

这次还有另外两项协定得以签署。一个是中国向西伯利亚远东市场销售价值3亿3600万美元的商品，作为交换，苏联要为中国建立两个核动力系统。另外一个协议是中苏合作进行太空开发，甚至向来不愿意在外国太空研究队伍中派驻人员的中国这一次也将派人加入苏联的宇航员小组。其他的两个协议是关于经济合作和外交磋商的。

总的来说，李鹏的访问没有使中苏关系比去年疏远。在意识形态上，估计两国目前所能做的就是保留各自的分歧意见。中苏的军事关系相当稳定：双方均削减了武装力量的规模，当然这样做多半是出自经济原因而非外交协议的规范作用。双方的经贸交流正处于上升状态，但交流量分别占中国和苏联的4%和1.5%。约翰斯·霍普金斯大学国际问题研究所荣誉教授道克·巴尼特评价这次所签订的一系列中苏协议说："这些是会给中苏经贸合作带来缓慢的发展，但在它们发展关系的道路上会出现阻碍。"他认为主要的原因在于：两个国家都迫切需要向西方要经济发展所必需的科技援助。

中国的性报告

去年春天，上海的一些社会科学家在上海聚会，研究邓小平10年经济改革所带来的另一未曾预料、不受欢迎的副产品：中国的性革命。为了评估这方面的影响，上海的性社会学研究中心派遣了500名志愿社会工作者，到15个省，对25000名已婚的夫妇、学生甚至性罪犯进行了采访和调查。

中国人在家里一般不谈论性生活的具体细节，而对陌生人更是三缄其口。除此之外，对于这份列有240个问题的《全国性文明调查表》，在中国进行抽样调查，其难度可想而知。尽管如此，有23000份有用的调查表返回到了刘达临（中国最知名的性学家）的手里。调查结果将在1990年5月上旬向中国的媒体公布。

自从20世纪40年代末艾尔弗瑞德·金赛对美国的性行为进行里程碑式的调查并提出报告后，如此大规模、大范围的调查还没有搞过。正如金赛报告反映了战后美国的性模式，中国人的调查报告同样披露了中国人性与婚姻之间传统关系的恶化情况。它还记录了因日益增大的性自由而引发的一些问题及其影响。

此次调查一开始几乎夭折。这一计划需要2万美元经费。刘最后用他自己出版的30本有关爱情、性和婚姻的畅销书而得来稿费，为这次调查支付了大部分费用。

刘达临是"中国的金赛博士"。更令人惊奇的是，刘达临还开了一家性博物馆。这是5000年来中国的第一家性文物博物馆。

徐东新村26号，是上海郊区一栋漂亮的小楼。门口一块金光闪闪的招牌，上面镌刻着："DAR LING MUSEUM"——达临博物馆。

光看门牌，看不出里面有什么名堂。推门而入，古色古香的感觉迎面而来，环顾四周，一尊线条柔美的紫砂欢喜佛首先映入眼帘，两把雌雄剑的"夫妻铎"坐镇大厅中央，墙壁悬挂的是几张在台湾、德国、澳大利亚举办性文物展的海报，旁边一张玻璃书柜，内置十几本刘达临的性学大作。

小楼分上下两层共7个房间，琳琅满目的性文物，让人对中国老祖宗的性趣叹为观止。

刘达临剖析、研究历史本来就是他的兴趣，加上他过去从社会文化的角度来研究性问题时，发现中国人的性观念受到传统影响很深。为了认识中国文化的今日，他遂将研究重心投入中国性文化的昨日。

为了揭开中国古代的性神秘面纱，刘达临的做法是一头栽入书海，一路走访古迹，一边动手搜集古代性文物来作为查考、论证，不过三者在中国当前的现实环境中，都不易获得，原因是一堆性文化方面的古书与文物，有不少在"文化大革命"中被销毁，剩下的不是在一波波扫黄运动中被扫掉，就是被深锁在图书馆，想要借出来研究，都不允许，为此，刘达临执着于古代性研究，一路走来备尝辛苦。

刘达临并透露，他之所以将下半生，全心奉献给老祖先的性趣，另外一个原因是受到荷兰汉学家高佩罗的"刺激"所致，因为高佩罗只是一名外交官，可是他却首创研究中国古代性文化的先河，从搜集中国古代春宫画着手，进入中国古代性文化的神秘禁地，他的《中国古代房内考》和《密戏图考》，至今仍被引为研究中国性经典之作。"一个外国人能，中国人为何不能呢？"

刘达临这几年来的足迹遍布大江南北，哪里有性文物古迹，他就风尘仆仆赶往哪里……

刘达临常说，性文物的收集，不仅开拓了他的视野，并印证了中国历史上许多观象，最重要的是还纠正了他的某些观念。例如，过去的研究，总认为明、清两代是历史上性禁锢最严酷的时代，事实上，从民间搜集大量的性文物，却发现明朝是春宫画发展的顶峰，而清朝是性小说发展的巅峰，为此"金赛博士"强调："性是人类自然的需求，不是光靠压抑，否则压力越大，反弹越大。"

过去，由于身受其大伯父的影响，刘达临对收集古董很有基础，从他一屋子古董家具便可窥知一斑。等到进行性文化研究后，他才把收藏的重点集中在性文物上。有趣的是，堪称古董玩家的他一开始根本不得其门而入，因为那些玩意儿属于黄色物品，市场上无人敢公开贩售。

几年收集下来，性文物高达千件，刘达临的家已无容身之处，为了安置这些老宝贝，他不惜举债30万元，买下上海郊区的一栋小楼，制柜造架，再一次走在时代之先，创立中国唯一一家性文物博物馆。

一年之后的北京

1990 年 5 月下旬，布什总统同意延长中国一年一度的最惠国待遇，这使华盛顿失去了控制北京的有力武器。总统此举激怒了国会中包括共和党党员在内的多数成员。但"国会山"仍不太可能赢得两院中 2/3 的票数阻止这项决定。布什从经济角度为他的做法辩解说，取消中国的最惠国待遇只会伤害到中国的人民，并将使实行资本主义制度的香港蒙受巨大损失。仅在香港加工的产品出口这一项上，香港将失去 85 亿美元的利润，造成 2 万人失业。对美国人来说，他们在购买中国产品时必须比从前多支付 40% 的钞票。而且，布什总统认为，他的做法是使中国最终实现民主的最有效途径。他说："同我们做生意的中国人是推动改革的发动机。我们对于中国的责任在于打开商业接触的渠道而不是单纯地孤立中国的强硬派。"

事实上，如果中国的最惠国待遇被取消，美国和香港将蒙受比中国更为巨大的经济损失，但中国却不大可能为亏损企业负担 30 亿美元或者更大的代价。尽管采取的银根紧缩的政策卓有成效，通货膨胀率成功地由去年的 18% 降至 5%，但同时这些做法对经济也产生了负面的影响。以行政命令让超过 1/3 的工厂暂停或减少生产，取消数以百计的建筑计划，造成了为数 5000 万由失业者组成的"盲流大军"。1989 年，中国的旅游业收入锐减近 10 亿美元。更令北京不安的是，美国、日本和欧共体通过世界银行坚决封锁除人道主义贷款之外的所有对华资金输出。在这种大气候下，商业银行对华贷款继续采取谨慎态度。

"三不"到"三不可能"

中国内战的最后一声枪响已经过去几十年，可台湾仍旧沿用着 1946 年修订的宪法——动员戡乱时期的紧急状态法。这项特别的法令保证了国民党对反对者进行严厉制裁的权力，而且使国民党得以牢牢掌握住手中的政权。随着台湾与大陆之间贸易和旅游业的飞速发展，台湾人民对实现完全民主的要求也与日俱增。1990 年 5 月，台湾地区领导人李登辉宣布他将在一年内解除这项特别条款。他在 6 年"总统"任期开始时的就职演说中曾说："宪法的民主化是政治民主的唯一途径。"

李登辉是在两年前蒋经国死后接任的，他重申了"和平对抗"北京的宣言，对连续 9 年的"三不（不接触、不谈判、不妥协）"政策避而不谈，他说台湾准备解决与中国大陆重新统一的问题，条件是北京必须实行多党民主，宣布放弃使用武力解决台湾问题以及在其他方面进行改革。

一些分析家指出李登辉只是把"三不"换了个招牌改成了"三个条件"，也即三个"不可能"，因为他们认为中国政府根本不可能接受他的条件。但是当北京正式对这些条件给予驳斥时，李登辉的弹性政策很可能会给台湾带来好的国际环境。

李登辉在他的讲话中建议北京做出一些互利的姿态，比方说把沿海驻军后撤300公里。他甚至暗示，如果北京对他的主动行动做出可喜的反应，他愿意由台湾出资在福建省建设石化工业设施。

为了彰显他在台湾省实行的开明政策，李登辉赦免了28名政治犯，包括施明德，此人因在1980年进行反政府的破坏活动而被捕。现在李登辉正在筹备召集下个月的立法会议商讨修订1946年宪法，他认为这个会议上的提案要得到贯彻实行至少需要两年时间。其中一个明确要进行讨论的议题是"直接选举总统"，这一点得到所有立法委员的普遍支持。而部分民进党成员却威胁要以静坐示威反对召集这次会议。他们认为不应该讨论这样的敏感问题：台湾做了可能独立的姿态将会激怒北京。

朱镕基的浦东计划

在上海东郊园申（音）村的一块芹菜地里，8个戴草帽的农村妇女在干农活时戏谑地谈到她们的未来，"浦东发展得越快越好，"农妇卢新芳（音）对此非常热心，"那样我们就可以成为工人，我们的孩子就可以享受公费教育和公费医疗。"尽管39岁的卢年收入为1800美元，相当于政府公务员平均年收入的3倍，但她仍然向往着城里外甥的工作和生活方式。浦东位于上海东郊，长江把它与熙熙攘攘、热闹非凡的市区分开。作为一个浦东居民，她殷切地盼望着自己成为一个地地道道的城里人。

卢的美好梦想是与浦东开发区的未来相联系的。9月，富有改革精神的62岁的上海市市长朱镕基，宣布了这项将耗资数十亿美元的庞大计划。"这是中国政府一项重要的战略决策，"朱在新闻发布会上告诉记者，"这表明中国将继续坚持改革开放政策。"如果朱镕基的计划得以实现，浦东这块占地350平方公里、约为半个新加坡大小、主要由农田构成的土地，将会变成"社会主义的香港"，一个拥有自由港、外资银行分支机构和高科技企业的金融、贸易、工业中心。这一预计耗资800亿美元、历时40年完成的计划，不仅给投资者提供经济特区所特有的优惠政策，而且还有它独有的优势：中国第一个以香港为模式建立的自由贸易区。

对上海而言，浦东意味着经济的复兴。"在40年代和50年代，香港是无法与上海相比的，"上海社会科学院经济学院副院长回忆说，"现在正好相反，而且差距越来越大。"对于过去10年全力发展沿海地区的发展战略，他持否定态度，他警告说："如果人们继续执行1980年的政策，上海就要沉入海底了。"

他一点也没有危言耸听。作为一个有着1276万人口的拥挤不堪的大都市，上海正在不断向周边扩张，同时那些陈旧过时的基础建筑正逐渐被拆除。由于严重的住房紧张，许多居民住在拥挤的公寓里，人均面积只有3平方米，不如一张乒乓球台大。许多家庭仍在使用被叫作马桶的木桶来代替现代的抽水马桶。在经济方面，上海从1984年起，工业增长率在10%—20%之间。

上海人倾向于将他们城市的落后归咎于北京对当地工业基地课以重税以资助中国其他地方发展的政策。他们说，从1949年起上海每年向国家财政部上缴75%—90%的税收。一位驻沪的西方外交官说："当上海人去北京或深圳时，他们会指着某条整齐平坦的道路说：'我们建的。'"

尽管浦东计划被宣传为邓小平10年改革开放政策的继续，但它形式上的启动仍然意味着经济建设的重心正从急速发展的南部省份广东和福建转移，而那里现在正享有着多项优惠政策。浦东计划的支持者将上海的复兴看作是中国经济全面发展的关键。他们希望浦东计划的成功可以推动拥有一半中国人口的邻近长江三角洲一带的经济改革。

与以往明显不同的是，浦东计划现已得到了国家领导人的支持。李鹏总理坚定地支持这项计划。浦东计划的初步成功看起来要归功于不知疲倦的上海市市长朱镕基。自从总计划于去年4月被批准后，朱又迅速地做了许多工作来推动这项计划付诸实施。5月份，他率领由10名中国市长组成的代表团访问美国、新加坡、香港，以吸引投资者。

然而他也面临着巨大的挑战。此时此刻，筹集浦东发展第一个10年所需的100亿美元在此时绝非易事。从整体上来看中国目前还处于经济困难时期。银根紧缩的中央政府仅能保证提供13.8亿美元，所以朱希望外国投资者能够提供至少一半的所需资金，一位西方外交官说："是有一些美国公司表现出兴趣，但我认为浦东计划并不会吸引那么多投资者。"

上海自身的保守意识也会妨碍朱的努力。上海人经常自负沉湎于1949年之前的日子。那时这座城市被称作"东方的巴黎"。"他们确实有理由感到优越，"一位西方观察家说，"但40年的孤立和政府的官僚已经使他们不愿接受新思想。"因此上海被人称作"一块遍布图章的土地"。在那里要想使一项计划付诸实施，你不得不盖上大量的公章。朱已经许诺建立"一章制"的体制，显然他也承认还远未做到这一点。当被问及如何对付这些拖拉费时的烦琐手续时，他这样回答："我也痛恨官僚主义，但我认为这是个全球性的问题。"

沸腾的运动场

几个月来中国政府一直为第11届亚运会忙碌着，波斯湾的战火恰好替中国拉走了相当一部分的国际关注。但是这也给中国带来头疼的问题：如果北京期望第一次把所有的亚洲国家都召集来参加这次亚运会，恐怕会以失望告终。到9月底为止，形势已经十分明朗，参加亚运会的大多数国家都不愿与伊拉克为伍。

如此强烈的反伊拉克情绪是预料之中的事。4年一届的亚洲运动会由奥林匹克亚洲理事会全权负责，这个理事会的主席和主要的捐助人谢赫·法赫德·艾哈迈德·萨巴赫为将伊拉克排除在亚洲运动会之外而积极奔走，他威胁说如果伊拉克代表团参加，他将联合其他的阿拉伯国家进行对抗。伊拉克总统萨达姆·侯赛因则针锋相对地宣布：所有流亡在外的科威特体育代表均属伊拉克旗下。

中国陷入了两难境地。是该驱逐伊拉克不准许其参加这次运动会，而伊拉克是中国重要的武器出口对象国；还是"冒天下阿拉伯之大不韪"给其开"绿灯"？此外，这还涉及能不能保住最近的一次外交成果的问题：今年7月，中国终于与44年支持台北为中国政府的沙特阿拉伯达成了外交共识。北京的一些观察家认为与利雅得关系的新突破是促使中国加入世界范围对伊拉克禁运的一个重要因素。在奥林匹克委员会投票决定是否让伊拉克加入本次亚运会的前几天，沙特亲王费萨尔·法赫德·阿卜杜勒·阿齐兹赶到北京，他毫不掩饰地说："如果伊拉克的代表踏上中国的领土，我不能想象会发生什么后果。"

苏丹与科威特终于如愿以偿。经过11人委员会同意，奥林匹克委员会全体会议以27票对3票的结果将伊拉克逐出亚运会赛场。伊拉克国际奥委会委员长阿卜杜勒·穆拉无奈地说："很显然，压力太大了。"

约旦出于明显的经济利益考虑，在海湾冲突中公开地倾向于伊拉克。投票决议出来后，约旦发表声明说特不派出代表团参加北京亚运会。科威特则为此次盛会派出了42人代表团，外加一名游泳教练和一组体育官员。而科威特原本是要派出330人的代表团到北京的。

到最后，北京很可能会暗自庆幸波斯湾冲突帮助了这次运动会，因为这使得中国与新的国际孤儿伊拉克站在对立的阵线上，从某种程度上改变了中国的不利局面；另一方面，北京大规模地同周边国家改善关系，从中获取"和平红利"。这次亚运会使得越南有机会修复与中国的关系，但中越两国在柬埔寨内战上仍旧持对立观点。河内的部长会议副主席武元甲，抗法战争与越南战争中的英雄，是这次运动会的特别客人。

同样，亚运会也给了中国一个发展与韩国、台湾的关系机会。韩国的企业界已经为本次亚运会投资超过5000万美元用于三星和韩国航空公司的广告费用；预计有超过5000名韩国游客将在运动会期间来到中国。但韩国经济方面的慷慨并不是期望得到同中国的外交进展，韩国真正想要的是，通过与朝鲜交好的中国赢得朝鲜这个贸易伙伴。韩国的体育官员们身负着双重使命，他们计划在北京与朝鲜的同行会面，使3周之前在汉城开始的对朝接触得到发展。

同时，北京对来自台北的300人代表团也是"左右为难"，他们将作为"中国台北"队出场，尤其是在各种各样的宴会场面和发表祝酒词时。但他们的友好关系毕竟在前进，尽管速度像蜗牛爬行。为了避免到大陆投资建厂的人为大陆方面所用，台湾加紧了对大陆投资热潮的控制。虽然众人热切期望载有台湾赴大陆体育代表团的飞机能够首次实现官方批准的直航，这次航班还是取道香港而后转飞北京。台湾情报部门还拒绝批准4名在军中供职的但已取得射击比赛资格的运动员到北京参赛。

中国政府认为，在当前政治和经济形势低迷的情况下，成功举办这次亚运会将会振奋人心。亚运会的开幕式摒弃了旧的模式而采取1988年汉城奥运会的形式，以丰富多彩的大型舞蹈为主。开幕式上的表演兼顾了现代与传统的风格：色彩各异的降落伞在北京工人体育场从天而降；由1400名来自中国和日本的太极拳爱好者组成的大型方队在72000名现场观众面前有条不紊地进行表演；扮作"成吉思汗时代"武士模样的演员冲进会场，挥动大旗，舞刀弄剑；芭蕾演员在草坪上盈盈轻舞；孩子们则进行了娴熟的杂技表演。最后，本次亚运会的吉祥物熊猫盼盼的巨大模型，被充满气体后徐徐放飞。

中国官方让一名藏族女孩来点燃亚运会的火炬。经过亚运会的精心准备，北京已经变成了一座五彩缤纷的城市。在这16天之内，北京只会为它的体育健儿们的精彩表演喝彩，向邻国承诺和平与友好。

必须面对的移民潮和污染

1991年

广州有近400万人口，却有近50万外来人口，而他们许多都是没有工作的临时工。在全中国，有成千上万的无业农民等在火车站，期望着到达北京、上海、天津这样的大城市。他们希望可以过上好的生活。中国社科院的一位研究员说："城市中有500万人处于失业，有4000万的农民不想种地，想找一份其他的工作。这些人中，大约有500万人是到处游荡的盲流，这个数字大得可怕。"

……

现在，国际社会越来越清醒地认识到，它们不应当把中国孤立于国际联合治理污染问题的努力之外。位于瑞士的保护自然界与自然资源国际联盟主席马丁·霍尔德盖特指出："由于中国幅员辽阔，人口众多，因此中国在经济建设和工业发展过程中，有对世界环境产生重大影响的潜力。"

……

联合国环境规划署亚洲—太平洋地区局前任局长内伊·赫滕（Htun）说："中国的环境问题不是中国所独有的，中国独有的问题是其巨大的国土面积。"不幸的是，在环境问题上，不存在经济学上的规模效益问题。

……

斩断"蛇头"生意

1991年1月上旬，50名警察闯入了一名涉嫌绑架的疑犯家中。在房间里，他们发现了一个看守和4个受害者，当时受害者被藏在被子底，早已被吓得惊慌失措。这是数周来纽约政府破获的又一起"案中案"（偷渡者因无法支付偷渡费用而被绑架）。这4名被绑架者都是中国非法移民，因无法支付非法偷渡的费用而被绑架，而绑匪正是帮助他们偷渡的人，类似的案件还有很多。此次，警方就其中的一个展开了调查。波里尼警司参加过两次这种案件的调查，他说："我们所发现的还只是冰山的一角。"

自从北京放宽了海外旅行政策以后，不知有多少中国非法移民偷渡到美国。据现在估计，这一数字约为每年1万人。在中国的某些地方，美国被称作"金山"。为了偷渡那些渴望到达美国的人，在美国和东南亚、拉美甚至和加拿大之间都建起了许多复杂的偷渡线路。冒险做偷渡这一行的头目与犯罪集团有着密切的联系，他们身上文满了蛇的图案，所以常被称作"蛇头"。由大陆偷渡到美国的价钱从2万美元到4万美元不等，而偷渡者中，许多都是农民，他们在开始新的生活前负债累累。实际上，他们变成了契约的奴隶，为了付清偷渡的费用，他们过着东躲西藏的生活，干着薪水低廉的工作。

这类案子中比较典型的一起就是冯金瓦（音）的案子。两星期前，警方逮捕了13名绑匪，营救了他。冯金瓦是一名福建人，于9月份离开家乡抵达香港。在香港当地，与一个"蛇头"联系好，办理了临时居住证和假证件，然后通过泰国偷渡到美国，他答应为偷渡付25500美元。从火奴鲁鲁（檀香山）到达美国后，他到了纽约，并在他嫂子的餐厅里找到了一份工作，他的嫂子帮他还了偷渡费用中的5500美元。但是偷渡集团还是不肯放过他，为了要回剩余的2万美元，偷渡集团在纽约的同党绑架了他。在警方搭救他时，他早已被绑匪用锤子打断了几根肋骨。

偷渡到美国的许多中国人都来自福建省。福建是一个沿海省份，长期以来，福建人以捕鱼为生，生活并不很好，所以有许多当地人偷渡出国。据一名中国的观察人员说："仅1980年以来，就有5万福建人偷渡到纽约的大都市地区。移民是如此普及，甚至一些政府官员都把自己的子女送到了美国。在福建有几个镇被称作"女人镇"，因为几乎所有有工作能力的男人都移民或偷渡去了美国。一些当地人甚至靠帮助别人偷渡而发家致富。其中一个以偷渡为生的人叫程翠萍（音），42岁，她可以熟练地把要偷渡者从南美和加拿大等地运到美国。在加拿大的边境被抓后，她对从事过3次偷渡活动供认不讳，现被判处在美国的一所监狱中服刑6个月。刑满后，她将被遣送回福建，在那儿，她拥有一所富丽堂皇的房子，美国移民官员预计她这几年赚的钱大概为3万美元。

虽然背负着高额债务，一些非法偷渡者最终还是付清了他们的偷渡费用，并且在"新家"安定下来。对他们而言，以前所受的苦都是值得的。虽然他们迈出了"成功"的第一步，但是如何把家人从中国移民到美国，将是他们面临的又一个难题。

一个打工仔和移民潮

越来越多的农民涌向城市，而国家面临着最为严重的问题：失业。刚刚过了春节一个月，1991年3月，22岁的蓝鸣清（音）就用扁担挑着行李上路了。他离开了位于东南地区的老家福建，登上了去往广东的征程。广东是中国改革开放的最前沿。但在找到工作之前，灾难便降临到他的身上：他在火车站被流氓抢走了240元钱（相当于46美元），这是他的全部积蓄。蓝说："我甚至无法还击。"现在他流落街头，寻找工作——任何一份工作。

据估计，每天有3万移民到达广州。蓝鸣清只不过是到达广州的许多移民中的一员。广州有近400万人口，却有近50万外来人口，而他们许多都是没有工作的临时工。在全中国，有成千上万的无业农民等在火车站，期望着到达北京、上海、天津这样的大城市。他们希望可以过上好的生活，中国社科院一位研究员说："城市中有500万人处于失业，有4000万的农民不想种地，想找一份其他的工作。这些人中，大约有500万人是到处游荡的盲流，这个数字大得可怕。"

这种大量人口的"错位"——城市人口越来越多，社会安定和健康卫生条件也越来越差，这给政府出了一个大难题。1989年，在上海，每10个罪犯中就有4个是盲流，大部分被指控为随机犯罪，但有一些还严重参与了组织犯罪。

大量的移民也为政府监督执行计划生育带来了很多麻烦。为了逃避计划生育，许多人到外地去生第二个孩子。因此，许多盲流又被称作"超生游击队"。

被如此大的移民潮所震惊，政府已开始采取行动，对盲流进行严打。驻广州的一个西方外交官说："他们（中国政府）部署了警察，逮捕那些盲流人员，并把他们免费遣送回家。"早些时候，警方查封了北京的一个非法职业介绍所，这个职业介绍所"引诱"几千名农民涌入城市。北京劳动局副局长说："我们希望已来到北京的农民尽快返回家乡。"

一旦农民到达城市，虽然他们面临各种各样的困难，但很少有人愿意回去，因为城市的生活比农村的生活条件好。广州的新兴乡镇尤其具有吸引力，当全国的经济增长率降为6%时，广州的经济增长率却上升为17%。那些打工仔衣锦还乡，促使越来越多的农民涌向城市。这名外交官说："在新年回家时，打工仔们穿着崭新的衣服，拿着贵重的礼品，这使他们的亲戚很是羡慕，于是那些人也扛上行李，跑到城市去找工作。"

劳动力的供应大大超过了需求，尤其在70年代有一个人口出生高峰，在今后的5年里，这些人即将参加工作，到那时将有500万人达到工作年龄。现在中国的城市劳动力为4亿，是需求量的两倍。7000万人在城市的企业或公司中工作，而剩下的则是"过剩劳动力"。有位政府官员说："我们这个时代所面临的最大的经济问题不是通货膨胀、市场萧条或是住房改革，而是失业。"

为了解决这个问题，他建议把经济工作的重心，由国企重工业转移到服务行业，因为服务业投资少，却可以提供更多的就业机会。他认为失业问题在2000年后仍会继续，因为国家机关无法在较短的时间内提供这么多的就业机会，失业在近期内将不会有所改善。同时，在过去，集团公司和私营企业也是吸收过剩劳动力的好地方，但是3年财政紧缩阻碍了这些公司的发展。财政紧缩虽然使通货膨胀由两位数字变成了7%，但代价却是惨重的——许多企业倒闭，城建规划取消，还有成千上万的职工下岗，遭受打击最大的要数乡镇企业，去年有100多万乡镇企业关门，而大量的工人则被迫回农场去干活。

　　北京已经许诺将把失业率控制在3.5%以内，但从人口现状和经济现实来看，这其实是一个无法实现的目标。打工仔蓝鸣清说："我已经应聘了几份工作，但他们都只招聘城市人。"在找工作的过程中，他过着流浪的生活。白天在餐厅里要饭，晚上在大桥底下睡觉。"在那里比火车站要安全得多。"他说道，"但是我在睡觉的时候仍然十分害怕。有一晚上，3个人走上前来向我要钱。当我告诉他们我的钱被偷走的时候，他们扇了我几个耳光后离开了。"但是，蓝拒绝放弃这种生活，返回家中。当然，他说自己最终会找到一份工作："这只是个能挣多少钱的问题。"有一天，一位老人提出只要蓝每次帮他把车推过大桥，就付给他5毛钱（合9美分）。这是一个朴素的开始，但是蓝认为它可能会是自己走向更加美好的生活的第一步。

长江三峡工程

> 风樯动，龟蛇静，起宏图。……
> 更立西江石壁，截断巫山云雨，高峡出平湖。
>
> ——毛泽东，1956年

　　毛泽东在长江三峡建超级水坝的夙愿，在经过30多年的争论之后，已接近获得国家的官方批准。但有关三峡水利枢纽工程对环境所带来的影响，争论远远没有结束。6300公里长的长江是中国最长的河流，发源于青藏高原，在上海流入东海。三峡水利枢纽工程直接影响200公里长的一段风景优美的长江中上游部分。

　　北京十分清楚主要国际组织对环境问题的关心，已经接受一加拿大协会的建议，把三峡工程的总投资额的2%用于监测大坝对生态的影响。北京当局还提出做好中华鲟和扬子鳄的人工繁殖问题。

　　长江水利委员会规划局的总工程师说："如果我们回归自然界，那我们就难以发展了。"求发展是三峡工程争议的核心。自从1992年提出修建长江水坝以来，根据历届政府的不同的发展重点，有关政府官员的特殊兴趣，长江水坝的设计历经无数次修改。修建高水位大坝的建议逐渐得到各方的认可，因为高水坝可以建成综合利用的水利枢纽工程。三峡工程发电可供应下游远至上海等缺电城市的用电，改善长江航运使货运驳船驶往上游1400公里远的重庆市。

加拿大协会的报告中指出："三峡水库区的移民问题是三峡工程最大的环境问题。"发展问题专家菲利普·费恩赛德在一份在加拿大公布的评论报告中指出：建三峡水库要移民120万人。北京的回答是建三峡工程是改善长江中下游地区3.5亿人民生活水平的主要因素。除防洪之外，它可发电1768万千瓦，相当于中国现有主要发电厂的装机总容量之和。可满足上海附近新建一个经济开发区的需要，还可满足在长江下游宏伟的远景规划中发展的需要。长江水利委员会主任强调指出，水力发电是目前最安全最清洁的能源方式。"如果我们不建三峡工程，而建造相等发电能力的火力发电厂，那就意味着每年向空气中排放1亿吨二氧化碳、200万吨二氧化硫和1万吨一氧化碳。"

中国式污染

在中国最高水平的美术绘画作品中，一幅中世纪宋朝时代的美丽优雅的山水画充分表现了中国道教崇尚的天人合一论——人与自然界和谐统一。然而，那些早期的山水画艺术精品只是创造出一个尽善尽美的自然界，而不是模仿。事实上，早在当时，中国文化的发源地华中地区就为其人口过度密集所累。

对每一个国家来说，企图提高人们的生活水平，发展与环境保护是一对难以协调的矛盾。对于那些想快步跨入工业化社会的第三世界国家来说，就难上加难。这对矛盾的尖锐程度在中国的表现尤为强烈：拥有11亿人口的大国正面临污染、森林面积减少、臭氧层空洞、酸雨和数量巨大的垃圾等问题。甚至连艺术家描述的理想环境中的自然景观都已从人们的语汇中消失。它们消失在有毒的煤烟和雾气之中。东北重镇本溪市现在就在这种有毒气体的笼罩之下，因此，这个城市定期有规律地从卫星屏幕上消失。

现代化使人们的生存环境全方位地恶化。中国依靠燃煤为工厂提供动力，为家庭提供取暖，这一来把城市笼罩在有毒气体中，在广大农村降下酸雨，肺癌患者数量增加。污染使得流经城市的86%的河水既不能饮用，也无法养鱼。看不见的温室效应气体加速了中国西北部的冰川融化速度，这里拥有3万亿立方米的水资源储藏量。最糟糕的是，中国只占有世界7%的耕地，却要养活占世界21%的人口，森林面积减少、水土流失和沙漠化的恶性循环年复一年地将数百平方公里的耕地变成峡谷和沙丘。

在标满了生态污染事件发生地点的世界地图上，有从纽约的拉夫运河到切尔诺贝利核电站、亚马逊河流域、波斯湾等，而中国的领土上却没有任何标记。这是因为外界基本上不了解中国生态环境遭受破坏的严重程度。然而，当污染流出中国的国界之后，这种情形就改变了。根据世界资源问题研究所的说法，中国烟囱里冒出的二氧化碳释放物逐渐积累在其上空的同温层，使中国成为继美国、苏联、巴西之后世界上第4大温室效应制造国。

北京对上述问题并非熟视无睹。1989年政府向污染宣战。每年支出其国民生产总值的0.7%用于治理污染。这一承诺对一个发展中国家来说是难能可贵的。中国将很快批准关于减少对臭氧层破坏的一项国际协议。

中国表现出其作为第三世界国家权利强有力的代表，这些国家要完成工业革命，而又不能因为污染而付出惨重代价。北京认为，如果发展中国家在先污染后治理方面做得比发达国家好，其他国家应当援助它们治理污染。

现在，国际社会越来越清醒地认识到，它们不应当把中国孤立于国际联合治理污染问题的努力之外。位于瑞士的保护自然界与自然资源国际联盟主席马丁·霍尔德盖特指出："由于中国幅员辽阔，人口众多，因此中国在经济建设和工业发展过程中，有对世界环境产生重大影响的潜力。"

以辽宁省的本溪和沈阳为例，一个是煤炭中心，一个是钢铁中心。依据联合国全球环境监测系统的数据，这个自20世纪30年代起建设的重工业区是中国空气污染最严重的地区，也是全世界污染严重的地区之一。作为先繁荣后污染的实例，本溪和沈阳都在1949年共产党新中国成立后经历了工业生产大发展的阶段，但燃煤锅炉为工厂、车间和冶炼厂提供动力，所冒出的污染使得这一地区几乎不适合居住。一位最近曾在沈阳住过的外国人说："空气中总飘有沙尘。墙上沾的都是烟灰，就好像是用汽车的废气尾喷管透过窗户喷上去的一样。"

据联合国环境规划署的环境监测报告，沈阳市区空气中的可吸入颗粒悬浮物含量之高，列世界第二位，而二氧化硫的含量大大超过世界卫生组织的指标数值，仅次于所监测城市中最严重的米兰，居第二位。水质同样低劣，每年2亿吨污水流入辽宁省的12条河流，其中污染物的含量超过国家标准近60倍。因此毫不奇怪，沈阳市肺癌的发病率大幅度增加。

尽管形势十分严峻，自1973年以来治理污染方面已取得一些进步。1973年，本溪市采纳270条减少污染物排放的具体措施。"70年代时如果你穿白衬衣外出，到晚上就成了黑衬衣。"本溪市环保局副局长回忆道。自1978年起，由于除尘防污染设施的安装运行，这里的烟尘排放量和黑色已减少50%。用高质量木炭压缩制作清洁燃烧煤饼取代家用煤炉的普通燃煤。尽管如此，空气质量仍达不到标准，并威胁着工业增长计划的实施。中央政府近日决定将本溪市作为治理空气和水污染的试点城市，从专项基金投入1500万元，使本溪市在1995年治理污染达到国家标准。

在北方地区，包括北京和西安在内，持续的干旱已消耗了地下水资源。西安的地下水位下降过快，引起的地面沉降速度是1972年的5倍，建于公元7世纪的大雁塔严重倾斜。大雁塔是中国从印度取回的第一部佛经的藏经处。

不论中国如何巧妙地分配利用水资源，都不能改变中国的国土面积只有10%是可耕地这一事实。毛泽东"粮食第一"的指示打算解决这一问题，引导农民毁掉森林去扩大耕地面积。这一缺乏远见的行为导致中国损失了670万公顷森林。关于中国环境问题的主要著作《被毁坏的地球》作者瓦克拉夫·斯米尔警告说："如果中国人不能扭转毁林开荒的趋势，只经过一代人的时间，中国将面对重大的环境灾难，在严重污染地区威胁正常的人类生存，并破坏整个国家的现代化建设。"

在过去40年中大约减少7900万公顷森林加速了农田的毁坏过程：狂风和降水的侵蚀，随之而来的沙漠化。严重的侵蚀正威胁着15%的土地。最严重的例子是广袤的黄土高原，位于西安北边的黄河流域，一片面积50万平方公里光秃秃的像火星表面的山地。

中国能治理好污染吗？

尽管中国污染问题十分严重，但世界上其他地方对此并不大关心。只有濒临危险的大熊猫的命运似乎引起外界的注意。由于缺乏公开的统计数字，又没有环境问题的院外活动集团，游客和当地居民一样都想当然地把北京上空的烟尘当成是普通的雾，而不是烟雾污染，许多当地人常有的咳嗽只被认作是普通感冒。随着中国逐渐被认为是臭氧层损坏和全球变暖的肇事国家之一，中国的环境问题也是世界问题，已受到国内外更多更严格的监视。

近年来，中国政府已宣布将要"承担与经济实力相当的责任"，并在国际论坛上摆出更高的姿态。它一直致力于提出一种新型的环境保护主义，不使用限制增长速度的办法惩罚发展中国家。"我们不应当为了处理保护环境而放弃经济和社会发展。环境保护不是目的。我们的目际应该是让我们的子孙后代能在优美的环境中过上更美满的生活。"中国外交部国际组织司副司长在去年的一次会议上发言说。

尽管没有专家要劝告中国停止经济发展，但多数专家都认为中国应在发展与环境保护上求得一种平衡。新一轮的经济增长就要到来，而经济发展的能源主要来自煤。煤的燃烧将成倍地增加二氧化碳的排放量，二氧化碳是数量最多的温室效应气体。"中国和印度的二氧化碳排放量呈逐年增加的趋势。如果不加以治理，中国和印度将超过那些工业发达国家。"位于内罗毕的联合国环境规划署的协调人彼得·厄谢尔说。

在长达两年的"关于臭氧层破坏物质的蒙特利尔协议"的辩论中，中国代表第三世界发言，阐明发展中国家禁用这些有害物质比工业发达国家要困难得多。中国官员提出，中国缺少电冰箱行业常用的有害制冷剂的替代产品的生产技术，仅仅因此而剥夺中国人使用冰箱的权利是不公平的。正相反，中国向工业发达国家提出，要求其提供生产替代产品所必要的技术和资金。去年6月，协议各国都一致同意建立一个前所未有的2.4亿美元的基金，来援助发展中国家完成向应用新技术的转变。

在这一复杂进程中，下一步是减缓气候变化速度，到2005年减少二氧化碳排放量的协议，这项工作将更昂贵、更困难得多。中国政府早已表明自己的立场，不应该期望发展中国家限定二氧化碳的排放量，达到与工业发达国家的排放量相适应。一位中国外交官员说："中国的经济正在突飞猛进地向前发展，以提高人民的生活水平。我们石油的消耗量要增加，排放量也要增加。"他认为，中国所能做到的最好结果是改进燃煤的效率。

做到这一点就足够了。中国依赖燃烧劣质煤，未经过充分精选，使用老式的锅炉和煤炉产生巨大的浪费，所提供的工业能源效率只及主要工业发达国家的1/4～1/2。世界银行恢复了对中国的贷款，对中国提出的主要环境保护的目标之一就是提高煤的利用效率。世界银行还要求中国把含有高额补贴的能源产品价格调整到与其真实成本相适应，以减少浪费。"中国即使只做到小幅度提高能源效率，就能带来在不加重环境危害的条件下提高经济增长速度。"中国政府的环境顾问马丁·李说。

发动群众抵抗污染

中国的集权制度可能更适合于动员数量众多的民众参与群众性运动，如种树和清扫垃圾。而对教育民众了解乱砍滥伐森林的生态危害性、煤粉尘与疾病的关系等方面做得还不够。环境保护意识仍仅局限于少数学者和技术人员，他们对普通民众对污染危害的无知感到沮丧。"人们只是想当然地认为，有一座大烟囱，就会冒烟。他们不把这些当成是污染。"国家环境保护局信息教育处副处长杨朝非说。

尽管如此，中国的环保事业还是取得了有价值的成果。高校研究机构设计生产出新型清洁煤饼，它将逐步替代目前许多城市里居民家庭直接燃烧原煤。天津市有一项技术含量极低的垃圾处理方法：养猪养鸡直接食用垃圾，利用垃圾。

沙漠治理专家正在寻找保持治理成果的方法。他们采用承包责任制，这也是1978年农业改革成功的主要方法。例如，陕西省榆林地区的农民，承包种一定数量的树阻挡沙丘的再度侵袭，开垦荒地可受奖励。种下的成千上万棵树组成绿色长城防护林带，一直从中国东北部向西沿内蒙古自治区边界绵延至新疆。防护林带计划大获成功，因为参加者人人都有一份自己的利益在内。榆林地区控制风沙研究所所长说："这是人造绿洲。人民清楚知道，如果不固沙，它会卷土重来。"

这样的基层民众的变化常常表示了政府态度的重大改变。世界银行负责中国计划的主管沙伊德·贾弗德·伯基把这描述为"海涌"，"政府对此表示出积极的态度，因为政府非常关心稳定问题。"

然而，这种对政治稳定的关心的作用是双重性的。北京附近一个农村的农民开始意识到这一点。一家国营化工厂为避免冲毁水坝，执行一项应急计划，把污水处理池中有毒物质排放到他们的农田里，村民来到化工厂门前举行抗议。当村民拒绝解散时，警察驱逐了他们，引起了混乱，造成数十人受伤。

归根到底，在中国恢复土地和自然界的本来面貌，这个决定不是一个好与坏或对与错的解决问题的方法，也不是一个资金与技术的问题。这是一个不值得羡慕的选择。

随着中国人收入增加，自然生活水平也必须提高。但是中国的土地能否承受一家一户的任意建设舒适的住房，而现有的住宅已经占据了大量的可耕地；亿万自行车拥有者将来改骑摩托车，现在摩托车主人买得起汽车，那样该怎么办？如果为减少空气污染而降低燃煤的数量，那么汽轮机用什么开动？最明确的解决方案是使用水力和核能，然而水力和核能也有自身的缺陷。联合国环境规划署亚洲—太平洋地区局前任局长内伊·赫滕（Htun）说："中国的环境问题不是中国所独有的，中国独有的问题是其巨大的国土面积。"不幸的是，在环境问题上，不存在经济学上的规模效益问题。

求助"活化肥厂"

800万人可产生大量的垃圾：每天5000吨。《纽约时报》记者发回调查报道说，在中国第3大城市天津市，一个巨大的垃圾堆边上，当地政府官员想出一个并不新颖的办法：用猪处理垃圾。在原先一座17米高的垃圾堆上，200头猪在拱食垃圾中的剩饭剩菜，把一切可食用的东西转化为高效的有机肥料，用于蔬菜生产。垃圾中吃剩的东西被送入4台改装的水泥搅拌机中，把有机物质从废物废渣中分离出来。这样生产出的混合肥料卖给农民。

在距离垃圾场不远的地方，1万只鸡在下蛋。这些鸡是用于监测污染水平的。如果这些对生态环境高度敏感的动物能正常下蛋，垃圾化肥生产中心的环境就是健康安全的。中国把这个有38名职工的垃圾化肥厂称为"垃圾庄园"，并把这里的垃圾处理方法作为样板向全国推广。

这个低技术水平的发明于1988年下半年建厂，正常生产几乎不用什么投资，而且还可以有利可图。市政府官员面对一个人口众多的城市，已经找不到地方新建垃圾填埋场，又缺少足够的资金投入，只得采用传统的办法。猪被称为"活化肥厂"，因此用猪来处理垃圾是适合的。天津市环境卫生局局长赵宝苑（音）说："我们不仅要使废物无害，我们还要变废为宝。"

为吸引外资和改善人民生活水平，天津市站在处理城市垃圾这场永无休止的战争的最前线。面对这个复杂的问题，天津市环卫局证明，用简单的办法获取重大的成果是完全有可能的。完善全国落后的垃圾处理系统将需要30亿美元的资金，因此急需上述类似的办法。环卫局的领导说："这符合我们国家的实际，我们并不一定需要高额投资来获得高效益。"

给不给最惠国待遇？

1991年6月初，乔治·布什身着一件学士服出现在耶鲁大学的讲坛上，他发表了一个重要演讲。世界新秩序？新时代的和平？都不是。他的题目与法律严密相关，并且他谈论到，他的演讲与近期美国所忽视的一个国家有重要关系。耶鲁大学是布什总统的母校，他这次对耶鲁毕业生所作的演讲引起了极大的重视——他的演讲引发了一场关于中国的辩论。讨论的问题之一就是：该不该继续给中国最惠国待遇。

当然中国不再是美国眼中的〝炸弹〞，而现在的问题是华盛顿（美国政府）是否该利用对外贸易来迫使中国顺从美国的意愿呢？布什的答案是否定的。他在耶鲁的演讲中说道：〝我们推动自由改革的进程，不仅仅要针对那些没有获取完全自由的国家。〞

发表了这个演讲后，布什向美国议会宣布他将把对中国的最惠国待遇延长一年，与他意见相左的是一群难以对付的议员。

这样激动人心的话语表明商业法律的某一范畴正在变得具有感情化。毫无疑问，一个因素即是法律条文措辞的色彩，尽管最惠国待遇字面上表示最优惠的待遇，实际上这并不代表中国的出口贸易享受特殊的优惠，这只是表明正常的待遇，因为这种关税率待遇还适用于许多其他国家，只是有少数的一些国家不能享受这样的待遇。美国享有最惠国待遇的国家还包括：皮诺切特统治了17年间的智利、叙利亚、缅甸。但这些国家实行的并非社会主义政策，在1951年，美国就在规定不给予社会主义国家最惠国待遇。

在1974年，美国又放松了这一指标，但也相应出台了另一项政策。由于苏联不允许犹太人离开苏联，美国议会决定对其进行制裁，把其作为〝不作贸易往来〞的国家——这样的国家不能享受美国的正常贸易待遇，除非它们在国家实施自由移民政策。中国于1980年幸运地获得美国的最惠国待遇：白宫向那群投弃权票的人证明了给予中国最惠国待遇会使美国得到更大的利益。

美国一直在错误地估计中国

俄罗斯的专家们憎恨苏联，而中国的学者们却很爱中国。70年代，布什是美国驻华外交使团的团长，这次与中国的接触是外交性的，而不是文化性的。但对他而言此次访问却达到了上面的两个目的。直至现在，他好像还是很畏惧这个他曾停留过14个月的国家。当制定对华政策时，他完全依靠他最崇拜、最信任的中国专家，那就是他自己。

虽然美国议会中反对的呼声高涨，布什还是固执己见，把中国最惠国待遇延长了一年。他说这一行动将是改变中国做法的最好政策，但是议会中的反对者却认为应该立刻取消中国最惠国待遇。

但是，布什总统和议会都打错了算盘，布什不该期望中国的领导层，会为了保全美国对华的低关税，而改变其内政、外交政策。驻华盛顿中国大使朱启桢说：〝我们并不会因为美国延长了中国的最惠国待遇而向美国低头。〞而议员们相信，取消中国的最惠国待遇就能逼中国改变经济和安全政策，这也未免太天真了。这种丢脸的事情（改变自己的政策），中国是不会干的。

和以前几代美国人一样，华盛顿的美国领导人并未真正了解中国。从18世纪，第一批蓝眼睛白皮肤的美国佬在中国海港登岸以来直到现在，中国人就没有钱来买美国货。

从1830年，基督教的传教士们以为他们在中国找到了一个机会——可以将西方宗教传播给几百万中国人的机会，但结果他们的愿望落空了。在中国的传教士们一而再、再而三地成了反对国宗教运动的攻击对象，成百上千的传教士和教徒在1900年的义和团运动中被杀。

在"二战"期间，国民党总统蒋介石是一名基督教徒，他的夫人曾在美国留学，在美国人眼中，他们是中国的象征。美国人帮助蒋介石武装军队，支持他与日本侵略者对抗，但这一次，华盛顿政府又错了，蒋介石把大部分精力用在了攻打与日作战的毛泽东领导的共产党身上。

在1949年，共产党在北京建立政权，不久，1950年，大出麦克阿瑟将军的意料之外，中国人民志愿军参加了朝鲜战争，与联合国军队作战。中国人在美国人心目中的形象马上变成了"黄祸"（指黄种人带给西方的威胁）。

直至1972年美国总统尼克松访华，才消除了中美之间的敌意，但他们又开始错误地认为——毛泽东领导下的新中国将走上资本主义道路，甚至会实施民主政策。毫无疑问，这样的事并没有发生，国家依旧处于中国共产党领导之下，而且走着社会主义道路。

布什总统是历届美国总统中唯一一个对中国产生两种错误估计的人。第一，他认为美国有足够的影响力对中国的国内发展产生重大影响；第二，中国即将成为一个世界强国。参议员卢格是参议院对外关系委员会的前任主席，他说："事实上，历史表明我们从未有足够的影响力改变中国。"

大部分时间里，华盛顿高估了中国的重要性，虽然西方以不再需要中国这至关重要的一票来反对苏联，但布什认为中国会受到世界的影响，如同尼克松一样，他把这种力量称为"亚洲力量"。

无论从军事还是经济上看，中国都不能称为世界强国。它拥有300万的军队，但装备却早已过时了。每年的国防经费开支只有6亿美元，军事现代化在短期内还无法实现。一位前美国驻中国大使说："相比之下，是中国更需要美国，而不是美国更需要中国。"

美国最终会把中国摆在一个重要的位置上，如果美国足够精明的话，它会认清中国的真实情况：中国是个大国，但还很落后，美国有必要与中国建立适当的关系，却并不一定要建立友好真挚的感情。终归有一天它会与美国有更多的相同点，但这个进程可能是缓慢的。

争夺南沙群岛

《新闻周刊》的记者的报道表明，南海处于新的危险之中。

"危险地带"，马来西亚的一艘巡逻艇的驾驶台上放着一张航海图，图上标着这几个字。近期，马来西亚放宽了政策，允许观光游览南中国海上的这个未开发的"神秘"小岛——拉央岛（Layang Layang），此岛是南沙群岛的一部分，又称"被吞没的环礁岛"。船上的游客作为商业旅行的第一批游客，好奇心促使他们很想看看这个环礁在什么位置，究竟是个什么样子。船长将手指放在南中国海上，位于马来西亚沙巴西北方向265公里的地方有一片环礁，然后他慢慢地找到了标有"南沙"字样的地方。他说："这是个危险地带。"因为岛上没有灯塔、浮标来引导航船，而且船要经过53个没有标志的暗礁、浅滩、珊瑚礁和小岛，才可到达拉央岛。"但是危险还不仅仅如此，"船长说，"如果我们错过了该岛，我们下一个到达的岛将是越南占领的一个小岛，他们向所有接近该岛的人开枪。"

从沙巴出发，经过19个小时的海上漂泊，就可以隐约看见拉央岛了。但这并没有消除游客们的疑虑，此岛没有普通景点的魅力，这里没有摇曳的棕榈树，没有粼光闪闪的海滩，海面上升起的太阳映照着还在建造中的小岛。在这个环状珊瑚岛的东南部有一排长500米的岩石，在1983年马来西亚占领这个小岛时，这排岩石几乎被海水淹没着，现在这排岩石被建成了一个军事基地。岛上有可容纳50个士兵的营房，有一个17个房间的招待所，还种着几棵树，树是特别从国内运来的。每每退潮时，小岛露出海面，几百只燕鸥聚集在岛上的鸟巢里，岛上还配有雷达和重武器。在环礁湖里停泊着两艘马来西亚的护卫舰，舰上架有火炮。此岛位于太平洋上，被称为"亚洲地带的下一个火药库"。因为除了马来西亚 还有5个国家对南沙拥有主权。这两艘护卫舰就是用来防止其他5国的舰艇或飞机入侵的。

人们可能不禁会问，为什么有人想要这样贫瘠的环礁，甚至还不惜为此而大打出手呢？答案是——石油。亚洲国家正在慢慢降低对海湾国家石油的依赖，于是它们的目光转移到南沙海域下面的大陆架上，据说那里有大量的石油资源。20世纪，中国、越南、马来西亚、文莱和菲律宾都发表了声明，声称自己拥有南沙群岛的主权。现在需要解决的问题是到底谁拥有这个群岛的主权，及如何分配海下的石油资源。菲律宾的外事助理秘书说："急需解决的问题是，在发现新的油田之前尽快解决分歧。"

在过去的10年里，曾有许多国家的军方占领过南沙群岛。一直以来，除了住在附近岛屿的渔民和在附近海域巡逻的水手外，任何人不许接近这些岛屿。在上个星期（1991年6月），马来西亚总统马哈蒂尔决定放宽对拉央岛的限制，允许游客观光旅游（此岛是马来西亚声称拥有主权的12个岛屿中的一个）。这使那些对此岛有争议的其他国家大为吃惊。他们认为这是又一个诡计：马来西亚政府试图以此种方式来说明对拉央岛拥有主权。他们担心这会激化早已存在的矛盾。到目前为止，还没有发现任何冲突的迹象。一名中国的官方发言人声称，这是海湾战争后的又一次对石油的争夺战，中国政府也对此作出了反应——派海军到达了这一区域。下个月，国际协商会议将在印度尼西亚举行。上个星期（1991年6月中旬），杨尚昆副主席向大会提交议案，申请要求共同开发这个有争议的地带。（所提出的三个原则：主权归我、搁置争议、共同开发。）

　　但是要达成多方面的共识是很困难的。国家尊严，宗教和意识形态的差异，为了顾全脸面，以及发展中国家人口众多，并且急需自然资源，这些原因都把问题变得越来越复杂。声称对南沙拥有主权的两个主要国家是中国和越南。许多观察人士认为，此次，两国很可能会让历史重演。这些观察人士还认为，如果这个问题得不到很好的解决，在南中国海休想得到和平。

　　几个世纪以来，中国和越南一直都称自己对南中国海的主权是有史可查的。中国方面说，早在公元2世纪的汉朝，岛上就已存在中国庙宇和墓穴的残骸，这足以说明在其他探险者到达南沙之前，中国的商人和渔民就已占领了该岛。但是，大陆和台湾都称自己才是中国的合法政府，南中国海的岛屿应归属自己。

　　到了20世纪30年代，占领南沙的是越南。然后中国为了赶走日本侵略者，又重新占领了南沙。但紧接着，爆发了中国内战，由于忙于内战，中国又放弃了对南沙的占领。许多岛屿因防守不严，而被其他国家占有。从1885年起，法国殖民者开始统治越南，在1893年，正式将南沙并为越南领土的一部分，于6年后，才被日本赶走。

　　第二次世界大战，日本战败，但无论是在日本交给麦克阿瑟的投降书中，还是在此后的和平条约中，都没有谈到南沙的归属问题。在1956年，一个菲律宾的探险家提出要探险南沙的一些岛屿，并要求政府保护。副总统卡洛斯强调这次探险是非官方的，但另一方面，无论依据优先占有权，还是就近原则，南沙没有任何理由不归属菲律宾。

　　这次探险引发了许多其他国家的探险。"许多国家突然意识到，整个南中国海即将处于菲律宾的占领之下。"吉隆坡的战略和国际问题研究中心的汤母扎赫（音）说。1949年，国民党在大陆被中国人民解放军打败，并被赶出了南沙群岛。而到了1956年前后，中国谴责马尼拉的介入，声明南沙群岛属于中国。几个星期内，国民党重新占领了南沙上最大的岛——太平岛。目前台湾仍占领着该岛。此后不久，南越如法炮制，占领了最南端的一个岛，并在岛上插上了越南的国旗。

　　在此后的3年里，这样的蚕食式占领时有发生。在1983年，联合国颁布了海洋法公约，重新规定了有关海洋权的条款（规定12海里领海线），在此之后，马来西亚占领了一个珊瑚岛礁，并称此岛位于马来西亚的大陆架之内。文莱也以同样的方法，取得了几个岛屿的主权。而且勘探照片表明，在南沙群岛上，出现了越来越多的简易机场和直升机机场；在环礁湖里，也有越来越多的挖泥船在工作，以便容纳更多的海军舰船　而伪装的防御工事也是越来越多了。

　　越南和中国是两个争议最激烈的国家。越南在1973年，将石油开采权转租给几个外国开发商。中国则一直坚持说拥有南中国海的所有岛屿的主权，并计划着"夺回"被占的岛屿，其中包括南沙群岛，及相邻的中沙群岛。但是越南的军队抢占了中沙群岛，并扯下中国的国旗，摧毁了中国留下的东西。中国海军和空军又很快赶走了越南军队。

　　在1975年春天，西贡政府沦陷，越南政府撤回了对中国政府的支持，不再承认中国对南沙群岛的主权。新成立的越南政府接管了南越以前在南沙占有的岛屿，并发行了一张地图，上面标有南沙和中沙群岛，俨然把这两个群岛都归作越南的领土。此后不久，中越两家就反目为仇。在1988年3月，中国重新打回南沙群岛，双方爆发了为时28分钟的海上冲突。

到去年为止，这个地区的许多人都害怕中越之间的矛盾会导致南沙的军事化。在香港有一个亚洲问题研究学术中心，在那里召开了一个关于南沙群岛主权问题的研讨会。在会上，来自康涅狄格州布里奇波特大学的卡洛夫教授号召以东南亚联盟不懈的努力来解决这些"世仇"国家的矛盾，结束这种由于历史遗留问题而引发的小争执。

这种争执并没有减弱的迹象，可是每个国家都希望在谈判桌上解决这个问题，而不是通过海战。事实上，许多近期发生的小冲突是由新颁布的海洋法公约引发的。此法于1982年开始起草，已有47个国家同意通过该法，只需再有13个国家通过，即可生效。海洋法公约规定，一个国家的海岸线由此国占有的最远的岛屿算起，而它的领海的范围是由其海岸线向外延伸370公里。于是，与南中国海相邻的国家，强烈要求国际社会解决他们的"领土"争端。

有了这样一种说法，马来西亚打算通过把拉央岛开发成一个旅游景点，接待潜水员和深海渔民。虽然马来西亚政府极力辟谣，但此举明显是想把马来西亚的海岸线扩展到南中国海。"我们只不过是为那些爱冒险者提供便利。"

马来西亚的小伎俩不能骗过与其敌对的国家。菲律宾外事局的法律顾问乔治·科奎尔（音）说："他们（马来西亚政府）很聪明，"他一边翻着海洋法公约的文本，一边说道，他把手指指向了公约的第121条，上面写道："如果一块礁石不能独立地支持人类生活或生产，就不能享有它的专属经济区和大陆架。"如果马来西亚政府想宣布对拉央岛拥有主权，那它就必须证明，小岛除了能够供养其水域附近的鱼类以及守卫该岛海岸线的军人以外，还可以供养其他人。

科奎尔没有说的话是，当马尼拉给予其在南沙占领的8个岛屿之一的渔民以更大的投票权时，菲律宾在3年前就采取了相似的手段。菲律宾国际法专家哈蒂·雅洛克说："举行选举就是政府强调的主权的鲜明证据。"

南沙的地理位置和政治形势使其成为一个麻烦丛生的地区。南中国海是一个半封闭的水域，这片水域里有着星罗棋布的岛屿和众多的群岛半岛；沿海国家的领土要求，不论是多么有说服力，多么正当，都注定要发生冲突。"这里重叠的地区是如此之多，"菲律宾众议院外事委员会主席乔斯·德·万尼西亚说："以至于唯一符合逻辑的方法就是根据《欧洲北海公约》在南沙实施分治或通过建立共同开发水下资源的5国非军事共管区来解决问题。"德·万尼西亚建议目前将主权问题搁置起来，"我们不能根据各自对这些岛屿拥有的历史权力来提出主权要求，"他说道："或者我们不能为这些岛屿而开启战端。"

当德·万尼西亚在1976年第一次提出这种观点时，几乎没有引起别人的兴趣。但是，讨论这个提议的会议将在1991年7月召开，这次由印尼外长阿里·阿拉塔斯召集的会议旨在"将潜在的冲突转化为以多边受益为原则的建设性合作形式"。与以前对待有关南沙问题的会议的态度不同的是，中国和越南都同意派出代表。同时，为了共同的利益，中国还破例允许台湾参加会议。由于越南急需国外投资，也想借此改善与富裕邻国的关系，它的外交副部长说，越南愿意暂时搁置争议，合作开发南中国海。

同时，为了未来着想，各国并没有放松加强自己对岛屿主权的声明。对拉央岛来说，就意味着扩大岛上的建筑面积，建起供游客休息的小屋，和供小飞机起落的跑道，这将吸引更多的游客。守卫着拉央岛的军人说，于经济有利的事就于军事也有利。"依照我们总理的说法，旅游可以发挥缓冲的作用"，一个中尉说，"我们的敌人会清楚地知道，如果他们开枪，打死的将不是马来西亚人，而是外国游客。"如果幸运的话，与会者将找到一个比此更有效的解决办法。

门庭冷落的京剧院

《纽约客》前所未有地关注着中国的国剧京剧。

在夏日的夜晚，位于中国首都北京的东单大街的一个不起眼的角落里，一群京剧爱好者们在二胡的伴奏下，正拉着长腔，用假声唱着京剧。过去，他们的活动场地是在城市的大戏院里，而现在，他们却只能作为业余演员。今天，京剧不再时髦，相比之下，人们更喜欢现代新潮的娱乐方式。北京的一名京剧家说："在五六十年代，每晚有 3 个到 6 个戏院在上演京剧，而现在，每周也才只有两到三次。"

尽管有些为时过晚，但中国领导人现在很关心京剧失宠这一现象，他们正在努力"复活"京剧。去年 12 月份是京剧 200 周年，政府以从未有过的声势举行了隆重庆祝活动，还召开了为时 24 天的京剧节，有来自全国的 3000 多名戏剧表演家参加了这次庆典活动。中央政治局常委李瑞环接见了音乐家们和京剧表演艺术家，并说："复活京剧实际上就是复活中国的文化遗产。"表演家们也分担着政府的忧虑。李维康在 1958 年加入中国戏剧学院时只有 11 岁，现在已成为著名的表演艺术家，但她的观众却越来越少了。她说："看看我们现在的观众是如此之少，很难预料到将来会是个什么样子。"

京剧的失宠主要有几个原因：至少在城市中，人们有了越来越多的娱乐形式可供选择，从看电视到蹦迪可以有许多种娱乐的方式。除此之外，京剧缺乏创新，京剧共有 1300 多个剧本，但京剧团却总是表演那几部为人熟知的剧本。京剧剧本内容虽丰富，却过于烦琐。因为剧作家都跑去写赚钱的电视剧了，京剧的新题材很少。最严重的问题是，中国的年轻一代认为京剧节奏太慢、题材过时，而且晦涩难懂。一位北京的记者说："京剧被看作老年人的娱乐，它昏昏欲睡，跟不上时代的快捷步伐。"而且，京剧表现的是在过去时代发生的事情，这样的故事在现代的中国已经不存在了。而且京剧用的是古汉语，即使是那些受过高等教育的中国年轻人对这些历史故事都不了解。一位北京中年学者说："如果你不懂历史，京剧会让你感到很无聊。"

依照现在的形势看，京剧迷们担心的不仅仅是会失去观众，而且还有京剧会慢慢地后继无人。在五六十年代，李维康学京剧时，要在6000多人中选60个，而现在要是有200人的报名者，就谢天谢地了。

虽然名为京剧，但它并非起源于北京，而是来源于安徽省和湖北省。在1790年，一个从安徽来的剧团为了给清朝的乾隆皇帝祝寿来到京城。在19世纪中期，京剧精心设计了丝绸的戏服和五颜六色的脸谱，各式杂耍以及想象的情节，以此吸引了大量的观众坐到北京的茶楼戏院里听京剧。在1860年，咸丰皇帝为了庆祝30岁生日，请了一个剧团专门到故宫为他表演。

新中国成立后，京剧的命运经历了大的转折。毛泽东在他的《延文文艺座谈会讲话》中提出艺术应该是革命宣传的形式。虽然政府一直担心传统剧本会对老百姓有强大的政治影响，但京剧在建国初期并未受到大的冲击。在1966年开始的"文化大革命"中，江青亲自监督指导了8部以革命为题材的"样板戏"。在此后的10年里，传统京剧被禁止，许多京剧表演艺术家失业了；同时，京剧这种文化形式也逐渐传到了香港和台湾。

1976年，"四人帮"倒台，京剧重新登上了文化舞台。李维康回忆道："当时我们不得不去找以前的老师帮助我们讲剧本，因为我们早已忘记了以前的剧本。"观众们开始提议京剧的创新，不想再看以前乏味的、以历史事件为题材的老剧本，希望戏剧家们可以有所创新，但他们马上又厌倦了形式过于灵活的新式京剧。为了生存，剧团扩大了表演的方式，既在舞台上演，也在电视上演。李维康说："既然我们无法吸引观众来戏院看戏，我们就要让观众可以通过电视看到我们的表演。"但创作一部京剧的花费极高，剧团不得不打消了这个念头（在电视上播放京剧）。

为了复兴京剧，一些京剧表演艺术家们开始改变传统的表演方式。李维康甚至在京剧里加上了现代表演，以此来活跃京剧单调的节奏。观众为她的努力而鼓掌，但是传统的京剧爱好者们却并未感到高兴。"一些人建议用电子乐器为京剧伴奏，但是另一些人却认为这样太混杂了，"李维康说，"我将尽我的全力，但我毕竟只是个演员，我的能力有限，不可能做得太多。"但她并未完全放弃，她希望可以把老的京剧剧本记载下来，以供后人欣赏。

南方升起的新星

在北京正是正午时间，按政府规定，在中国的其他地区也应该是同样的时间，即便远在3500公里外的西部的喀什地区才刚刚破晓。但在1986年规定了夏时制之后，许多南方省份，如福建和广东，不得不每年调两次表。而对于这些工业省份而言，更为重要的是，他们得与香港和台湾保持同步时间。一个广东人说："这样做（与香港、台湾保持同步时间）除了可以方便约会以外，还有别的用意，如果我想看看香港的电视节目，我就必须有香港准确的地方时间。"

现在，中国的南方城市以各种方式保持着自己的地方时间。沿海城市拥有大陆最熟练的工人，最具头脑的商业人员。南方不仅仅是中国经济的源泉，同时也是中国面向世界的窗口，中国正在挖掘它的潜力。不仅如此，南方城市也在慢慢变成中国大地上与众不同的"特区"。

意识形态已经让位于经济滞胀和自然灾害的挑战。今年7月的暴风雨使得整个长江流域受灾，导致了至少850人死亡，造成了30亿美元的经济损失，洪水促使中华人民共和国第一次要求国外提供救灾物资。同时，政府还被美国国会可能结束中国的最惠国待遇所困扰。

这对中国南方将是沉重的打击。尽管社会主义的口号和勒紧裤腰带的说法目前风行全国，但是两个沿海省份一直保持着繁荣发展的状态。一位来自台湾的商人罗纳德·潘说："在福建和广东，你会看到另外一个中国。"十几年前，当香港建筑业大亨乔登吴提出要在珠江三角洲的两岸建起一条收费高速公路时，许多人认为他是疯掉了，这条高速公路将横穿广东省。以前这个省的年人均收入仅为100美元，但在今天，广东省的情况已大不一样了。去年，广东的出口量为10.5亿元。珠江三角洲有20万个新厂，30万员工。吴说："我做建筑20年，从没见过这么多的工厂。"

南方取得的成就是许多人努力的结果，最主要得益于邓小平的改革开放政策。改革开放初期，北京政府试图在国内建立深圳这样的经济特区，以此来发展经济。但南方城市很快就融入了西方经济的大潮，一条简单的人为界线是无法把它们同资本主义完全隔离开来的。

广东人和福建人一直都有中国最富冒险精神的商家。在19世纪，中国移民就是从这些沿海城市出发到达南洋的，其中有马来西亚的矿场，新加坡的船厂和加利佛尼亚及澳大利亚的金矿。南方现在与资本主义国家有着极其密切的联系。香港大学亚洲问题研究中心的所长爱得华·陈说："中国南方的广东、福建、香港和台湾事实上已经变成了一个经济增长点。"

而北京以其目前状况看，只能算是经济增长区的边缘地带而已。广东和福建共有8800万人口，只占全国人口的8%，而这两个省份去年的经济总产值却是全国经济总产值的1/4。更为重要的是，它们占据了全国出口量的一大部分，而外贸出口对中国经济的发展和社会稳定有着决定性的意义。

让北京政府颇感到棘手的另外一个问题是南方省份经济发展非常快，生活条件也比其他省份要好得多。香港电器联盟的董事长说："在上海的和平饭店里，乐队仍在演奏着西方早已过时的老歌，而在深圳，人们已经开始模仿着偶像的样子在跳摇滚了。我觉得现在的深圳和香港没有什么不同。"而北方人却往往把这种生活方式看作是拜金主义。一位来自北京的官员说："广东在整日忙碌着，除了谈生意还是谈生意。也许你赚到了100万元，但除了钱，你还有什么呢？"他知道广东人一定会反驳他说："你总是在谈政治，可是你又得到了什么呢？你还是很穷。现在我们手里拿着大哥大，而你呢，还在为装上一部电话而等待着。"

大陆不仅在地理上与香港和台湾息息相关，而且英国统治之下的香港有97%以上是广东人，国民党统治下的台湾有2000万人祖上是福建人。这些语言和文化上的联系，对南方经济的腾飞起了重要作用。

在1987年，台北放宽了它的不接触政策，允许台湾人与大陆进行有限制的非直接接触。于是，生意随着旅游一起涌进了福建，这是个必然的结果。厦门是福建新兴的一个港口城市，厦门的一个化妆品公司的台湾主管说："许多台湾投资商选择厦门，而不选择深圳，是因为厦门人与台湾人讲的是一种方言，至少我们知道何时何地我们说错了话。"

来自增长和发展的压力促使港台与大陆的南方有着越来越多的贸易往来。在港台，劳动力缺乏；房地产高价，生意风险巨大，这些都是促使它们转移阵地，到大陆来开厂。现在，在广东除了引进外资建成的7000个工厂外，还有1万个工厂为香港、台湾的公司进行零部件加工或是组装工作。

为了平衡南方经济的腾飞，北京政府计划在上海东部建一个浦东开发区。政府的投资必定是有限的，而南方的市场政策一定会对外商产生更大的吸引力，这必将使南方的经济更加繁荣。建筑业大亨乔登吴的设计反映出这样的想法，他想在南方和内地之间修一条高速公路，如果政府阻止内地和沿海城市的联系，那么，中国经济想要达到南方一样的腾飞还要等上一段时间。

中越走向和解的政治因素

美联社第一时间发回了令人震惊的消息。在1970年的4月24日，中国发射了第一颗人造卫星，这颗卫星围绕着地球高唱"东方红"。亚洲的社会主义国家有理由感到高兴，社会主义阵营已经将势力扩展到香港和东南亚的边境上，而美国却正在逐渐从南越撤出。而在1991年9月初，中越两国重新建立起友好的合作关系。由于社会主义在苏联突然垮台后，亚洲地区的社会主义国家有理由比以往任何时候都更加紧密地团结在一起，以免被单独孤立。

甚至早在苏联危机之前，北京就已宣扬要在亚洲地区的社会主义国家之间达成和谐的伙伴关系。在中国去年发行的党内资料中批判了戈尔巴乔夫，说他在东欧地区搞颠覆共产主义的活动。但是在苏联解体后，亚欧大陆上就只剩下3个社会主义国家，而且都位于亚欧大陆的东部地带。北朝鲜和越南都秘密派高级大使驻华，中国和越南也不计前嫌，化干戈为玉帛。

它们的努力并没有白费。在泰国海滨有名的娱乐之地帕塔雅，中国和越南的高级外交官竭力促使柬埔寨的交战双方进入谈判的最后阶段。4个红色高棉组织的派别都同意放下武器，解散70%的军队，并把剩余的30%交于联合国军队的监督之下。虽然谈判者们没能达成协议，在全国实行统一的选举制度；但最终他们同意了协议的其他主要条款，已进入西方外交官所说的"理性阶段"。中国和越南自毛泽东和胡志明统治时期就已矛盾重重，但如果长期以来折磨着柬埔寨的内战结束的话，两国之间的敌意也将随之烟消云散。

　　早在去年1月份，香港的新闻界就已援引中国领导人邓小平的话说："亚洲地区的社会主义国家一定要坚持下去，高举共产主义旗帜。"这一关于重新团结起来的提议在今年9月变得尤为紧迫。据说，北京正在紧锣密鼓地准备迎接北朝鲜年迈的金日成的来访；而同时，越南新上任的强硬派党的领导人杜梅也将于10月或11月访华，以此来改善两国的关系。北京的一名外交官说，如果那时柬埔寨问题已经得到解决，那么中国和越南的关系就可以翻开历史上崭新的一页。

　　崭新的一页将是什么样子呢？崭新的一页很可能是如何在坚持共产主义的前提下保住国家。克里姆林宫的危机使中国变成了共产主义的"样板国"，而中国的政策刚好与前苏联相反，中国实行的是经济自由和政治集中。

　　中国经济所需要的是贸易、技术和投资，越南的情况也是一样。两国的领导人估计，如果柬埔寨问题解决了，中越将得到它们所需要的东西。无论如何，戈尔巴乔夫式的改革威胁到了邓小平的理论，而中国和越南则以不同的方式静观推翻戈尔巴乔夫政府的政变。

　　早在1979年，中华民族与越南交战，中国政府称这次战争好好教训了越南人一番。越南入侵柬埔寨，推翻了红色高棉的统治。此后一个月，中越交战。更重要的是，越南在向莫斯科表示过忠诚之后，把中国的凌辱"报告"给了苏联。为了避免受到苏联的围攻，中国仅仅向红色高棉提供了武器，而且把炮火控制在越南支援的金边附近。而与中国的小心翼翼大不相同的是，越南一直把印度支那看作自己的"合法封地"，而把中国看作在封建时期就沿袭了扩张主义的霸权。在过去的12年里，这对劲敌一直在断断续续地进行着海战或边境冲突。

　　当戈尔巴乔夫开始切断对其保护国的援助之后，越南开始以一种迫切的心情看待中国正在走的道路。自从去年9月份以来，中越高级官员在四川的省会成都秘密会晤，两国关系变得逐渐密切起来。这次会晤级别很高，中国派出了杨尚昆主席、李鹏总理和党的领导人江泽民，河内派出了范文同、杜梅和阮文灵，后面两人随后分别担任了越南的总理和越共中央总书记。

　　虽然结果表明，这次会议并没有取得太大的成功，但不久就传来了黎德寿的死讯，他是河内强烈反对中越友好邦交的最后一个统治者，从那时起，中越两国之间的关系更加友好，相互鼓励坚持马克思主义，坚持社会主义道路。而且中国还加强了与缅甸政府的关系。虽然中越之间仍存在着分歧，亚洲的社会主义国家仍保持着一个共同的信仰。

台独分子玩火

台独分子想宣布独立，走他们自己的路，但北京和台北的保守派都对此表示极为气愤。《新闻周刊》的记者发回的报道宣示了北京的关切。

1991年10月，在台北的大街上，飞机在空中盘旋，坦克、导弹运载车和迈着正步的士兵在中华民国的青天白日旗下进行了大阅兵。这次阅兵是为了庆祝双十节、清朝灭亡80周年和国民党的国庆。但此次活动招致海峡对岸连珠炮式的攻击，中国大陆的杨尚昆主席利用这个机会猛烈攻击了那些宣扬台独的分子和台北的领导人们。杨尚昆说："那些玩火的人最终将自焚。"

在此之前，台湾和大陆的关系已经取得了稳步的进展。然而，从今年夏天开始，双方关系又逐渐地恶化。直至今年10月中旬，这种恶化达到了极点。其中的主要原因是台独分子的活动越来越频繁，而一旦台湾迈出了这一步，则意味着双方政府所达成的共识的结束，这个共识就是——建立一个统一的中国。

这次阅兵位于台北的中心地带，并且台湾政府动用了从未采用的军事力量以确保这次活动的安全。在阅兵前夜，4万警察和宪兵用警戒线封锁了一条长15公里的区域，只有居民和持有特殊通行证者可以入内。在黎明时分，200多个台独分子在禁区内静坐示威，后被警员驱散。两个示威队伍都取消了事先准备好的破坏国庆的示威游行，警方严加看守，在每个角落都部署了防暴警员。

台独分子的呼声是台湾岛上要求政治自由的一种自然流露。《新闻记者》的发行商安东尼·张（音）说："当我们在为民主而战时，应该先把独立问题搁置一边。而现在我们赢得了民主，于是民运分子将注意力转向了独立问题。"自从1949年被打败的国民党进入台湾以来，台独一直是个禁止谈论的话题，而且国民党发誓要"收复大陆"。台北仍宣布拥有中国的所有土地（包括台湾和大陆）的主权，而北京也声称拥有台湾的主权。

而最近，好斗的教授和学生们在台北、台中和其他城市示威游行，宣扬废除刑法第100条的内容，即：主张台独的人煽动骚乱行为，被严惩不贷。在9月，大约15000人在台北一条大街上聚会，支持台湾进入联合国。台湾于1971年由于中国大陆政府的加入而被赶出联合国。反对派的民进党曾经拥有一小部分台独分子，为了争取12月大选的胜利，向台湾议会建议，建立一个独立的台湾议会，是决定有关宪法问题的大会。在立法机关经常出现殴打现象。同时，民进党代表于9月在台独问题上与国民党进行了激烈争执。

试图缓和平息台独事件，外交部副部长约翰·常（音）在这个月早期时候发表电视演说，在与一名民进党立法者的辩论中，讨论政府立场，并说明台湾对进入联合国的态度，这是政府官员第一次正式在全国电视上与反对派辩论："每个人都支持台湾回到联合国。"常后来说："问题是怎么回去，如果以中国代表的身份必然很困难，但如果是以一个新国的名义参加，台湾就完了。"

令人吃惊的是，台独的煽动并没有引起大众的强烈反应（支持）。投票结果表明在相对富裕的、保守的2000万市民中只有不到15%的台湾人同意独立，一个原因可能是北京对台独观点的连篇累牍的强烈抗议。据台湾计算就有70次之多，并声称："如果台湾试图独立，大陆将使用武力。"另一个原因是无论外国对中国有何种意见，但他们都不支持台湾独立。

东西德的统一、苏联解体、波罗的海国家的独立以及北京允许两个朝鲜同时加入联合国，这些都是备受台独分子关注的，并让他们对此展开思考。强烈支持台湾进入联合国的联盟的持不同政见者安妮特·鲁（音）说："永远也别说永远也不。"她将这些障碍归结为中国在安理会行使否决权。"甚至如果我们不能马上介入的话，我们应该为那个时刻做准备。要让中国向世界解释为什么我们不能重新加入。"

但是，台独势头背后的最大因素是台湾的政治开放，多数关于言论自由和新闻自由的限制都被取消。最后一个1949年以前在大陆当选的立法院议员也将很快退休了，这样一来，立法院的成员就都是1949年以后在台湾本土当选的人员了。立法会定于12月份的选举具有特殊的意义，有史以来第一次与会者全部来自台湾（是土生土长的台湾人）。到了明年，325个席位的立法会将重新审查，新的立法将会检讨而且无疑将改变在1949年以前制定的宪法原则，即把台湾认定是中国的一部分。

台独问题使得占总人口85%的台湾本土人以及第一代和第二代大陆人之间的分歧增加了。但他们仍统治着国民党政府和军队。由于大陆人和国民党在许多年来都一直声称统治着中国所用的领土（包括大陆和台湾），并以此为借口镇压台湾持不同政见者，以保住权力。于是，独立成了台湾人权利的代名词，民进党的弗兰克是台湾本土人，他说："国民党反对台独，其实主要原因是如果台湾独立，他们将失去权力。"35岁的报纸编辑陈浩（音）是第二代大陆人，他说："对于国民党中的许多大陆人而言，台湾独立是一个比共产主义更可怕的敌人。"

最近，李登辉这位第一位台湾本土领导人在家中宴请立法者，试图说服他们为了稳定而对台独缄口不谈，以此来缓解当前的紧张局势。在席间，他用台湾话，而没用国语，并告诉他们"台湾早已是一个拥有独立主权的国家"。这一声明在国民党的保守派中引起了一番波澜。他们批评李登辉在倒向"一中一台"的政策。这同时也惹恼了北京。中国政府指责李登辉在制造一个名义上属于中国，却永远不能回归的台湾。李鹏总理和党的总书记江泽民对台独分子进行了强烈的谴责。北京的反应非常激烈，一部分原因是认为台湾独立是资本主义通过和平演变颠覆共产主义的计谋。中国先于台湾申请加入世界贸易组织，但美国却首先批准了台湾的申请，这更加证实了中国的猜想。美国前驻华大使李洁明在今年夏天指责北京把19世纪的领土理论强加于繁荣地区，这番评论引起了北京更强烈的不满。

正在崛起的巨人

1992 年

就在事实不断地证明港英政府错误的同时，香港的1997年好像已经开始了。在这种背景之下，港督大卫·威尔逊爵士成了不中用的人。实际上在英国去年同北京就价值160亿美元的民事工程一揽子计划摊牌之后的那个元旦，威尔逊爵士就被伦敦撤换解职了。这个工程包括建造新的巨型喷气客机机场，一条连通机场同市区的高速铁路，新型全天候货运码头。英国做出让步：同意中国不仅对机场建设计划享有否决权，而且允许中国银行占有垄断贷款的地位。

......

5月21日中国进行的百万吨级核试爆——这次试爆是自1976年以来规模最大的一次。伦敦国际战略研究所副主任迈克尔·德沃说："为了使这种武器得到提高并使之现代化，你必须进行试验。进行试验就是最大的不祥之兆。"英国官员相信这个试验反映了中国在使远程运载导弹小型化方面付诸的努力。

......

对于台北的政治精英来说，情景又是郁闷地相似：又一个以前的好友——这一次是韩国——收拾了其大使馆的行李物品，同中华民国断绝了正式的外交关系。对于李登辉的政府来说，7月份西非的尼日尔政府另辟蹊径，同这个亚洲的岛屿建立外交关系并不能弥补韩国带来的损失。

......

13>

最后一任港督

有一句古老的箴言如是说：香港的最高权力是按赛马俱乐部、渣打MAHTESON商贸公司、港沪银行到港督这个顺序来行使的。这种说法有一半是在开玩笑，另一半却反映了现实情况。英国女王在香港的代理人可能会炫耀黄金打造的珠子和白鹭的羽毛，因为这些东西显示了至尊的地位。但是，在一个由金融冒险家建立的殖民地中，真正的权力象征已经在传统意义上变成了冰冷货币中的标志和水印。一位19世纪的总督哀叹道，他的责任同"朴次茅斯的市长的日常工作"几乎没有什么区别。

在殖民统治行将结束的时刻，英国的大人物将港督这一职位视为没有前途的职务，对之都避犹不及。英国前财政大臣罗伊·詹金斯回忆起1979年时任英国首相的詹姆斯·卡拉汉在巴黎召开的一次欧共体首脑会议中想让他出任港督一职。詹金斯爵士说，这件事情是在巴黎的一个盥洗室中提出来的。而他的回答是："我当然不会接受这个职务。"

至于在公愤方面，没有哪件事情像大卫·威尔逊离职时那样使这一职位蒙受羞辱。自1987年任港督以来，威尔逊第一次发现自己在1月1日被列入了《女皇荣誉名单》中的贵族之列。这一殊荣通常是为那些高官在退休时准备的，授予这种荣誉意味着实质上官员自己遭到了解雇。一位香港资深公务员说："我想象不出这样做有什么别的更加充分的理由。"除了这种侮辱之外，还存在着一种可能，威尔逊在今后的几个月之中将变成"跛鸭"：因为其继任者将等到即将到来的英国大选之后才会被指定。

为什么威尔逊被英国抛弃了？在很大程度上是因为，约翰·梅杰首相对去年为打破香港机场建设工程的僵局而不得已亲自跑到北京一事"恼火不已"。据说，梅杰责怪威尔逊在谈判时对中国太软。这位总督的支持者称之为推诿责任。作为一位职业外事官员，也作为适应了环境的中国通，威尔逊实际上在很大程度上始终保持低调。但是，一位有责任感的不会破坏中英关系的官员似乎正是白厅需要的人选——尽管他在私下里为香港的利益大声疾呼。

这位港督在1989年以后的公众态度变得僵硬起来。他甚至在没有同北京商量的情况下，就让机场建设继续进行。中国并不是从威尔逊那里得到让步，相反是从梅杰的中国政策顾问博西·克莱多克那里达成了目的。克莱多克曾经两度到北京进行调解。一位伦敦的官员将让威尔逊为克莱多克背黑锅称之为"极端的不公正"。

现在，港督的职位悬而未决，伦敦的媒体已经在热衷于炒作其通常的小道消息：继任者的名字从时任英军海湾战争指挥官炒到玛格丽特·撒切尔。但是，圈内人士认定，这最后一任总督将不会是落到一位外交官或一位军人身上，而会让一位重量级的政治家出任：如果此次大选保守党获胜，那么将会任命前外相大卫·欧文博士；如果是工党获胜，则前驻联合国大使理查德勋爵将会成为人选。身为这一职位最佳人选的查尔斯王子显然会很想得到这一机会。这个职位除了享受每年23.2万英镑的免税俸禄之外，还可以得到除女王之外英国官员唯一能够受用的劳斯莱斯"幻象四型"轿车。但是，就连王储可能也会认为朴次茅斯市长一职比香港总督的官位要好得多。

1997年从现在开始

在轮船灯光闪烁和警队的嘟嘟哨声之中，"卡贝拉"号游轮1992年3月驶出泊位，开始了历时31天的赴英航程。当46名乘客朝着身后的友人挥手道别的时候，从船尾爆发出一阵欢呼声。对于那些在巴哈马群岛拿骚港的一个游轮码头的度假者来说，这原本会是一次热烈的道别。但是，"卡贝拉"号是从香港的海运终点港起程的，船上的乘客是23位刚刚离任的英国公务员及其家属。英国的纳税人为他们每人支付了7500美元的费用，使他们能够利用一种古老的特权——英国政府保证长期供职的高级官员能够享受"标准的乘船回国"待遇。这种待遇的历史可以追溯到香港的襁褓时期。

标准的乘船回国待遇是一桩在备有卡西诺赌场、迪斯科舞厅和豪华商场的现代化游轮上进行的盛典。但在"卡贝拉"沿新加坡、科伦坡和开普顿抵达南安普顿的时候，船上的一行人可能象征着英国提前5年就承认其从亚洲的最后一块殖民地撤离。现在北京将让44位精选出来的香港顾问宣誓就职，这些顾问早在英国国旗在1997年6月30日落下之前就为这块繁荣土地上的政府效力。英国统治香港的意愿正在减退，大陆的政权正逐步介入。

去年横扫立法委第一次直选的民主党希望能够填补这段空白。在他们看来，代表机构能够最好地抵御任何对"高度自治"的破坏，"高度自治"是北京保证在1997年以后所要遵守的内容。以前中国并没有扩大其影响的要求，而是担心甚至连有限的地方民主都可能破坏其作为香港合法继承人的地位。

香港当地的民主党没有理由相信中国政府已经缓和了这种认识，经过努力，中国已经将其通过加入非华裔法官的计划搁置起来；北京成功地将非华裔法官的数量限制在1名以内。现在中国坚持H.M.S.TAMAR——这座在维多利亚港金融街区中心的英军总部留给北京使用。

另外，中国新的地方顾问包括了许多共产主义的支持者。其他顾问有超级名流：身价数十亿的李嘉诚、影视泰斗邵逸夫及吴光正（他是前运输及地产巨头包玉刚爵士的女婿）。此外，同大陆有生意来往并对大陆态度友好的巨商（至少他们对大陆有善意）大多对北京为香港制定了规划持怀疑的态度。

中国将这些委员仅仅描述成为更好地沟通而设立的机构。但是，就在事实不断地证明港英政府错误的同时，香港的1997年好像已经开始了。在这种背景之下，港督大卫·威尔逊爵士成了不中用的人。实际上在英国去年同北京就价值160亿美元的民事工程一揽子计划摊牌之后的那个元旦，威尔逊爵士就被伦敦撤换免职。这个工程包括建造新的巨型喷气客机机场，一条连通机场同市区的高速铁路，新型全天候货运码头。英国做出让步：同意中国不仅对机场建设计划享有否决权，而且允许中国银行占有垄断贷款的地位。

对于英国来说，机场建设计划简直就是个"滑铁卢"式的失败。据议会直选的联合民主党的领袖马丁·李说，一位英方高级官员就让权一事这样解释道："我们已经签署了离开香港的协议，因此也就不会有太大作为。我们所能做的就是尽所能地推动中国产生变化。"简而言之，伦敦将永远不会实施边缘政策，甚至在同北京的"协商"危害了香港利益的情况下，它也不会这么做。李认为，白厅对中国的理解深信不疑正是出于这种讨价还价的理念。对此，他驳斥道："正因为他们阅读书写汉字并不意味着他们就比我们中国人更加了解政治局的想法。"

从另一方面来说，中国这样做也有一部分原因是出于对英国可能在撤离之前通过土地拍卖和优厚合同，变卖香港"家产"的担心。机场海港工程的巨大开支使香港庞大的金融储备面临着耗尽的危险，这是北京干预的一个理由。但中国对英国动机的怀疑一点也没有减少，这是由于港英政府在今年3月将该工程的设计合同承包给了一家英国为主的国际财团，该财团的出价比第二位的价格要高出13%。

独立周刊《当代》的主编认为，中国自身并没有制造麻烦。他说，问题在于观念的不同，"中国人认为英国的每一项提议都是一个巨大阴谋的一部分，这个阴谋就是在香港保留一个亲英派的政府。"

中国新的军事对策

正如里根可能会这么说：他们又走上了那条道路。中国官员在公开场合采取谨慎的友好政策的同时，于7月中旬决定继续在南中国海进行近岸石油勘探。其潜在的钻井地点分布在南沙群岛和西沙群岛水域（这些沙洲链是世界上有争议的海洋地区中情况最为复杂的一处）。不论亚洲人什么时候想到战争的阴霾，都会认为南沙群岛十分可能成为一触即发的火药桶。但是，中国随之又在新疆西部沙漠进行了一次大型地下核爆炸。

《新闻周刊》的记者分析称，北京在南中国海抢先勘探石油，就会冒着同越南、台湾、马来西亚、菲律宾及文莱发生冲突的危险，上述所有国家或地区都宣称对南沙拥有全部或部分主权。越南作为一个在去年才同中国刚刚修好的老对手，公开地指责中国的这种行为是想将该地区的海洋资源完全置于中华人民共和国的旗帜之下。

令人奇怪的是，中国目前的一些行为不仅同国际潮流相适应，也符合其改革精神。军队能够维持。80年代中期，改革的总设计师邓小平决定解放军裁减员额100万人。现在，解放军的数量约为320万，据报道，今年4月赞成邓小平继续强调经济改革政策的中国共产党中央军事委员会命令进一步裁减30万～100万人。

但是，在毛泽东人民战争的防御原则下——纯粹凭人力抵御任何进攻的能力——

北京已经加强其武器系统和快速部署的建设能力，这与北约国家已经采取的措施十分相像。从一定程度上来说，这就意味着中国拥有更多的导弹和更具杀伤力的弹头。5月 21 日中国进行的百万吨级核试爆——这次试爆是自 1976 年以来规模最大的一次——同这一现代化项目正好适应。伦敦国际战略研究所副主任迈克尔·德沃说："为了使这种武器得到提高并使之现代化，你必须进行试验。进行试验就是最大的不祥之兆。" 英国官员相信这个试验反映了中国在使远程运载导弹小型化方面付诸的努力。

这次试爆的规模和时间似乎正在传达这样一个信息：中国正在发出挑战。法国和俄罗斯已经呼吁暂时停止核试验。美英拒绝听从法俄呼吁一事为中国提供了一种借口，但是这次核试爆似乎意味着中国在提醒世界：中国 "是世界上的大国之一"（正如一位西方政治分析家在北京说的那样）。

中国似乎正在竭力效仿法英成为核大国，即表现出足够的影响以至于能够抵制超级大国的垄断。在北京于 3 月份签署《核不扩散公约》之后，强硬派可能已经命令进行百万吨级的试爆以发出独立的信号，并在中美贸易优惠有待延续的时候使改革者处于尴尬境地。

在几年的费用削减之后，解放军的预算自 1989 年之后平均有 12% 的年增长。即便如此，这些回升也仅只能抵消通胀因素，而军队现代化的要求只有用出口换来的外币才能满足。因此，解放军的下属部门和台前的公司已经开始忙于向外兜售武器。

军工企业原本可能会向民用方面转型，但是民营工厂自身在销售冰箱和其他耐用消费品时就存在麻烦，这种麻烦是由于 1989 年以后外国人施加的经济冷漠所致。现在，随着海军的不断壮大，中国正在冒险进入南沙群岛这一政治雷区。

美国的失落和猜疑

在今年 1 月份身体虚弱的邓小平打破了数月以来的退隐状态，进行南巡。邓在女儿邓楠双臂的搀扶之下走来，邓楠负责向旁观者解释邓的言辞。

邓现在已经 87 岁高龄，中国又一次的过渡正在进行。今年晚些时候召开的中共 14 大很可能会决定中国的未来，这是 5 年来第一次召开的类似会议。

同时，美国的官员对北京局势的发展没有确定的看法，他们缺乏一个有连续性的亚洲战略并且渴望在美国 11 月举行大选之前防止出现争议。这些官员正在危险的中美关系上如履薄冰。"在继续严肃的政策之前，需要大量人员穿梭于两国之间。" 一位布什政府的专家指出，"他们在等待，我也在等待。"

就在等待延续的同时，刺激性的事情成倍地发生。在 3 月中旬，中国进行了百万吨级的核爆炸，这是中国迄今为止进行的最大规模试验。国务院发言人理查德·包策深表遗憾，他说，中国 "没有显示出其他核大国所保持的克制态度"。这种谈话也是毫无分量的，美国政府并没有采取进一步的措施。

实际上，布什政府已经反复地向北京的强硬派显露出另外一面。去年11月份，詹姆斯·贝克国务卿同李鹏总理讨论导弹扩散、人权和非法贸易的会晤结果变得十分糟糕。后来又进行了其他会谈。但在3月份，当美国国会在延长中国最惠国待遇问题上附加条件的时候，布什行使了否决权。而北京拒绝了两位十分重要的美国参议员的来访，这两位想到西藏去看一看。

台北在扩充空间

对于台北的政治精英来说，情景又是郁闷地相似：又一个以前的好友——这一次是韩国——收拾了其大使馆的行李物品，同中华民国断绝了正式的外交关系。对于李登辉的政府来说，7月份西非的尼日尔政府另辟蹊径，同这个亚洲的岛屿建立外交关系，但这并不能弥补韩国带来的损失。并非偶然的是，今天在台北设有大使馆的国家的名单念起来就像台湾对外慷慨援助的光荣榜一样：瑙鲁、图瓦卢、马拉维、伯里兹。像日本、英国和美国这样的主要贸易伙伴同台湾官员都保持着相当的距离。

但是，表面现象是具有欺骗性的。正当北京政府在外交代表的数量上占了上风，台湾作为世界上第13大"贸易国"的实力——拥有880亿美元外汇储备——使得它在其他舞台上成为一支越来越重要的国际力量。除了正式外交以外的任何层次，台湾实际上是在赢得优势。一位在台北的西方外交分析家说："他们本可能会输掉这场斗争，但是台湾人实际上是在取得进展。"

尽管北京强烈反对，台湾还是在最近几年中成功地获得了加入诸如亚洲发展银行、亚太经合委员会以及太平洋经济合作大会等重要的地区性团体。更重要的是，台湾加入关贸总协定的进展顺利。关贸总协定是一个拥有107名成员的自由贸易俱乐部。尽管台湾可能会等到与中国同时入关，但是有着人均国内生产总值将近1万美元的台湾将以发达地区的身份加入，而人口众多的大陆（人均国民生产总值为325美元）将与其他发展中国家为伍。

台湾也已经利用其稳定增长的财富来促使工业化国家重新考虑对其保持距离的态度。去年，台湾行政院长郝柏村透露了一桩价值3000亿美元、为期6年的基础设施发展计划。这个计划可以为外国公司提供超出700亿美元的合同。但是，暗含在参与这项计划之中的代价就是，隐晦地提升双边关系，欧洲和北美的各国政府注意到了其商业团体要求政府表现出更大的灵活性的呼声。法国派出了一个内阁级别的部长让·诺艾尔连同一行10人的代表团于1月份抵达台湾，进行官方贸易会谈。今年9月，来自加拿大的一个资深部长将在20多年来第一次应邀到台湾讨论商贸问题。一位驻台北的西方外交官说："我敢打赌一旦美国大选结束，我们就将在这里看到内阁成员。而且北京也没有能力阻止这种事情的发生。"

美国也可能在准备一改以前10年中不向台湾出售战斗机的禁令，台湾老化的F-5E和F-104战斗机的失事频率实在令人担忧。据说，布什政府正在暗中考虑一宗180架F-16战斗机的采购合同，由于中国购买了诸如苏-27截击机等俄罗斯飞机，可能会给这次对台军售提供口实。但是，这一价值90亿美元的交易能够保住得克萨斯州通用动力公司的6000份工作，而得州在美国总统大选中又是关键一环。与此同时，法国已经明确宣布，它将不顾北京的抗议，向台湾运送其先进的幻影-2000战斗机。

台北正在扩展的、非官方的联系可能也会受到影响。国民党政府正在增加的金融影响力应该使台湾能够同北京从实力地位出发进行谈判。台湾"外长"称："在后冷战时代，经济比政治或军事同盟更为重要。"

无疑大陆同台北进行某种谈判宜早不宜迟。台湾商人和旅游者已经在过去的5年之中大量地涌入大陆。据统计，台湾海峡的双边贸易已超过80亿美元，而台湾对大陆的直接投资也达到30亿美元。现在台湾岛内强大的商业政治说客正在要求台湾同中华人民共和国实现海空直航，而不是像现在一样绕道香港。

国民党官员在公开场合对这些压力采取了强硬立场，坚持直航式的联系只有在北京放弃使用武力作为统一手段并结束其在外交上孤立台湾的政策，才有实现的可能。但是，实际上台北的政策变得越来越具有灵活性。现在，台湾的国航得到允许可以继续同中国共产党国有航空公司合作向来往于两地间的旅客出售机票，尽管直航仍然遭到禁止。这种灵活性连同台湾的经济实力将最终意味着，台湾同大陆觉得联系会变得越来越紧密，不论海峡两岸的称谓如何都不会对此产生影响。

让中国智力回国

《纽约时报》的分析认为，中国正在全世界争抢"智力"。

今天，中国一些最杰出、最聪明的人才可以在诸如麻省的坎布里奇、新泽西的普林斯顿以及加州的伯克立等美国的大学城中见到他们的身影。由于政府不重视、薪水太低、住房条件差等其他因素，知识分子已经通过出国来改变他们的生活。自从1978年以来，有17万学者到国外学习或从事研究，在1989年之后单是到美国的就有5000人。他们中只有1/3的人员归国，使得中国智力资源的缺乏正在不断地增长，这种缺乏还可能导致中国潜在的能力散失。

现在，北京正在试图扭转这一趋势。政府已经展开了一场运动宣传中国海外学者的才干和成就，同时也鼓励他们回国。北京正在承诺给予更好的收入和得到改善的住房，另一个诱人之处在于：8月，中国国务院致函在海外流亡的"与国家唱反调的"持不同政见者，只要他们停止反政府的活动就欢迎他们回国。

绝非偶然的是，美国国会正在考虑一项法案，该法案将给予自1989年6月5日至1990年4月11日之间，在美国生活的中国学生永久性居留权。有8万名学生获得了资格。

对于正在准备扩展其自由市场经济政策的中国来说，缺少这些人的情况将会在一个艰难的时期中发生。"我们急需在电子、金融、证券、管理和法律方面的行家里手。"高速发展繁荣的深圳经济特区市委副书记厉有为如是说。

智力资源的缺乏造成的影响几乎随处可见。据报道，中央交响乐团在海外学习的人员流失了30%，上海交响乐团的流失量则超过60%。更加令人关注的是，科学家的严重短缺：中国科学院1978年以来已经派出7378名学者和学生到海外学习，但是这些人中只有3700人归国。第一批离开中国的成员主要由物理学家组成，现在有很多工程师也加入其中。由于科学家到了国外，中科院的许多研究项目不得已下马。留在国内的研究人员都不再年轻：据一家杂志调查显示，中科院所属43个研究所中的488个部门主任无一年龄低于35岁，有不到5%的人员比例在35~45岁之间。也许在上海的资深科学家中会有90%的人员在未来10年之内将达到退休年龄。

城市和省份正在为吸引海外华人而出台优惠政策。位于中国东部的山东省最近在《中国日报》上刊登了一则广告，用优惠的待遇来吸引海外留学生。政府为那些做出了"巨大贡献"的人员提供三套间的公寓和奥迪轿车。当然政府并没有保证什么，但是物质的诱惑是有吸引力的。

这种政策能够达到其目的吗？一位北京的化学家说："中国对待科学家的态度是很糟糕的。我们进行研究，但是别人享受成果。"除了较低的工资和生活标准之外，知识分子抱怨为他们的研究提供的资金少之又少。中国科学院的一位资深工程师承认："由于我们不能立即为他们提供住房，所以我们不希望所有科学家立即回国。"国家经贸委主任说："我们不能在一夜之间改变形势。"

浦东的崛起，上海的变迁

上海——这座位于长江口的特大城市，曾经被人们喻为"东方的巴黎"。目前，它正在改变着昔日拥挤、喧闹的局面，要以中国现代化的中心再次展现它的重要地位。

改革开放的总设计师邓小平设想将上海这座拥有1300万人口的特大港口城市作为火车头，拖着中国的中部和西部跨进21世纪。

在中国，实际上在整个亚洲，人们都在兴奋地谈论着上海的改革。外商投资像潮水般涌入这座城市，建设工程遍及各处。顺着南京路走一趟，你就会发现这条超负荷的商业街已发生了惊人的变化。商店经过整修和扩大，加上漂亮的陈列品，完全可以和香港商店的橱窗相媲美。面貌一新的"新新"理发厅，每天要接待400位顾客。

在这个大都市，现在企业改革之风正从大街吹进小巷，从城市吹向农村。上海的房地产正在迅猛发展，旧房改造工程也在加快步伐，家庭经营小商店和私营商店面貌焕然一新。市中心淮海路高级音像器材商店的售货员说："这里的人乐意花钱买享受。"他们也疯狂地在抢购股票。上海证券公司是全国仅有的两家证券公司之一。自1月份以来静安公司股票指数已上升了153％，海外投资者则抢购对外商发行的用国际硬通货购买的B股股票。

变化最大的是上海滩，这里曾经作为国际租界被欧美列强统治了长达100多年之久，直到1949年才回到中国人民的怀抱。即使在共产党的领导下，这些老商贸大楼仍然是这个城市的主要景观。但现在建设工人正在加宽马路，延长堤岸并种上花草。

上海作为亚洲商业中心的港口和中国对外开放的窗口，只有控制人口和减轻污染才能振奋人心，改变面貌。目前，横穿黄浦江进入浦东的工程正在加紧进行，这里将被建设成为东方的金融中心。浦东是杜月笙的出生地，这位臭名昭著的大烟贩子曾经是中国商界和黑社会的巨头之一，二三十年代"青帮"的首领。

今天上海的浦东沿岸正在发生翻天覆地的变化，在浦东将建立一个350平方公里的开发区，人们对此信心十足。如果说外滩象征着昔日上海的荣耀，那么浦东将是上海繁荣的未来。上海市长黄菊满怀信心地说，他希望上海再次成为全国和国际上的金融中心。浦东将作为龙头，带动长江三角洲这一占全国人口1/3的龙身。

这是项巨大的工程，浦东很可能难以实现，这项工程原计划投资100亿美元，现在看来可能要花600亿到700亿美元，约需10年时间才能完成。

这些数字足以使任何一个投资者望而生畏。尽管如此，一系列大桥、公路和现代化建筑正在浦东拔地而起，并且得到北京的赞誉，还出人意料地得到了中央的财政援助。邓小平的讲话要求全国全力以赴实行改革，发展市场经济。最有效的办法是让上海这匹战马迈动步伐，带动中部地区。

自1978年邓小平推行改革开放以来，并不是所有地区都享受其成果，在很大程度上，外商投资主要在沿海地区，而不是内地，是在南方而不是中部和北方。结果许多农村和边远地区仍然处于艰苦条件下，而靠近香港的珠江三角洲和面对台湾的福建省沿岸地区则生活水平在不断提高。

邓小平于今年1月份巡视了南部沿海地区，并就广东省特别是深圳、珠海经济特区的发展发表了重要讲话。接着北上，在上海过春节。而后，又视察了上海贝岭微型电子厂的车间，他指着一些高科技设备说："过去这是资本主义的，现在它是社会主义的。"他的话引起了机智的上海人的注意。新华社特别报道了邓小平极力要求进一步解放思想、大胆推进改革开放的主张。

上海并不是一定要有这番鼓励才实行改革开放，这座城市一直在竭尽全力拼搏，争取有新的起点。除浦东外，市政府正在修建一条四通八达的地下铁路，以形成一个现代化的交通运输网。原有的交通系统是20世纪早些时候建成的，那时的上海市区方圆才100平方公里，人口比现在要少得多。明年年初有5个站的第一期工程开通后，地铁可以减轻目前这些狭窄的街道上承担着的沉重负担。现在，过分拥挤的车辆在上下班高峰期平均每小时只能行驶5公里。

这座城市正在建设污水处理工厂，以减轻苏州河的污浊。除此之外，还在加速建设居民楼，以改变至今还在使用马桶和煤炉的80万户普通家庭的现状。加上一些大型国营工厂的严重亏损，上海要想很快富起来实在是困难重重。然而，许多熟悉内情的人则相信雄心勃勃的上海人最终会成功的。一位研究中国城市地理学的美国学者马温·塞缪斯说："上海在这样众多的人口和落后的基础设施上取得了这样的成绩是十分惊人的。"

投资者的信心十足，总额10亿美元的200多个新的投资项目已得到官方批准。这些一般都是高科技项目而不是80年代广东等省引进的技术低、劳工便宜的纺织品、玩具、手表、计算器等制造业。一些有名气的大厂商开始进入上海。此外，八佰伴百货公司将同上海第一百货公司联合成为中国第一家合资的百货连锁公司。八佰伴和第一百货公司联合投资1.2亿美元建成的这座大楼将是亚洲最大的商贸中心之一。黄菊市长说，上海不仅实行低税收，浦东地区的公司所得税是15%的优惠税率，这是目前外商投资公司在中国能得到的最好的待遇，而且还有大量的产业工人。

据调查，1990年在中国最成功的10家外资企业，有8家在上海，其中包括大众汽车公司等，上海有许多大学和研究机构可提供技术专利。这是别的地方所望尘莫及的。上海地处长江口，是市场和销售的战略要地。香港一位商业顾问说，"浦东是当前人们谈论的热门话题。顾客来电话，我还没来得及告诉他们到哪里投资最好，他们就说：'浦东，浦东，我愿意去浦东'。当然，你现在去那里，那里还是一片建设工地。"

的确，这片长期受到冷落的土地现在还没有什么可看的，即使已有40家企业已经开始在那里营业，但到处是推土机和吊车，尘土飞扬。无论是否准备好了，上海人认为阔别已久的发财机会已经来临了。解放初期，共产党人把上海当作最邪恶的城市——"黑社会的大本营"，"资本主义的滋生地"。许多有成就的企业家都逃到了香港，以他们的商业智慧使这块英国殖民地达到今天这样的繁荣。一方面中央政府在上海发展了许多斯大林模式的重工业，如钢铁厂、石化厂、机床厂等，从而限制了地方势力可能出现的挑战。另一方面，中央政府又把这些企业创收的75%~90%挤走。甚至今天，上海的国营企业，即使已经老旧，仍占该市工业总产值的65%，而上缴中央政府的钱占全国总收入的1/6。目前这个时期对上海来说是非常有利的。上海市现在可以交足规定的利税后留存自用。尽管如此，自1949年到1980年上海给国家上缴了530亿美元，而中央政府对上海的投资只有42亿美元，只占它们贡献的8%。

不过，时代在飞速发展，公众积极要求创办股份公司。目前上市公司只有31家，但接着会有更多的公司上市，从而支援当地政府可将1/10的国营企业在1995年以前成为股份公司。但是一些计分表的观察家仍然怀疑上海是否能摆脱过去的包袱。在上海的一位西方外交官说："我还没有看到工业部门的雇员有很大的裁减，劳动制度的改革是最急需的，工厂有30%甚至更多的人是多余的。"

与此同时，领取退休金的人和国家公务员不知道如何应付日益上涨的物价及私有企业和国营企业间的收入悬殊。一位60多岁的已退休的研究员毛迎芬每月领取24美元的退休金。她说："我现在难得到街上去一次，我很伤心，街上的许多东西我都买不起。"

在旧有的经济体系被改变以前，浦东这个龙头能拖动上海吗？更不用说带动起来。他们可以从富翁杨百万等人的故事中得到信心。杨百万现年42岁，原来是个工人，他在上海证券交易所开张以后一夜致富，他是中国为数不多的百万富翁之一。他现在有两三个住所，一辆汽车并雇有司机。一部价值3000美元的手提式电话，人们羡慕他有投资的天才，但他颇富哲理地解释说，他的成功是因为"我现在是自由人，我不再依靠政府"。假如这个海滨城市实现了它的新诺言，那么中国内陆地区也会开始走同样的路。

中共的十四大

称颂市场自由的言辞在人民大会堂中回响。《纽约时报》的文章记录了这个新的景象。在中国政治生活的圣殿之上，中共中央总书记江泽民宣布："贫穷不是社会主义。"党代表们于是开始赞成一些目标：扩大股票市场，并将庞大的国有企业转变为独立的"混血"企业。邓小平尽管没有出席这次会议，但是他的影响力仍然存在。距离人民大会堂一个街区的地方竖立着一幅巨型广告牌，上面贴着邓去年1月份到大胆放手进行试验的中国南部巡视的照片。在书店里，《邓小平文选》跃然立于书架上。

诚然，中国正在着手第二次改革。新一代中国领导人在接受了邓小平试验精神的原则和实践的教育之后，希望通过提供繁荣的稳定剂来使中国避免苏联模式的——或者避免像罗马尼亚那样更糟的动乱。但是，中共十四大于今年10月上旬召开之后2000多名代表开始有理由质疑，领导人是致力于解放思想的重生还是致力于僵化保守。

江号召建立名为"社会主义市场经济"的体制。

根据官方的数据显示，在这次会议中，17%的与会代表在1949年革命之前就入了党。在他们当中，46人由于1927年以前就列入了名单，所以确保了在大会中预留特殊位置的权力；但他们中只有13人出席了开幕式。这些年长者不再有职位，但是他们仍旧能够施加强大的甚至是具有决定意义的影响。他们可能赶不上时代潮流，但是在重大问题上他们仍然没有被排除在委员会之外。邓在今年8月已经88岁，他自己没有出现很具有神秘的意味，他的女儿邓楠坚持说，邓的身体仍然矍铄健朗。

实际上，仅今年以来，死亡就夺取了另外三位前辈的生命——李先念主席、徐向前元帅和聂荣臻元帅——以及作为政治局委员之一的周恩来的遗孀邓颖超。现年84岁的薄一波、90岁的彭真和84岁的王震等元老，健康状况堪忧。作为长期搞党政工作的薄仍然在人事问题方面具有影响力，他参加了这次大会。但是身为北京以前党政领导的彭真没能出席，王震副主席也没参加——但是他后来有一次公开露面。

香港的《文汇报》报道说，有8位高层领导从政治局退休：85岁的杨尚昆主席、78岁的国防部长秦基伟以及其他几位高层领导。

在星期天的休会时间里，党代表大会将要解散中顾委。中顾委是1987年召开的上一届大会的产物。中顾委的权力有限，在设立的时候中央只打算让它起到象征性的作用。

　　邓小平尽管没有出现在审议的现场，但是他也正在忙于会议的组织协调。他最后的重大作为就是推动一个得到振兴的集体领导层，来带领中国走进21世纪，并融入世界经济。

　　现在，江泽民的观点之中有一处博得了最为热烈的掌声，这就是他强调党内高级官员要为亲属做好榜样的讲话。"腐败分子破坏了党的声誉，也伤害了人民。"他说道，"因此，他们必将受到惩处。"接着，这位党的最高领导人又一次提到："建立在社会主义制度上的市场经济能够也应该比建立在资本主义制度上的市场经济要好。"

下一个超级大国

1993—1994 年

在过去 10 多年的时间内，亚太地区内外具有远见卓识的人们一直认为，到了 21 世纪，北大西洋时代将让位于太平洋时代。太平洋时代似乎将比预期的时间提前 7 年到来。今天，整个大洋的贸易超过大西洋彼岸的贸易。虽然某些地区的政治局势还很紧张，如斯普拉特利群岛（南沙群岛）和朝鲜半岛，但是，到这个世纪末和下个世纪初，这个地区的贸易量将占全球贸易量的差不多一半。

……

由于一年前对国内改革重开绿灯，它的经济建设发展突飞猛进：去年全面经济增长 12.8%，私有企业部分增长高达 50%。当然这些统计数字并不完全可靠，增长的部分相当多地属于账面赢利。尽管如此，邓小平作为中国现代化的设计师，希望以 1978 年的水平为基数，到 2000 年国民经济翻两番。预计到 1994 年底能实现翻一番，到 2002 年可望再翻一番。乐观主义者预示，经过大约一代人努力的时间，曾被视为＂东亚病夫＂的中国将可能成为世界上经济最强大的国家。

……

14>

亚洲欢笑的一年

在整个猴年，东亚国家的经济在全世界一马当先。1993 年，该地区的国家将继续炫耀自己的经济实力。然而，地区不稳定和贸易保护主义像一对狡猾的狐狸那样潜伏着。

在过去 10 多年的时间内，亚太地区内外具有远见卓识的人们一直认为，到了 21 世纪，北大西洋时代将让位于太平洋时代。太平洋时代似乎将比预期的时间提前 7 年到来。今天，整个大洋的贸易超过大西洋彼岸的贸易。虽然某些地区的政治局势还很紧张，如斯普拉特利群岛（南沙群岛）和朝鲜半岛，但是，到这个世纪末和下个世纪初，这个地区的贸易量将占全球贸易量的差不多一半。

环太平洋国家自己就是最大的主顾：今天亚太地区大约 65% 的贸易是在该地区之间进行的，超过了欧共体国家之间 62% 的贸易量。这是在美国、欧洲和日本等国有的刚刚摆脱经济停滞局面或者有的还仍然陷于这一境地的时刻取得的。国际货币基金组织在预测 1993 年的世界经济增长率时把它的预测数字从 3.1% 降为 2.3%，而亚洲开发银行预测，它的 25 个发展中国家的平均增长率为 7.3%，即使有些国家将不会完全达到它们在 1992 年的增长率。

中国 1992 年的增长率为 12%，今年的目标是 9%。马来西亚连续 6 年的产量至少增长 8%。即使像越南这样的国家也预测将增长 7%。台湾地区、韩国、香港、新加坡、泰国和印度尼西亚的国内生产总值的增长幅度在 5% 到 7% 之间。难怪日本首相宫泽喜一在发表新年讲话时把亚洲称为"下个世纪世界上最光明的地方"。澳大利亚外长加雷思·埃文斯说："全球的经济重心 500 年来将首次转向东亚。"

但是，即使该地区的前景光明，其领导人也有一些根深蒂固的令人担心的事情：据认为克林顿总统将比他的前任布什总统采取更为孤立主义的政策。

日本和亚洲四小龙——韩国、台湾地区、香港和新加坡——担心在贸易问题上有可能被两个主要的贸易集团（欧共体和有待批准的北美自由贸易协定）拒之门外，尽管这两个主要贸易集团曾许下诺言将按关贸总协定的条例行事。

中国担心通货膨胀将失去控制，因此可能会抑止经济的过热增长。如果刹车过猛，就会给香港吹进一股冷风，并将严重影响到台湾和韩国。中国还担心克林顿将在贸易和人权问题上采取更加咄咄逼人的态度。上海《解放日报》最近发表一篇文章说："我们有理由认为，美国在美日贸易、中国的最惠国地位以及同西欧和其他国家的贸易关系问题上将采取更加强硬的政策。"

虽然东亚国家近几年来变得比以前更加自力更生，但是，"四小龙"加在一起的国内生产总值只有日本的 18%，中国一年的制造业产量为 1750 亿美元，与日本的 1.2 万亿美元相比也相形见绌。东盟 6 国的国内生产总值比澳大利亚的国内生产总值多不了多少。"四小龙"的经济要继续腾飞，大国的经济也需要腾飞。一位首席经济学家告诫说，地区间的贸易不可能靠自身来保持增长的势头。这同向亚洲以外的地区出口该地区的产品密切相关。

因此，在很大程度上将取决于华盛顿和东京做出的决定。虽然日本和欧洲实行的贸易保护主义对美国不利，特别是在农产品出口上，但是，布什和他的顾问们认为，华盛顿不应该采取过分强烈的报复行动，因为担心这会触发一场贸易战。布什和他的国家安全顾问斯考克罗夫特认为，美国必须继续为亚洲和欧洲提供军事安全保障。布什的一位前高级顾问说："重要的是我们要再次向日本、德国及其它们的邻国保证，美国作为唯一的超级大国将继续在这两个地区保持强大的军事力量，捍卫和发展世界贸易体系。"

克林顿未必也持以上这些看法，尽管他对北美自由贸易协定、关贸总协定和其他一些贸易问题采取了谨慎的观望态度。他和他的班子并不同意布什核心人物的看法，布什的核心人物担心，如果在贸易问题上采取更强硬的态度，就有触发一场世界范围的贸易战的危险，最终导致经济萧条。克林顿一再说："我的对外政策的首要重点是恢复美国经济的活力。"

尤其突出的是，克林顿在贸易和人权问题上对中国的态度不同于他的前任。布什政府希望同北京政府保持比较密切的关系，尽管它采取保护主义的贸易政策，因为布什认为中美关系在力量对比的竞赛中能起至关重要的作用。克林顿的一位顾问说，克林顿决心使他自己和美国与北京下一代更富改革头脑的领导人共命运。在竞选期间，他发誓要把改善人权状况作为恢复中国最惠国贸易地位的条件，尽管他获胜后态度有所缓和。

至于日本，它过去并不把亚洲看成是一个具有短期或长期经济潜力的地区。东京的经济重点首先是美国，然后是欧洲。而现在，亚洲渐渐成为东京议程上的重要议题。

日本正在向美国和欧共体发出忠告，要它们必须遵守关贸总协定和避免采取排外主义的做法，与此同时，它还在努力刺激国内需求和开放自己的市场。

日本把代表亚洲主要经济国家、美国、加拿大和澳大利亚的亚太经济合作论坛看成是对美国施加压力的场所，迫使它继续开放北美自由贸易协定的市场。日美经济关系委员会去年12月给日本首相呈交的一份报告说，日美必须在亚太经济合作论坛的范围内确保同多边自由贸易制度保持一致，并以一种全球主义的方式促进亚太地区的地区性合作。

东京表示对建立一个亚洲贸易集团不感兴趣，它似乎有这样一种想法：认为它应该设法推动或组织亚洲国家内部就促进贸易和安全问题举行会谈。

但是，由于一些亚洲国家对日本在战时的所作所为记忆犹新，这就会使问题变得复杂化。它们不希望看到日本起主导作用，但是，它们说，日本应该发挥更重要的作用。

中国的外汇储备上升到了450亿美元，它目前正对周围国家的经济起到一种推动作用。据一位分析家说，中国遇到好年头后，大家也就富起来了。即使是去年才同这个共产党邻国建立外交关系的韩国的双向贸易额也已增加了40%。

亚洲国家目前正在继续辩论发展经济和扩大政治改革之间的关系，一些分析家认为，这两个问题是鸡和鸡蛋的问题。

职业化中国军队

中国的力量已超出亚洲地区。中国正重新制定军事原则，正加强军队的高技术装备，提高快速部署力量的能力，正在建设一支远洋海军和与之配合的空军。

既然苏联已解体，美国的军事力量也处于衰败状态，因此中国就成为亚洲地区一支不可忽视的力量，从某种程度上说，中国的力量已超出亚洲地区。中国在亚洲战略地区已使俄罗斯处于不利地位。

中华人民共和国虽然不是使它的势力范围内的每个国家都成为仆从国的帝国，但是北京显然正在重新制定军事原则，拥有300多万官兵的人民解放军尽管人数已减少，但是已具有相当大的新打击力。它正在建设一支远洋海军和支持这支海军的空军。这支军队已装备了更多的高技术武器，每年的军费为140亿美元，在中国更强有力地维护其国家利益的时候，这支军队已开始在亚洲带来了很大的影响。

结果是亚洲越来越迫切地需要就安全问题进行一次对话，至少建立这样一个对话讲坛可以澄清为什么中国一方面声称自己是一个温和友好的邻国，另一方面又在加强其人民解放军的力量。

中国的邻国所关心的与其说是人民解放军的数量还不如说是这种加强军备的性质。中国加强军备所强调的是为附近地区的快速部署投送力量。

像19世纪工业化的欧洲一样，中国似乎感到需要加强力量以捍卫扩大的经济利益。为什么匆忙在海上扩张，北京的一位西方军事分析家说："到水边看看那里的建设。港口建设已达到疯狂程度。中国已越来越快地进入世界航运队伍。回顾历史，任何国家在这样做的同时都要建立一支海军来保卫其交通线。"

航运不是唯一的海外利益。一年前中国批准军队为了确保石油蕴藏量丰富的南中国海中的斯普拉特利群岛（南沙群岛）的安全必要时可以使用武力。两个月后，中国同美国一家能源公司签订了在该群岛勘探石油的合同。与此同时，中国在新疆沙漠地区进行了100万吨核爆炸试验。看来这次地下试验是要提醒全世界，尤其提醒美国国会，中国是不会受人摆布的。

北京的一位西方军事分析家说："不管有什么理由，中国就是想要成为一个大国，在国际安全方面成为一个大角色。它不想陷入像日本在第二次世界大战后成为一个没有军事力量的经济大国那样的困境。"

人民解放军仍在试图从毛泽东的"人民战争"概念转到"战略边疆"的新概念，即有能力迅速投送力量保卫中国边界以外的领土利益。这种转变并不容易。在20世纪60年代，由于担心苏联的核打击，中国军队建立了11个实际上自治的军区（现在已减为7个）并把兵工厂分散在各地。这个计划能使毛泽东的理想化的农民军队靠人数取胜。但是北京已不再抱有这种浪漫的幻想。两年前以美国为首的盟军对伊拉克的打击已向人民解放军表明现代火力的巨大作用。

总之，海湾战争使中国的将领们感到震惊。中国有庞大的陆军，但是空军薄弱、后勤跟不上、指挥与控制系统落后等抵消了陆军力量。北京的高级将领们看到美国巡航导弹、隐形飞机和灵巧炸弹对伊拉克军队的致命打击后都吃惊了。于是中国很快开始大量采购，集中力量加强空军，尤其是加强海军。

对中国来说，建立一支更职业化的军队对国内来说未知因素会少一些。但是对亚洲地区来说，充其量是福祸兼而有之。附近的小国对中国产生了猜疑。中国海军陆战队员除在南沙群岛加强巡逻外还在该群岛以北的帕拉塞尔群岛（西沙群岛）进行了两栖进攻演习。有迹象表明，中国将把新购进的Su—27喷气机部署在安徽省，显然是为将来海军到南中国海的巡弋提供空中掩护。

亚洲地区的防务分析家说："为什么新加坡海军突然购买四艘扫雷舰，这同对付邻国资本主义国家的威胁无关，但是同中国和越南密切相关。为什么马来西亚建立一个快速反应师？这在某种程度上是为了对付东亚的不测事件。"南中国海附近的军事规划人员担心中国军队可能在这些群岛水域布雷，从而威胁到亚洲进行国际贸易的水道和日本取得中东石油的生命线。

因此，越南人已重新考虑是否要求俄罗斯人完全撤出金兰湾。越南人感到高兴的是，俄罗斯人仍在苏联设在金兰湾的旧基地保留了一个信号情报站。这个情报站建于1979年，能监听从马六甲到中国东海半径为1500海里的信号情报。

中国加强军事力量具有更为深远的含义。中国军队也建立了企业，生产并销售化妆品、珠宝、食品、冰箱、摩托车、汽车等。解放军从经商获利所新购得的武器还没有开始把中国变成一个巨人。

中国：下一个超级大国

中国历史上的发明创造包括诗歌、绘画、丝绸、炼铁高炉、水力纺织机、火药、火箭、磁石指南针、造纸、活字印刷术等，还有更多献给文明的礼物。然而《国富论》的作者亚当·斯密认为，中国"长久以来已经停滞不前"。黑格尔的说法是，中国缺乏欧洲人的勇敢探索精神，它把自己置身于"世界历史之外"。

置身于世界历史之外？对中国人来说，他的祖国即是世界，正如英国人当年到达中国时在那里所发现的一样。整整两个世纪之前，装有66门舰炮的英国军舰停泊在天津港——北京主要的海上门户。英国国王乔治三世的特使，麦克特尼勋爵来到中国，打开中国对外贸易的大门。这次英军远征几乎就是60年之后美国军舰打开日本商贸大门的预演。虽然1853年麦修·佩里中校的礼物不容拒绝，但它在日本引发了明治维新运动，日本引进的西方先进科技，迅速建立起资本主义的现代化，而麦克特尼的远征则是另一个故事。

当年这位英王的使者沿河驶向中国首都时，中国官员在他的军舰的帆缆上挂上号旗，他所带的贡品中有一座天文钟、一架望远镜和一个地球仪。地球仪惹怒了清朝官员，因为在那上面的中国只是一个普通国家。乾隆皇帝礼貌却又坚定地送走使者，并请他转告乔治三世："我们从来不稀罕你们的精巧玩艺儿，我们也用不着你们的工业产品。"临走"天子"又加上一句话，请特使劝说他的英国国君"发誓永久俯首称臣，顺从驯服"。

这之后，西方国家为打开中国大门而做的努力曾写下一段不光彩的历史。几代中国人的奋斗也同样悲惨：失败的"自强"运动、清政府的垮台、国内战争、民主革命战争。但在麦克特尼造访200年后，中国现在发生的一切，远比第一次鸦片战争时英军大炮轰开广州炮台所带来的影响要轰轰烈烈得多。这个古老自傲的文明国家正打破封闭，加入黑格尔所说的"世界历史"。显然，中国的新一代民众已成功地融入外部世界，赋予自己的祖国在世界上应有的地位：亚洲的经济重心、军事强国，与当年那些入侵中国、欺负中国皇帝的西方国家平起平坐。

中国作为社会主义国家，它已经与昔日有所不同。由于一年前对国内改革运动重开绿灯，它的经济建设发展突飞猛进：去年全面经济增长12.8%，私有企业部分增长高达50%。当然这些统计数字并不完全可靠，增长的部分相当多地属于账面赢利。尽管如此，邓小平作为中国现代化的设计师，希望以1978年的水平为基数，到2000年国民经济翻两番。预计到1994年底能实现翻一番，到2002年可望再翻一番。乐观主义者预示，经过大约一代人努力的时间，曾被视为"东亚病夫"的中国将可能成为世界上经济最强大的国家。

究竟能否实现，还只是人们的猜测。不可否认，中国已是亚洲议论的中心，下世纪将成为世界超级大国。中国现已满怀信心走上改革开放道路，已克服了它最大的担心，即中国的形象就像一朵莲花，暴露在空气中就会枯萎。19世纪谨慎的洋务现代派人物曾国藩说："我们要向野蛮人学习的东西只有一件——坚船利炮。"

今天，这些长久的怀疑似乎已经消逝。越来越多的中国大陆人相信，中国人能学习西方的科技并参与世界竞争，而不用担心会失去自己的灵魂。省市县乡各级都竞相争夺对外开放的第一或最多，中国最南部的海南岛夸口要成为第二个香港。东北部的山东半岛——春秋战国时代学者孔子的故乡，声称要尽快赶超韩国。上海希望成为长江流域地区的"龙头"，并恢复其当年远东金融中心的地位。

同样意义深远的是，海外华人企业家正积极努力与大陆建立商贸联系，旨在把东亚建成独立的经济发展地区。早年移民海外的华人在东南亚建立起工商阶层，他们的后代，与台湾、香港一道，正致力于建立一个某些有远见的人所说的"大中华"。自1949年以来，北京与台湾的代表首次正式会谈，于1993年5月在新加坡举行——新加坡是个华人人数众多的国家。尽管双方只谈了有关政府间接触的问题，但坚冰的融化预示着将来会有更大的动作。

对某些亚洲人来说，"大中华"在语义上是一把双刃剑。北京正在建设一支远洋海军，一个高科技武器库，用来保护其日益增长的利益。加州大学伯克利分校的中国问题资深学者罗伯特·斯拉卡皮诺风趣地说："仅仅几年前，中国的邻国主要担心中国软弱可欺，像一盘散沙；今天正相反，它们担心来自政治、经济和军事上迅速发展的中国的威胁。"

世界对邓小平领导的中国政府并不感到陌生。20世纪80年代，中国就已经成为自由市场商人的乐园：一个走向现代化的巨人，停办集体农场、谨慎地开展对外贸易、谨慎地为实验特区引入外资。深圳特区就是其中之一，它当年曾是一个毗邻香港的边境检查站。这些改革的措施取得了相当的成功。去年1月，邓小平到南方视察。他来到深圳，大加称赞深圳取得的成就，并预言深圳将随"亚洲四小龙"（香港、台湾、韩国、新加坡）之后成为第5条龙。

一位南京大学教授说："邓小平南巡讲话之后，气氛都整个为之一新。"人们相信社会正向着更大的繁荣迈进。近几个月来，速度更加快了。有关进出口贸易收益、引进外资、股市、建筑业、服装零售、夜总会等各业的消息加速了中国的发展步伐。

数百万的中国人"下海"经商。一年前人们还不曾知道的自由权，现今已成为举国上下普遍的强烈欲望——自由选择职业、去外资企业应聘等。兰德咨询公司乔纳森·波拉克说："成功孕育着成功。在全中国都登上改革的列车后，再停车已难上加难了。"

然而，改革仍不够全面，现在仍主要局限于南方地区、沿海地区和城市。在甘肃这样的内陆省份，许多人的生活勉强维持温饱，一些人仍住在窑洞里。在西南部贵州省的一些偏僻地区，一项调查表明，一些农民"不知道毛泽东已经逝世，不知道文化大革命已经结束，更不知道现任的党和国家领导人是谁"。

然而，沿海地区和城市总是社会革命的温床。这一切中，令人吃惊的是这一场具有历史意义的变革发展如此之快。去年，四川省会成都市出现成千上万的蝶形卫星电视接收天线。西方人波拉克感叹："成都一夜之间就地球村化了。这些变化对几亿中国人产生了巨大影响，这里有，别处有，到处都有。"

新兴的深圳和其他经济开发区，产生越来越多的"大款"，这给中央政府提出一条实际的选择：尽量放宽特区的特许自由。到1992年底，全国已建起8700个"开发区"，一年前只有117个。驻北京的一位高级外交官说："中国现在的开放程度超过历史上任何一个时期，大大超过戈尔巴乔夫或赫鲁晓夫时代的苏联。"上海市外贸委员会副主任说："再把门关上已行不通。"

中国的一些有识之士和研究人员认为，中国与邻国和西方国家竞争太着急了。房地产公司占用耕地过多，极大地影响了农业生产。失去土地的农民，失去农业生产技术的用武之地，在家乡农村再也无法生存下去。这些贫困的农民沦落为"盲流"到外地谋生，目前总人数已高达1亿，这个自由的人口群体相当于日本的全国人口总数。密执安大学学者肯尼思·利伯瑟说："这个人群总人数有潜力发展到2亿甚至更多。"

甚至在政府工作人员贪污腐败、营私舞弊的同时，犯罪、娼妓和吸毒人数在新兴城镇迅速上升。政府官员是否比过去更公开地腐败是另一个问题，在这里暂且不论。不安定因素主要有两个：通货膨胀和贫富两极收入差距加大。如果信用扩张、股市投机、房地产公司的气泡破裂，那么北京政府应负责任。

在北京的西方外交官评价说："中国的局势从整体来看似乎很乐观，但不论哪一方面，你仔细一看，则情况很不妙。一定是某个环节出了问题。"美籍华人历史学家黄雷认为，这个缺少的环节联系两个阶层：一是1911年孙中山领导的辛亥革命所转化的清朝官吏阶层，一是1949年毛泽东所转化的农民阶层。这两次转化带来相当大的震动。中国数千年来一直受地理环境的制约，内陆地区封建诸侯割据，边疆由游牧民族守卫。孔子强调国家统一的思想来源于统领军队抵御外族入侵的需要。

中国文化不是像爱默生蔑视的那样"呆板单调"，而是指聚集的村落，由只对皇帝负责的文官实施行政管理。黄仁宇在《中国大历史》一书中提出，直至近年来这两个阶层才在利益目标上融合，建立起真正的现代国家。伯克利分校学者斯卡拉皮诺提出，在中国国内举行的合作性交流与国际交往同样都具有革命性。去年他在成都出席由西南四省联合主办的会议。"会议的动力是：我们如何修建公路、铁路和通信设施来把与我们相邻的东南亚国家连接起来？"这种奇特作用的重要性"再夸大都不会过分"。

不论政府会说些什么，雄心勃勃的城市都在建立证券交易市场。今年3月召开人民代表大会，一个通常是彬彬有礼的立法机构，代表们在会上并不掩饰自己对长篇大论的官方报告的厌倦情绪。在古都西安，37岁的房地产开发商王国庆说："我们这一代人更渴望学习，喜欢变革，我们要在新环境中立足。"

兰德公司的波拉克说："现今社会正经历一场令人难以置信的迅速变革，恍若隔世，已经很难把它再套进一个十分传统的结构中。"美国国务院一位官员指出，在经济社会中，中国人正经历一场"个人自由的无限扩张"。

像1988年的韩国那样，北京为强化其在现代世界的地位而申办在北京主办2000年奥运会。在世界强国中占有一席的前景，为这个拥有11.7亿人口的大国添注了新的活力。中国能像官方最近预计的那样，在2050年达到6万亿美元产值的经济水平超过日本吗？中国在过去的14年中年平均增长率达9%，外贸占世界贸易总量的份额大幅度增长。中国正处于世界经济高速度增长区域内，大陆中国人认为，不论小龙能做什么，"妈妈"龙更能轻而易举地做到。

爱默生1824年把中国称作"木乃伊"，"埃及、亚述、波斯、巴勒斯坦、完美的希腊、傲慢的罗马等为我们留下艺术、经院、伟人的记忆和著作……这些国家给我们留下古代城堡的废墟作为它们自身的骨骸和纪念碑。中国则是自身的纪念碑。"如果是这样，中国已展示出其震撼世界的富有活力的形象。中国使东亚地区不再是面向西方的出口地区，而是自立自强的完美文明。

海峡对岸的警报

随着双方走近，小小的台湾的繁荣能成为大陆改革中民主的榜样吗?《纽约时报》的记者观察试图看清这一问题。

"小辣椒往往是最辣的。"这是3月台湾领导人李登辉对一青年团体讲话时引用的中国谚语。把谚语用于今天的新形势下，这里提出一个难题：台湾从独裁统治演变为经济发达并享有一定民主的地区，它的进步是否能成为北京的一个榜样?

这个提议是可以争论的，虽然不是在北京。台湾、韩国、香港和新加坡并列为亚洲经济发展新四强，虽然对大陆来说，台湾只不过是第23个省。外交上，台湾很孤立，只与29个国家保持有正式外交关系。经济上就不同了：台湾有820亿美元外汇储备，人均收入达1万美元以上，在世界上列第25位。1992年外贸进出口总额1530亿美元，列世界第14位。台湾与美国和法国签署主要军火协议，并且与中国大陆同在为加入世界关贸总协定而努力。这对于一个只有2000万人口的岛屿来说已经相当不错，而大陆有11.7亿人口。

即使李登辉政府已停止过去反对北京政府的宣传，普通民众则直接把"台湾经验"的信息带到大陆。认证会计师Jaung Kwun-ming一年数次赴大陆福建省免费为同行讲学，讲解资本主义股市交易、税金冲销。学生们似乎对他所讲的台湾实例更感兴趣。台北市经济学家兼出版商查尔斯.H.C.高已经在大陆高校做过关于台湾经济发展的数十场报告。今年7月，高将主持在江苏省召开的一个两天的会议，会上两位台湾著名企业家将做主题演讲。

专家学者还不是唯一把这一信息带到大陆的人士。台北城市大学学者说："台湾在近几年中有400万人到大陆观光旅游。他们带去了大量的礼物送给亲友，还有许多钱。他们的富有和休闲旅游无疑给大陆留下深刻的印象。他们所接触的人会问自己：'我们为什么没有这一切?'"

在蒋介石率领其200万国民党军队逃到台湾之后的这些年中，台湾与大陆就几乎都是对方的镜像。像大陆一样，台湾经济也是政府控制的：在20世纪50年代，国营公司，如垄断型的台湾糖业公司，一家公司即占全岛工业产量的95%（现在只占5%）。

50年代，蒋介石政府制定了两项经济新政策，促使经济起飞。一是土地改革运动，使农民占有生产资料，并大大增加了购买力。另一项是与工商业界达成的协议，大体上就是你们一心一意挣钱，我们负责政治事项。

这两项政策都意在抚慰台湾当地人，他们把国民党残兵败将视为外来少数派。最终或许也是不可避免地，经济自由化逐步渗透到政治领域。1988年，蒋介石的儿子和继承人蒋经国发起了谨慎民主化运动，包括宣布反对党的合法化。他还指定在台湾出生的李登辉作为政治接班人。在1992年大选中，主张台湾独立的反对党民进党获得31%的选票。2月，李登辉任命台湾籍人省长连战接替退休的郝柏村将军任行政院长。

在经济方面，台湾已没有什么奇迹可言。台湾岛内只有一家企业——中华石油公司——通常被列入《幸福》杂志每年公布的世界级500家大企业。其余绝大部分都是中小企业，其中许多依然是家族式经营的作坊式企业。政府放弃对公司的拥有权，用税收作杠杆来鼓励对有巨大发展潜力的工业行业投资，如计算机工业。国家经济计划作为指导性而非严格的强制性规定。台湾经济计划以4年或6年为单位，不用大陆5年计划的标准。

前任经济金融部长李国鼎是60年代和70年代台湾经济增长的主要承办者。他现在相信政府的主要职责就是投资办好教育，学校培养出一代代的技术工人、经理和科技人才。遵循中华民族的传统，进入重点学校要经过全国统一考试，这样一来，知识精英阶层中也包括许多出身贫苦家庭的子女。36位政府部长中，21人有博士学位，5人曾担任过大学校长。

面向未来，一些台湾专家相信，大陆也将经历与台湾相似的压力和紧张关系。专家还认为，北京将最终给新生的工商企业者更多的旅行自由，放松外汇管制。正如台湾那样，工商界在大陆将成为不同意见者，他们支持那些维护他们的特殊利益的政界人士。

出版商查尔斯与许多人观点相同，即20~30年内经济力量将会导致台湾与大陆统一。他认为，台湾最好的策略就是在大陆投资，与大陆进行贸易往来，因此成为"大中华"的重要组成部分。按照这一设想，台湾和香港能向"大中华"提供资本、管理、市场经验、国际观等，他们实际上已经这样做了。

大陆官员坚持，台湾的模式并不适用。他们强调台湾经济发展的阴暗面——无止境的高消费热和污染。

西方的外交和经济学界人士普遍认为，双方是否仍在酝酿继续对峙下去。他们注意到，在内地与台湾于今年5月在新加坡举行的第一次官方会谈中，虽然会谈的议程只商讨犯罪及走私等次要问题，但会谈总要涉及更大范围的问题上。北京和台湾都没有提出关于统一问题的明确时间表，耐心是中国人典型的美德。实用主义也是的——大陆与台湾间的迅速增长的贸易关系不用很长时间即可使双方事实上的相互依存形势不可逆转。

改革的成就和麻烦

邓小平曾经说过：致富光荣——中国正尽全力贯彻实施。数千家出口外向型企业正在生产畅销名牌电视机、音响设备、运动服装和丝绸等产品。在位于北京的一家美国汽车公司与北京汽车厂的合资企业里，今年将有2.7万辆切诺基牌吉普车开下生产线。德国大众公司的企业将生产6.5万辆桑塔那牌轿车和1万辆捷达牌轿车。美国占第一位的体育运动鞋制造商耐克公司与中国6家鞋厂签订合同，生产占其总产量年产9000万双运动鞋的20%的生产任务，已经计划进一步增加这一份额。

列举在中国生产的世界名牌则是编辑一部工业《德布雷特英国贵族年鉴》：吉利、皮尔·卡丹、西门子、三菱、日立、麦道等许多公司。今年到目前为止已有近8.4万家合资、合作和外商独资企业注册登记，比去年登记注册的多4.7万家。出口额去年达到850亿美元，到1993年末将达到930亿美元，到2000年将达到1500亿美元。中国在1992年位列世界出口贸易第13位。工业生产去年增长21%，预计今年也能达到这个增长率。

工业"大跃进"令外界人士大为吃惊。推销商们却由衷地欣喜，因为工业增产带来工人收入稳定增加，购买力逐步提高。以深圳特区为例，官方的人均年收入达到320美元。这一数字大大低估了这一地区实际收入水平。按照麦金西公司的咨询专家统计，人均年收入甚至高达2500美元。

在繁荣背后，还隐藏着一个更复杂的而且有潜在麻烦的现实。北京目前正大力发展的经济，某种程度上借助国外援助，实质上是个混合体。它的上层是相对高效的轻工业促进出口快速增长，轻工业发展利用了廉价的半技术劳动力，利用了台湾60年代模式放大应用到大陆的经济规模。下层则是沉重的国营能源和重工业行业，这部分与苏联的经济核心相同。中国约有1万家国有大中型企业，从事钢铁、机器制造、纺织和其他工业品的生产。尽管随着自由市场的引入，国有企业生产仍占工业总产值的55%，占城镇职工总人数1.48亿的70%。国有企业为1.06亿职工提供社会福利——终身工作的"铁饭碗"，福利住房，职工子女免费教育，足够多的退休金，公费医疗制度等。在北京的一位西方经济学家指出："这些企业就是微型化社会。"一位中国问题专家补充："国有企业是社会主义的基础。如果没有国有企业，什么才是社会主义？"

把这些国有企业转变成为能在自由市场中独立生存的企业，的确是对邓小平经济改革的强劲的挑战。他们的成功或失败关系到中国是否能在下一个世纪成为真正的经济强国。这还不是目前要解决的唯一问题：如果中国要实现既定目标，还必须同时要改善落后并税赋过重的交通和通信系统、吃不饱的能源工业和刚诞生不久的资本市场。尽管早在1978年北京就已经宣布过此项任务，但直到现在才开始顾及这些与现代化相关的问题。

外国投资商仅去年一年即向大陆投入高达110亿美元。他们有意避开国有企业，主要是因为国有企业的副产品之一是赤字：国有企业1992年共得到补贴78亿美元，而当年的财政年度赤字仅为41亿美元。像他们曾经汲取灵感（设计蓝图和资本设备）的苏联的工厂一样，大陆的国有工业千疮百孔，人员冗余10%以上，生产的劣质产品无人问津。一位经济学家说过："还不如关闭后重新另建新厂。"

说起来容易做起来难。自20世纪80年代中期以来，中国一直致力于解决这一问题，近来更加大力度，提高出口产品的竞争力，并争取加入世界关贸总协定，而关贸总协定禁止多种补贴。1986年北京通过一项开天辟地的《国有企业破产法》，这是以前从未有过的。

现在经邓小平的督促，《破产法》再次实施。1992年前10个月，346家企业宣布破产，其中104家国有企业。140万城镇职工因此失业。11月，重庆针织总厂欠债1400万美元宣布破产，2900名职工失业。在过去，这些职工会自动转到另一家国有企业上班。现在失业的工人或者进国有企业的服务性公司工作，或者发给一笔下岗遣散费。这种破产的社会影响是爆炸性的，如去年，天津国营海鸥手表厂解雇2500名职工，占职工总人数一半，产生了很多不安定因素。

政府这样做的初衷通过首钢较好地体现出来。首都钢铁公司，位于北京西郊，曾经是中国的主要钢铁企业，年钢铁产量570万吨，共有职工25万人，属于赢利企业。

在政策调整中，首钢经批准享有不经过国家外贸公司的独立进出口经营权。首钢建立自己的企业银行，公司经理可不必上报政府批准，有权自行决定最高不超过3500万美元的投资项目。更重要的是，公司可留用更高比例的利润分成用于投资扩大再生产。在这些改革的基础上，加上技术改造和各种先进奖励制度，公司去年收入增长35%，达到5.5亿美元。作为其现代化政策的一部分，公司购买了美国洛杉矶的一家钢铁厂，将其拆卸之后运回中国。

然而，首钢只是少数成功者之一。另外，国有企业的低效率已经影响到基础结构。如铁路建设已大大落后于整个经济发展步伐：中国在20世纪60年代和70年代每年平均新建铁路900公里，而到80年代又降到350公里。因此，去年总共有4000万吨货物运输严重延时。铁路交通虽然境遇不佳，但大多数企业还是选择铁路运输，避开因长期遭忽视而拥挤不堪的公路系统。

外国投资商最恼火的应属大多数落后的通信设施。北京和少数城市开通了国际长途电话直拨业务，但整个国家的通信现代化仍是一个梦，直到进入下世纪后仍将如此。到1992年底，全国电话装机总量为1900万部，平均每百人1.63部。相比之下，巴西平均每百人9.3部电话。

中国经济的当务之急是建立一个灵活、反应快而且资金雄厚的资本市场。目前，工业资金投入是通过银行系统。国有企业，不论赢利或亏损，总享有优先权。中央银行没有自主权，不能控制资金供应。去年，尽管北京标榜推行市场经济，却向国有企业提供610亿美元银行贷款，比上一年增加20%；而私营企业的贷款要求都遭拒绝。虽然银行可以向外国公司提供如信用证、旅行支票类的简单服务，但是银行在这些企业的资金筹措上起的作用不大。

两年前，北京开辟了国库券市场，向前迈出了重要的一步。但是去年证券包销商的投机行为几乎毁了它。包括国有银行和金融机构在内的证券包销商承担价值70亿美元的国库券销售任务。他们认为价格会上涨，便把国库券自行买下，结果价格大跌，他们遭受重大损失。今年，政府重新采用老办法，由地方政府和国有企业买下价值60亿美元的国债。

中国的两个股市，分别于1990年和1991年建立，具有相当的先进性。股市资金总值达340亿美元，香港股市资金总值为1760亿美元。在深圳和上海的上市公司只有67家，最近又同意3家外国经纪人公司入市。外国投资者只能买无表决权的股票。由于中国的证监会不同于美国证券交易委员会，深圳和上海股市都存在投机违规行为。分享内部消息，很少公布年报，会计原则不为人所知或故意不执行。例如，许多财产公告没有说明赢利，常用高估存货的办法掩盖亏损。两地股市交易量都相当大，但政府的争论推迟了证券法的制定，而外国投资者却十分需要它。

股市有助于吸纳大陆银行2,100亿美元存款的一部分。但经济效益好的国有企业越过国内资金市场，到国外发行股票。总部位于百慕大的Brilliance汽车公司（中国）投资的辽宁微型面包车制造厂，现已在纽约股市挂牌上市。这只股票运行良好，它因进入新兴的市场被看好。北京希望得到香港的资金支持，已批准包括上海石油化工总公司在内的9家企业6月起在香港上市。经济率先发展的广东省，最近宣布将在欧洲证券市场发行1.5亿美元的5年期债券。

使国有资产转亏为盈最有效的办法就是把国有亏损企业卖给个人，条件是有人愿意买。去年6月，武汉第二印染厂被卖给香港的Hongtex发展公司。这是国内第一例国营公司出售给外国企业。虽然这个工厂一年亏损500万美元，但新主人很快就扭亏为盈，主要办法是解雇原有1920职工中的1146人。其中数百下岗工人进入工厂新建立的附属宾馆或商店工作，但其余工人只得到短期临时性工作。

应用同样政策，吉林省计划把200家小企业出售给外国投资者。四川省有16家国有企业在拍卖。这类出售事项可能继续数十年，而不是三五年即可完成。政府官员强调，私有化的举措只不过是"试点"。但是如果中国要达到工业发展目标，这项试点必须成功。

如何为中国提供能源

《新闻周刊》的调查宣称中国持续发展所面临的最严峻的问题是能源短缺的问题。供电部门采用分区轮流停电或限制供电量的办法管理城市供电。在浙江省杭州市，每晚的电视新闻节目会向电视观众通告第二天停电的区域。第二天的停电时间一到，机器设备和生产流水线就会戛然停止运转。

然而，中国的能源储藏量相对其开采和使用量来说还是相当乐观的：中国是世界上第二大煤炭生产国，其煤炭储藏量高达6000亿吨；石油生产居世界第6位，日产原油280万桶，位于墨西哥之后；发电量居世界第4位。在目前实施的第8个五年计划中，中国政府计划新增发电设备装机总容量1亿千瓦，比目前发电能力翻一番。

但这仍然远远满足不了市场的需求。价格补贴、工业浪费、能源利用率低等已使中国从20世纪70年代的石油少量出口变为今天的石油进口国。国有石油工业生产去年全行业亏损17亿美元。据一位在北京的西方分析人士认为，如果没有行之有效的改进措施，到本世纪末中国将可能需要每天进口原油50万桶。

煤炭生产为中国提供75%的能源供应量。但是，煤炭价格过低已成为导致供应量减少的主要原因。在中国，大部分煤炭都产于北部的山西省和内蒙古自治区。煤炭行业共有职工总人数为700多万，今年计划生产煤炭14亿吨。但是，由于煤炭价格过于低廉，使煤炭生产企业对现代化采煤设备投入不足。这种情况不但导致了煤炭产量增速放缓，还使得开采出的一些煤炭质量低劣。同时运输瓶颈的缺陷也凸显出来：大部分煤炭要运送到1 650公里以外的南方省份去，因为那里是中国的工业集中地。去年煤炭全行业因此亏损20亿美元。

外国的能源公司十分期望能进入中国的能源生产领域，但直到目前为止中国政府仍然不十分情愿让他们扮演其中的重要角色。自1982年以来，外国公司已投资30多亿美元用于开发南中国海的海上采油项目。这些公司一直在抱怨它们的高成本和低收益的问题。它们一直努力争取得到在西北部新疆塔里木盆地的石油开采权。这片石油储藏区比法国国土面积还大，是个石油和天然气的宝库，原油和天然气的储藏量分别约2000亿桶和82500亿立方米。今年年初，北京终于批准了外国公司在新疆塔里木盆地的油田开发权。

中国只有5%的发电量来自水力发电，北京已决定今后增加水力发电所占的比例。目前正在考虑修建的是中国规模最大、争议最多的长江三峡水利枢纽工程。这项耗资100亿美元的水电项目要截断长江上游的流水，在修建过程中还要淹没一些世界顶级的美丽旅游景点，涉及110万居民迁徙。这一计划已在1992年全国人民代表大会上获得批准，并将于下世纪初完工。工程结束时将增加1700万千瓦发电量，相当于目前全国的供电总量。另外，中国政府还计划在黄河的上游修建15座水利枢纽工程。

目前中国只有一座核电站投入运行，这座核电站即是位于上海西南部的秦山核电站，其装机容量为30万千瓦。第二座核电站正在修建之中，它就是位于广东省的大亚湾核电站。中国已表明将在辽宁省修建另一座核电站，安装两个从俄罗斯进口的核反应堆。到2000年时，将共有9个核反应堆投入运行，发电量可达到占全国供电总量的3%。

不论北京采用什么政策，要想彻底解决能源供应问题一是需要时间，二是需要大量的资金投入，目前首先要解决的问题是对不合理的价格进行改革。

科学技术在飞跃

世界上的首次载人宇宙飞行是不幸的。在尤里·加加林上天的500年前，一位名叫万户的中国人，把自己捆在一只木椅上，椅子下面捆上47只高功率烟火火箭，手中各拿一只风筝，命人为火箭点火。他没能飞离地面，死于燃起的大火中。

直到不久前，万户的失败一直是中国科技的象征，一个有众多历史发明创造的文明古国（从水车到阳伞）却在航天技术上十分落后。中国与工业革命隔绝，与西方科技隔绝，当它要发展科技的时候，把苏联选作学习对象，中国似乎注定要落后于科技飞速发展的西方世界。

事情并非如此。经过数百年来的挫折和失败，中国已接近重享科技发达之名。高科技出口突飞猛进——去年增加40%，达到39亿美元。电子产品和计算机零部件在海外销售良好，中国在生物科学和超导方面居世界领先地位。甚至航天事业也由于长征系列运载火箭而迅速发展。中国把亚洲卫星通信公司的卫星送上太空，以30%-50%的价格与美国和欧洲的卫星发射服务抢生意。中国第一位的卫星火箭生产厂商，长城工业公司的副总裁说："我们的火箭发射技术既简单又便宜。"

尽管经常缺资金和设备，科学家已开始在世界上做出令人瞩目的成就。位于美国加利福尼亚州的智囊机构——SRI International进行的科技论文统计表明，1988-1990年间，署名中国作者的文章数目增加40%，这些论文被其他论文引用的数量增加近60%。论文引用是衡量论文质量的重要尺度。熟悉情况的美国专家说，中国科学家在广泛的领域里正迅速赶上西方的同行，并在几个领域居领先地位。它们是：

激光和光学。中国人在用于生产特殊用途激光器的某些晶体生长技术上领先。国产激光器广泛用于医学领域，如，代替普通手术刀的激光手术刀，以及通信用的光导纤维。

生物科学。中国人使用现代基因分割技术，制造出高血压B疫苗、抗病毒马铃薯和西红柿、首株基因工程培植的烟草等。用高科技烟草生产的香烟今年晚些时候即可上市。

超导技术。在20世纪80年代末，北京中科院的物理学家赵忠贤制造出在-194.5°C较高温度下的超导体，SRI研究把中国人目前的研究成果称为"世界级"的。

碳同位素。西方科学家对中国人在碳富勒烯或巴基球这一新兴领域的突出研究成果感到吃惊。这种奇特的球形碳分子将来有一天可用于生产从微型轴承到超导导线的各类产品。

中国基础科学研究的力量在于人口数量：700万科学家、工程师和技术人员，他们当中许多人毕业于美国和其他欧洲国家的第一流大学。但是如何发挥这些科学人才的聪明才智从来都不简单。既有资金技术的困难，又有文化政治上的障碍。

1949年新中国成立时，当时有4万科学家和技术人员，普遍认为其科技发展水平落后于西方发达国家50年。共产党着迷于科技进步的观念，向苏联人谋求帮助。从50年代至60年代中期，高科技产品从莫斯科大量输入到北京，到1964年，中国已能生产计算机，并成功爆炸第一颗原子弹。

但中国与苏联关系破裂后，科技进步速度减缓，到1966年"文化大革命"时停滞不前。在革命热情冲击下，搞科学被视为贵族行为。学校和实验室关闭，科技人员被下放到工厂或农村去劳动锻炼。"一些科技工作者被体罚摧残，一些甚至被迫害至死。"位于华盛顿市郊的科学应用国际公司亚洲科技处主任温迪·弗里门说。数年里，科学家和知识分子被轻视遭歧视，现在有的教授工资收入还不如宾馆服务小姐。

在邓小平提出要把失去的时间补回来的号召下，中共发起一系列现代化发展计划，力争在2000年赶上西方科技水平。其中之一是"863计划"，起因是1986年3月中国4位著名科学家向邓小平建议的。它集中了全国科技力量重点发展7项战略科学技术：生物技术、能源、新材料、信息、自动化、激光、航天和（后增加的第8项）通信。另一项是"攀登计划"，着重于基础学科研究。第3项是"火炬计划"，建立高科技工业园区（有些同时修建廉价住宅区和附属设施），旨在把他们的科研成果从实验室投入市场。

变化中的代表人物

刘达临：性行为民意调查专家

刘达临的第一个职业是中国人民解放军军官。1980年他在上海一家工厂做企业管理工作。他觉得工作很乏味，便决定撰写婚姻和家庭关系类的文章给报纸投稿，包括中国共产党的机关报《人民日报》。很快读者回信提出了大量的问题，这使他确信读者既想更多了解却又难以启齿的问题是性。刘达临找到了知音。

刘达临征得了政府部门的同意，组织并资助计划生育工作者展开对23000人的社会调查，内容是关于性行为习惯和态度。这次调查的结果成为他在1990年发表的论文《中国的性行为》中的主要资料，这是一篇开拓性的研究文章，分析了从婚前性行为、婚外性行为到离婚的全部性行为状况。抽样结果证实，中国妇女和男性都越来越重视性行为满足和个人实现的价值。从此以后，61岁的刘达临一步步地拉开中国私生活的帐幔，他自己也成为性行为研究的主要专家。学者和市场营销人员都把他的开拓性报告简装本到处宣传。

刘达临现任上海大学的社会学教授，但他的大部分性科学研究工作都是在校园之外进行的。他主持一个上海广播电台的热线节目，他写的关于古代中国性史的著作将于6月出版，书中插图使用他从情色作品中搜集的图片。他正在写此书录像版的文字稿，准备于今年晚些时候投入制作。他把从出版《性行为》一书和其他43本关于婚姻和性的畅销书中得到的版税用于其他更多的调查研究项目中。他正在寻找出版社出版他写的关于同性恋的书，他认为中国大约有2%的同性恋人口。

黄兵：回国的银行家

黄兵，32岁，向在海外学习或工作的青年人建议他们回国的时机。如果大家以他为榜样，他们将加入专业人才队伍，为中国未来的建设做贡献。

黄兵个人回国的决定受家庭传统的影响。他的外祖父何恩敬20世纪初在日本帝国学院学法律，学成之后回国在广东省中山大学教法律。何恩敬1936年在毛泽东同国民党谈判时任毛泽东的法律顾问。黄兵的父亲黄华多年在国外，担任过中国驻加纳、埃及、加拿大以及驻联合国的大使，1976-1982年任外交部长。黄兵在加纳出生，成长在北京，后在美国待了8年。他在哈佛大学学经济学，毕业后在旧金山的Kakar电器公司供职。1987年回国，任一家外国商社驻上海办事处的代表。当他到美国花旗银行申请做一家房地产项目的赞助人时候，花旗银行拒绝了这个项目，却留他在银行工作。1990年他成为花旗银行驻中国的代表，现在他是银行界的一个领袖级人物。他经手在上海开办了第2家办事处，并希望很快获准在北京开办第3家办事处。他的主要任务之一：说服中国的中央银行，外国的金融机构对政治稳定构不成威胁。

李清媛：

许多人经不起诱惑从政府公务员岗位转入私营企业工作，而李清媛，43岁，是一个重要的例外。她现任国家经济改革委员会的一名处长，作为新生的资本市场顾问服务于私营企业。她还参与主持两星期一次的《经济学家论坛》电视专题节目。李清媛说："我们需要一个聪明的政府，它知道什么东西必须控制，什么东西需要放开。"

李清媛是四川人，1976年在曼彻斯特大学学习经济学和政治学，在中国人民大学获得博士学位，后去纽约市哥伦比亚大学深造。在国内，她协助建起了证券交易管理委员会，并任其研究机构的负责人。资本市场需要更多的立法才能使其运转更顺利。李清媛说："当纽约股市成立200周年的时候，我们这里只有1岁。我们在向前进。"

进步中的困扰

在四川省会成都市，今年春季的一个星期里，人们庆祝在成都会议中心召开的全国酒类食品类展销会。5年前，像这样举办商业活动是不可能的。

经济的飞快变革产生各种潜在的不稳定混乱和矛盾。"社会主义市场经济"释放出巨大的进取心和动力所产生的力量。十分明显，经济发展拉大了城乡人民收入的差距，驱使成千上万的农村人口离开农村，由此加剧了地方自治和地区本位主义的新离心力量，它不断削弱中央集权的力度。成都市内每天多达3万人聚集在此交易近50家没在四川省的企业的股票。这个新开的股票市场未得到北京承认，但当地政府因为有钱可赚不能不管。他们提供场地，参加交易的人员入场付门票0.5元。一位省政府官员说："我们有我们自己规定的条件和要求。"

事实上，改革的速度和范围可能已超出中央政府的控制。当北京想要控制1993年的经济增长率在10%以内，担心会由此引发更大的通货膨胀的压力时，而四川和其他省的领导都不理睬这个目标。广西壮族自治区政府主席近日曾对香港听众说："广西不存在经济过热的问题。"

下放经济发展的决策权给地方官员一个建立自己的独立王国的机会——实施过程中经常会抵消改革的目标。按照邓小平的方针，全国各省市县去年一年相继建立8700个"经济开发区"。其中不足真正用于开发工业生产的2%，绝大部分开发区实际上为房地产投机炒作提供了机会。典型的情形是：当地政府建立一个开发公司，抱着将来出售工业园区的希望，建起居民居住小区和其他配套设施出售给外地人。

开发区的这类高额消费的一个结果则是中国的8亿农民收入不足。自从1989年起，数百万的农民每年向国家出售农产品，得到的却是"白条"，当地银行缺少足够现金兑付。今年年初，四川省的农民曾发生短时期的骚乱，原因类似于售粮打白条的现金流通问题，当地邮局不能兑付在外地工作的亲属寄回家的汇款单。中央政府已下令彻底解决此问题，但是并没有真正贯彻执行。

另外，对农民的卡压比过去加剧了。自1990年以来，谷物的售价实质上已多年不调整，而化肥、农具等的价格已翻了一番。由于农民对自己的现状越来越不满，现在的担心是：除非农民能得到合理的收入，农业生产有可能大幅度滑坡。在3月召开的人代大会上，国务院副总理朱镕基警告说：农民的不满"可能对农业的健康发展和正常的粮食供应产生巨大的影响"。政府已决定下一年度拨66款亿元用于农业基本建设——水利设施、化肥补贴——以扭转这一局面，但没有人相信仅靠投资就能改变农民的境遇或阻止农业经济的下滑趋势。

面对不明确的未来，数百万的农民走上自"文化大革命"以来最大规模的人口迁移。乡村的火车站门外挤满了外出打工的农民。去年冬季，为增开铁路客车，5000多列货车停运。专家估计，约有1亿农村劳动力就业不足，而到2000年，这个数字将翻一番还多。

起初，北京的制定政策者确信小型农村企业和服务性公司可在20世纪90年代吸纳1.5亿剩余农业劳动力，但农业信贷短缺打破了这个设想。在四川省中部水稻产区一个约900人的农村，在村里建起了农产品加工企业，到1985年时已把半失业农民的年收入提高到262美元。但自那时以来，由于增加投资不到位，村里办的初级米酒厂和饲料厂无法改进扩建，致使人均收入一直停留在7年前的水平上。

城乡各地因资源短缺而导致不良反应。例如，广东省的两个农村的居民为争夺一片树林的拥有权而动用土枪、斧头和铁棍大打出手，他们都想把树林出售或出租给外来投资者。今年年初，广东省的农民炸毁一座天然岩洞，那是邻村经营旅游业管辖的一个景点。

这些暴力行为导致社会的混乱感，这种混乱有时以奇怪的令人痛心的方式出现。在山东省，从省会济南到孔子故乡曲阜的新建公路上，卡车、大轿车、小汽车占用全部四车道向同一方向行驶。交通警察部门由于人员编制和资金不足，对此很少过问。路边各式饭店林立，浓妆艳抹的年轻女子站在饭店门口，向过往的司机打招呼，提供"特和服务"。北京的公安部的官员说，娼妓和吸毒现象"死灰复燃，并逐渐上升"。公安部长直言不讳地说："抢劫案件上升。抢劫商场和银行在过去几乎从未发生过，现在开始重新出现。劫持火车和汽车犯罪威胁运输安全和乘客安全。"

中国社会科学院的一份报告指出了城市中可能的不安定现象。报告列举出可能出现的通货膨胀和破产国有企业的职工失业现象。劳资关系在下降。辽宁省报道说在7个月内有276起事件。工厂经理和管理人员遭愤怒的工人毒打，要派警察去保护工厂高级领导人员。社科院的报告中还披露，在所调查的人群中，有50%以上的人对去年以来房租和医疗保健费支出的上涨等这样的改革感到忧心忡忡。

通货膨胀以及其相关的不平等问题不可能在短期内得以解决。中央银行官员承认，他们不能控制货币供应和信贷规模，两者都在大幅度增加。同时，为平息工人动乱再度加剧，中央政府每年投入90亿美元（数额超出财政预算赤字的两倍多）用于支持亏损国有企业的信贷。

中国目前经济高速发展所面临的许多问题与美国19世纪末资本主义发展鼎盛时期所遇到的问题相似：腐败、投机、藐视法律。有些中国人认为贪心和混乱是争取经济和社会解放所必须付出的代价。北京的一位律师说："经济发展了，犯罪也会同时上升。"

"第四世界"的生活

"桑树的桑，桑树的桑。"——29名成年人正在随老师大声朗读，老师教他们学习汉字"桑"。在灯光暗淡的教室一角，18岁的焦彦龙正吃力地在练习本上写着"桑"字，他的母亲杨淑琴坐在教室的第一排。在贫困的甘肃省陇西县的这个文化学习班上，焦彦龙是最年轻的学生，他不仅为了学文化，还为获得个人自由。他解释说："我小学四年级时辍学。现在我已经学会了100个字，我得学会1000个字才能去城里找工作。"

《新闻周刊》的文章宣称，对焦彦龙和成千上万的像他一样的人来说，现代化就是天堂，是人们所向往的遥远的一块宝地。直到现在，他们仍处于中国社会阶层的最底层，属于官方规定的年收入35美元"贫困线"以下的2700万农民，仅能勉强维持生活。民政部副部长说，他们已不再挨饿，但只能勉强维持温饱。另外5000万农民的生活水平略高，年收入达50美元，只相当于1990年全国平均收入的一半不到。甘肃省的贫困人数比例高于全国。

甘肃省（人口2300万）面积略小于法国的国土面积，境内多山川，土地贫瘠，气候恶劣 有时候被称为"第四世界"，意指其贫困和环境恶化。用人拉犁或拉车，而不用牲畜或机器，就像1000多年前的祖辈那样，在这里并非罕见。

据世界银行的统计，1989年，甘肃省1890万农民中有34%生活在贫困线之下。政府官员承认，这一比例在降低，部分原因是中央政府每年给甘肃各级政府1050万美元的财政补贴。即使如此，甘肃86个县中的59个需要国家援助来维持农民的温饱。定西地区，人口26.3万，90%的家庭没有自来水，1/3的地区不通电。婴儿死亡率比全国平均水平高出1/2。唯一增加的是人口，去年一年全省增加23万人，相当于一个县的总人数。同一年内，因土地土质恶化、沙漠化和无计划的工业建设所减少的可耕地相当于一个县的可耕地总量。

焦彦龙的5口之家，父母亲、姐姐、奶奶，加上他自己，还算是幸运的。他们4个劳动力耕种从政府承租的5亩土地。由于所收获的1000公斤小麦勉强够吃，他们靠种菜地卖些菜每年收入90美元，这些钱用于买粮食、衣服和其他必需品。一年下来，全家没有任何节余。他们一家只有一处砖砌的可烧火取暖的土炕，一张桌子和两把椅子，唯一的奢侈品是一台黑白电视机。

中国其他地区经济腾飞带来的滴入论利益在陇西县已初见端倪。私营企业已开始出现，大多数是夫妻店或小饭店。57岁的弗利·唯拉里尔，一个食品农业组织的顾问，自1987年起多次来到陇西，他说："家家的食品多了起来。砖瓦房多了起来，代替了泥土棚。"

这一变化或许更大程度上归功于唯拉里尔启动的联合国人口基金援助项目，它共援助8个省的28个贫困县。联合国贷款陇西政府20万美元开办一家地毯厂和一家面条厂，现在已为8000个家庭提供工作机会。这笔贷款归还后，将用于扶持贫困家庭妇女，每人最高可贷款500美元开办家庭副业。受益人之一是焦彦龙的母亲杨淑琴，她贷款350美元购买6只小猪崽和塑料薄膜覆盖菜地。由于这一笔小投资，焦彦龙一家年底会有第一笔存款。唯拉里尔说："这是喷洒论而不是滴入论经济学。"焦彦龙一家定出更高的目标。他母亲杨淑琴说："我的收入肯定会提高，我要学会写字算术。真幸运，我只有两个孩子，我有时间学习。"她还有时间挣钱。

"自我一代"的时代

对数亿的30岁以下的青年一代人来说，物质财富和自我实现是对未来的试金石。

星期五晚上在老上海中心区，J.J.舞厅里正进行着狂欢。大约1000名青年人付4.5美元门票来到全上海最出名的迪斯科舞厅，它以香港最出名的夜总会命名。在频闪灯光下，浸着激光灯光，男人西装领带，女士衣着时髦，伴着节奏强烈的音乐，在层层舞池里旋转起舞。在舞池四周的小桌旁，企业家新贵们轻轻地吸着饮料，不时地对着最新式的蜂窝移动电话讲话。中途退学的大学生当上舞厅侍者，收入相当于神经外科医生工资的4倍。他们一边喝着啤酒和白兰地一边传递免费的求职信息。

J.J.舞厅的年轻人像这样狂欢在台北则再平常不过了。而在大陆，它代表着一种前所未有的东西：个人自由和职业自由。青年人有抱负懂技术，利用经济改革的机会，他们更自由地追求财富、寻找朋友和实现自我存在。30岁以下年轻人中的最激进者利用新的自由，批评家把他们称为"自我一代"。这样的描述尚不公平，更准确的应该把他们看作是无理想的人，对什么都不相信，而只相信自己，只相信现代化的需要的青年人，他们把市场经济视为满足两个愿望的手段。

中国有3亿14～28岁的青年人。他们被称为"第4代"，以区别于前3代人，前3代人哺育出革命者和理论家。第4代人成长在相对富裕的家庭里，未受到早年战争和饥荒岁月的影响。许多人实际上对邓小平改革之前的情形了解甚少。"他们是最幸福的一代人。"西安40岁的陕西省青年联合会主席说。北京实验戏剧培训班的创始人、30岁的牟森认为，20多岁的青年人与上一辈人的心态完全不同。"他们的认识受到摇滚乐、电视和体育运动等的影响。"

"自我一代"对共产主义的态度是漠不关心的。"政府就在我们周围，但我们却丝毫不注意它。"23岁的北京的艺术家兼摄影师聂政说，"我们感兴趣的是抓住经济改革带来的机会。"

对聂政和其他人来说，这意味着失去铁饭碗，失去社会主义制度带给中国工人阶级的就业保证和福利待遇。聂政为北京数家广告公司做个体绘画设计工作。工作所得的报酬足够他支付他所喜爱的日本照相机、CD和名牌太阳镜的费用，还让他有足够的时间读书和绘画。性方面的自由也是原因之一。

青年一代都受到下海的冲击。下海即指抛弃国家分配的收入较低但稳定的工作，承担风险到私营企业竞争应聘，收入自然高得多，但风险也大，安全系数小。西安一名准备上大学的高中生，18岁的庞瑞说："我父母亲想让我当教师或医生，可以有些安全感。但我要干我所喜爱的工作，大笔大笔地挣钱。"

学生孟光军，18岁，也深深地被承担风险的主意所打动。他说："你能更多地了解自己。"另一位学生，周士文，19岁，曾看了许多香港电视，从而对外部世界有更深刻的了解。他看问题不那么书生气。他说："外国人对待风险就像跳蹦极或在长城上骑摩托车。"

越来越多的中国年轻人都想效仿王国庆那样的人。王国庆，今年37岁，3年前从西安中国银行辞职后下海经商。他当工人的父亲差点与他脱离父子关系。王国庆说："父亲认为银行是所有工作中最好的。"现在他的看法已经改变：王国庆已是拥有百万美元财产的零售商、饭店老板和房地产开发商。他身穿皮尔·卡丹套装、意大利皮鞋、戴2000美元一块的日本手表，另外，还有一些与他同样装束的二三十岁的青年人做他的助手。

"人人都想当老板。"25岁的赵莉说。她是武汉的外语专业大学毕业生，两年前辞去政府翻译的工作，到北京的一家外资公关公司做经理助理。工资是过去的5倍，她从拥挤的宿舍搬进自己两室一厅的公寓。她的职责也成倍地增加：她开始接待越来越多的国际客户，管理更多的本地员工。"我父母亲来北京住在我的公寓里。他们看到我能独立生活，感到由衷的高兴。但他们也为我感到难过，因为我没有时间享受这些。"当她被告知她的同学都已经有了孩子时，她说："我没有时间结婚。"

这种认识在旧中国是不可想象的。它强调了"自我一代"青年人的生活方式和道德观念所发生的根本变化。随着人们结婚年龄的提高，轻率的婚前性行为变得更常见：据一位专家指出，20%的已婚夫妇承认有婚前性行为。婚外性行为（69%的人能宽恕婚外性行为）和离婚（1000对已婚夫妇中有1.47对）也在稳步增长。新的生活压力增加：夫妇双方加班工作，才能有足够收入以把孩子送进私立幼儿园，有钱为换好工作而上夜校充电。

城镇青年人越来越多地在选择配偶时求得父母亲的同意。他们把恋爱、求婚和美貌变成一桩大事业。"在过去，人们都不好意思公开自己恋爱的消息，现在可不一样了，他们要让人人都知道。这一来导致花店泛滥，情人咖啡馆、情人酒吧、电影院和卡拉OK情人座位等到处可见。"一位广州的研究人员说。

挑选终身伴侣的基础也在不断变化。"改革之前，对方是不是共产党员是要主要考虑的条件。现在人们的标准变了：看你的钱有多少，看你的专业技术职务高低和看你的相貌如何。"这位研究员关于广州青年人的一项调查表明，80.2%的人把性感作为婚姻对象最重要的标准，以下依次为性格（72.3%）、相貌（72.2%）、收入（64%）。

物质成功和个人满意作为新标准还带来另外的问题：青少年犯罪。全国范围内，25岁以下的青年人只占全国人口总数的40%，1992年却在犯罪人数中占70%。他们不都是来自生活困难的家庭。"大部分在押的青少年的家庭状况都比我的家庭好。他们不愁吃穿，但他们需要更多的钱去享乐，因此就去偷盗。"广东省立劳动教养学校校长说。姚玉斌，16岁，因盗窃一辆摩托车而被判劳教一年。他说："我当时想的就是好玩。"

唯物主义之外的信仰

曾被视为"精神鸦片"的宗教死灰复燃，包含从传统的宗教到泛灵论、神秘派宗教。中国的精神信仰现在成了新的、旧的和神秘派宗教的大杂烩。

公元1世纪成立的佛教，在过去的30年中，可能是在基层受破坏最严重的。现在佛教正重新恢复，尽管整个发展并不平衡。在四川省会成都市，这里也是进西藏旅行的起点站，个体商户沿主要大街建起商店，店内摆满色彩鲜艳的唐卡和小佛像。政府当局谨慎地批准更多的新人入佛教寺院做和尚。在广东省，家族宗教的势力一直很强大，街头传教者用线香为新近发迹的和近来焦虑不安的人祭祀祖先。

西北部宁夏回族自治区，这里的伊斯兰教大发展。整村整村的人都是伊斯兰教信徒，而少数民族出身的地方干部不必与宗教脱离。

虽然专家们不承认佛教或伊斯兰教在其传统势力范围外有重大的发展，但新闻界常常对新的旧的迷信提出警告。祭祀祖先从没有遭到禁止，但近来家庭宗教、对各类救世主的崇拜和迷信，如萨满教那样的神秘教派等再度重新发展。人们重新选择信奉道教，道教是多种家族宗教的混合体，主要教义源于《易经》。

另一个近年来得到恢复的传统是气功。

据政府和学术研究单位的统计数字，发展最快的宗教是基督教。部分原因是它的基数小，开始时比其他的宗教人数少。

艺术的流行榜

北京西北郊区旧的夏宫圆明园内，有一个村庄叫福圆门，这里是青年艺术工作者的家。大约40名勉强谋生的画家住在农民的房子里———座有4个房间的平房，租金每月55美元。他们在这里搞艺术创作、争论、探讨、相互批评各自的作品。一天的工作下来，他们一边喝啤酒一边"侃大山"。任何题目都可以谈论。在最近一次的典型的议论中，两个身着皱巴巴的衣服和拖鞋的青年人，正在争论把人们熟悉的毛泽东的形象放入他们画里的意义：那究竟是艺术还是商业花招？

这个成立已达4年之久的艺术之家，体现出北京官方在捍卫政治和文化正确方面的宽容大度，这一点出乎人们预料。画家、作家、音乐家和其他艺术家享有从未有过的自由。或许是因为，过去为成功艺术家封官或给予财政支持的办法不再执行。在迅速扩展的文化市场上，有创造力的独立的人们能致力于响应市场的号召，许多人已得到利益的回报。圆明园画家王强，从中央美术学院毕业后被分配到北京一家钢铁公司做工业设计，他觉得那个工作"极其枯燥"便辞职了。一年后，他一张画卖了1200美元，相当于他在工厂工作3年的工资。

新的环境气氛带来文艺界百花齐放——特别是流行文化，它与社会主义的现实主义唱反调，重点在强调个人性主题。有争议的电影，带挑战性的剧目，让人皱眉头的书等直接可与公众见面而无须先经过审查。关于三角恋爱的电视连续剧，表达青少年极度伤心悲痛的自拍摇滚乐录像都可在国家电视台公开播放。大多数情况下，唯有来自市场的压力：作品有没有市场？

对许多文化团体来说，那意味着他们所不熟悉的破坏性压力。政府官办的文化团体，如中国交响乐团、中国芭蕾舞团，要学会处理观众减少、资金缺乏、因青年演员到国外工作造成的减员等问题。严肃作家，如获奖小说家张洁（《沉重的翅膀》），56岁，"文化大革命"中被下放到农村劳动锻炼时开始写作。她的读者都慢慢转向通俗作品。然而她不打算迎合新市场，她说："我仍然有高雅读者群。如果我的书在小市民那里卖得很畅销，就很难理解了。选定自己的文学种类是精神选择。"文艺批评家指出，中国正在变成一个"文化沙漠"，但是在非官方的文化市场，那里的沙漠上却是百花齐放。

如果说有一条贯穿近期的创作气氛的主线，那就是个人主义思想。关心个人利益，一部分原因是知识分子被迫处于隔离状态，一部分原因是反映了对政治的淡漠及对很少探索过的个人生活压力的关心。在这场新运动中的佼佼者有：

方立均，30 岁，1985 年考入负有盛名的北京中央美术学院攻读板画复制。方立均早期的油画都是单色的，描绘普通人在无彩的世界上度过乏味的生活——张着嘴，凝视远方，为看不见的照相机摆姿势。他 1989 年毕业后即在圆明园租下一个画室。到 1991 年，他的油画开始加上颜色。但他所描绘的人物也变得更孤独、变形更大——他们光头常常是鳞茎状的，他们的微笑通常暗含着威胁，人类被脱去衣服只身面对周围的环境。北京最著名的艺术评论家说："方立均对崇高的理想和英雄主题都不感兴趣。他以一种玩世不恭的眼光去观察他周围的普通家庭和朋友。"

张艺谋，43 岁，巩俐，27 岁。他们作为中国最有天才的导演和女演员赢得国际承认。他们出色地描绘出在令人窒息的社会里的人间爱情与悲怆。这种承认的影响已返回到国内。中国的电影观众终于可以看到《菊豆》(1990)、《大红灯笼高高挂》(1991)。即使在它们获奥斯卡奖提名和其他西方大奖之后，北京当局仍禁止这两部电影上映。张艺谋说他不知道为什么审查人突然改变主意，但很高兴注意到，这两部电影加上近日完成的电影《秋菊打官司》在国内创造了良好的票房收入。《秋菊打官司》在国外上映不久即在国内发行。张艺谋说："这几部影片的票房收入接近武打功夫片。这说明我们表达自己的心愿能赢得一大批观众。"

崔健，31 岁，中国摇滚乐的布鲁斯·斯普林斯汀(超级歌手)。他开个人音乐会必须申请批准。但官方对他的挑战性内容的怀疑已在减低。去年 3 月，他在华北城市石家庄举办音乐会，礼堂里挤满 9000 名高声尖叫的歌迷和舞迷观众，有不足 100 名警察维持秩序。

为取得音乐会的承办批准，他把音乐会同慈善活动结合起来。例如，为洪水救灾捐款，为教育捐款，或欢庆亚洲运动会的召开。他的演唱使用粗犷浑厚的声音，以博得男青年歌迷的热烈欢迎。崔健演唱的歌曲的歌名反映出离群的青年的沮丧(《一无所有》)，其他普通人的强烈愿望(《不是我不明白》)。"摇滚乐不是质朴的诗歌，你说出实际的问题。"例如，经济活动中自由市场竞争的影响："一些青年人忙于学习充实自己，另一些人想赶上来却做不到。他们处于一种危机中，他们感到困惑。我同情他们。"

王朔，35 岁，中国文学界的新秀：通俗小说大王。在一个严肃作家指出无人读他们的作品的时代，王朔卖出 10 倍数量的书，每年约 50 万册，挣的钱相当于成名作家的 100 倍。他的 40 部作品中的主要人物：骗子、妓女、走私商人、地痞流氓、失业者——努力奋斗争取幸福生活的人。他以《顽主》、《过把瘾就死》等畅销小说主要吸引了青年读者的想象力，《顽主》是一部关于享乐主义的青年文化的幻想，《过把瘾就死》讲的是一对青年夫妇的婚姻解体。批评者把王朔称为"流氓"，王朔所写的是地痞斗地痞，他还用了北京土话和下流的街头俚语。

英达，33岁。当他1988年来到纽约市Lorimar电影制片公司做实习生时，已是很有前途的演员兼导演。他被派去Kaufman Astoriar制片厂，观察导演艾伦·帕库勒拍摄电影《明早再见》，那是一部名不见经传的影片。同时那里正在拍摄影片The Cosby Show，英达与剧组成员交上朋友，并经常跑过去观看拍摄的情形。5年之后，他主演了电视肥皂剧《爱你没商量》，一部描写青年一代的人际关系的发展变化的剧目。这部电视剧公开放映后，成为全国轰动的收视率很高的电视剧之一。他目前正与王朔合作，拍摄中国第一部情景喜剧《我爱我家》。《我爱我家》描写一个北京家庭对应社会变革所发生的一系列事情，旨在为人们提供喜剧性慰藉以及一种道德修养启示。

英达从小就有表演的天赋。他的父亲英若诚是中国著名的演员之一，曾于1986–1989年任中国文化部副部长。英达自幼享受到优越的家庭教育：他在北京大学获得心理学学士学位后，在美国密苏里州立大学戏剧导演专业学习。1989年回国后从事电影表演工作。他说："电视代表未来。"他对政治不感兴趣，"我们应当把政治交给政治家去做，我只是个艺术家。"

秘密武器：华侨的作用

《纽约时报》最近关注到了中国的另一个群体。

约翰尼·劳小时候离开中国——对他来说是明智的选择，现在看来对他的祖国来说也是明智的选择。劳出生于广州，来到澳门与叔叔住在一起。他日后从事电器商品经营，从澳门先后来到新加坡、马来西亚和香港等地。他获得了日本的机械工程学学位和新加坡护照，1975年在香港开了一家个人贸易公司。他专营音响类电器配件，用纸袋装上样品到处推销。如果他当初没有认识到中国给他带来的巨大商机，那他现在还是一个小商人。1981年，在别人还没明白中国的巨大潜在市场时，他在珠江三角洲地区的中山市建起一座小工厂，生产廉价的音响设备。44岁的劳回忆说："那没什么。当时没有电，人们也不懂得经商。"

今天，中山市已经大获成功，劳的通美公司（Tomei）同样兴旺发达。公司年销售量达5亿美元，为索尼、菲利普、RCA等公司提供高质量音响器件。劳在华南设有12家工厂，共有职工2.6万人，在香港的总部有雇员350人。他说："办加工企业，中国是个天堂。"

劳和其余5500万海外华人被证明是中国经济腾飞的秘密武器——他们用几个世纪的时间在东南亚地区发展起来，在美国和加拿大建起繁荣的立脚点。海外华人不仅推动中国出口贸易大幅度增长，而且投资修建工厂、港口、发电厂甚至公路等以扩展大陆的基本建设和起步中的消费市场。到1992年底，国外直接投资达500亿美元，其中的80%来自于香港、台湾和东南亚的其他经济发达地区，所有这些地区都由华裔商人占主导地位。

　　直到前不久，他们只是满足于在侨居国家努力发展。现在，受中国匆忙的经济发展的推动，又看到在本国的发展机会越来越少，他们便联合起来形成在整个亚洲举足轻重的资本和企业网络。19世纪末20世纪初大批中国人移居海外，这次是他们第一次与祖国大陆联合起来，建成一个没有国界的国家。它因血缘关系、事业心和努力奋斗而联系在一起，将来有一天会成为西太平洋沿岸的强大无比的经济力量，能与日本抗衡。

　　这个巨大变革的设计师中有63岁的莫塔·里亚迪，其父母在20世初从福建省来到印度尼西亚。里亚迪年轻时在雅加达一家自行车厂做工，后进入银行业发展。他努力奋斗建起力宝集团（总资产40亿美元），经营金融、保险和房地产业，名列印度尼西亚全国最大5强企业之一。他在香港开了第二家公司，力宝投入资产10亿美元。他计划在中国建造发电厂、港口和工业园区。地点设在他的祖籍福建省湄州湾莆田市。

　　海外华人的商业成功依靠与家庭、种族和祖国的密切关系来维系。这种密切的联系在大陆称之为"关系"，它对经商来说是必不可少的。"从单纯经济发展考虑，上海应该是比莆田更合适的投资地点。但在中国更重要的是你必须认识人——福建是我们的老家。"里亚迪的儿子史蒂芬这样说。他今年32岁，在美国大学毕业，现任力宝集团香港公司总裁。

　　一位香港银行老板说："关系太重要了。你在大陆见到的企业几乎都因家庭亲情关系决定建厂设址。"例如，劳在中山市建厂，因为中山是其妻的出生地——此种联系可以获得当地政府的信任。安德鲁·崔，63岁，台湾商贸企业Easyteam国际公司的总裁。他直到6年前才第一次回到山东老家。他回忆说，他同一群"台湾山东老乡"回到山东，"受到的接待太热情了，让人感到盛情难却。每到一地，都实施交通管制，车队前有摩托车开道，当地的最高领导接见。"结果是山东台湾工业文化协会在省里成立一个办公室，已谈成数个投资项目。

　　祖国大陆的吸引力使得海外华人重新建立原本已淡漠的家族联系。例如，在新加坡，甘姓的，郭姓的，客家人等，所有同大陆有密切联系的华人群体都越来越频繁地召开同乡会，商讨投资问题。一个客家族人团体就已经签约在广州市投资4400万美元修建商业居民区工程。

　　通过关系，海外华人控制着发展的精髓：资金。去年，在《幸福》杂志选出的341位世界级亿万富豪中，他们占17人，而有1.1亿人口的日本只有18人。"虽然日本、欧洲或北美拥有更多的资产，但这些华人领导的企业大体上不负债，发展速度高，资金充足。"雷蒙特·钱说。他是香港最大的食品与包装企业南顺公司的总裁。

　　这一网络连着香港和台湾，香港、台湾加大陆即构成所谓的"大中华"。香港制造商和其他企业家在中国共投资100亿美元以上，仅在广东省就建起25000个工厂，雇用300万人从事服装、玩具、电子器件及其他出口产品的生产加工。这个数字接近香港产业工人总数的4倍。香港和大陆经济联系紧密，致使30%的港币在大陆流通使用。戈登·

吴，普林斯顿大学毕业的工程师，霍普韦尔股份公司的总经理，他用自己的方法加强这一纽带：他投资12亿美元修建广州至深圳特区122公里的高速公路，预计明年建成通车。

过去曾躲避中国的大亨们现在都纷纷涌向中国。香港房地产和电信巨富李嘉诚，以世界华人首富著称，已签约在上海修建集装箱码头，在上海和北京建商业中心，在华南建工业园区和修筑公路。他还有意收购北京的一家钢铁企业。吴光正，已故船王包玉刚的女婿，正计划在长江沿岸城市武汉投资20亿美元建设工业园区、铁路和港口设施。吴还有意在位于长江入海口附近的宁波市修建一座集装箱码头，宁波是其岳父的家乡。

台湾政府也许仍在北京官方的敌人名单上，但这一点并不能妨碍台湾企业家在大陆投资约6000个建设项目，资金总额40亿美元。这样做其中一半的动机是为了生存。20世纪80年代后期，工资成本上涨和货币升值致使台湾在国际市场上竞争力减弱，许多企业家因此关闭了不能赢利的轻工产品生产线，把它们搬到福建省重新建起来开工生产，福建是他们当中许多人的祖籍——那里有廉价的劳动力。高清愿（Kao Chin-yen）创办的统一企业集团，去年在大陆开办了4家农产品加工厂，生产动物食品、番茄酱、面食和面粉等。统一方便面在大陆深受欢迎，公司设在北京的一家工厂产量还不能满足当地的需求。

新加坡打中国牌的速度稍微慢了一步，但去年已在大陆投资3.2亿美元。李光耀总理与北京的友好关系，可能协助新加坡4家国营公司在今年竞标中获准福建省的一个工业园区的项目。

泰国的华人还没有对大陆进行投资活动。华裔占泰国总人口的12%，却拥有50%的私营资产。华人在泰国与当地民族同化的程度高于其他国家。一些人不喜欢被当作华人，但他们"文化上种族上仍保持很重的中华民族习俗。"曼谷《时报》一位华裔泰国人编辑说。

泰国最大的投资者是曼谷的正大公司，由中国移民在20世纪20年代创立。现在的董事长是创立者的后代，54岁的谢国民。这家农产品公司在大陆投资经营30家饲料厂、一家摩托车厂以及其他30家企业。另一投资商是曼谷银行，它是中国黄金商人1944年创立的。它曾资助许多在泰国的华人办企业，那时许多其他泰国银行都不肯给他们贷款。曼谷银行在汕头已设立分行，汕头是泰国许多大富豪的祖籍。

在马来西亚，全国人口的30%是华裔，他们同样受益于8.5%的年经济增长率。文化上社会上马来西亚华人与占人口大多数的马来人基本上相互间不来往。当地华人从不夸耀自己在大陆的投资。但罗伯特·库奥克的房地产和农产品集团在中国开办了6家香格里拉饭店，并计划在上海和北京投资房地产项目。文森特·谭的成功集团（房地产、食品加工）获得在广州经营管理政府的彩票事业。

印度尼西亚的华人则更加谨慎。向大陆投资是个很微妙的话题，甚至势力强大的萨利姆集团都不愿公开在其总裁故乡福建省投资工业园区项目的消息。萨利姆集团产值占国内生产总值的5%，总裁Liem Sioe Liong是苏哈托总统的亲密朋友。

中国是海外华人网络投资热潮的中心目标，但他们与其他国家的联系也加强了。正大集团是台湾的主要投资商，它同时在马来西亚和印度尼西亚也有数百万美元以上投资。新加坡计划与马来西亚和印度尼西亚共同建设"三国联合发展区域"。

沿太平洋西海岸的无国界国家的发展，大致上是出于香港富人对回归祖国统一的担心。约7000香港和台湾商人去年一年就在英属哥伦比亚投资30亿美元。李嘉诚拥有设在加拿大的Husky石油公司。在加拿大，那是一家主要的石油加工企业，在温哥华市区的总部占地面积70公顷。他儿子李泽钜，29岁，负责加拿大的这家企业。

研究外族人经济集团的作者乔尔·科特金说，在加利福尼亚州硅谷，华人资产的高科技公司已投资10亿多美元。"7万名工程师中有1/3有华人血统，他们参与建起了加州100多家主要的高科技公司。"硅谷这个立足点成为台湾计算机和半导体工业发展的重要资金和人才来源。位于台北市西南的发展中心，新竹科技园内30%的企业都是由所谓的海外华人创立的。

多国华人网络的成功，意味着"日本在太平洋西海岸将只能分享领导权"。香港的雷蒙特·钱说："这一地区早已从这个转变中获利。"香港时事通讯《亚洲智慧》的出版商、咨询家罗伯特·布罗德富特说："日本人正在撤出，日本海外投资除中国和印度尼西亚外正在减少。然而，这里的房地产和股票交易市场由于华人的存在而迅速发展。"

当然，这其中也有风险。海外华人与祖国大陆的关系越紧密，他们被指责对所居国不忠诚的可能性就越大。在香港，一些富商大亨在争取更多民主的斗争中转向支持北京。台北的官员因台湾工商界对大陆的依赖性日益加重而发愁。"如果中国在亚洲到处施加影响，那会妨碍海外华人对所居国政府的效忠义务。"《帝国的儿子们》一书的作者林恩·潘说。"你必须在所居国家热心效忠。"印尼的史蒂芬·里亚迪告诫说。然而，目前大陆经济发展的吸引力比政治上的忧虑更强大——在这个意义上，不仅是中国，整个东亚都能从海外华人的奋斗中获利。

日本商人重返中国

日本商人的忍耐能力出众，但中国人用与众不同的方法来考验他们。20世纪70年代，中国官员常常请来访的日本客商先读几段毛主席语录然后才开始谈判。今天，日本商人总算有了出头之日。与日本公司谈判的中国青年一代人脱下中山装换上西装，并且完全掌握了谈判的手段。更重要的是，他们着眼于将来，而不是过去。三菱公司驻北京的分公司经理平井安晖说："现在谈判容易多了，谈判更正规更有章法。"

日本的大公司到中国投资迟了一步，但已经大踏步追上来。尽管因日本近来经济萧条，日本公司大大压缩了在其他地区的投资额，而像松下、雅马哈、奥林巴斯等大公司今年的对华投资额接近于去年的3倍，达到22亿美元。如果中日两国能克服因过去战争造成的怨恨，两国日益发展的经济联盟将必定会给这一地区乃至全世界带来巨大的影响。

5年前，中国经济腾飞刚开始时，像克莱斯勒、德国大众、飞利浦等西方跨国公司纷纷到大陆投资，日本主要公司旁观。今天，日本独资企业开工或合资企业签约的消息几乎隔一天有一件。例如，3月东芝公司在中国投资8800万美元创办的第一家企业开工，工厂设在辽宁省大连市，它主要为东芝在海外的其他企业生产电机和电视机零配件。公司高级总管白北川道久说："工厂还打算建起生产基地，志在夺取这个巨大的中国市场。"

铃木机电公司已宣布在中国合资建设总装厂，并于1995年投产。这是日本第一家汽车生产公司在中国的投资项目。本田汽车公司去年签署了3项合资项目，预计到20世纪末时在中国达到年产100万辆摩托车。佳能公司在中国已建起两家独资出口型工厂：一家设在大连，生产能再生使用的复印机墨粉筒；另一家设在广东省珠海，生产照相机和镜头。佳能的下一步目标是建立合资企业生产和销售复印机。佳能的副总裁山治惠造说："我们把中国视为重要的邻居，想让中国成为日本更好的朋友。"

本性谨慎的日本企业在向中国进军上左顾右看，特别是在70年代末出师不利，中国退出了第一批日本投资项目后，他们更加谨小慎微。然而，到了1989年，日中签订保护私有企业投资的协定后，日本对大陆投资的热情重新高涨。去年中共第14次全国代表大会做出经济改革的坚定承诺，10月日本明仁天皇有历史性意义的中国之行，都令日本企业界大受鼓舞。更重要的是，中国似乎在努力把中日经济关系引向正轨，尽量避免因为日本历史教科书一事，日本政府高层领导人参拜靖国神社等危害中日关系的事件而争吵。

作为回报，中国可能就是患病的日本公司所需要的良药。劳动力在日本既缺乏又昂贵，而在大陆劳动力则既充足又廉价，工资水平只相当于日本的10%。在中国建立起强大的生产基地能恢复日本企业的赢利能力，为日本各类工业增加与韩国和台湾等地竞争的能力。最后，日本的国内市场，与美国和欧洲的市场一样，已相对饱和，而中国的巨大市场刚刚开发。

中国的劳动力加上日本的资金和技术，这种结合所能带来的成就不可估量。但这种关系必定会把两个国家在经济上和政治上联系得更紧密。

"亚洲最不希望看到的事情就是遏制中国。第一，这样做不会成功；第二，你这样做对中国的发展及其态度的变化起不了任何影响作用。它将变得仇视和恐惧西方，这对我们（东南亚）没有任何好处，因为我们与西方是联系在一起的。但我们对中国将成为什么样的国家这一点很关注。"

……

亚洲乐观主义的中心已转移到中国，中国的千百万人正抓住机会促使经济每年以10%的速度向前发展。中国政府使经济冷却下来的措施已使通货膨胀率从1995年初的21%降到年底的8.3%。中国的一位官员说："这证明对财政和金融政策实行的限制是有效的。"

……

15>

康奈尔大学校友聚会

自从去年康奈尔大学要求一位出类拔萃的毕业生在一次秋季校友聚会上发表演说的那一刻起，美国和中国的决策者们就知道他们碰到了一件非常棘手的问题。被邀请的人乃是台湾领导人李登辉。李登辉能够访问一度曾是他的盟友，可是迄今已断绝关系16年之久的国家吗？只要华盛顿坚持它禁止台湾高级官员进入美国的政策，那么这个问题看来不过完全是纸上谈兵而已。可是后来克林顿终于退缩了：在国会的压力下，总统发给了李登辉签证。

北京的抗议异乎寻常地激烈，并且采取了一些行动。在两国首都，人们都在猜测可能采取的报复措施，其中包括从中国取消购买波音客机到不大可能采取的关闭美国驻成都领事馆等。

对于大陆来说，光是台湾作为一个离大陆沿海很近的对手的存在，就是对他们的合法性的公开挑战。中国领导人想知道，克林顿是不是发出了信号，既要完全改变中美之间历时23年的和解，又要开创一个可供包括日本在内的其他国家效法的先例。

驻北京的一位西方外交官说："我认为，令他们感到担忧的与其说是这个具体的事态发展，不如说是这样一个事态发展可能导致的后果。"

白宫的辩护完全是防守性的。克林顿辩解的理由是：是国会迫使我这么干的。的确，对于来自国会的压力不可能再置之不理了。虽说来自去年11月在国会选举中大获全胜的共和党保守派的压力是最强大的，可是支持李登辉的情绪是一致的：在众议院和参议院，几乎都是以近乎一致同意的票数通过了发给签证而不附带任何条件的决议。虽然克林顿的顾问们起初拒绝在这个问题上做出让步，可是他们开始对共和党提出的一项将要强行予以通过的、实际上要使对华政策不归总统管辖的议案感到担心了。他们认为，采取先发制人的退让行动，乃是大勇。

根据给予李登辉的特权的条件，他6月9日访问纽约州北部伊萨卡城的康奈尔大学校园，仍将是以私人旅行者身份回母校进行的一次探访。去年，他对一些东南亚国家进行了"高尔夫球访问"，这为他的风格赢得了"度假外交"的标签。

可是，这种战术仅仅在一定程度上获得了成功。虽说许多国家会很愿意同台湾改善关系，可是它们更担心得罪中国，因为中国有着战略性的影响，有12亿人口，而且经济正在迅速发展。就在去年，日本也面临了类似的困境。当台湾表明李登辉希望以私人身份出席广岛的亚运会时，北京发出了如此激烈的一连串抗议和反对，以致李登辉退缩了——尽管日本确实接待了台湾行政院的一位副院长。

对李登辉来说，在一定程度上更糟糕的是他去年早些时候受到的冷落：当他的私人座机在夏威夷停留加油时，美国国务院官员事先警告他说，他将不得不在飞机上过夜，他不能踏上美国的土地。对于这次侮辱性的做法感到抱歉的情绪，也许在去年9月美国的一项政策改变中起了某种作用。这些变化包括，政府允许台湾高级官员在美国过境停留一天。

如今，李登辉将访问6天。美国政府的一位官员在1995年5月底抱怨说，国会乱插手也许就像在瓷器店里横冲直撞那样，已经造成了比较严重的损失。他很想知道，"当台湾行政院长下一个要求来访问，以及国会议员开始邀请台湾官员们在华盛顿而不是在伊萨卡同他们会晤时，我们该怎么办？"

台湾人为自己的成就而感到自豪，因此不理解为什么全世界竟对台湾继续给予冷遇。李登辉认为自己的"私人"外交能帮助他们赢得一定程度的尊严。台湾的一位政治学家、国民党立法委员、前内阁部长魏镛说："如果你轻轻敲门敲许多次，没有人答应，你就不得不大喊大叫，使劲敲门，以引起人们的注意。"李登辉的敲门已经引起一片喧哗。

为什么要遏制中国

助理国务卿温斯顿·洛德强烈否认美国像过去遏制苏联那样正在努力遏制中国。他坚持说，我们的政策是进行接触的政策，而不是遏制政策。为什么有这样一些外交辞令？

遏制的意思是不是指同扮演旧苏联角色的中国进行第二次冷战？并不完全如此。这场斗争并没有意识形态成分。苏联在即将瓦解之前一直具有吸引力，世界各地都有同情者。今天的中国同毛泽东时代不一样，已没有这样的吸引力。如今的中国更像是19世纪晚期的德国，当时的德国对于它所处的欧洲大陆来说是太大和太强了。

中国的邻国现在也开始感受到这种压力。现在中国正在把其势力扩大到南中国海，宣称靠近它的4个紧邻但处于中国迅速发展的军队可以到达的地区之内的一些小岛是属于它的。这些小岛距离中国大陆数百英里。俄罗斯和西方的国防开支确实已经减少，但中国的国防开支正在大幅度上升，在过去的10年内增加了1倍。这些经费正用来发展洲际导弹，实现陆军现代化和建立一支远洋海军。

中国并不仅仅在国内发展自己的新力量。它现在把导弹和核技术输出到巴基斯坦和伊朗等地。中国同巴基斯坦的联系是对中国的宿敌印度进行侧翼包围的行动，而伊朗是个给旧的帝国主子西方制造麻烦的国家。

遏制中国必须从它尚处于早期时开始。这就是说要同中国的邻国建立关系，先从同越南建立关系开始。尽管美国决定同越南实现关系正常化是出于感情冲动，但是冷静地看一看，这样做的意义是地缘政治性的，即越南是中国的宿敌（它们两国曾在1979年进行过一场短时间战争）。因此，美国必须使越南成为美国的朋友。

只要看一看地图，你就可以了解到遏制战略的其他组成部分：（1）同印度建立新的安全关系，印度现已摆脱它同苏联结成的古怪的冷战联盟；（2）延长美日联盟，该联盟

263

现在受到美国政府的威胁，因为美国政府现在决意要在日本京都出售汽化器，这样一来它就危及我们在太平洋的安全的基础；（3）巴结俄罗斯人，尽管俄罗斯人在别处是多么蠢，他们与我们在中国有共同的利益。

遏制并不是进行冷战干涉。遏制是几个世纪以前就有的一项强权政治原则。在拿破仑战争之后，维也纳会议建立了一个联盟体系，旨在遏制太咄咄逼人的法国。当代，大西洋联盟曾经遏制侵略成性的苏联。在这两个时期之间，西方未能遏制住崛起的德国，其结果是发生两次世界大战。我们不能让这种事情在这个21世纪新兴的大国身上出现。

经济制裁起不了作用。美国过去曾对经济比较疲软的苏联实行过经济制裁，但没有起多大的作用。在中国经济现在强劲发展的情况下，若对中国实行经济制裁，那就更加没有用处。

台湾计算机工业飞速发展

《华盛顿邮报》的记者看到了台湾的希望。

台湾计算机工业飞速发展，使台湾的计算机厂商烦恼的，莫过于客户跟不上他们的速度。神通电脑股份有限公司总裁弗朗西斯·蔡说："这种事发生了若干次。""一家日本公司对我们的一种产品感兴趣，所以我们向他们提出了报价。接着，他们进行了两三个月的测试。但是到他们回来订货时，我们不得不说：'抱歉，这个产品已过时了。'"

虽然把日本公司甩在后面的事并非经常发生，但是台湾的计算机工业是世界上最敏捷的，1994年的营业额达116亿美元，仅次于美国、日本和德国，居第4位。今年，台湾将生产2700万台笔记本型计算机——比任何其他国家都多，此外还要生产460万台台式计算机，其中许多机器将在诸如IBM、康柏、日气和苹果之类熟悉的商标名字下，从基隆和高雄直接发运到西方和日本的零售商店。此外，台湾控制80%的世界母板商业、全部扫描器的61%，80%的鼠标和52%的键盘。

现在，台湾似将要把它的最佳客户——也就是帮助它出名的那些计算机巨头——用到后面去。土生土长的宏碁公司已开始在世界市场上与它们直接展开竞争，它刚刚展示了一个新系列的精美设计的台式计算机。其他台湾公司已在设计和制造方面演变成与它们平等的伙伴。康柏公司已要求两家台湾公司——神通电脑股份有限公司和英业达公司帮助它设计几种新笔记本型计算机。惠普公司和戴尔公司也把它们的商标名放到了台湾设计的机器上。而苹果公司开始要求英业达公司生产它的NEWTON Message Pad 110。甚至连IBM公司也招了一家台湾公司ASE技术公司制造它的一种Think Pad笔记本型计算机，这对蓝色巨人来说是第一次。IBM公司的一名负责人说，这是因为台湾"极其富有竞争力的价格，这是我们将来要利用的"。

台湾本身的市场极小，它97%的产品是出口的，所以它的厂商一直面临来自韩国、香港和新加坡的计算机工业的竞争。然而，它们没有一个取得的成功能与台湾相媲美。

　　台湾的电子工业是由上一代跨国公司创建的。20世纪60年代，美国公司，如齐尼思公司、美国无线电公司和艾德米拉尔公司，为利用它的廉价劳动力开始在台湾生产电视机。那些公司培养了一代装配线工程师，但是，更重要的是培植了一个生产各种电子配件的家庭小公司附属工业。那个基础设施今天仍然存在。台湾的电子工业是小承包商的混合体，能向它订任何货，而它能以飞快的速度交货，而且工厂不断地开业、停产或重新设计产品。

　　日本专门从事大规模生产线，需要几年时间才能建成而且需要大批量生产才能获利。新加坡依赖多国电子公司开设整个工厂。而另一方面，台湾吃不饱的小公司则从插头和开关升级到了生产电路板和电容器，尔后不断寻找新产品。在70年代末，它们从日本抢占了大部分手持计算器生意，接着接过了游乐中心的电子游戏。当台湾公司进入个人计算机领域后，便发生了大的突破。80年代初，它们首先非法仿制了 APPLE II，几年后又合法仿制了 IBM 计算机，接着就不断地进行下去。

　　与此同时，台湾享受到了人才回流的好处，吸引回来了本来蜂拥到西方接受教育和寻找工作的工程师。他们带回来了在美国工业界的联系网、雄心壮志和政府以减免税收和增加大学工程系预算形式的巧妙鼓励。

　　80年代，计算机行业进行价格战，给台湾的小工厂带来了大量转承包业。这时，外国公司要招聘既了解新的外设和元器件又能以新的方式把它们组合在一起的廉价工程师。台湾工程师一般年薪3万美元，只有他们美国同行的一半。此外，人才来源充足。台湾的大学生约有60%是理工科学生，而韩国学理工科的是44%，日本为36%。

　　笔记本型计算机对工程设计的要求比台式计算机的要高，台湾最大的母板生产厂商之一——第一国际计算机公司董事长钱明（音）说："台湾的竞争力主要来自我们二三十年来积累的大量有经验的工程师。""其他国家要培养那种能力将需要很长时间——就中国来说也许要10年到20年。"

　　因设计伙伴关系新浪潮将使台湾公司在未来发展中处于有利地位，台湾将会保持实力强大的地位。新罕布什尔州朴次茅斯工作集团战略服务公司的工业分析家约翰·邓克尔说："这些合资企业中，台湾人甚至在英特尔公司把产品投放市场前就学到了英特尔推出的一切，他们学会怎样进行革新和设计。"

　　台湾现在正在向美国和日本大公司占主导地位的领域扩展。15家台湾公司已宣布了要生产尖端的动态随机存取存储器的计划。anya 塑料公司正开始制造台湾的第一批笔记本型计算机用的液晶显示器。像外国大公司一样，许多台湾公司正在把它们的生产地迁到中国和其他亚洲国家去，以降低成本。去年，台湾在海外开设的工厂制造了价值30亿美元的产品。

　　宏碁公司1994年的销售额为32亿美元。自从1981年以来，它一直在营销它自己的品牌个人计算机。到今年第二季度为止，国际数据公司评定宏碁公司是竞争极为激烈的美国市场上第10个最受青睐的品牌，是国际上第7个最被人向往的品牌。宏碁公司的创始人兼总裁施振荣最初是在世界上相对来说被人忽视的地区，如智利和欧洲推出他的品牌。对付竞争激烈的美国市场，他设计了一种喻为"餐厅"的生产方法：预先早早地把变化不大的重部件从台湾发运出去，但是常受技术进步支配的元件，如母板或磁盘驱动器，则在最后一刻空运过去，在当地市场快速组装。他说："我们能以最有竞争力的价格为客户提供最新的技术。"现在，又有一系列用空气动力学方法设计的个人计算机，被工业界称赞为是个突破。宏碁公司施总裁已证明，台湾不仅在速度和成本方面进行竞争，而且在革新方面也能进行竞争。他最好行动得快些，因为有许多其他台湾公司紧跟在他的后面。

中国人的汽车梦想

对普通中国人来说，汽车是奢侈品，但是梦想却还是廉价的。在中国城市举办的汽车博览会挤满了那些想买车和憧憬着买车的人。

1978年时中国仅有64部私人用车；直到去年，每辆车还须经国家批准后才能卖出。今天，只要你手里有钱，就能从展卖厅直接开出去。在过去17年中，已经有大约6．9万人这样做了，还有更多的人正走在前往汽车商停车场的路上。

天津郊区靠卖地致富的农民在抢购梅赛德斯—奔驰和凯迪拉克。在江苏省东部的华西村，250名村民最近一起下了一份订单，每人订购一辆中国组装的大众汽车公司的捷达轿车。人数不详的中国城镇居民自愿参加"再教育"：驾校。北京古董商李雪梅（音）女士在花了600美元学费从驾校毕业后正在考虑是否花一笔从某种程度上来说真正的大数目（2.4万美元以上）买一辆中国产的桑塔纳型轿车或者中国产的美国切诺基型吉普车。

像李女士这样的一些消费者在国际汽车总裁们之中煽起了寻求尚未开发的巨大市场的极度兴奋的热情。但是这些人想在中国取得巨大成功的梦想还没有缩小与现实之间的距离，而且梦想的代价也不菲。中国政府表现出的作风是发表有关汽车工业规划的雄心勃勃的声明、炫耀极具诱惑力的项目和举办有世界各地汽车商参加的大型汽车博览会；北京去年举办了5个大型汽车博览会。汽车制造商们花了几百万美元来取悦中国有关官员：布置赏心悦目的展台、设计新汽车和提出优惠的金融计划。例如：

1994年年中，中国宣布了与一家外国汽车制造商合作生产全国性"家庭小汽车"的计划。20家外国汽车公司赶到北京在"家庭小汽车"研讨会上展示产品。梅赛德斯－奔驰公司项目经理布赖恩•迈尔斯说："一些人感到这有点儿像是在抽彩撞大运。"这不是抽彩，至少是不会有人赢的抽彩。中国现在说"家庭小汽车"计划是着眼于未来的。

与北京吉普车公司历时11年的合作成为最成功的合资企业之一的克莱斯勒公司，在1993年又与广东省南方汽车公司协商生产面包车的问题。谈判进行了一年多时间，包括双方在底特律的一次为期57天的马拉松式商谈。去年7月，克莱斯勒公司突然被告知，梅赛德斯－奔驰公司得到了这项10亿美元的项目。

中国一流汽车制造厂之一的上海汽车工业公司去年宣布，它有意与一家外国汽车制造公司签订一项15亿美元的合同，生产中型轿车。通用汽车公司和福特公司就此展开竞争。当初允诺说今年2月份公布结果，这两家汽车公司却被告知说可能要等上一年才能有答案。然而，中国市场值得耐心一点儿，否则就可能全盘皆输。12亿人口迅速增长的经济——这要归功于邓小平的经济改革，正是因为这场改革，那些曾预测将有10亿中国人能喝得起瓶装可乐的经济学家，现在则想知道会有多少中国人需要在汽车里安装饮料固定装置。据中国经济信息中心公布的数字，大约有5000万人（差不多是人口的5%）年收入在3500美元至35294美元之间。这是目前一代的汽车消费者；用不了5年，中国汽车年产量就可能翻一番多，以满足这种需求。到2000年时，中国每年可能会生产出300万辆汽车，其中一半是客车。

仅仅是因为要减少昂贵的汽车进口，北京自然而然地将汽车工业视为推动经济发展的12缸发动机，并且想一直向前驶去。中国目前的迟疑不决可能反映了在制定相应决策方面的困难重重。首先，政府不得不规划汽车工业的发展和对其松散的和低效率的结构进行整顿。中国境内已有122家汽车制造厂，大多数是亏本经营。其次，工业观察家认为，中国行政管理部门为中国将来在世界贸易组织中的成员国地位预作计划，而且可能希望趁世界贸易组织以自由贸易为名开始压迫中国进一步开放汽车市场之前，使某些生产计划得以不折不扣地实施。

可是，似乎可以确定的是，中国政府会控制所有近期中国生产汽车的机会。因此，来自底特律、东京和欧洲的汽车制造商注意收集像机械工业部汽车司规划处处长等行政官员的讲话。在离长安街不远的一幢斯大林式建筑中，官员们坐在装饰华丽的接待室中谈论即将到来的"巨大发展"，并声称"中国的家庭小汽车有着广阔的市场潜力。但是这将是一个渐进的过程，至少在2000年以前如此"。他们说，中国政府已经批准建立4家大型汽车厂，两家与大众汽车公司合作，一家与标致汽车公司合作，一家与大发公司合作。这4家公司到1997年时将年产汽车15万辆。规模较小一些的二类汽车组装厂，包括设在广东的标致汽车厂和克莱斯勒－北京吉普车公司，每年将生产1万至5万辆汽车。

他们说，政府今后5年将在汽车工业方面投资120多亿美元，并说现行的对进口汽车征收120%的关税，将是汽车工业主要的保护措施。虽然这种税收明显有悖于世界贸易组织的原则，但是中国想确保其羽翼渐丰的汽车工业至少在最初几个发展阶段中取得成功。北京有意在1996年到2001年之间批准额外的、未透露具体数字的新汽车项目。头等重要的项目是"家庭小汽车"，政府预见的这种小汽车价格范围在6000美元至1.2万美元之间，配有1至1.3升的发动机，并断言："此项目决不会束之高阁。"

但是什么时候才开始销售呢？大多数汽车制造商似乎都相信他们要么必须现在就介入，要么就会永远失之交臂。福特汽车公司负责新市场开发的总经理迈克尔·梅斯纳评论说："由于相当低的收入水平，中国的绝对需求有多大还是个问题。但是实际上，中国的需求将是巨大的。"

福特汽车公司没有等待。它正在进入小型的零部件合资企业和向中国公司转让技术，而且它最近买下了中国一家卡车制造厂20%的股权。通用汽车公司与福特汽车公司争夺在上海生产中型轿车的豪华汽车合同。即使在可能损失了估计达3000万美元的投资后停止在辽宁生产双门小卡车，通用汽车公司的热情依然不减。菲亚特也没有忘记将中国列为其雄心勃勃的"世界汽车"的一处生产地，这是一种专为新兴市场设计的汽车。

话说回来，如果近期前景未卜，中国政府不表态，加之开销巨大，中国又有什么吸引力呢？通用汽车公司首席经济学家穆斯塔法·莫哈塔里姆说："你必须留在中国，即使你没有好的短期生意可做。"换句话说，就像克莱斯勒公司董事长罗伯特·伊顿所说的那样："就要到起飞阶段了。"这些汽车制造商也有他们自己的梦想。

1995年度最佳影片

1.《阳光灿烂的日子》。中国拍摄出一系列有关文化大革命时期的精彩故事片，但是《阳光灿烂的日子》是最生动的。由姜文第一次执导的、根据王朔小说改编的这部电影讲的是一群无所事事的快成年的孩子们的故事。一个名叫"猴子"的少年在北京破旧的街道上东游西荡，渐渐长大。姜文的电影像马丁·斯科席斯的传奇剧一样让人为之动容，并感到赏心悦目。

2.《尤利西斯历险记》。西奥·安耶洛普洛斯的杰作，讲的是一位希腊电影摄制者的故事。为了寻找珍贵的早期新闻纪录片的镜头，这位电影摄制者走过了巴尔干半岛的山山水水，同时不断地在20世纪的历史中闪回，最后在饱经战争创伤的萨拉热窝结束了这段几多发现几多遗憾的行程。

3.《克拉姆》。先锋派连环漫画册画家罗伯特·克拉姆不安地坐在那儿，让特里·兹维高夫为自己画一幅素描。兹维高夫漫画中那些性情乖戾的家伙和气焰嚣张的女人差不多就是以罗伯特及其两个聪颖过人的兄弟为原型的。《克拉姆》是一部令人震撼和着迷的影片，是一部无可挑剔的情景悲剧。

4.《劝说》和《情感与理智》。阿曼达·鲁特和埃玛·汤普森把这两部英国电影中的女主人公表现得淋漓尽致。她们动情的表演大获成功。观众们也从精湛的集体表演和挖掘出内心深处渴望的含蓄的导演手法（分别由罗杰·米切尔和台湾剧作家李安执导）中获益匪浅。

5.《阿波罗13》。努力工作——这是中产阶级信奉的精神。罗恩·霍华德导演以及多才多艺的明星演员汤姆·汉克斯通过这部影片表现出的精诚团结和戏剧性场面颂扬了集体主义精神：机智、耐心和幽默。1970年的这次运气不佳的月球之旅却成为好莱坞上乘表现的机会。

6.《到小马尔格里家赴宴》。一家餐馆要关门了，每个人都受到邀请共进最后一顿晚餐，其中有孩子，有受欢迎的老主顾，也有几个牢骚满腹的新来者。洛朗·贝内吉以自己创作的小说为蓝本而改编的这部法国喜剧性正剧让观众发出会心的笑声，并为之掬一捧热泪。这是自《巴贝蒂圣宴》之后以飨观众的最丰盛的电影。

7.《醉拳2》。在世界各地，成龙都是一位受崇拜的偶像，他意味着高票房收入，并且是积极向上冒险精神的象征。这位香港影星表演了视死如归的噱头；影片（他的影片一般都是打打杀杀题材的）讲的是一位武术大师历经磨难的故事，让观众大饱眼福。《醉拳2》是成龙最近出演的影片中最好的一部。成龙的魅力风靡各大洲，受到男女老幼的喜欢，超出了政治范畴。

8.《玩具故事》。作为两代孩子玩具的布制牛仔（多才多艺的汉克斯配音）和动作灵活的宇宙人（蒂姆·艾伦配音）在这个别出心裁的动画片中建立了友好关系。整个疯狂的宇宙（由拟人化的玩具以及毫无思想可言的，甚至施虐狂的孩子组成）都是在计算机上创造出来的。这还是开天辟地头一次。但是这并不是什么重大新闻。此片导演、电脑天才约翰·拉塞特是1995年最受欢迎的新喜剧大师，这才是重大新闻。

9.《悲惨世界》。克洛德·勒卢什的这部影片与其说是对雨果史诗般叙述的改编，不如说是对其叙述积极的响应：一颗热情奔放的心跨越时空倾听着另一颗心的呼唤。勒卢什将故事发生的主要背景放在"二战"期间沦陷的法国，而且对许多事件加以演绎。但是勒卢什在原始素材广度、深度以及在铁蹄下人们甘于沉沦而不相信人性真善美等方面的刻画还是真实可信的。让保罗·贝尔蒙多因为成功饰演了冉·阿让而登上事业新高峰。

10.《宝贝》。那么多特技电影令你不禁想说："这真是浪费身手不凡的技术人员的大量宝贵时间。"但是澳大利亚导演克里斯·努南花3年时间观察真的和电子模拟的狗、老鼠、羊和一头可爱的猪却是值得的。离奇的现实性使这部讲述一位农民及其宠物猪的寓言故事具有极大的可信性。《宝贝》并不是一部特技方面弄巧成拙的影片，影片中的宠物猪虽说是一部机器，但是却有童话般美好的心灵。

中国：亚洲经济的乐观中心

20世纪70年代和80年代的经济奇迹已让位给一些新现象：亚洲成为实行开放和融为一本的集体，它既是生产者和出口者，也是消费者和进口者。《纽约时报》的文章认为。

亚洲的经济奇迹并不缺少喝彩者和怀疑者，而且这些人也不可能减少，因为有一个重要原因，这就是亚洲的奇迹在不断变换形式。亚洲的经济活力已从原来在日本的中心和香港及新加坡的贸易中心扩大到整个亚洲地区，包括落后的越南和菲律宾。靠廉价劳动力发展起来的地区，包括台湾和韩国，变得更富了。亚洲地区原来的商业火车头日本在80年代末就失去了发展动力，然而整个东亚的增长率今年将达到5.1%。

　　这是澳大利亚的亚太经济组织，以及于1996年5月《时代》请来的一批经济学家做出的预测。当这些专家把陷入经济停滞第5年的日本排除在外时，他们的预测甚至更乐观：东亚其他国家今年的经济增长率将达到近9%，并预测这些国家的经济增长在1997年只会稍许放慢。

　　这批专家的解释是，70年代和80年代以对西方的劳动密集型出口和日本的投资为基础的经济奇迹已让位给一种新现象，更确切地说是几种新现象。亚洲已不再是一大群独自竞争的出口强国，而是实行开放和融为一体的国家集体，它们的发展速度是人们在5年前无法预测的。这种发展进程在很大程度上是由18个国家和地区构成的亚太经合组织的突然崛起造成的。此外，正当日本的经济开始发生故障时，中国的经济却发展过快了。而且，亚洲现在既是生产者和出口者，也是消费者。美国出口产品的近30%都被亚洲买走，大部分产品运往除日本以外的国家。澳大利亚前驻华大使罗斯·加诺特说："东亚对美国的出口来说现在更为重要了。同时，美国对东亚的出口来说却不如以前重要了。"据香港萨洛蒙兄弟公司的经济学家安德鲁·弗雷里斯说，亚洲有30%的贸易是在亚洲范围内进行的。他还说："亚洲地区本身已成为本地区最大的贸易伙伴。"

　　台湾岛的经济预计今年将增长5%，香港的繁荣反而冷却下来，但这是它从制造业转向增长较慢的服务业的长期转变的结果，而不是对中国在1997年的接管产生疑虑的结果。亚洲地区的繁荣受到的最大威胁是印尼的社会及政治局势紧张和北朝鲜政权可能垮台。

　　如果这些趋势使亚洲的企业家们担忧，这在他们的利润预测中尚未显示出来。对亚洲地区的许多经济学家和政治分析家们来说，最重要的是亚太经合组织。香港贸易发展局主席冯国经说："亚太经合组织的整个态度一直是纯经济的，这是非常重要的。"亚太经合组织的宪章是鼓励其成员在2020年前取消贸易和投资壁垒，随着亚太经合组织的发展势头增强，那种态度所引起的怀疑已消除。印尼和中国都在去年宣布大幅度削减关税。而在1995年12月，东盟7个成员国宣布同意在2003年前把关税降到平均3%的水平。

　　这可能像滚雪球那样越滚越大。在亚太经合组织今年11月将在菲律宾举行的年会上，东盟可能宣布它的3%的关税适用于所有国家的进口，而不限于东盟的邻国。据马尼拉的亚太大学校长和菲律宾政府亚太经合组织问题顾问埃斯塔尼斯劳说，上述想法是为了压迫亚太经合组织和全球的其他国家就范。他说："亚洲的背景是将来会迅速发展和人们更为乐观。"

　　亚洲乐观主义的中心已转移到中国，中国的千百万人正抓住机会促使经济每年以10%的速度向前发展。中国政府使经济冷却下来的措施已使通货膨胀率从1995年初的21%降到年底的8.3%。中国的一位官员说："这证明对财政和金融政策实行的限制是有效的。"但是他也警告说，通货膨胀仍然是一个威胁。造成通货膨胀的一个原因是外国在中国的投资：仅在1995年就达到360亿美元。香港银行家信托公司总经理威廉·奥弗霍尔特说："中国比处在相同发展阶段的日本和韩国都更为开放。中国是世界上购买民用飞机最多的国家，也是新电视机生产线的最大买主，如果你不到中国投资，你就不是全球性公司。"

罗斯·加诺特还说："在今天的亚洲，中国的生意——还有日本和澳大利亚的生意——是每个人的生意。"

为中国人提供就业

加利福尼亚州民主党女议员南希·佩洛西等人担心，美国公司在寻求销售机会时，正把"我们的技术、我们的生产和我们的天赋、我国经济的计划"交给中国。克林顿总统和国会在共和党总统候选人鲍勃·尔的支持下延长中国的最惠国贸易地位。然而，克林顿在1992年竞选时许诺："如果其他国家拒绝按我们的贸易规则办事，我们将以其人之道还治其人之身"。这意味着他将对贸易保护主义进行报复。当《时代》周刊的记者要求克林顿解释他在对华贸易问题上的言行不一时，他说："是的，我们能给他们造成严重损害，因为中国向我们的出口约占中国出口额的1／3。但是有人劝我说，如果这样就不会产生打开中国市场的预期效果，至少在短期内是这样。"波音公司负责国际开发的高级官员劳伦斯·克拉克森坚持认为，如果该公司不满足中国的要求，该公司给美国人带来的就业机会将更少。克拉克森说："如果我们不把生产业务转移到中国去，我们就得不到订单。"预期中国在今后20年将花1850亿美元购买商用飞机。

事实证明，甚至这种交易也可能是没有收益的。中国国有的航空工业部门在1996年7月时宣布，它与欧洲－新加坡的一个联合企业签订了价值约20亿美元的合同，合作生产有100个座位的喷气式飞机。李鹏总理在4月份访问巴黎时还批准了购买33架法国生产的空中客车飞机的协议，从而冷落了波音公司。这是对美国发出的不难捉摸的信息，要它放弃对中国贸易和人权政策的批评。

中国一直坚定不移地以市场准入换取就业机会，尽管这违反1992年的一项贸易协议。1994年以来，美国制造的汽车在中国要交100%的关税，这使销售量从1993年的4万辆减至去年的4700辆。因此，通用汽车公司最近与上海汽车工业公司进行谈判，一年生产10万多辆中型汽车，雇用中国工人。诸如电子业巨头摩托罗拉公司和计算机芯片生产商英特尔公司之类其他美国公司，也为了使中国放宽贸易壁垒而被迫把美国的就业机会转给中国雇员。

由于产生这样的结果，而且它与美国的贸易顺差今年有可能增至400亿美元，中国人不想改变他们的态度。美国的决策者面临美国公司的巨大压力，这些公司担心，如果美国不容忍中国在贸易上的做法，它们将被关在世界上增长最快的市场之外。波音公司只要有飞机订单就将仍然得利——即便这些飞机是中国工人制造的。不管克林顿和国会有意还是无意，美国的对华贸易政策产生的实际结果，至少现在是维护某些美国股东的利益，而不是维护某些美国工人的利益。

消费的信用卡时代

10年前，到中国的观光客为了支付旅馆和餐馆的账单不得不把大笔现金带在身边。信用卡在当时是闻所未闻的，饭店和商店的大多数收银员甚至没见过信用卡。现在，情况发生了变化。如今，约有1410万张信用卡在中国流通，21万多家商户接受信用卡。中国的信用卡市场急剧增长。在20世纪90年代，中国的信用卡数量每年都翻一番。中国政府的目标是到2003年发行2亿张信用卡。

世界主要的信用卡公司80年代末在中国设立了办事处，带头的是万事达信用卡公司，该公司在1987年通过中国银行首次在中国发行了国际付款信用卡。目前在中国销售的信用卡中，万事达卡的销售量最大。这家公司最近宣布，它已发行了1150万张万事达卡。1995年，万事达卡的销售额为537亿美元，比1994年增加了40%。到中国的旅游者会注意到，接受信用卡的商家在以惊人的速度增加。1995年，这样的商家增加了48%，从1994年的14.3万家增加到1995年的21.1万家。

现在，从路口的鞋店到百货商场，什么地方都可以使用信用卡。

中国优先要做的一件事是建立通过电脑办理交易的基础设施。这在一个有960万平方公里和12亿人口的国家里是一项相当艰巨的任务。万事达公司正在帮助中国的银行完成这个任务。在过去的一年中，万事达公司在北京、上海、广州和深圳建立了4个有权办理信用卡业务的网络中心。

中国为国际信用卡公司提供了大好时机。自80年代中期以来，中国的私人消费每年以16%的速度上升。但是，现金在和信用卡竞争。大多数中国消费者仍觉得使用现金比较自在，但万事达公司预计这种情况短时间内将发生改变。

负责中国业务的万事达公司总经理沃伦·刘说："世界各地的消费者都喜欢使用既方便又灵活的信用卡。"他说："随着中国电子基础设施的建立，我们预料信用卡会被越来越多的人接受，因此我们相信，中国的消费者会逐渐意识到，万事达卡是中国货币的未来。"

改革医疗体制

现在中国民众看病、住院，不仅要自费，而且面临乱涨价、乱收费等各种光怪陆离的现象。住在北京的68岁妇女韩女士在被医院告知要割除胆囊后，亲戚为她筹得6000元人民币的医疗费用。而这项预估的医疗费用，除去正常医药开销外，还包括：招待手术医生一顿餐费及唱一场卡拉OK约240元钱；购买10瓶可口可乐给照顾她的医院员工及护士。为什么要花这个钱？韩女士的女儿说，"这样医生才不会出错"，"不唱卡拉OK，怕影响医生开刀时的心情"。

中国进行多年的医疗体制改革，如今已进入一段动荡期。为减少财政支出及进行经济体制改革，中国取消了过去计划经济时期长期实施的各种补贴，包括医疗补贴在内。这使得民众看病开始要自掏腰包。然而，市场取向的医疗改革却也连带使得具有"经济头脑"的医院医生及护士，积极搞"创收"，向病人大收"红包"。收受红包又促使医疗院所提高医疗费用及药品价格，变成好的医疗设备及药品只提供富人使用的怪现象。世界银行北京驻在机构官员赵先生说，政府本意是少干涉，但医药价格节节攀升却反倒成为政府新的财政负担。

同时，医疗改革也导致种种扭曲现象的出现。去年，湖南省衡阳市政府检查了341所医疗院所，随即勒令关闭了122所，原因是医疗设备严重不足；而115所则须限期改善。农村地区平均700人拥有1位医生，5万人拥有1名牙医，包括过去被称为"赤脚医生"在内的医疗人员560万人，全国医护人员不到900万人。在这种情况下，对医疗体系继续进行补贴，政府自然不堪重负。

截至目前，中国有80%的人口必须自付医疗费用，但医疗资源的分配，城乡的差距却颇为严重。去年，中国官方杂志《瞭望》报道说，中国15%的民众享有全国60%的医疗资源，特别是部分特权单位拥有特等病房，拥有特别训练的医生及舒适的医疗环境，但在农民年平均收入仅460元之际，这些病房的单日要价却高达600–1200元。

为解决这些棘手问题，中国计划召开全国医疗工作会议，但可以肯定的是，恢复原来的公费医疗不可能成为议题。劳动部官员表示，公费医疗是鼓励不合理的消费，强化人们不负责任的现象。尽管如此，对于广大的贫困地区，中国仍将给民众以适度的补助。

除此之外，在医疗体制改革方面，中国也有意参考新加坡的改革模式。新加坡的模式是从个人的薪资中扣除1%，政府企业职工薪资总额扣除10%，来成立基金作为支付个人或职工的医疗费用。现在中国有60多个城市试验这种模式。但对多数医院而言，这种模式似乎帮助不大。目前，医院最大的问题，还是医疗改革后医疗品质的急速低落，以及医生在没有收取"红包"时下药可能造成的疏忽。

据透露，目前中国许多医院的收入，70%来自贩售药品，这其中包括乱收费及乱涨价等办法。《人民日报》曾报道说，中国有100万儿童因用药失当导致失明及失去聪明才智。"一切向钱看"，应该为体制改革的失落负责。

网络与中国新时代

1997—1998 年

　　在一些比较细微的方面，香港的商业及其他许多方面，正在发生变化，这变化或许比人们原先预料的还要快。香港人过去持有的此地与大陆大不相同的观念正在消失。自由市场改革诱使他们当中的许多人回到大陆，香港商人向大陆工厂的投资已达上百亿港元。现在，由于香港由北京治理，边界本身已不再是隔离线。有越来越多的香港人认为他们是大中国的一部分，并把大陆看作是他们所在地区的一部分，而不是相反。

　　……

　　这表明北京已经选定了一种赞同网络的政策，这是一种既大胆又出人意料的举措。处于上升态势的一代受过西方教育的官员正在竭力使人们接受这种观念，即网络是将中国带入21世纪的最好交通工具。曾经为英特尔公司负责过3年亚太业务的肖恩·马洛尼说："中国人上网了，对吗？5年后中国人会变得让你认不出来。这种变化的一大部分将通过因特网反映到计算机屏幕上。"

16>

华裔风云人物何大一

何大一的研究成果，从根本上改变了人们对抗艾滋病的陈旧概念，创造了一套新的治疗方法——"鸡尾酒疗法"。他突破性的贡献使艾滋病变得并非不可救药，患者可以重获对生命的希望。

为成千上万被"宣判死刑"的全球艾滋病患者重获生命希望的搏斗中，研究艾滋病的先驱——美国爱伦·戴蒙德艾滋病研究中心主任何大一，从根本上改变了人们对抗艾滋病的陈旧概念，创造了一套新的治疗方法——"鸡尾酒疗法"，并获得了良好的治疗效果。他对艾滋病并非不可救药、患者可以重获对生命的希望的研究做出突破性的贡献，从而赢得了1996年美国《时代》周刊年度风云人物宝座，成为美国首位被评选为《时代》封面人物殊荣的亚裔科学家。

据最新报告估计，全球有将近2500万人感染了艾滋病毒或已经成为艾滋病患者。其中，90%以上成人感染者或发病者居住在发展中国家，最严重的地区是非洲，刚刚流行的地区为中亚和东亚。如何控制艾滋病的传播蔓延，是当今世界面临的一项艰巨任务。何大一表示，"病毒是无国界的"，即使是目前感染者和发病人为数还不算多的地区，也应全力投入鼎力推动和不断教育民众，防止艾滋病扩散，遏止艾滋病蔓延。

1996年7月，何大一在加拿大温哥华举行的国际艾滋病研讨会中，提出了"鸡尾酒疗法"及其确立的"艾滋病毒一进入人体即迅速繁殖"的理论，从根本上改变了人类与艾滋病搏斗的观念与方法。

"鸡尾酒疗法"（一种调拌鸡尾酒的方法）是何大一的创新方法。它把蛋白酶抑制剂和各种抗艾滋病毒药剂混合使用在病毒入侵之初的患者身上，不必等到发病时就能阻止病毒破坏人体的免疫系统。临床数据显示，混合药物是对付艾滋病毒最有效的治疗方法，既可以阻止病毒繁殖，又可以延期出现对抗艾滋病毒产生抗药性的变种病毒。如果在艾滋病毒入侵的初期，患者立即接受"鸡尾酒疗法"后，其体内病毒检测的结果，用数学方法统计可以显示部分患者在两三年内，体内的病毒可能被完全清除。一些无症状的艾滋病毒感染者经治疗后，其艾滋病毒已经在体内消失。

美国前NBA职业篮球超级明星37岁的魔术师约翰逊，1991年11月宣布感染艾滋病毒，举世震惊。经接受特约医师何大一独创的"鸡尾酒疗法"后，已有效抑制身上的艾滋病毒。约翰逊采取了乐观进取的态度，从未怨天尤人；同时，他还积极从事防治艾滋病的宣传工作。他说，人生有太多值得活下去的理由。

何大一在华盛顿的一次讨论如何对抗艾滋病的会议中说，几年前还不敢梦想的是强效的混合疗法，可能把体内的艾滋病病毒全部消灭。预测需要3年时间，才能让艾滋病毒"衰败"或消亡，并让未受感染的新细胞取代被摧毁的细胞。现在何大一对一些患者进行研究，经18个月治疗，这些病人的血液、精液细胞及直肠活组织，已经检查不出病毒。我们问何大一："艾滋病毒是否能从体内消除？"答案是："我们还不知道。""是否有病人完全根除艾滋病毒？"答案是："没有。还没有任何病人完全治愈。"针对大家的提问，何大一又说，这并不见得表示病毒已完全消灭，只是由于连现有的最新科技也检查不出病毒。病毒可能不定期藏在一些现在所不知道的部位。如果确有这种情况，病毒以后可能还会重新繁殖，积极感染新细胞。如果经过几个月之后病毒没有重现，这是很好的迹象，可是这并不表示病毒不会在以后几年内又冒出。因此，何大一警告说，"鸡尾酒疗法"只能控制艾滋病毒不再继续增殖，但无法痊愈。不过，这并不等于无法打败病毒。目前他所领导的一个研究小组继续采用不同的新药，对不同病期的病人进行治疗；但是，不要误以为有了新的治疗方法，就不再注意防治，就可以"乱性"。

何大一特别强调说，虽然我们的研究清楚地帮助大家了解艾滋病，我们并没有做完所有的工作，这个领域已有长足进展，现在已有的成果也应让我们感到乐观，但是，我们现在还不能够说艾滋病已经是可治之症。

何大一进一步解释说，我们已经能够有效地控制病毒的进展，这就好像你在打一场艰苦的仗，突然，你发现对手并不是无懈可击。我们可能有打胜仗的机会，但是，达到控制病情并不等于完全治疗，并不等于强敌已被我们击败。"还不是庆祝的时候，仍有一段长路要走。"

在回答关于治疗费用的问题时，何大一说，用鸡尾酒疗法，每个患者每年所需费用差不多高达2万美元。目前1年得到美国联邦政府补助约700万美元。但是，很多患者还无法接受治疗。我们希望得到更多的资助研究的费用，早日把艾滋病疫苗研发出来。

与多年来对艾滋病研究的"潜伏期"理论相反，何大一认为，艾滋病毒在感染人体后，并非潜伏不动，而是立即大量自我复制，每天复制约10亿个病毒，对人体的免疫系统进行不断的凶残的攻击，最终击溃免疫系统。唯一能压制病毒的机会是早期及同时大量服用多种药物来攻击病毒的不同部分。何大一以惊人的研究成果指出，艾滋病毒的成长速度比1年前所知的快10倍，每隔数小时，即为病人验血，发现病毒每天产生100亿到300亿个复制品。初步研究结果显示，3种药物同时服用，可使病人血液中的艾滋病毒消失99.9%。

参与何大一所领导的研究中心实验的21名纽约病人，都是在感染后6个月内接受多种药物治疗，许多人的血液中已1年没有发现艾滋病毒。何大一提出的新实验是：现在要让这21名患者停止服药，以确定早期和大量服用多种药物是否已彻底治疗艾滋病，这种治疗法能在6个月到3年期间根除病人体内的艾滋病毒。停药，是唯一能证明这个理论的方法。但是，这21名病人都拒绝停止服药。对这个新实验，现在正引起争议。

出生于台湾的何大一，祖籍江西新余市。1965年就读小学五年级时随父母移民来美。父亲何步基，母亲江双如，非常注重对子女的教育，并为子女做好榜样。何大一初、高中5年就念完，并名列前茅。在美国加州理工学物理系以第一名的优秀成绩毕业，随后进哈佛医学院深造。1981年起在加州大学进行艾滋病的研究工作。

何步基为儿子取名，花了很大心思。"大一"乃是取自老庄哲学所说："其大无外谓大一"。今年44岁的何大一已是3个孩子的父亲，妻子郭素玉是画家，台湾台中沙鹿人，她赞扬何大一是一位难得的好丈夫、好父亲。

出类拔萃的何大一多次获奖。1991年获医学研究领域仅次于诺贝尔医学奖的德国荣格奖。1995年，何大一在美国权威杂志《自然》上发表的论文，改变了艾滋病研究领域的观念与方向，其内容被数百篇论文引述，该论文是生物研究领域有史以来，在一年期间被人引用得最多的一篇。

对何大一来讲，成功的因素主要在于个人的努力奋斗，加之记忆力强，过目不忘，思路敏捷，头脑很有条理。他业余爱好也很广泛，爱吃中国菜，爱打篮球，爱听古典音乐。面对荣誉，何大一认为，美国是一个充满机会的国家，要实现美国梦，要取得成就，就要有决心，有毅力，不怕吃苦，要付出比别人更多的努力。荣誉，意味着更重的责任和压力。当被问及是否认为自己是个"创造历史的人"时，何大一答："时间将是最好的裁判。"

中国对日本的影响

日本外务审议官小仓和夫就如何把中国纳入国际社会提出建议。小仓和夫此文发表的看法是他个人的，未必反映日本政府的立场。

近来中国加强经济和军事力量的做法促使人们使用了"威胁"和"威慑"等字眼。中国的邻国担心它的扩张。在日本看来，中国加强军事力量，且不说加强其核力量，很可能会阻拦我们自己可能做出的削减武器的努力。然而，分析家们往往忽视很重要的一点：中国在近代遭受了外国侵略和占领之苦，认为外界对它构成"威胁"，所以对它的安全感到担忧。

为此，我们完全可以说，我们应当设法减轻中国的担忧，促进它的安全感，而不是去"遏制"它。由于中国与它的大部分邻国都有边界争端，它和这些国家应当以互不侵犯条约或类似条约的形式宣布，它们决心以和平手段解决这些对领土提出的要求。人们对于爆发有中国参加的军事事件之后可能产生的连锁反应感到担心，而这可能为举行亚洲安全对话提供基础。

中国人想对现有的国际秩序提出挑战吗？这正是在"二战"之后的大部分时期里中国人所做的，他们不仅是作为第三世界的领袖和西方政治与经济制度的反对者这么做的，而且还是作为挫败以苏联为首的社会主义的力量这么做的。目前，北京奉行全方位外交，平等地对待所有的重要伙伴。在这个平淡的保证的后面，我们可以看到一个微妙的信息：中国不再是个挑战者，而是一个参加者，而且是联合国安理会的常任理事国，了解它对保护这个全球体系的责任。

　　而且，北京必定会情不自禁地把它自己看作是东亚国际秩序唯一的缔造者。如果这是中国所希望的，那么它就不能要求由于独特的"中国"情况或传统而免于履行国际准则。随着一个国家力量的增长，它应当更加严格地在自由贸易、环境保护、人权和民主等方面遵守国际公约。对于知识分子来说，辩论"亚洲价值观念"与西方的有所不同是危险的。人权和民主的概念实际上与中国自己的文明和政治文化一脉相传。我们必须敦促中国认识到这一点：与其他国家一道承认这些价值观念，将只会提高它的尊严和高贵的地位。

　　此外，还有现实问题需要考虑。这个世界已经变得更加相互依靠了。亚洲的经济增长及其副产品——人口增加，环保问题日趋严重，缺乏粮食和能源等——对全球产生影响。每一个国家的国家主权在某种程度上必须让位于促进共同利益的条约，所以我们必须使中国比以往更多地参加制定国际行为准则的活动。例如，我们不应把接纳中国参加世贸组织看作是就贸易利益进行讨价还价的机会。中国取得世贸组织的成员国资格，对于使它参加全球规章的制定是至关重要的。

　　一个强大但却是不稳定的中国，或者是在全球经济体制之外活动的中国，都是我们所承受不住的。日本和整个国际社会应当鼓励中国的充分参与。我们必须承认，我们同中国经济的关系是重要的，因为只有在日本的参与下，中国才会有它现在实行的复杂改革和调整所需要的灵活性和干劲。最为重要的，但却常常被遗忘的事实是，日益增强的相互依赖意味着，不仅中国需要改革，而且其他国家也必须不断做出调整以适应这个变化。

　　日本应当怎么做？首先，我们不应忘记，任何有关中国的讨论都涉及双方的国内政治和对外政策的平衡。在整个这个当今时代，日本一直是中国对外政策方面的一个棘手的问题，就像中国一直是日本对外政策方面的棘手问题一样。国内的政治斗争有时会对国际关系产生不健康的带有感情色彩的影响。为避免这种情况，日本反省和充分理解我们过去奉行的军国主义造成的影响是必要的，这并不意味着我们的对华政策必须是认错。我们需要这种反省，以便在这两个国家之间建立合理的关系。在中国，人们提出的问题是，日本希望在亚洲怎样生存。而在日本，人们提出的问题是，中国如何看待它与世界其他国家的关系。如果我们要免除今后举行和谈的必要，这两个国家都将必须确立它们对自己未来的设想，并在实现其设想的过程中合作。

香港双行道

　　对许多人来说，越过边界往来于香港和大陆之间正成为每天的例行公事。1994年底，中国建了一个24小时营业的收费站，为每天从华南加紧生产的工厂向香港繁忙的港口运送货物的集装箱卡车服务。周末和节假日，香港居民的过关通道挤满了人。往来边界两侧的车辆大大增加，产生了修建新公路、铁路的需要。边界两侧庞大的建筑工程正在施工。预料这些工程将增强边界地区的吸引力，吸引更多的人到边界的那一边参观或定居。一国两制经济研究所的负责人预言，随着两边交往的改善，"我们会看到香港和中国大陆在社会和经济方面将建立一种新的关系"。

这种情况已经在发生。在香港自7月1日重归北京控制，10月将进入具有象征意义的第100天时，这个前殖民地一再重复说的一句话是"一切都没变"。在许多方面，这话是对的：香港现在做的大体上就是它以前所做的。其实，政治体制已经做了调整，但到目前为止北京对待香港的方法还是比较巧妙的。正如行政长官董建华今年9月访问美国时所说的，"一切如旧"。

然而，在一些比较细微的方面，香港的商业及其他许多方面，正在发生变化，这变化或许比人们原先预料的还要快。香港人过去持有的，此地与大陆大不相同的观念正在消失。自由市场改革诱使他们当中的许多人回到大陆，香港商人向大陆工厂的投资已达上百亿港元。现在，由于香港由北京治理，边界本身已不再是隔离线。有越来越多的香港人认为他们是大中国的一部分，并把大陆看作是他们所在地区的一部分，而不是相反。从想逃离香港车辆堵塞的街道到大陆公路驾车的人，到谋求改善生活条件的工人，人人都在向北看。香港贸易发展局局长说："过去我们是作为一个殖民地被统治着，计划人员依据香港是个独立自足的实体这个假定从事工作，现在我们正在失去我们的飞地心态。"这些新出现的接触并不局限于商业方面，还包括为香港的退休人员在华南建造住房，欢迎来自大陆的学者赴港工作和谋求大陆支持在边界两侧兴建文化娱乐设施。

这种联系只会继续发展。人们预料，10月8日，董建华将在为新香港诞生100天发表的首次重要政策讲话中宣布雄心勃勃的计划：兴建公路和铁路网，把香港新机场和扩展后的集装箱码头同中国兴旺发展的珠江三角洲连接起来。一国两制经济研究所的那位负责人说，计划中的连接边界两侧的公路和铁路网将"重新绘制在香港做生意的成本结构图"。

从经济上讲，这种联系是牢固的。在邓小平1978年发起经济改革后，香港投资者蜂拥进入大陆，为华南白手起家建立新的低技术制造业基地，提供了所用资金的大部分。由于大陆劳工的工资比香港低，地价也便宜，到1991年为止，港商在广东省雇用的中国工人已达300万———比香港的劳动力还多。随着华南的费用开始上涨，香港的商人和计划人员现在期望扩大香港的作用，使其成为欠发达的内陆省份产品的集散地。

大陆为香港提供了非常宝贵的东西———发展余地。在殖民地时代，当政府需要额外的土地时，除了填海造地外别无选择，使其在商业和环境方面都付出了巨大代价。现在计划人员正在集中精力考虑如何把香港拥有的工厂迁往更加深入内陆的地方，如何缩短把商品运往亚洲日益发展的市场的时间。贸易发展局局长说："主权的变化使得我们能与持非常积极态度的内地密切合作。人们还没有认识到这个概念突破的重要意义。"香港新政府现正同广东省合作，要把边界的中国一侧变成香港老年人退休后居住的比较廉价的地区。过去，如果香港居民滞留在外的时间过长，他们就不能领取退休金支票，也不能在边界那一侧享受低价医疗保健。但现在，决策人为房地产投资开发公司和从事保健事业的专业人员开辟有发展前途的新领域开了绿灯。

香港中文大学前副校长高锟敦促董建华政府起用中国顶尖的科学家为香港的金融服务，为通信业开发产品和设计程序。他说，有了这些智囊和这个市场，香港可能成为"信息高速公路的最重要的活动中心"。

当然，这种越界的活动不仅仅是单向的。香港有人担心，人口是香港200倍的大陆可能会把整个香港淹没。香港的学者已经面临大陆学者的竞争。负责香港过渡计划的政治学家迈克尔·德戈利耶指出，来自中国的研究生和助理教授的数量在增加。他说："使我的学生感到震惊和恐慌的是，这些大陆人中有许多人的英语极棒。而这些人正是今后与他们争夺就业市场的竞争者，现在正在匆匆忙忙地到处找工作，以求在这里找到立足之地。"民意测验表明，香港群众更关心的是住房、教育和对老年人的援助，而不是民主和法治这样一些在7月1日政府交接前居于主导地位的抽象问题。

董建华不能完全避开政治方面的关注。如果他通过增加来自大陆的工人的定额而使商人感到满意，那么他也要安抚焦虑不安的当地工人，而且他需要向各家各户保证，他将履行一年建造85000套新公寓的诺言，解决香港尖锐的住房短缺问题。

中国人的乡村选举

1987年，中国全国人民代表大会通过了一项法律，授权全国的93万个乡村每3年进行一次选举。这些选举的自由、公平程度又如何呢？一些国际小组对中国4个省的选举工作进行了调查，并采访了另外一个省的领导人。其他一些组织考察了其他地区的选举。选举若要是自由的，公民必须有本人的、真正的选择；选举若要是公平的，任何人都不能享有潜在的有利条件。中国的选举合乎了这些条件的最低要求：这里有保密的、供个人使用的选票，有数名候选人竞争一个职务，透明、公开地监督计票。

尽管《新闻周刊》的记者观察到的选举的总数，与中国乡村的总数相比之下有些无足轻重，而且现在还没有统计数据可以判断这些抽样考察结果有多大的代表性，但大多被考察的选举往往还是具有竞争性和公平合理的。一个良好的迹象，是中国民政部听取并贯彻了许多外国观察家的建议。这些小组刚刚和民政部达成了一项协议，要帮助民政部建立一个"快速和透明的"、收集选举数据的"全国性系统"。这将使政府得以确定哪里的选举有缺陷，并加以纠正。政府正努力改进选举进程，但这不是一件容易的事。没有被选上的地方党的干部，仍有相当大的影响，但更大的问题是技术落后和缺乏经验。候选人往往会认为，技术上的差错是出于政治动机。这就是为什么说中国从基层开始做这项工作并训练村民熟悉选举机制是正确的。到目前为止，他们正不断取得进步。但进展是参差不齐的，即便是"模范村"也会犯错误。邓小平曾在1987年预言，中国需要50年才能完成向全国直接选举的过渡。一些人曾认为这在几年内就可以完成。但在艰巨的任务面前我清醒了，已经改变了看法。

由于中国经济的进步，制定一个受欢迎的、稳定和富有灵活性政治框架的挑战也随之而来。这一框架要使中国不仅能引导作为发展的结果而出现的各种社会力量，而且能疏导在经济衰退中出现的失望情绪。中国能否战胜这些挑战不仅会影响到中国人，而且会影响到整个世界。中国的乡村选举将会为中国9亿农村人口提供更多的选择，并为新政治框架打下稳固的基础。这或许是长征的第一步。

中国人开始上网

这是间狭小的屋子，1.5米宽，装饰着制作粗糙的抽象画，剥落的白色涂料，倾斜的快餐店用桌，用铆钉固定在一起的教室用椅。但是这儿引起人们注意的不是它的装饰，而是机器：一台米色康柏2500计算机和一台灰白色的戴尔，连着一台冰箱大小的网络路由器，从那儿，通过一条拇指粗的黑色电缆线，进入广袤无边的因特网世界。指挥这个小小信息前哨的是35岁的中国企业家爱德华·曾，此刻，当他环视这个挤在北京首都体育馆脚下一排拥挤的办公室中简朴然而却令人振奋的小屋时，不禁咧嘴笑了。他说："欢迎进入信息革命的中心。"

在曾的小屋里你几乎没有得不到的东西。曾的1000位因特网用户可以从北京各个地方拨号进入他的计算机，联通几乎没有边界的电子世界。他们能够发送电子邮件、照片以及中国新闻，也能够收到任何其他东西。

夜幕降临时，数以百计没有自己的个人计算机的中国人就会拥到曾的6间"网络咖啡屋"中，这里的上网机收费为每小时3.6美元。这是信息时代的快餐。

这是中国吗？这表明北京已经选定了一种赞同网络的政策，这是一种既大胆又出人意料的举措。处于上升态势的一代受过西方教育的官员正在竭力使人们接受这种观念，即网络是将中国带入21世纪的最好交通工具。曾经为英特尔公司负责过3年亚太业务的肖恩·马洛尼说："中国人上网了，对吗？5年后中国人会变得让你认不出来。这种变化的一大部分将通过因特网反映到计算机屏幕上。"

北京一个负责微软产品的经理托马斯·林说："政府确信，电脑和网络有助于提高竞争力，现在他们想让每个办公桌上都摆一台。"并且每个家里都摆一台。你听过的每一个有关数字技术前途无限的承诺在中国听起来都更具诱惑力。中国有3.5亿需要接受教育的儿童——有什么教育工具能比交互式电视更好？财政部需要为中国2.84亿工人建立银行和存款账户——什么办法能比智能卡更有效？农业规划者梦想着提高中国农场的生产力——通过网络向3.23亿农民传递有关天气和农业科学方面的信息岂不是更好？

为利用这些优势，中国已经开始实行9个"金色计划"，以期通过这些计划将最先进的技术输入到从卫生保健到金融等的各行各业中。到2010年，上亿中国人将通过金桥金融网联为一体，携带着智能金卡四处漫游，并通过装有微芯片的金税卡自动将他们收入的相当部分上缴国库。

最近在北京的一次晚餐会上，英特尔公司中国总经理吉姆·贾勒特坐在一位 80 岁左右的老太太身边，她的年过八旬的丈夫是一位中国高级官员。吉姆说："她告诉我，她丈夫每天早上做的第一件事是，打开电脑，浏览《华尔街日报》和《纽约时报》，那是他了解世界的窗口。"

这个窗口目前还很小——只有 30 万中国人进入因特网的接口，而在美国这个数字约为 2500 万——但是它正在迅速打开。中国信息产业部的官员说，他们希望，到 2000 年，联网的中国人达到 400 万。与此同时，从中国进入外界的通道今年也扩大了 3 倍。

中国将成为一个自我封闭的大因特网——亦即技术人员所称的内部网，与其余世界隔绝。20 年来一直在高层信息政策方面与中国合作的一位香港工程师说："中国人对网络忧心忡忡。它只是西方内容的泛滥吗？还是说它将反映中国文化？中国完全有权利在本地内容和外部内容之间找到一个平衡。"

但即便是中国最灵巧的体操运动员也会发现这种平衡很难维持。毕竟，网络的建立本来就是为了开放的。如果建立网络是为了增强中国公司的竞争力，那么这就意味着，要让它们接触到各种东西，从杜邦公司的化学制品网页到美国专利局的新发明名单。

在新的全球经济中，反应灵敏、消息灵通的生意人也许会更有竞争力。

唐人街里的非法移民

对大多数游客来说，纽约的秋季可能令他们流连忘返，但对临时居住在鲍厄里大街上一幢没有电梯的 4 层楼房的人们来说，秋天只意味着天寒地冻的冬天的临近。在炎热夏季，一些人起码可以在安全出口和楼顶上席地而卧——在常人无法承受的辛苦劳作中求得片刻安宁。这块拥挤不堪、密不透风的小天地被隔成 32 个小房间，容纳了至少 100 人。走进狭窄的临时走廊，汗味、未洗的衣服、旧鞋和垃圾混杂在一起的恶臭扑鼻而来。做饭炒菜的嘈杂声、锅碗瓢盆的碰撞声与厨房旁边的便池发出的声音此起彼伏。小小的电视机前面，几名男子挤坐在那里观看他们很久以前就离开的家人和故乡的录像带，其中一些人离开故土已有 10 年了。每个夜晚，唐人街上都隐约传来痛苦和孤独的叹息声。

鲍厄里这幢狭小拥挤的楼房，只是中国非法移民的几十个栖身地之一。住在这里的男男女女们在工作条件极为恶劣的血汗工厂和纽约市唐人街上的许多餐馆里卖命。66 岁的孙力（音）说："我们在这里过着猪狗不如的生活。"孙力是 4 年前来到美国的，在离鲍厄里临时搭建的楼房几步之遥的拉斐特大街上的一家血汗工厂里找了份挂衣服的工作。他每周工作 7 天，每天工作 12 小时。他说，雇主付给他的薪水是每一小时 1 美元左右。

纽约的血汗服装工厂通常不大，不加入工会。厂内的缝纫机不足20台，工人清一色是非法移民，居住在像布鲁克林日落公园以及昆斯弗拉兴的中国人聚集地。劳工部前不久的一份报告表明，唐人街上的服装厂中有90%实际上是血汗工厂。纽约的服装厂中，大约有7成由中国人拥有；他们的产品中有40%提供给两大买主：沃尔-马特公司和克马特百货公司。实际上所有的工厂都是计件支付工人工资，只有一小部分工人能够生产出足够的产品，从而获得的工资接近最低工资：每小时5.15美元。专门研究唐人街问题的大学教授皮特·邝说，对大多数人来说，"工资只有每小时两美元或者更少。劳工法在这里得不到贯彻，工人受重伤的比率却直线上升"。

实际上，这些能够拿到工资的工人已经算是幸运的了。皮特·邝说："雇主们知道工人们不会抱怨，所以他们扣住工资不发，称制造商不按时付钱。一般来说，工资都是迟发6个星期或者更长时间。"5年来，新手们蜂拥而至，使整个唐人街的工资水平下降了30%。例如，洗盘子的薪水一度是每月800美元，但如今降至500美元。

大多数非法劳工来自农村地区，中国的城市已经十分拥挤，就业机会极其有限，对"遍地是黄金"的美国的诱惑难以抵御。据专门向福建移民提供服务的教堂神职人员陈方永（音）说，这些非法移民没有料到他们在纽约市的生活会如此艰难。陈方永说："精神疾病和自杀现象已成为严重问题。这些人与亲人天各一方，被迫承受他们想都想不到的艰辛，他们的精神突然崩溃了。"那些负责偷渡的流氓团伙，不断向这些非法劳工施加压力，把他们当作生财之道，这个行业比这些团伙的旧行当——海洛因买卖要强得多。一年来，流氓团伙成员两次包围鲍厄里的大楼，堵住安全出口，不费一枪一弹就把楼里居民的血汗钱洗劫一空。受害者说，他们不敢报案，因为他们担心如果找这些人的麻烦，他们在中国的家人就会遭到报复。其中一人说："没有人向我们提供保护。我们无能为力。我们可以说是做牛做马的奴隶。"

每个人的境遇都令人心碎。于莉（音）说，她到美国之后的近一年时间里，每天都是以泪洗面。3年前，她为了与1991年偷渡到美国的丈夫团聚而向蛇头支付了一笔钱，这笔钱是她的丈夫借来并寄回家的。她在踏上纽约的土地之后，马上就开始在一家制衣厂每周工作7天，每天工作17小时。但因为她是新手，这家工厂又是计件支付工资的，她每小时只能挣1美元。她说："有时候我们一无所有。我一周的工钱还不足100美元。"他们夫妇两个挣的钱太少了，以至于不能住在一起。她的丈夫继续睡在他工作的那家餐馆的地板上，她则住在亲戚家的地下室里。

这对夫妇不得不再次与蛇头打交道，以便与他们留在国内的3个孩子团聚。代价是13.2万美元。这是一次痛苦的经历。在出发后不久，他们14岁的儿子就与他的两个妹妹分开了。他被遗弃在战火纷飞的柬埔寨，进了监狱，直到他拿出藏在身上的500美元贿赂看守才得以逃脱。

虽然亲戚帮她向蛇头付钱，但于莉为了偿还债务还必须每个月拿出3000美元。她说："日子苦不堪言，我们一无所有。" 如今，连他们的孩子都不得不过早地挑起生活的重担。于莉说："最困难的事情是，我不得不让我们的子女去工厂干活。他们本应该在学校里念书，但我们需要他们挣钱养家。" 她叹了口气说："要是留在中国，日子就不会如此艰难。"

从金融危机中复苏

亚洲的股市在高涨，投资者又纷纷回来。这个地区从这次金融危机中学到什么东西了吗？美国麻省理工学院经济学教授保罗·克鲁格曼撰文认为亚洲尚未摆脱危机并可能再次发生危机。

两年前，曼谷出现了一种厉害的病毒。事实证明这种病毒具有高度传染性，迅速传遍了亚洲和亚洲以外地区，经常使表面上看似活跃的经济受到传染，在一段时间看来似乎可能成为全球性的传染病。但是，过去几个月没有听到新病例，原来的大部分患者都度过了最难受的时刻。像患过重病并开始好转的人一样，他们都感到轻松了，甚至感到高兴，虽然他们离完全康复还有很长的路程。

但是，突然出现这种令人振奋的心情仍为时过早。首先，亚洲的情况好转仍是局部的事情。韩国比任何其他地方都复苏得快，今年韩国经济可能增长5%；即便如此，其产量仍比1997年以前的经济趋势线低14%。日本的经济力量比遇到麻烦的所有其他国家经济力量的总和都多，但是日本尚未出现令人信服的好转迹象。几乎所有的人都预料，即使日本的国内生产总值停止下降，日本的失业率将继续增长。中国在整个危机期间已设法持续增长，但是中国经受的金融压力已逐渐加大。

如果去年夏天这个地区所感受到的已注定即将失败的感觉减弱，这完全不是一件好事。因为当你谈论这件事的时候，亚洲尚未摆脱这场危机，也并不清楚如何避免下次危机。使亚洲可能出现1997–1998年大危机的所有那些脆弱因素都没有消失，而且还有充分理由认为亚洲在危机后的长期前景远不如仅仅两年前那样大有希望。

但是我们要开始设法了解过去在哪些方面出了错。亚洲希望那些显得明智而谨慎的专家警告别人不要把事情笼统化。他们说，每个国家都不一样，因而并没有适用于亚洲所有国家的故事情节。

实际上，在泰国、马来西亚、印度尼西亚和韩国，灾难的逻辑差不多都一样。（日本的情况的确非常不同。）在每种情况下，投资者——主要是但不完全是发放短期贷款的外国银行——都试图同时把他们的钱撤走。结果出现了银行和货币联合危机：说它是银行危机是因为没有任何银行能在得到通知的短时间内把所有资产兑换成现金；说它是货币危机是因为受到惊吓的投资者不仅试图把长期资产兑换成现金，而且还把泰铢或印尼盾兑换成美元。在受到惊吓而逃跑的情况下，各国政府没有提出好的方案。如果它们让自己的货币大幅度贬值，通货膨胀率就会高涨，借了美元的公司就会破产；如果它们

285

用提高利率的办法支撑自己的货币，这些公司大概也会由于债务负担和经济衰退两种因素合在一起而破产。实际上，这些国家破坏了这种区别，无论如何都付出了沉重代价。

这次危机是对经济管理不善的惩罚吗？像多数陈词滥调一样，时髦词汇"裙带资本主义"一时颇为流行，这是因为这个词汇触及事物的真谛：政府和企业关系过于密切的确产生了许多不良投资。亚洲企业的金融结构仍处于原始阶段——股本太少，债务太多，债务中太多的部分又是由来自肯通融的银行的软贷款构成的。这些也使得这些国家特别容易丧失信心。但是这种惩罚同所犯的罪行相比肯定是不成比例的。许多投资事后看来是愚蠢的，但是在当时看来却是明智的。毕竟，假定目前每年吸引海外投资约3000亿美元的美国看到流入的资金突然转变成1万亿美元流出的结果（相对经济规模来说，这是受亚洲危机打击的国家所承受的），美国的金融系统还会显得有多稳固？

在没有良好的政策可供选择的情况下，政策反应对头吗？在亚洲的每件事情似乎都出错的时候，人人都疯狂地相互指责；现在当事情开始对头的时候，似乎人人都在相互争抢功劳。国际货币基金组织把韩国的复苏说成是它的政策建议正确的证据。暂且不去管它，接受国际货币基金组织救济的其他国家的情况糟糕得多，马来西亚经济——马来西亚拒绝了国际货币基金组织的帮助，并由于实行资本控制而使受尊敬的舆论感到吃惊——似乎也在好转。相比之下，马来西亚总理马哈蒂尔把任何好消息都完全归功于自己，尽管马来西亚的邻国似乎也走出了谷底。

实际情况是，一个没有私心的观察家大概会得出这样的结论：无论采取什么政策，不管是根据国际货币基金组织的建议，还是违背国际货币基金组织的建议而采取的政策，结果都一样。无论是预算政策，利率政策，还是银行改革——不管哪些国家试行都一样。在没有更多的钱可管理的时候，一个国家经济的自然恢复力最终将开始发挥作用。从最好的角度说，据说能提出治疗方案的医生在病床旁提出了有益的治疗方案。从最坏的角度说，他们这些人像是中世纪的医生，并开药方说：放血能治百病。

患者能完全康复吗？正如美国总统克林顿所说，这恰恰取决于你所说的"完全"是指什么。韩国的工业生产已超过危机前的水平；但是在1997年春天，如果任何人预言韩国工业在今后两年出现零增长，就会被认为是轻率的灾难预言者。所以，如果你所说的复苏不仅仅是恢复增长，而且是使这个地区的业绩恢复到类似人们过去经常认为的亚洲正常情况的水平，那么他们今后将有一段很长的路要走——而且还有两个充分的理由认为他们将走不到那里。

首先是泰国一位经济学家向我描述的"把企业家阶级的头割掉"。大概可以说，亚洲发展中国家没有几个西方意义上的真正的公司。在纸面上看像是现代公司的一些机构，实际上是发展得太大的家庭公司，这些公司的发展取决于公司老板的个人财富和通过银行贷款影响那种财富的能力。虽然在修复这个地区遭到破坏的银行方面已取得了一些进展，但是这些银行要经过很长时间才能提供或愿意提供它们过去曾提供的资金，而且这些企业家在自己由于危机而遭到厄运后无论如何已不能提供必要的抵押担保。能及时找到其他出路：这些国家能产生新的企业家阶级，他们能向专门技术和外国公司资本敞开大门，他们可以实行改革并使他们的金融系统现代化（包括制定可操作的和可实施的破产程序）。但是现在（大概还包括今后若干年）。这些国家很可能由于自己受到折磨而被削弱。

其次，甚至在危机爆发之前就有迹象表明亚洲的投资收益已越来越少，迅速发展只是靠注入更多资本来维持，而且大部分资本来自国外，将来根本弄不到那么多的资本。外国投资者也许已停止外逃，但是他们不会再像过去几年那样注入资本。因此，当亚洲国家进行治理整顿的时候，它们在一两年内的增长速度可能像1997年以前的增长速度，但是危机后的增长趋势大概会远远低于人们以前所抱的期望。

复苏可能中途夭折而故态复萌吗？至少在不久的将来，像1997-1998年那样的现金周转困难似乎是难以设想的。短期外债大部分已偿还，贸易上的大量盈余——货币贬值和经济不景气的产物——使得受危机打击的国家重新获得大量外汇储备。大概需要几年不负责任的借贷才能为重现1997年的情景创造条件。如墨西哥所能证明的，这样的事情是可以安排的，但是这种前景似乎不会马上出现。

不幸的是，亚洲危机仍可能有第二幕，那是因为一些国家的问题仍未解决。

日本综合征——日本早在任何人甚至都没有想象到亚洲和危机这两个字眼能同时出现在一个句子中时就遇到了麻烦。最近开始从邻国传出的好消息在这个岛国却没有同义语。在这个岛国所能说的最好东西就是去年的经济下跌已趋于稳定。如果亚洲发展中国家的病是可能致命的，而且是时间短的急性发烧，那么日本的病则是慢慢消耗体力的病，而且没有出现缓解的迹象。

日本在不久以前似乎仍是领导世界经济的大国的当然继承者。日本的毛病出在哪里？日本服务部门的效率之低具有传奇色彩。虽然日本仍是令人敬畏的出口大国，但是日本采用某些新技术的动作迟缓。日本像比较贫穷的邻国一样，也有遇到麻烦的银行，而且日本解决银行问题的速度太慢。但是目前制约日本经济的明显因素是通常被人们看作是一种美德的东西：日本消费者的谨慎和节俭。日本家庭即使在利率接近于零的情况下储蓄额仍超过日本企业肯于投资的数额。结果是，这个大国发现自己自20世纪30年代以来第一次陷入可怕的〝流动性陷阱〞。整个私营经济实际上试图在这个陷阱中积累现金。由于这是不可能靠集体解决的问题——没有采购也就没有销售——因此这种试图积累现金的做法导致经济持续萧条，结果是年年低于生产潜力。

日本为什么陷入这种困境？也许是日本在80年代末的金融泡沫破裂后从未复苏。也许是日本令人忧心忡忡的人口问题是关键所在（日本符合劳动年龄的人口1997年达到高峰，预料今后几十年将稳步下降）。有一点是清楚的，即决策者尚未找到解决办法。

治疗流动性陷阱病的典型处方是财政上的助推启动：利用赤字开支使经济搞活起

来。并希望这样做能使投资者投资，使消费者消费。但是在经过几年扩大赤字后（日本今年的预算赤字是战后和平时期空前最大的赤字），日本经济火车头却没有显示出追上去的迹象，而政府债务的增加却达到令人担忧的地步。一些经济学家认为，日本需要背离正常的货币政策规则，放弃物价稳定目标，实际上实行适度的通货膨胀（使借钱更具有吸引力，而持有现金则不怎么具有吸引力）。但是日本银行仍顽固采取正统做法。

在这个时候，日本政府似乎仍希望局势能自行好转。大量公共工程计划已使去年的经济迅速下跌情况趋于缓慢，并推动了今年的经济增长，今年第一季度的增长率竟然达到令人吃惊的7.9％的年率。但是，没有迹象表明日本出现了真正的和能自我支撑的复苏。而且，事情非常容易大大恶化。确实，很容易看到日本陷入严重的通货紧缩的恶性循环，简直容易得达到令人吃惊的地步。日本会出现这样的情景：日本公司最终开始〝合理化〞，即大量解雇不需要的工人；害怕失业使得谨慎的消费者更加紧张；开支下降导致更多人失业；经济不景气导致物价不断下跌，加重了公司的债务负担，使现金成为更具有吸引力的资产。如果这种噩梦式的事件开始展现出来，不清楚日本官员能在这方面做什么或者愿意做什么。在利率接近于零的情况下，常规的货币政策已经尽可能地起到了扩张作用；在政府债务和赤字都巨大的情况下，财政再次激增的余地不大。

对日本的担忧必然影响整个地区的前景，造成这种情况的部分原因是，日本是主要的出口市场，另一部分原因是，从日本传出的坏消息肯定会影响整个地区对市场的看法。但这也可能是另一种兆头，因为日本综合征不一定被限制在日本。

人们可能已料到，中国的经济问题更像印尼这样的低工资国家的问题，而不像更富有和更发达的邻国日本的问题。但是中国从来都没有染上亚洲的流感，这是因为外汇管理条例防止游资离开中国并且首先不准游资进入中国。如果经济增长放慢，是因为中国的消费者没有赶上生产能力。对一个发展中国家来说不可思议的是，中国现在出现了明显的通货紧缩，中国正用日本方式即赤字开支对付这种局面。

中国仍有相当大的回旋余地，中国的利率大大高于零，中国的官方预算赤字和债务仍相对较小。但是，根据流传的各种说法，中国破产的国有企业和无偿债能力的银行仍有看不见的巨额债务。归根结底，中国像日本一样可能被迫开动印钞机，此举肯定会引起人民币贬值。这将使邻近地区，尤其是香港的生活更加困难。

总之，亚洲在今后两年中大概不会遇到过去两年曾遇到的同样问题。但是发生不同问题的危险相当大。

一线希望总是伴随着逆境出现：逆境可能造成损失，但也会使人得到宝贵的教训并强迫他们进行改革。亚洲的危机是否已为将来的经济健康发展奠定了基础？

答案也许是肯定的。危机已医治了最严重滥用裙带资本主义的一些事例，并且冲淡了这种危险的信念：〝亚洲的价值观〞以某种方式使得这个地区的国家无懈可击。这场危机淡化了自由市场的基本原则因而也起了好作用：一些国家在自己的金融市场做好准备之前在受到压力后向世界开放资本市场的可能性已减小。华盛顿把经济外交的主要目的看作是使世界成为对冲基金的安全场地的可能性也减小了。

　　然而，现在难以摆脱一种危险的自满情绪开始流行的感觉。早在1996年墨西哥开始在危机过后复苏时，决策者和投资者的行动就都好像认为墨西哥发生的事件只是一次性事件，绝不可能重演。但事实证明，那次事件是一年以后的亚洲危机的一次彩排。现在，由于世界在这个时候并没有完蛋，因此人人都开始认为我们已控制了局势，即使是关于国际改革的建议也已被冲淡到微不足道的地步。投资者和一些国家可能真的愚蠢到足以再犯同样错误的地步吗？它们当然可能如此。

对中国人来说，海湾战争所展示的是 21 世纪的武器装备和战法，它以最生动、鲜活的方式反衬出了规模庞大的中国军队的落后。灵巧炸弹、灵活的指挥与控制以及天衣无缝的高技术战争，震动了中国的领导层。由此，他们发动了一场旨在提高中国人民解放军现代化水平的运动，中国军方挂在嘴边的新词变成了"现代高技术条件下的局部战争"。

......

这些因素表明，中国军队现代化的规划旨在发展其设定的作战能力，尤其是：1.应付未来极不确定的可能来自美国、日本、东南亚诸国和印度的常规和非常规的军事态势；2.保持强大的威慑力量遏制分裂思想不断增长且经济力量雄厚的台湾；3.提高中国军事和外交水平以控制和进入其周边的被北京称为拥有主权的战略要地，如在南中国海的诸岛屿；4.防守一旦发生冲突短距离可进入的海防航道；5.加强其控制国内社会动乱和因宗族纠纷而使边境不稳定的能力。

......

17>

计划生育事出有因

哥伦布 1492 年 10 月 12 日夜第一眼看到月光下的圣萨尔瓦多群山时，他恐怕没有想到他的新发现有朝一日会对地球另一面的中国产生影响。几十年后，西班牙商人将高产农作物从西班牙在美洲的领地带到了他们在亚洲的主要落脚点菲律宾。16 世纪末，这些农作物辗转到了中国，包括玉米、红薯、土豆和花生。到了 17 世纪中叶，这些农作物便开始为人口爆炸积蓄能量。中国当局通过不懈的努力才将人口控制在今天 12.5 亿的水平。

中国人口的第一次大爆炸发生在 18 世纪，从 18 世纪初的 1.5 亿增加到 19 世纪中叶的 4.5 亿。从土地和人口的比例关系入手去分析人口爆炸的原因是一种占上风的做法。今天，到过中国的人都会不止一次地听到这样的说法：中国依靠仅占世界 7% 的耕地养活着占世界 22% 的人口。这一说法证明了中国实行全世界最严厉的计划生育政策的合法性。面对人口和土地比例严重失调的局面，让人们有吃有穿是政府最大的成就，这比保证他们的政治权利重要得多。

人们对中国能否继续依靠如此少量的耕地解决如此众多人口吃饭问题的担心，也是中国实行一种强使农民生产超过需要的粮食的增产政策的依据：将多余的粮食存起来，以备土地和人口比例失调到难以承受的程度时食用。近年来，同样的担心也使中国接受了"可持续发展"观念——包括保护土地计划和清除江河湖泊严重污染的努力。

针对人口问题进行土地研究在中国已有很长的历史。19 世纪前夕，中国人就已经开始担心人口增长问题，以至于急切需要英国经济学家马尔萨斯《人口论》的中文译本。中国历史学家告诉我们，马尔萨斯的《人口论》在英国问世仅一个月，其中文译本便在中国出版，并很快流传开来。

马尔萨斯对人口增长超过自然资源增长所带来的危险性做了可怕的描述。他警告说，人口数量超过自然资源的结果将是"瘟疫肆虐，饿殍遍野"，"必得有人出来平衡人口与生活资料的关系"，这就必然会发生战争。

早在马尔萨斯以前，甚至在新大陆作物传入中国之前，中国的相对人口规模就已经很大。公元 3 世纪，三国时吴国航海家康泰在他的《吴时外国传》中写道，在外国人眼中，"中国人多，罗马钱多，中亚马多"。定义中国历史上的疆界是一项困难而棘手的工作，但根据美国颇有威望的人口统计学家朱迪斯·班尼斯特的统计，在第一个千年开始的时候，中国人口占全世界人口的 28% 到 30%，后来在 1750 年和 1900 年又分别占到这一比例。

中国人口在第一个千年期间突破了 1 亿大关。这一点是毫无疑问的。在第二个千年接近尾声的 20 世纪 80 年代，中国人口又达到了一个新的里程碑，突破 10 亿。

在宋代，由于实行精耕细作，同样多的土地养活了更多的人口。给中国生态造成长期破坏的是农民大规模开辟耕地。他们在山坡上开出梯田；在江河沙淤上开出沙田；甚至还在水面上架木排，把泥土铺在木排上种庄稼，称为架田。"可能是人口规模促成了这些农业技术的采用。"中国社会科学院一位历史学家说，"也可能是这些技术使人口达到了如此的规模，这都很难说。"他认为，"这两种因素是互相影响，互为作用的。"

大约600年以后，从美洲引进的农作物新品种引发了又一次土地人口比例的深刻变化。玉米、红薯、土豆和花生可以在不适于种植小麦和水稻等传统农作物的沙岭薄地上生长。这就使得耕种面积大大增加，从而为更多的人提供了食物。

关于高产作物如何被引入中国的资料，发现在由当地名人世代记载下来的资料翔实的数以千计的县志里。比如福建省长乐县的县志就记载着这样的内容：一个叫陈真龙的人于16世纪70年代第一次将红薯秧从菲律宾的吕宋带到长乐。广东省东莞县的县志记载：当地商人于1580年从越南带回了红薯秧。

福建省省会福州的地方志记载，红薯于16世纪中期开始在该省普遍种植。地方志告诉我们，是当时的省长在1594年大饥荒时推广了这些农作物。他告诉他的人民，这些作物可以使他们度过饥荒。据历史学家说，中国民间流传的说法是：这位省长推广红薯的力度很大，以至于派出专人去附近的台湾偷红薯秧。当时，台湾是一座经常与大陆人发生矛盾的孤岛，在岛上常住的主要是土著人，西南部有一些来自广东和福建的奇人只是临时居住。据说台湾人的红薯也是从菲律宾弄到的，他们显然不愿意与大陆人共享，所以这位省长只好派人去偷。他们常用的偷窃方法是将红薯藏在衣服内，将红薯秧缠在腰间。

17世纪和18世纪，随着人口的向西扩展，美洲作物遍及整个中国，成为主要粮食作物，特别是穷人的主要食物。这些农作物促进了人口的迅速增长，同时也带来了严重的社会和生态问题：森林和绿地覆盖率大幅度下降；水土严重流失；河道淤积，洪水连年不断。

人口压力往往被认为是18、19世纪农民起义频发的主要因素。其中最为著名的是18世纪末爆发的白莲教起义和1851年至1864年的太平天国起义。

美国著名汉学家约翰·菲尔班克和莫尔·格德曼曾经指出，早在新作物被引进中国之前的宋代，强大的人口压力就已成为促进发明创造的动力。"中国的重大技术发明，包括丝绸、瓷器、运河水闸、时钟、船尾方向舵、印刷、火药、板型铁犁等都是在宋朝晚期发明的。"

中华人民共和国成立后的头二三十年，也就是从1949年到70年代，毛泽东一反中国历代领袖的观点，提出了人多力量大的口号。中国人口一下子从1953年的5.83亿增加到1975年的9.2亿。中国计划生育委员会的高级官员指出："我们的人口基数太大，每年增加1300万。这对我们的住房、就业、妇女儿童保健和环境造成极大的压力。"她说，人口过剩降低了中国在世界发展中的地位。"我们的经济一直在发展，但人们都看不出，因为我们人口太多。在世界银行按人均国民生产总值的排名中，我们的位置很低，只排到 99 到 100 位。"

中国政府对本国的人口规模非常担心，所以从 70 年代末开始，在全国范围内实行严厉的计划生育政策。城市夫妇只能生一个孩子；农村夫妇最多两个。当然这一政策也经常有打折扣的现象，特别是在农村。

环球自然基金会中国项目代表詹姆斯·哈克尼斯对中国的政策产生共鸣。他说："我们发现，人口本身并不是一种机械的、不可改变的力量。在如何与他们所处的环境打交道方面，人们可以做出理智的决定，个人的行为和政府的政策可以改变人类本身对环境产生的持续影响，不管人口的规模有多大。"

人口学家们预测，中国人口将于 2040 年到 2050 年间达到顶峰，突破 15.5 亿或 16 亿，然后趋于稳定。该官员还说，中国的政策还没有放松对人口出生率控制的打算。她说，政府从 80 年代后期开始认识到需要制定一个计划生育的总体规划。这个规划不仅要考虑出生率问题，而且还要考虑教育水平的提高和经济的发展。

控制人口规模仍然是计划生育最迫切的任务。"除了经济和社会发展比较落后之外，我们的人口包袱也太大，"她说，"如果我们的人口继续保持如此大的规模，那么我们只能是继续贫困下去。这不仅仅是如何消耗我们的资源的问题。"

中国军队的现代化

《新闻周刊》认为中国的军队正面临新的革命。1991 年 1 月，当美国人的炸弹向伊拉克倾泻时，美国有线新闻网（CNN）对多国部队的进攻进行了现场报道。在 5 个时区之遥的北京，CNN 的战场报道吸引了一批热心的观众。对中国人来说，海湾战争所展示的是 21 世纪的武器装备和战法，它以最生动、鲜活的方式反衬出了规模庞大的中国军队的落后。灵巧炸弹、灵活的指挥与控制以及天衣无缝的高技术战争，震动了中国的领导层。由此，他们发动了一场旨在提高中国人民解放军现代化水平的运动，中国军方挂在嘴边的新词变成了"现代高技术条件下的局部战争"。中国现正以购买的方式，尽快地向高技术超级军事大国迈进。有一点正在令华盛顿愈发寝食不安，那就是中国如何改进、重组其规模庞大的军队。

高技术国防战略的探索始于 20 世纪 80 年代中期，1992 年底中国军队领导层最终达成一致意见，即国家的战争机器——军队应该适应高技术战争准备。中国认为海湾战争是下个世纪不可避免的武装冲突样式。因此，一直在大规模研究海湾战争的经验教训，并将其研究重点转到近期国防需求的实际问题和具体事例、方案上；研究的深度、思想的自由度、参与研究者从高级军官到普通士兵的范围广度，在中国军队的历史上前所未有。

研究海湾战争有助于军事科学思想进步。从海湾战争中得出的主要经验教训是：

电子战对整个战争的结局具有决定性作用；高技术武器是赢得未来战争胜利的关键；空军力量、海军力量是现代化战争中关键性的武装力量；快速反应、快速部署是综合能力的衡量标志；后勤供给能力与实际战斗力同样重要。

中国制定了有远见的高技术国防战略。首先，高技术国防战略不仅仅是军事科学思想的进步，还能推动军队现代化建设。其特殊意义是：它具有远见卓识，将其目标瞄向下个世纪的战争；它能推动武器装备的发展，进而使中国军队获得扩充实力的能力。

其次，实施高技术国防战略的条件是经济持续增长。这个问题极为重要，中国共产党已看到了苏联的垮台，并一直谨慎地避免重犯苏联"国防冲击经济"的错误。因此，当迫切要求推进某些关键领域的武器装备发展进而要求增加军费预算时，中国军队总是合理地将军费集中用于某些突破性项目，而不是全方位地发展军事建设。

最后，高技术国防战略还是驱动全民族科学技术发展的强大力量。

实施高技术国防战略的着眼点主要是：新武器发展计划；国外采购与扩大预算；空军现代化建设。

当前，中国正在实施一项既定的无期而庞大的军队现代化计划，致力于改变在武器、装备、作战理论和训练等方面长期存在的落后局面，增强其作战能力，以应付普遍存在的潜在的威胁和实现其长久的现代化夙愿。虽然也许需要 10 年才能初见成效，但这一现代化规划已使常规的国防开支、采购国外的先进武器系统和研制国产新系统有了极大的增长，改善了固有武器系统并且在部队训练、战备、力量投送和合成兵种作战诸方面取得了显著的进步。

这些及其他方面的进步已引起了亚洲和其他地区对不断增长的中国军队作战能力的关注以及对地区政治和军事稳定性、地区经济继续增长和亚洲海上航道安全的影响。这类关注反过来导致决策者和战略学家要问：中国将以什么样的速度和何种方式来建设一支强大且具有相当投送能力的现代化军队？

这些都是不易回答的问题。近年来国防开支水平和武器装备完善的本身并非是一种表明中国军事现代化努力趋向的可靠迹象。尤其重要的是，人们不应设想，中国军队现代化经过 5 至 10 年，在质量和能力方面取得了初步的成就，且还需要将强大现代化的部队投入战场的能力，因而国防和技术完善的开支会继续增长或一直保持在高水平。

许多因素都将影响中国军队实现现代化规划的长期进程和范围，最显著的是：1. 中国军政高层领导对军与民发展次序的决策；2. 经济、技术和结构上各种"目标"对其的制约；3. 其他国家在这方面的反应对其的影响。其中有些是主要的，也许会长期存在，并妨碍中国实现军队现代化的目标。影响最大的也许是第一和第二个因素。特别是任何对中国真正获得有效武器装备的能力具有实际意义的评价，都必须考虑军队现代化建设必需的资源和技术的需求量。

香港新移民

陈观明(音)在急速发展的中国南部城市东莞有一所大房子。他和母亲及弟弟一起住在一所两层的、240平米的住宅里。他们有一个阳台，房子后面甚至还有一个小院子。但相对于陈观明的愿望来说，这所房子还不够大。在附近麦当劳快餐店吃汉堡、喝可乐时，这个12岁的孩子的眼睛一亮——他想到了香港，他做屠夫的父亲生活的城市。"那(香港)是一个很繁荣、很让人激动的城市，有许多有趣的游戏"，观明很确信地说道。在那里，他会有电脑、Sega视频游戏和"一间很大很大的房子和许多新朋友。"观明固执地相信，他正在狼吞虎咽的汉堡也一定是香港的味道更好。

天知道，一度是英国殖民地的香港其实并没有什么特别的味道。麦当劳的销售点跟东莞的完全一样，所不同的仅仅在于这里要更加拥挤，更加嘈杂。等待观明和他弟弟的家也不可能好到哪里去：一套空空的、毫无诱人之处的、面积仅有10平方米的公寓。

然而，所有那些也许正是观明将要得到的，因为香港的最高法院已经做出裁定，任何香港永久居民的孩子都有权在香港居住。对于香港终审法院1998年1月所做出的这项决定，北京发出了另一种声音，其中传达出关于香港的司法独立可能会处于危险之中的忧虑。但是如果这项裁定得以维持，这意味着观明，以及50万跟他一样的孩子，将注定成为香港的最新市民。这些人口的流入可能超出香港的承受能力。并且，当前的环境不佳——香港经济在去年第三季度萎缩了7%，这已经在香港本地居民中引起了同样巨大的恐慌，人们对于这些不满现状又尚未达到可雇佣年龄的孩子深感忧虑。"在经济和社会两方面，这都将引发巨大的问题，"保险公司总裁VickiChan说，"人人都在预测香港要出现混乱。"

因为已经有680万人口拥挤在狭长的发达地带，所以香港对于新居民的流入控制很严格。终审法院的上述裁定可能会将这一努力引入混乱之中。官方曾预测从1997年7月政权移交到今年7月之间会有66000名大陆孩子移民到香港(到目前为止已经到了43000人)。现在甚至那些非法移入的孩子的身份都变得合法了，再加上那些在其父母都还没有成为正式居民以前出生的孩子，总数可能超过50万。为了对根据上述新法到底有多少孩子可以获得移民资格这一问题做出一个可靠的估计，户口调查人员已经深入香港全岛以及附近的沿海省份广东、福建。

精确的结果将很难得到：一些香港男人无疑不愿意爽快承认跟他们在大陆的情妇所生的孩子，并且有些"二奶"已经说了，除非她们可以陪同，否则她们是不会把孩子送过边界的。官方甚至还没有决定怎样规定移民的步伐(目前每天仅允许150人进入)，也拒绝让那些签证到期的访问者继续滞留在香港。"这样做是不人道的，"50岁的郭青鹏(音)说。他的女儿因为停留超过了签证期限而面临被捕。"政府答应了我们一件事，做的却是另一回事。公道何在？"

许多专家担心的是，在所有那些合法化移民入境之后，这种混乱将会加剧。据香港大学城市规划与环境管理中心主任彼得·希尔斯说，到 2011 年香港人口将会自然增长到 750 万；如果允许 50 万新移民入境，这一密度将比上述日程提前 8 年达到。香港已经带有了其上百万工业人口所造成的伤疤：烟雾，潮湿的街道，以及充满废物的港口。"香港目前处于一个非常精细的平衡，"希尔斯警告说，"它正在达到环境所能承受的极限。"这些人口的流入将使污染达到不能忍受的地步，而这样一个数量激增的人口也将使得市政工人面对异常繁重的清洁任务。

官方也没有表明他们可以为这么多的新移民提供住房。根据法律，移民及其家庭必须等待 7 年才有资格申请公共住房。此后，要得到一套公共住房平均也要再等 7 年，这使得许多家庭困在很脏、常常又是很旧的建筑里。在终审法院做出上述裁定之前，香港特首董建华曾承诺把第二个等待期缩短至 3 年。但是住房积极人士 Virginialp 说，目前董建华政府尚未达到其每年建房 5 万套的目标，而实际要建这个数量的两倍才能满足当前的需求。由于缺乏缓解压力的实际可行的办法，前景不容乐观：住房专家李文达（音）只能建议把已经小得像面包盒似的公寓建得更小，以期在可用的地皮上挤进更多的人。

然而，关键的问题可能不在于空间，而在于时间。给新增的住房、学校和医院选地、设计并修建基础设施需要 3 至 5 年时间。因此，新移民所造成的冲击视其移入速度会有很大的不同。香港本地的学校系统虽然很拥挤，但刚开始应该还是能够应付的。官员们声称在未来一年中他们有足够的地方来容纳 25000 名中、小学生。目前，约有50 家机构正在协助教育部门为大陆移民开设语言和同化课程。绝大多数的积极人士相信，新移民可以成功——歧视常常成为驱使他们在学习中出类拔萃的动力——但前提是他们的数量必须与富余的老师和教室相适应。教育部门的高级官员李车春（音）说："最终的解决方案还是修建更多的学校，但学校不可能在一天内建成。"

相比之下，那些可能取得居住权的成年人心头萦绕着更大的忧虑，尤其是现在正值失业率新高——5.8%。劳工积极人士、立法委员李楚岩（音）说："我们认为香港无力进一步吸收这些工人。"语言能力的不足可能把许多移民排除在高薪工作之外，而绝大多数劳动密集型工业已经移到大陆。与中华人民共和国刚成立时逃往香港的上海工业资本家相比，不能指望现在的新移民会给香港经济注入资金或技术。李说："如果在经济繁荣、人人都有工作的时期放入移民，那么他们倒是可以被看作是在为香港做贡献。"港人对于接纳更多移民的口头反应显示，对许多本地人来说事情已经发展到多么紧张的地步。

最近移入香港的大陆人可以证实上述痛苦的真实性。13 岁的莫来萍（音）两年前到香港时曾经有过和陈观明一样大的梦想。"我以为我会非常开心，因为我能看见许许多多摩天大楼。我以为我可以不用再自带扫把到学校去打扫地面。"而实际情况是，来萍住在九龙区一间肮脏的 7 平米的小公寓里，并且要在一个放在皱皱的卧铺上的咖啡托盘上把作业写完。她的母亲和妹妹一起睡在下铺；她们狭窄的住所每月的租金要花去 490

美元，几乎占了政府每月发给她们的1100美元福利金的一半。来萍说，"我希望我的生活最终能好起来"。

同样，香港居民也会惊奇地发现他们的许多忧虑并未变为现实。香港大学社会科学系主任西西莉亚·陈消除了关于移民会使医疗保障体系超载的担心。她说："从统计的数字来看，5岁到45岁之间的人很少去医院。"也不是所有有资格的人都想移民到香港，尤其是那些已经在中国（大陆）过着舒适生活的成年人。工会主义者李某的政党先锋党已经呼吁北京允许移民保留双重居民权，以便他们在不能适应香港时可以返回大陆生活。就像大多数的反移民情绪一样，现在的许多激烈言辞都只是由偏见造成的，因此时间和彼此间的熟悉会消除一些无稽的忧虑。

最终，新移民会成为香港经济不可或缺的建设者。香港人口的老年化对于其未来的繁荣构成了严重威胁，有越来越多的老年人需要依赖数目日益缩减的工作人群。恒生银行在不久前所发布的一个报告中预测，与过去17年中年均2.1%的增长率相比，未来10年香港劳动力的年增长率为2.1%。"要保持经济的发展，维持我们的生活水平，有工作的人口必须更加努力才行。"恒生高级经济研究经理文森特·万说道，"劳动力供给的增长将会对经济有益。"这是最新和最老的居民的一个共同愿望。

回头看看过去的这10年，中国发生的变化让我印象深刻。这个国家给我以希望。在80年代我做梦都想不到会有自己的房子和汽车。那时候我从没有出过国，也根本不会去想有那样的奢侈，有私人电话都是件了不起的事情。

……

许多美国人对中国所怀有的愤怒和猜疑是相当明显的。美国的议员和报纸的专栏作家就经常攻击北京，而无论什么时候有中国领导人来访，特殊利益集团都会强烈抗议。鲜为人知的是，在中国，那些有外交头脑的精英们的反美情绪正在上升。

……

"建设性战略伙伴关系"真的变得具有毁灭性和危险性了吗？这种危险性不可能更高了。在21世纪，没有哪种地缘政治关系比今天的唯一超级大国(美国)与拥有13亿人口、正快速进入现代化的国家(中国)之间的关系更重要。

18>

导演陈果的眼中香港

陈果似乎喜欢在回忆中工作。为了拍他最近的新片《去年烟花特别多》，这位香港导演最初摄下了许多围绕香港1997年"移交"中国管理而发生的真实事件。一年以后，他才给它们加上了故事情节。"我只管拍下这些场面，而不管以后的故事会是什么样子。"壮实和蔼的陈果这样说——他既执导这部影片，又为它写电影剧本。反复思考之后，陈果决定让《去年烟花特别多》成为透视香港回归这一历史事件的三部曲中的第二部影片。

38岁的陈果并不是第一个以这件事为题材的导演。陈可辛的《甜蜜蜜》(1996)就反映了回归来临时香港人同大陆人间的焦虑关系。王颖的《中国盒子》(1997)有点让人失望，它以一个相思成病、奄奄一息的英国记者为中心，描述了一些与回归有关的事件，并探讨了当地人的身份感。

《去年烟花特别多》是迄今为止对回归所带来的冲击探讨最深入的影片。影片讲述了英国驻军解散后一群香港复员士兵的故事。家贤(何华超饰)和家璇(李灿森饰)两兄弟，一个原本是军人，一个是黑帮人物，他们同其他4名复员老兵一起计划抢劫银行。除了失业外，家贤做这件事还有一个不为人知的动机：他想劝弟弟退出黑社会，但知道这需要钱才能做到。香港当时经济萧条，由于一心想找份工作，家贤自己却最终加入了黑社会，他安慰自己说："这只是份工作。"为了适应普通人的生活，他的生活却被毁了。

陈果因为坚持拍摄反映香港变化的影片而与众不同。他的《香港制造》揭露了黑社会青年生活之艰难。拍这部片子时，他起用了一批业余演员(李灿森在该片中是首次亮相)，工作人员也少得不能再少，只有5个，胶片是从他以前拍过的胶片中拣出来的，整部影片的预算仅为8万美元。《去年烟花特别多》的预算达到了100万美元，但是陈果雇用演员仍然是新旧结合，其中还包括两名他在一次多余军品甩卖会上偶然碰上的前英国士兵。

这部新片2月份在香港进行首映，年内将会在亚洲其他地方上演，它看起来将会非常叫座。陈果擅长用一群小人物来演绎离奇而具有讽刺性的人生：漫无目的闲逛的出租车司机，满口俏皮话的黑帮老大，欺小凌弱的女学生。《去年烟花特别多》涉及的是诸如香港人为钱所困这一类比较沉重的话题。然而，剧本中一段次要的爱情故事却产生了出人意料的效果——很像银行抢劫事件的结局。当然，陈果最想探讨的是香港所面临的政治和经济挑战。"没有人关心我们的价值系统正在如何改变，"《去年烟花特别多》拍成后，香港有了一位能理解它的电影人说。

"我知道我想要的"

郭方10年前是一个记者，现在是北京的一个餐馆老板。在《时代》杂志上，他写了自己的故事。

80年代末期的那几年中国的知识分子阶层非常活跃。各种讨论如火如荼，报刊出版前所未有地开放。当时我是《改革时代》杂志的记者，也属于理想主义青年的一分子。

整个第二年我们都情绪低落，我的杂志社在1990年关门了，我也计划去美国。我是一个理想主义者。最终我留了下来，而事情也慢慢地朝好的方向发展。我从1995年开始在北京新成立的一家儿童学校里教授中文。中国举办联合国世界妇女大会，我也作为公共关系顾问参与其中，我后来成了一个搞中国当代艺术的瑞士代理商的当地代表。这个国家正在发展，我们有无穷无尽的机会去做新而有趣的事情。去年，我在北京开了一家私人餐馆，以西班牙烹饪和中国艺术品为餐馆的特色。

回头看看过去的这10年，中国发生的变化让我印象深刻。这个国家给我以希望。在80年代我做梦都想不到会有自己的房子和汽车。那时候我从没有出过国，也根本不会去想有那样的奢侈，有私人电话都是件了不起的事情。在1989年，学生们不知道他们需要的是什么，我们都一样贫穷，都一样是理想主义者。

现在，我和一个男人一起住，但我们没有结婚。我正计划设计建造自己的房子。换句话说，现在我可以拥有我想过的生活。生活变得有趣而舒适。我想结婚就结婚，不想结婚就不结婚。而在10年前，像这样拥有选择的自由简直是不可想象的。

在1989年离开中国的人可能并没有意识到中国已经发生了巨大的变化，10年前的学生都带有强烈的政治色彩。在1989年我也想要民主，但是我不明白什么是民主。今天，我只想要我明白的东西，你不能渴望那些你不了解的事情。今天的年轻一代同样也不一样了，他们更有商业头脑，也已经有自己的房子和汽车了。

我对中国的未来和我在其中的位置都非常乐观，从这个国家的开放中我已经获益颇多，现在我相信我和这个社会有关系，我感到了我和它之间的联系，我喜欢现在的生活，这正是我想要的生活。虽然我还是没有出国旅游，但是是因为最近我太忙了，没空去。

侯孝贤和《海上花》

一位台湾导演在1999年重现了19世纪上海高级妓院的奢华和慵懒。

时间对台湾导演侯孝贤而言是无足轻重的，他最近完成的新作《海上花》是一部极尽豪华而又显露才华的影片，讲述了19世纪上海高级妓院里的风花雪月和人际关系。侯孝贤运用他的注册商标：一镜到底的长镜头来演绎妓女们如何为男人嗔怒，闲聊，吸食鸦片。"时间对这些高级妓院里的人而言是不重要的。"侯最近参加一次为他的影片举行的庆祝仪式时说,"这些女人身陷其中,无法自拔。"

19世纪晚期中国妓女的经历和日本的艺伎在某些方面很相似。她们小小年纪就开始打扮自己来取悦男人,希望他们中有人肯娶自己,替她们偿还拖欠妓院的账单。这是一种与世隔绝的生活,通常由年长的妓女解决同伴间的争风吃醋和嫖客与妓女间的争吵。影片的每一个镜头都以旧上海英租界里精致而昏暗的高级妓院为背景,表达出一种禁锢感。

《海上花》参加了1998年戛纳电影节影展,此后开始在影院放映。1999年6月底在香港放映,秋季则进军美国市场。剧中人物的对话是上海话,电影则是根据1894年韩邦庆用吴语方言创作的小说《海上花外传》的普通话版本改编。小说原本有许多次要情节,但是侯却集中表现三个女人的生活——小红(日本羽田美智子饰)、翠凤(香港李嘉欣饰)和双珠(香港刘嘉玲饰)。侯的意图不太明朗,因为影片有多条线索,甚至这3个女人的生活也处于王莲生(香港梁朝伟饰)两难选择的外围,王必须决定是娶小红还是她的一个竞争对手。

电影中的每个场景都揭示了男人和女人、妓院老板和妓女之间的权利争夺。在长达8分钟的开场镜头中,一群男人喝酒划拳,妓女则尽职尽责地站着或坐在他们身后,这个场面给整部影片定下了基调。影片结束时,这些妓女在社会结构允许的范围内奋力抗争,已经取得了一定的自主权来决定自己的命运。虽然不是每个妓女都有了这种权力,但至少像翠凤这样的妓女可以为自己的自由有力地斗争。

此外,我们还了解了剧中的人物(小红想和王莲生结婚,但王却没有拿定主意)。观众无法从影片中了解人物行为的动机。侯极力表现他的审美观,对人物的背景和行为动机却鲜有解释。他的摄像机跟在人物后面游走,藏在窗户边或停在门口。侯好像是悄然在1894年的高级妓院中游荡,捕捉表现人们关系的对话,而不是表现他们的背景。

侯的风格和力量在于表现而不是讲述。我们只需要从门缝中瞥见的一双男人的脚就能够明白,虽然小红要和王结婚,却在和另外的男人上床。当然,这部影片不仅仅是一幅幅美丽的画面。高级妓院虽然是一种慵懒闲适的环境,却生动地表现了妓女们富有生机,却又受到禁锢的世界。

将要失去的朋友

翻开一本满是发黄了的照片的影集,刘安忆(音)回想起他年轻的时候是多么羡慕美国。作为20世纪30年代末期清华大学的学生,刘安忆被学校里几位美国老师和在美国受过教育的老师的魅力所吸引。他和他的朋友们使劲地阅读西方的书,欣赏西方的经典音乐,甚至还开始喜欢西式的厕所,而不是中式的。他还不断地把诸如英格丽·褒曼和克拉克·盖博这样的好莱坞明星的传记翻译成中文。然而提起现在的美国,这位温文尔雅的前政府官员的脸色就会阴沉下来。"美国人已经昏头了，"现年 84 岁的刘安忆哼了哼，说道："如果你把中国当作朋友，它就会对你很好而且永远不会背叛你。但如果你把它当作敌人，那么它就会毫不犹豫地进行还击。"

许多美国人对中国所怀有的愤怒和猜疑是相当明显的。美国的议员和报纸的专栏作家就经常攻击北京，而无论什么时候有中国领导人来访，特殊利益集团都会强烈抗议。鲜为人知的是，在中国，那些有外交头脑的精英们的反美情绪正在上升；而与此同时上升的，便是明显的民族自豪感。北京的一位中国记者说："这种民族主义情绪的上升是与华盛顿和美国新闻媒体对中国的妖魔化的程度成正比的。"

在许多中国知识分子的眼里，由于有着活跃的经济和唯一超级大国的地位，美国像一个狂妄自大的世界级恶人，将那些在贸易、安全和人权事务方面拒绝按华盛顿的标准行事的国家打得鼻青脸肿。"当他们不能达到目的时，"刘安忆说，"他们就会诉诸制裁或军事打击。"中国人越来越将美国人的这种示威视为一种直接威胁。中国社会科学院美国研究所的研究员，在社科院每月出版的刊物上发表了一篇文章，他这样写道："中国的决策者们实际上已经得出了结论，认为美国的意图就是要将中国西化或是肢解。"按照中国人的观点，美国不仅是狂妄自大，而且对其国界以外的世界一无所知。"华盛顿常常过高地估计了它对北京的作用，"中国的一位政治家说，"他们没有认识到，在关键的问题上，中国领导人的举止更受国内因素的限制，而不是要取悦美国人。"

1996 年当华盛顿派出两艘军舰到台湾海峡时，刘安忆对美国的幻想开始破灭了。那时，台湾正在举行第一次总统选举。北京试图对要求台湾独立的支持者进行威慑，因而进行了军事演习并发射了跨越海峡的导弹。近来，中国对美国在北亚部署战区导弹防御网的谈论很恼火，担心这将会阻止中国大陆和台湾的最终统一。"美国不应插手台湾和西藏问题，"刘安忆说，"这些问题并不只是由江主席和朱总理来决定。整个国家都支持他们的立场。无论谁失去了这些领土都将会被人民所抛弃。对美国而言，干预这些问题是错误的、愚蠢的。"

对许多中国人来说，以美国为首的北约对南斯拉夫的轰炸是最令他们愤怒的。"我们反对北约攻击科索沃，"刘安忆说，"因为我们就可能是下一个进攻对象。"这似乎是其他许多中国人所担心的事。"难道强国就有权对另一个国内出现问题或困难的主权国家进行打击吗？"上海复旦大学的一位年轻女士问道。

在见多识广的美国人中，对如何更好地与中国打交道的争论最终归结为两种方法。"接触"派认为，即使是一个强大的中国也能被融入国际社会，尤其是通过促进广泛的经济和政治交流来实现。然而，"遏制"派认为，中国必定会成为一个具有侵略性的地区性力量，并最终成为世界性强国。因此，这一派认为，美国和它的盟国应该尽一切所能来遏制中国的地缘政治野心。

一些中国人把他们的社会比作一盘散沙，零零落落，分散不合。但当受到外部压力或威胁时，又会团结一致。"如果你不把我们拢到一起，中国或许会转变得更快。"

刘安忆说，"但如果你这样做了，政府就能更容易地调动起民族主义的情绪。你自己选择吧。"对那些希望影响中国行动的美国人来说，刘安忆的公式或许值得记住。

朱镕基的美国之行

朱镕基已经为他今年4月对美国进行的高层访问做了一个非同寻常的旅程安排。从洛杉矶出发，参观一下好莱坞的米高梅环球制片厂，然后前往华盛顿参加为他举行的国家元首级欢迎仪式并发表演讲，接着折返1000多公里去丹佛，再反向前往芝加哥，最后折返到达纽约和波士顿。从公元前3世纪起，中国人就一直使用地图，因而朱镕基应该不会在使用地图上出差错。或许，他明白作为一个移动目标的益处。中美关系已经变得十分紧张脆弱，所以中国的总理或许不想静静坐在挤满批评者的射击场里，等待他们将要进行的肆意抨击。这些批评者有：对中国人权状况进行攻击的自由主义者，要求进一步开放中国市场的贸易谈判者，亲台湾的游说者，以及西藏的分裂者。

不可否认，麻烦事总是围绕着美中间的"建设性战略伙伴关系"，这是两国用来描述双方关系的具有高度弹性的术语。两星期以前，华盛顿在联合国发起了一项谴责中国人权记录的决议，这激怒了北京。众议员克里斯托弗·考克斯，即一个旨在调查中国对美国国家安全影响的立法委员会的主席，正忙于一份长达700页的报告，这份报告声称中国"齐心协力"来获取美国关于导弹、火箭和核武器的机密。（尽管白宫未必会同意，但他已决定将这份报告公之于众。考克斯告诉记者："既然他们控制着时间表，我可以想象这份报告不会在朱镕基的访问期间公布。"白宫官员反驳说，专家们正对这份报告进行逐行审查。）尽管两国正在对中国申请加入世界贸易组织进行谈判，华盛顿的有些人还是在极力呼吁，将中国宣称为自己领土范围内的台湾，置于美国设计部署在亚洲的任何类型星球大战式的防御保护体系之中。除此之外，中国已对以美国为首的北约对南斯拉夫进行的轰炸进行了谴责。克林顿政府的一位资深行政官员说道："双边的政治关系，显然正处于一个艰难时期。"

在中国国内，从内部散布出来的新闻宣传正激发反击的声音。直到朱镕基临出发访问前，北京的高层圈内还有一场关于是否应取消这次行程的争论。作为对此事的反应，今年4月初的《中国日报》提出警告："在华盛顿，由美国媒体和政治家合奏的一台反华谬论还正在上演，这也许会将已经处于紧张状态的中美关系推向更危险的境地。"这种言辞在对美态度相对宽容的中国智囊团那里也开始变得激烈起来。"在美国，对中国进行诽谤中伤已成为一种时尚，"中国社会科学院美国研究所的高级研究员这样说道，"在美国，对中国稍有了解的学者都不敢直言。"

"建设性战略伙伴关系"真的变得具有毁灭性和危险性了吗？这种危险性不可能更高了。在21世纪，没有哪种地缘政治关系比今天的唯一超级大国（美国）与拥有13亿人口、正快速进入现代化的国家（中国）之间的关系更重要。但是，3月在北京，当美国国务卿奥尔布赖特在朱镕基面前对中国人权问题进行斥责时，朱镕基的反应是相当强烈的。

但是，在激烈的言辞之下，也许还有控制双边关系，进行外交折中的希望。首先，朱镕基将受到高级别的欢迎。就在朱镕基出发的前几天，中国宣布将要从美国购买 10 架价值 4 亿美元的波音商用飞机，同时，通用汽车公司也就其上海的合资公司出售另外 4 亿美元的美国零部件签订了协议。这些情况代表着对美国有着巨大对外贸易顺差国家的领导人表示出的一种显示和平的姿态。

其次，像朱镕基这样的国事访问不仅不会幸免于当前的争论，常常还会激起更多的争论，尤其是当美国即将进行大选的时候。中国假定克林顿政府在今年的初选期前会趋于更为强硬的立场，以保护总统候选人副总统戈尔免受对中国问题软弱的指责。在北京也在发生同样的变化：民众希望在对美国人在指责中国的时候给以强硬的反击。

当华盛顿和北京似乎要在那些热点问题上无休止地争吵时，两国间那些主要的分歧点也忽冷忽热起来。今年两国间最棘手的争论涉及对中国在美国新墨西哥州洛斯阿拉莫斯的国家实验室和其他高技术中心进行间谍活动的指控。两年前，当江主席对美国进行高层访问时，他必须纠正对中国在军事上对全世界构成威胁的指责：因为在此前不久，北京向台湾附近的水域发射了导弹。但是当美国总统克林顿去年 7 月访问中国时，这个问题被从原定安排中删去了，取而代之的是对所谓的中国试图通过非法选举捐款破坏美国民主的指责。没有人会说今天对中国进行间谍活动的指控并不重要，或是否认美国国内的政客们常常把原本不大的事情搞大。"中国问题是美国国内政治的一种象征，"克林顿政府的官员这样解释说，"在像目前这样的艰难时期，中国所做的事情，不管是我们不喜欢的，或是我们赞成的，都会引起广泛的关注。"朱镕基自己已经很外交地将自己置于争论之外。3 月，当有记者问他的访问是否会受到双边分歧点的影响时，他说："我会到任何一个地方去给他们一个机会来出气。"

整个锅炉的压力正在增大。当朱镕基到达国会山时，他将面对参议员杰西·赫尔姆斯和罗伯特·托瑞赛利，他们已经动议了一项增加与台湾军事合作的议案。其他的国会议员要求中国加入世贸组织必须要得到美国国会的批准，从而也正式加入到中美有关WTO 的争议之中。

在华盛顿，许多人将这种批评看作是江泽民和克林顿前两次峰会的副产品。有批评认为这两次会晤掩盖了一些肯定反过来会使两国关系蒙上阴影的分歧。"政府过分宣传了 1998 年峰会的成果，而 1999 年峰会的成果很少。"道格拉斯·保罗这样说，他是美国一家处理与防卫有关的商贸事务的非盈利性研究机构——亚太政策中心的主席。一位前中情局分析员，现为商业顾问的肯特·哈林顿说道，克林顿声称他的中国之行体现了一次真正的心灵相会，而这种说法得到的回应却是寥寥无几。"华盛顿将自己竖了起来准备摔跟头。政府没能建立起沟通与政策制定者、政治家以及华盛顿公众的桥梁，也没对立一种现实主义的观点，即两国的关系将有时会很麻烦。"按照国防部长副助理库尔特·坎贝尔的说法："我们需要清楚地指出我们在哪些领域的政策还有问题，以及我们已经切实地得到了什么。但是我们不能过分地夸大形势。"

考虑到朱镕基先前就是中国经济领域的领导人，而且他当前的挑战也是要整治中国的经济，因而商业应该是他的专长。但现在中美间即使最普通的贸易也带上了政治色彩。除了别的事情以外，考克斯委员会已经调查了休斯电子公司和劳拉太空及通讯公司在1995年向中国非法转让导弹导航技术的可能性。考克斯调查报告的公布可能会导致对中国出口高技术产品的限制，这是一个使美国商界担忧的可能性。美国对中国卫星的销售可能从1997年的380亿美元上升到2007年的大约1710亿美元，但在新的出口限制下这种增长可能难以实现。非美国的公司可能会很轻易地获取商机，驻京的美国商会主席理查德·拉瑟姆警告说，"然后，你就会置身于这个市场之外10到15年"。正如商务秘书威廉·戴利早些时候在北京所说："这是20年来高技术贸易所处的最坏氛围。"

同样，中国加入WTO的底价已被认为是朱镕基这次访问想要与美国敲定的具体成果。戴利和美国商务代表查利尼·巴尔舍夫斯基都飞往北京进行了11个小时的谈判，但要让这件事有利于美国的商业，他们必须要敦促中国放宽对各种进口商品的限制，还要想方设法撬开诸如保险、通信等服务行业在中国的市场。对中国来说，WTO的成员资格将会有助于其以出口为驱动的经济，并使北京可以在大型国际组织中扮演发号施令的角色。其代价是：将竞争引入大型工业，可能会导致更多的下岗。去年当类似的谈判结束时，这种代价对北京来说似乎太高了。

当朱镕基到美国时，他或许感到像是在敌方战线后的一位将军。"这两个国家注定要相互竞争，"中国大学的王先生说，"你不能想象其中的一个会从属于另一个。它们必定会尝试着合作，但也会进行斗争。"

葡裔澳人迎接1999

这段时间，绝大多数葡萄牙殖民地澳门的民众都在关注着即将发生的事情。当中国副总理钱其琛重申北京计划在12月20日收回主权之前在这个城市驻军的时候，引起了一些小小的议论。今年4月中国将会宣布这个地区移交后的行政首脑候选人。《华盛顿邮报》近来关注的焦点是正在回归中国的澳门。

一个微型社会，不论怎样，都有充分的理由关注这种转移。葡裔澳人——绝大部分是葡萄牙定居者与当地广东人通婚的后代——估计只占这片被包围的土地的居民总数的不到5%。但在精神上，他们使澳门之所以区别于其他始终是中国领土的沿海城市的某种东西，具体化是它的双重文化传统。由于结婚或者移民，他们的人数已经锐减（大约4万葡裔澳人现在生活在澳门以外）。他们连同他们的位于珠江口的一度美丽的港口，在大陆的统治之下，在维持截然不同的认同方面将会经历一段时光。"我们的文化将会消失，"曼迪·包尔斯科特，一位生活在范库弗峰的葡裔澳人艺术家表达了这种迷茫，

"而且澳门将会变成中国的另一座城市。"

当政权移交日益临近时，越来越多的葡裔澳人正在试图公然抵制这个预言。包尔斯科特，他的家庭可以在澳门寻根至 1710 年，已经绘出了一系列详细描绘这个城市历史的图画。3 月一次世界范围内的重聚吸引了大约 1300 名流落在外的葡裔澳人，许多人希望在北京继续对其统治之前最后看这个城市一眼。米纽尔·塞纳·费尔南德斯，一位律师和当地立法会成员，已经为一家剧院写出了用早期葡裔澳人方言表演的戏剧，这种语言是葡萄牙语与广东话的古老混合。他承认"当我们的剧院公司创办的时候（1994 年），我们当中的绝大多数人不得不首先学习语言。"但这种需要对他来讲似乎越来越急切。

有意思的是，葡裔澳人有一段时间也很难确定是什么将自己与他们分开。费尔南德斯说他没有教授他的 3 个年轻的女儿学习这种方言的计划："我只是不明白它将会有多少文化联系，因为无论如何现在已经没有人讲这种语言了。"已经到了这种地步，绝大多数外人中知道葡裔澳人的丰盛餐桌，像鳎扣（一种带中国香肠的葡萄牙炖菜）和米奇（牛肉、切成方块的马铃薯还有鸡蛋，适合就着米饭吃），都是显然带有中国风味的葡萄牙菜谱。但当提到更多的例子时，这个团体的成员就会诉诸含混却热情地对他们的"乞活方式"的表态，说他们受两种文化的影响。"当一群葡裔澳人聚在一起的时候，你总能分辨出他们，"克里斯汀·桑托斯，一位澳门公务员说，"他们一般用粤语谈话，但当他们不能完全表达时，他们不是在这，就是在那儿，总会用一些葡萄牙词汇。"

其中暗含之意是用葡萄牙语的葡裔澳人才会达到思维的最佳状态。无论是与葡萄牙邻居还是与广东邻居，这个群体都与之相处相对和睦。但像许多混血人口一样，葡裔澳门人倾向于强调他们的欧洲血统而不是他们的亚洲祖根。"在我们家里总有种倾向，越白越好。"包尔斯科特承认这一点。在澳门之内，葡裔澳人长期达不到应有的比例。

对统治的影响——例如葡萄牙精英：他们现在占殖民地公务员的 1/6。移交之后，渴望高级职位的那些公务员将不得不放弃他们当中绝大多数人所持有的葡萄牙护照，并且要取得中国国籍。

在世界范围内，12 个葡裔澳人联合会举办定期活动来发扬他们的文化遗产。但他们通常所选择的形式——像学习葡萄牙民间舞蹈——几乎与澳门本身没什么关系。"那只是他们发明的给予人们某种认同感的东西。"包尔斯科特。不久之后，这个群体所能留下的全部就是———半记忆着的葡萄牙文化的回声。

这种对葡萄牙的心理并不见得是件好事。对于荣格·弗扎兹，三卷本《葡裔澳人家庭历史》的作者来说，这些人是与他们的城市作为一个殖民地的地位不可分的——是东西方相会的地方。在等式的一半撤走的情况下，他们的地位，也只能成为陈年往事了。"因为不再有葡萄牙人，也不会再有通婚。"

盖茨对中国情有独钟

　　整个北京的气氛好像对财富越来越着迷。但那并不是比尔·盖茨如此喜欢访问中国的唯一原因。与在美国不同，在那里这位微软公司总裁面对的是反托拉斯诉讼和众多团结在一起的敌人，而在中国，盖茨的话经常被引用。在他最近一次中国之行中，在深圳停留时他确认，他已经将几乎所有中国计算机制造厂家列于他的公司的〝维纳斯计划〞之中，它是一种软硬件的合成品，可以让VCD机或其他类似的设备在普通电视上展示中文因特网内容。他宣布维纳斯机顶盒〝将会把许多家庭不可能负担的娱乐、教育和通信带回到自己的家中〞。

　　乍看起来，这个计划颇为圆满。中国有13亿人口，3.2亿台电视机，而只有210万个因特网用户。即使是最便宜的PC机也会花掉一个普通中国城市居民几个月的平均工资。按照推测，维纳斯机顶盒可以让绝大多数的有电视机的人跨越这个阶段，从而几乎是立刻进入超级信息高速公路。(这些设备，由微软北京实验室开发，预计年底之前可以完成。)用维纳斯机顶盒的热心者的话来说，这是有中国特点的调制解调器。虽然令人奇怪的是，维纳斯机顶盒甚至没有一个恰当的中国名字——只是一个几乎毫无意义的英文音译。它所具有的只是微软视窗CE，单是这一点就足以使中国人质疑盖茨虔诚的热情。

　　对于中国低收入家庭，计算机早就不是什么新事物了。几年来，绝大多数百货商店以只有500美元的价格售简单的教育用微机。这些机器使用类似于5年前的电子游戏控制台技术，但有全部功能的键盘，能够在电视屏幕上显示中文字，能够运行很多教育与娱乐软件。微软在维纳斯计划中所列出的绝大多数中国公司都具备自己开发这种产品的技术与资源。他们所不具备的应该是对盖茨的理由提出怀疑。

　　事实是，共享智慧——1200万中国人实际上希望从超级高速公路上获取的信息——并没有什么真材实料。自1995年，中国已经售出1000多万台PC机，但是5个中国人当中只有1个有国际互联网接口。在富裕的广州，国际互联网使用的程度远低于北京。同时，低成本的、易于操作的〝国家企业内部互联网〞，一个对大众的当地内容的互联网选择，却没能用起来。它可能会在年底放弃。

　　这都说明成本并不是中国连接互联网的主要障碍。障碍之一是社会性的。北京是这个国家互联网普及程度最高的地区之一，它是中国教育、文化和高技术中心。另一个挑战是提供给大陆市场的低品质内容。当前，互联网接入主要吸引着年轻人、受过教育的人、讲英语的中国人，他们使用网络作为一个认识世界的窗口和与生活在海外的朋友与同学的通信工具。对于普通中国老百姓更为保守的生活方式来说，互联网现在提供不了什么。

虽然对于盖茨来讲，维纳斯计划具有额外的优势：它可能会对克服公司内CE所面临的问题有所帮助。微软的视窗95能够在美国桌上型电脑市场一统天下，就是因为它的兼容性：用户买回已经具备绝大多数软件的操作系统，然后第三方开发商为这种已经有了很多用户的系统生产软件。另一方面，视窗CE的目标是手上型与内核市场。手上型电脑用户不在乎在他们的操作系统中有多少程序可以互相运行；他们只是想得到一种简单的、可靠的与易于使用的系统。用这些标准来衡量，视窗CE已经在美国失败，只占有25％的手上型电脑市场，只是3M公司的掌上机的41％。

内核系统，如计划中的维纳斯机顶盒，是自我包容的，又意味着顾客不要求第三方软件。在西方，这意味着更大的变量和更为艰难的竞争，因为比微软小得多的公司会开发出更有效的软件。

所以微软视窗客户机工程需要帮助。对于大型项目来说，制造商更愿意用成熟的、经过验证的系统，但反过来，一套系统在成熟与证实自己之前又需要在大型工程上运用。因此，即使维纳斯计划从未对中国互联网市场产生过大的影响，单是在数以百万计的中国用户产品中植入微软CE，就会创造出微软CE在其他地方开辟市场的要素。比尔·盖茨可以在中国运用杠杆原理将一个"大型项目"弄成事实。中国人应该对盖茨的动机仔细斟酌一番。当他来中国的时候，他可能不是在问他能为这个国家做什么，而是在看这个国家会为他做什么。

朱镕基面对挑战

纪律一直是朱镕基所坚持的原则标准。

现在，当这位总理在洛杉矶走下中国航空公司的飞机，开始他第一阶段美国之行的时候，他就知道他将会成为关注的中心。许多美国人对所宣称的中国核间谍活动以及中国的人权记录不佳感到不满，他们肯定会把这种不满情绪发泄在这位北京的来访者身上。他对此已有所准备。3月他就在一次记者招待会上说："让他们发发火吧，我就是去说明真相的。"

真相可并不妙：人们宣称中国在美国实验室蓄意进行核间谍活动；华盛顿所计算的中国对美贸易顺差达570亿美元——仅在日本之后位居第二；美国计划向台湾提供防御系统以对付中国的弹道导弹，中国准备就此向美国做出最后摊牌。华盛顿与北京的关系比几年以前更僵，以往对中国使用的旧称谓"赤色"又开始逐渐出现在美国的言辞之中，一些国会议员甚至认为中国似乎已经成了新的冷战敌人。

已经年近70高龄的朱镕基本可以站在自己的功劳簿上，让其他的人继续努力。但如果他想要进一步开展工作的话，他就要像自己去解决濒临危险的中国经济一样，担当起解决困难重重的中美双边关系的重任。他的推理很简单：如果他不做，后面的人仍会去做。时间过得很快，"黑发人已经变成了白发人，" 3月他曾这样说，借此表达中国与美国谈判的进展太慢，中国加入世界贸易组织被长期推迟，由此产生的失望之感。他的总理任期还有4年，而他还有更多的事情要做。

朱镕基主持会议时心思很敏捷。美国的副财政秘书劳伦斯·萨默斯有一次说："他的智商一定有200。他有着罗拉戴克斯般的记忆力，无限的能量和超常的耐性。"而新加坡总理李光耀认为，他是"大家尊敬的人"。首先，朱镕基是个匆忙的人，他肩负使命要弥补失去的时间，既为了他自己也为了中国。

朱镕基被描绘成与其他标准共产党员形象不同的红色。他的姓按中国的意思是指朱红色，这是一种在旧中国被富人家用来漆门的颜色。1928年朱镕基出生于湖南长沙，从明朝第一个皇帝朱元璋（1368–1398）开始往后，朱氏家族一直是长沙附近的望族。朱镕基的一位66岁现为退休医生的堂弟朱云中说："这在革命后给朱家的很多人带来了麻烦，包括我自己。"

这位堂弟住在离长沙30公里远的安沙乡，从他那有着两间屋子的家向山上走10分钟，他指着一度是朱氏家族老房的旧址说："那里原本有数十间房屋，我都无法记清到底有多少。"沿着一条小路，翻过山坡，一条铺好的路连着家族的祠堂。他说："我们过去常常说从这里到长沙，无论你走哪条路，你都必须经过朱家的地。"20世纪50年代末这座大宅在一场斗地主的运动中被摧毁了。

朱镕基的父亲在他出生前就已经过世了，他的母亲在他9岁那年也过世了。在这样小的年龄上失去了双亲，"使他变得寡言多思"。他是由叔叔带大的。朱镕基在清华大学念的是电机工程学，1949年他加入了共产党，并在国家计划委员会工作。1957年，就是在那里，他做了一次演讲，对党的经济政策提出了质疑，被下放到农村。在中国东北待的几年里，他一直在饲养牲畜，直到20世纪70年代末，朱镕基又回到了原来的经济计划工作岗位，并很快提升了职务。

1988年掌管上海后，朱镕基把这座城市向外国投资者开放，开启了一个直到今天还依旧繁荣的时期，并显示出一种不讲废话在经济上一竿子到底的工作作风。为了显示他的严肃认真，朱镕基将官方宴会标准由12道菜减为4道菜，以此来降低开支。"首先，我们大多数人吃不了那么多，"盖瑞斯·常回忆说，他在20世纪80年代的上海管理着一家麦克唐纳·道格拉斯合资公司，"其次，他认为在吃饭上花费较长的时间就是浪费时间。"1991年，朱镕基被调回北京，出任副总理，接受了抑制中国通货膨胀这个令人烦恼的问题。朱镕基采取了一系列的经济紧缩措施使物价处于控制之中。之后，他担任总理的职务，去年正当亚洲经济危机威胁到中国并要将中国推向深渊时，朱镕基走马上任了。

朱镕基对他的形象非常在意，在西方的报道里，他常常会引述自己的亲身经历，包括确切的日期。在公众的眼里，他是坚强的和喜欢对人说教的，这是他在母校清华大学教授经济学课时养成的习惯。他成了清华商学院的院长，并促成了商学院与麻省理工学院的斯隆管理学院联系，他还计划访问波士顿时要到那里作一次讲演。

朱镕基的正直得到了整个社会的广泛尊敬。

这位中国在改革领域的领导者将如何面对华盛顿的交叉火力呢？美国的立法者或许正在关注科索沃战争，但朱镕基不能指望在像参议员杰西·赫尔姆斯这样的中国问题批评家的监视下安然完成对美国的访问。"朱镕基说过他知道这次行程不会轻松，但他却显示出令人惊异的冷静，"弗瑞德·胡说，他是香港高曼·萨切斯亚洲经济研究的负责人，也是朱镕基在清华的学生，"他对自己有超凡的自信。"

这位会说英语的总理带着他的魅力、敏锐和令人消除敌意的幽默来软化美国对中国的看法。虽然经济问题是他的专长，但他将不得不对更为棘手的人权问题和核间谍活动事件做出解释。

美国导弹和考克斯的挑衅

1999 年（c）

当大使馆被炸的消息在北京传开后，普遍的愤怒情绪很快付诸行动。一大堆抗议标语贴在了北京大学的墙上。星期六下午，3000名学生从市中心外的学校乘坐公共汽车陆续抵达美国大使馆。

……

美中两国的"战略伙伴关系"到此结束。不到一年以前，克林顿总统和江泽民主席还在北京的联合记者招待会上站在一起诚恳地表达彼此的不同意见。可是现在，江却拒绝接听克林顿打来的电话。"毫无疑问，"华盛顿的一位美国高级外交官说，"这标志着两国关系降到了自1972年以来的最低点。"

……

19>

美国导弹击中了中国使馆

意外事件经常发生。从日常生活，从观看CNN的战争报道，我们得知意外事件发生。但如果北约的导弹一定要在贝尔格莱德上空发生偏离，中国大使馆是难以想象的最糟糕的目标。北约盟军目前正努力为一项旨在结束南斯拉夫流血事件的计划争取广泛的国际支持，以建立一支科索沃维持和平部队。此时，它最不需要做的事情就是去惹怒联合国安理会的常任理事国。

但这偏偏就是它现在已经做了的。尽管北约飞机极不可能蓄意轰炸中国大使馆，但许多中国人却相信那并不是意外事故。北京的官方反应谴责轰炸是野蛮的袭击，"是对中国主权赤裸裸的侵犯……在外交史上罕见。"在轰炸中至少有3名中国人遇难，其中包括一对记者夫妇，另外一名失踪，20多人受伤。坐落在南斯拉夫饭店附近的中国大使馆官邸——北约的确注意到了它的存在——在星期六拂晓前的轰炸中被击中，这次轰炸是战争爆发6个多星期以来最为猛烈的一次。

当大使馆被炸的消息在北京传开后，普遍的愤怒情绪很快付诸行动。一大堆抗议标语贴在了北京大学的墙上。星期六下午，3000名学生从市中心外的学校乘坐公共汽车陆续抵达美国大使馆。他们包围了大使馆官邸，并愤怒地呼喊口号。

示威行动迅速掀起升温，其他城市，包括上海、广州、香港，也爆发了抗议集会活动。

目前尚不清楚这些示威行动是否会在中国产生政治影响，尽管官方可能允许学生们发泄高涨的热情。

在贝尔格莱德轰炸事件之前，各国对战后科索沃解决方案达成一致的势头在不断加强。美国一直在推动一项计划，使俄罗斯——对北约攻击塞尔维亚的行动严词批评的国家——的部队在科索沃担当进一步的维和角色。与此同时，对北约轰炸持类似反对态度的中国也在近来开始软化其批评美国为首盟军的措辞。西方曾希望能保证中国在对提交到联合国安理会的任何维和计划进行投票时给予支持，至少要避免它的否决。

但是这次大使馆袭击——3枚导弹从不同角度分别击中大楼——使所有一切都变成疑问。就在轰炸事件发生后的数小时内，中国在纽约召集了安理会的紧急会议抗议这次事件。在此之后，北约承认它错误地瞄准了中国大使馆，误以为那是南斯拉夫的一个武器库。美国总统克林顿对此表达了哀悼，并称这次袭击是一个"悲剧性的错误"。

数星期以来，南斯拉夫给北京摆出了一个外交政策的难题。北京担心北约今后会扩展其认定的干涉他国事务的权力，从而左右中国对西藏或台湾的政策。北京最初猛烈地批评了北约在科索沃的军事行动，但就在前不久中国的态度开始软化，允许国内媒体报道阿尔巴尼亚族人被赶出科索沃后形成的难民潮。但是，贝尔格莱德的轰炸事件看上去又把中国推回到激烈反对北约、最后反对美国的立场。"现在中国已经直接卷入，尽管它并没有力量介入。"

美国人的解释

美国上一次"误炸"外国使团是在1986年的黎波里，当时空军的F-111型战斗机在漆黑的夜里呼啸着飞过利比亚首都。就在前方的另一架F-111投弹引发的强烈爆炸，迫使第二架战斗机的飞行员（F-111型战斗轰炸机的机组乘员为2人，各负责驾驶和投弹。）偏离了原定的攻击路线，而将3枚2000磅的燃烧弹投向了法国大使馆。当5月7日美国轰炸贝尔格莱德的中国大使馆时，同样又是一架飞机上有两名机组乘员。只不过这次是B-2型轰炸机。同样又是3枚2000磅的炸弹投错了方向。但是，这次的错误不是因为两名飞行员在激烈战斗中的恐惧造成的。

如此事件的发生引用军方的一个缩略语最为恰当——SNAFU"一片混乱",（英文为SNAFU即Situation Normal All Fouled Up。）即在这样高素质的团体里发生如此的错误。一位美国情报官员之后表示："这是我第一次意识到，由于决策机构对目标的错误选定，而会产生疏忽的、无意的伤亡。"在短短一句话里，他4次用到了与"一片混乱"意思相近的词。

"这不是人为错误或是技术性错误，"国防部长科恩认为。"而是整个机制上的错误。"他又说，今后某一大使馆无论何时搬迁，国务院都将向美国情报部门通报；五角大楼也将改进手段，列出一份"禁止打击"地点的清单。此外，还出台了一项"雷打不动"的规定，即敏感目标必须由在南斯拉夫的特工人员或最近派往那儿的美国政府工作人员进行核实。

由于这一失误而造成了3人死亡、20人受伤，这正好发生在4月底北约首脑会议召开不久的时刻。当时，战争策划者估计到了将会有命令攻击更多的目标。于是一个中级的中央情报局官员"提名"以塞族人的联邦采购局为目标，这是塞族人采购和发展武器的中心。他甚至还有具体地址。"但是你不能根据街道地址安排轰炸任务，"一名美国情报官员辩解说，"我们必须为五角大楼提供地理坐标。"中央情报局得到了准确无误的地址，但却将其用图钉标到了五角大楼1997年绘制的地图上一个错误的建筑上。至此，第一个错误发生了。

"我们知道目标四周有其他一些建筑，"那位情报官员继续说，"但我们猜测这一建筑只不过是那个地点的普通建筑而已，但事实上那是大使馆。"中国大使馆不仅很不幸地将新大使馆选在了南斯拉夫军火库旁，而且从上往下看时，他们的大楼与其他建筑非常相似。"地图上标注的地点是精确的，"一位美国高级情报官员称，"在那栋大楼上没有可识别的标志警告我们那是大使馆！"将照片和坐标与地图联系起来是第二个错误。

于是这一系列可能攻击的目标从波拖马可河的中央情报局呈到了五角大楼，供参谋长联席会议研究，之后又从那转到德国的美军欧洲司令部和北约。所有的这些部门都认定，即使炸弹偏离目标也不会造成严重影响。没有人发出任何警告。

以上3个机构所参考的地图都显示，中国大使馆还在"老贝尔格莱德"，在城市的另一边，尽管实际上大使馆早在1996年就已搬走。所有的3个机构都是从各自的数据库为参考进行锁定目标。没有任何迹象表明有一个国家的大使馆在附近——正如一位五角大楼官员所说的："在没有异议的情况下，（中国大使馆）成为直接攻击目标。"这就是第三、四、五个错误。

没有一个贝尔格莱德当地的工作人员去对目标进行核实。大使馆是用墙围起来的建筑，而且在大楼外悬挂着中国的国旗，因此如果有人去核实的话，将是再简单不过的事情了。但这又需要有一个人去。而偏爱高科技"魔法"的美国人只是用推导的方法确定了目标。因为没有一个在贝尔格莱德的美国官员去确定，所有的地图、间谍照片、数据库锁定的是正确目标。这是第六个错误。

终于，经过数星期的工作，华盛顿和欧洲方面对目标的研究、双重检查、审定结束，在密苏里州的空军武器技师开始将这些目标错误的卫星制导炸弹装入一架能够躲避雷达的隐形轰炸机的机腹弹仓。

中美关系变冷

北京时间星期日下午的3点半，也就是美国炸毁中国驻贝尔格莱德大使馆后的34小时。在北京的萨瑟大使曾试图与北京方面进行电话联系，但是谁都不接电话。于是他焦急万分地接通了他在华盛顿的同行——李肇星。他恳求这位中国驻美大使与北京的官员进行联系，要求增派更多的警力。在半夜被吵醒的李大使带着睡意表示会尽其所能。

美中两国的"战略伙伴关系"到此结束。不到一年以前，克林顿总统和江泽民主席还在北京的联合记者招待会上站在一起诚恳地表达彼此的不同意见。可是现在，江却拒绝接听克林顿打来的电话。"毫无疑问，"华盛顿的一位美国高级外交官说，"这标志着两国关系降到了自1972年以来的最低点。"当奥尔布莱特前往华盛顿的中国大使馆道歉时，李大使让她在接待室里干等了20分钟，然后告诉说他正忙着"接受来自全世界的吊唁"。

数月以来，国会议员们一直在攻击中国的人权、核间谍以及贸易问题。《纽约时报》在周末刊出了一则报道，称中国准备部署一种新型导弹，核弹头的设计就是基于偷窃而来的美国技术。但是这些反华的言辞大部分是偏执不可信的，其目的是对克林顿政府发难。但是国会的气氛非常有害，因为没有人敢为事情的另一方说话：为什么美国的利益所在是接触，而非疏远中国。4月，朱镕基访问美国时，做出了一系列让步以争取得到中国加入世界贸易组织的许可。但克林顿透过他的肩膀看了看国会，最终回绝了他。

既然现在中国的反美情绪如此高涨，那么朱镕基要推行他的改革就尤为艰难了。

特别是美国做出的不批准中国加入世贸组织的决定对中国造成了伤害，其产生的影响将长久困扰白宫。对于中国人来说，加入世贸组织意味着更容易地与世界各国进行贸易。但北京冒着风险做出了让步，其中包括对美国农产品和电信公司更加开放。

现在，使华盛顿的决策者——以及驻华大使——感到真正震惊的是反美的仇恨情绪在普通中国人心里那么深。这次轰炸事件成为愤怒爆发的导火索。在北京，外国人被要求出示国籍；在广州，学生们聚集在市里反帝纪念碑的周围吃"克林顿饼"——一种点缀着用糖衣做成的纳粹十字标志的小面包。

即使是熟悉西方的学术机构也相信，在这次贝尔格莱德的轰炸事件中，美国是有意践踏中国主权。"美国在世界上需要敌人，以解决他们自己国内的问题。"潘文国说，他是上海复旦大学国际中国研究中心的前负责人。没有人认为轰炸事件是一个仅仅通过简单的道歉就能够原谅的错误。张野白表示："在事态改善之前，我们不得不等（美国）新总统产生。"此人是中国社会科学院的中美关系专家。

克林顿从去年 6 月份由尊贵的客人变成了现在人人唾骂的坏蛋，这一转变可谓骤然发生。在中国大使馆被炸的第二天，他正在俄克拉荷马州视察飓风造成的损失。当时，他停下工作表示了"遗憾和深切的哀悼"，但却没有道歉。这对于中国人来说是一种麻木不仁的失误表现，因为他们数十年来一直对日本政客玩弄文字游戏拒不为自己国家的战争侵略行径道歉而不满。

但是从轰炸事件释放出来的怒火却有更深层次的原因，即美国力量在处理全球事务时所处的优势地位，使中国无能为力。1972 年，尼克松在去中国与毛泽东进行历史性会晤的途中，在日记里写下了这样几句话："他们想要的：1. 建立世界范围内的信任；2. 台湾，把美国请出亚洲。" 25 年过去了，中国依然在为实现这些目标而努力。而美国依然是无处不在的恶棍，它指责中国的政权，向台湾提供军事援助，在日本和韩国保留 8 万驻军。现在，那些示威者接受了这么一个假设，即美国力图搞垮中国。"这就是因为中国还不够强大，"一位姓王的 21 岁北大学生表示，"我们必须联合起来让中国更加富强。"

朋友还是敌人？除非双方采取迅速的修补工作，《纽约时报》的文章称，一位白宫官员说："否则这一悲剧事件有导致中美关系陷入绝症的危险。"当北京的抗议活动逐渐消退时，新闻媒体依然不断发表抗议的言论。

但是，中国经济和技术的发展仍然离不开美国，所以它也不愿意长时间与美国保持如此僵化的关系。尽管中国早些时候中止了与华盛顿在有关人权和武器控制方面的合作——北京对这两件事本来就很感冒——但是中国政府仍然表示它将继续与美国进行有关加入世贸组织的谈判。

到了星期三，示威者停止了对大使馆的包围，而萨瑟大使终于可以在 3 天后第一次走出被砸烂的大楼。但就在工作人员才刚刚开始清理那些碎玻璃、石块和其他瓦砾碎片时，大使馆被通知将继续关闭、暂停办公，以进行进一步观察。而尽管江泽民主席终于在星期五接听了克林顿的电话，但没有人能预料美国和中国需要多久才能从泥坑中爬出来。

考克斯的报告

难道在与美国技术公司不断发展的贸易往来中最大的赢家是中国军队？

1999年2月罗拉尔公司在四川省进行的708通信卫星的发射是一次灾难。原本应该把这颗美国卫星送入太空的中国造长征火箭在起飞后22秒就坠落在一座小山上，并发生大爆炸。燃烧着的火箭燃料和3吨重的卫星碎片像下雨一样落在附近的一个村庄。

罗拉尔公司时运不济的发射可能也导致其他方面的间接损失。在坠毁发生后，一个罗拉尔公司高级官员领头，由西方航空专家组成的委员会对此进行调查。这个委员会对事故具体原因得出了一个初步的报告，涉及长征火箭设计不足之处和改进的方法，并向中国方面呈交了这个报告。一个联邦调查结论说，这份技术反馈可能帮助中国提高其火箭和导弹计划的精确度。国防部发现罗拉尔公司和休斯公司（委员会中的另一个卫星公司）因为提供了未经批准的防务服务，而"严重违反了出口控制"。国务院要求司法部考虑犯罪起诉的问题。

罗拉尔公司爆炸的这颗卫星原本是向拉丁美洲地区转播电视节目用的，但是这个事件显示出无害的商业活动和军事援助之间的界限是多么模糊。克里斯托弗·考克斯参议员在今年6月严厉地警告说中国正在诱使它的美国商业伙伴向其提供与军事有关的技术，在国会中也有越来越大的压力要求对这种泄露事件进行清查。但是技术行业和一些外部的观察家却说这种冒险被过分地夸大了，而正在考虑中的一些更加严格的规定将会没有什么效果，甚至会起到相反的作用。

随着冷战的结束，向中国出售战略产品的限制也开始放松。中国庞大而且没有被占领的市场大门一开，企业蜂拥而入。光是在商业卫星生意上面，中国进口的卫星和发射装备从1994年的价值400万上升到去年价值1亿6800万。对中国"双重用途"产品——可用于军事非军事产品——的出售一直以来都存在着安全问题。威斯康星核武器控制计划的一份报告显示，从1988年到1998年，"战略装备在美国商业部的祝福之下大量而且源源不断地流向中国。"在合法卖给中国的物品中包括名义上给中国科学院使用的计算机，但是它们都可以用在核武器引爆计划中。

但是，另一些人说这种潜在的危害被夸大了。《考克斯报告》是一份充满"最坏情况的假象"，休斯公司的发言人理查德·杜黑这么说。他说，休斯公司被批评与中国分享的信息"肯定不是那种关系到敏感的国家安全的类型。"罗拉尔公司的主席向股东们坚称他的公司没有帮助中国发现它们火箭设计上的纰漏，只是评估了一下中国人自己做出的分析而已。"为什么我们要求中国人就我们卖给他们的公开装备打电话，而不愿意为他们自己秘密造的装备打电话，这有很多理由。"商业部副部长比尔·雷奇说。

还有一个问题，就是反对技术分享的规定是否有效。技术界肯定会争辩说这些规定会毫无效果。现行的法律要求晶片生产商在向受高度出口控制的国家（像中国和苏联）出售强劲的微处理芯片时必须要提出申请。但是英特尔公司争论说，要想不让卖给友好国家的芯片最终不流入不那么友好的国家，这简直是不可能的。"我们每个月生产数以百万计的微处理芯片，并把它们运给全球几千名分销商，他们可不会阻止把芯片卖给中国，"英特尔公司的发言人比尔·卡尔德说，"这儿有联系不畅的问题。"

尽管有现在的不利情况，但是没有人真正期望会有实质性的变化。实际上，技术业的支持者们争论说，如果对这种情况进行处理，那么就会把中国人赶向欧洲或是日本的供应商，而他们会向中国军方提供更多的信息。"没有哪个国家像美国那样对技术转让有那么严格。"休斯公司的杜黑说，"如果你想让盖子一直留着，那么就去和美国公司打交道。"

董建华与香港

香港特别行政区行政长官董建华曾经说过他对 3 位公众熟知的人物敬佩不已。他们是新加坡国父李光耀，英国前首相玛格丽特·撒切尔和中国已故的重要领导人邓小平。如果董建华想把香港治理好，他应该从这 3 位他尊敬的人物身上吸取经验。

两年前，董建华被任命为香港结束殖民统治后的第一任行政长官，香港市民拍手称赞。他是为数不多的受到北京领导层、工商界资本家和普通民众喜欢的香港本地人。然而，民意调查表明董建华的支持率下降到了 57%，低于另外两位政府官员政务司司长陈方安生和财政司司长曾荫权爵士，他曾经拥有的高支持率在急速下降。当然董建华不是唯一一个需要对此承担责任的人，一些高级官员曾做出过糟糕的建议，他们似乎继承了英国殖民者的傲慢，却缺少英国人的办事能力。然而为什么董建华在两年之后还未能按照自己的意愿组建他的政府，这依然是个谜。例如，他迟迟没有对香港的最高管理机构行政会议进行改革。过去，组成这个机构的是身居国外的官员和商人，他们就如何管理这块殖民地向总督提出建议。董建华用中国的利益代替了英国的利益。但是他还没有消除这个机构的主要弊端：行政会议的成员在担任公职的同时还允许拥有自己的私人公司。以行政会议的资深委员 C.Y. 梁为例，他拥有并经营了一家调查公司，该公司由于得到大财阀的赞助而财源滚滚。梁说他不去参与有可能发生利益冲突的事情。但是如果他和其他人确实有才能，他们应该参加所有的会议，发表自己的见解。在这方面，董建华应该向李光耀学习。李光耀在当总理期间绝不会允许他的助手间出现利益的冲突，更何况这么一个显而易见的事例了。

董建华是人们公认的谦谦君子。他能够谦逊地对待指责，他的人品也无可挑剔。

但是他固守着被误解的儒家信条。香港在北京领导下的基本原则可以用那句口号来概括："一国两制"，这句口号是邓小平创造的。然而无论何时"一国"和"两制"之间发生抵触时，董建华总是遵从"一国"的原则。

对董建华来说一切还不晚。他还来得及改变他的作风，这种作风如果持续下去，将进一步加剧一个深受结构经济问题困扰的社会的两极分化。中国方面尽管不愿意，还是不得不插手来拯救香港。对任何人来说，那都将是一场灾难。董建华应该从现在开始向他崇敬的伟人学习了。

台湾：危机四伏

1949年 国民党被共产党赶出大陆，在台湾建立了临时政府。中国共产党立刻做出反应，声称台湾为其所有并发誓要夺取它。

1972年 尼克松访问中国，签订了拥护"一个中国"政策的《上海公报》。

1979年 卡特总统承认中华人民共和国为中国的合法政府，台湾是中国的一部分。作为反击，美国国会制定了一条法律，承诺继续支持台湾。

1988年 李登辉成为第一个台湾出生的领导人。他呼吁开通更多的与大陆交流的渠道。

1991年 李登辉宣布结束43年的戡乱时期，默认了中华人民共和国政府。

1995年 李登辉对美国进行了非正式访问。中国在台湾附近进行导弹试射作为反击。

1999年3月 中国公开批评美国提议的反导弹防御体系（这一体系将包括台湾），称这个体系侵犯了中国的主权。

1999年7月 李登辉宣称台湾独立，他说中国大陆应当以"国与国"的关系对待台湾。中国说它准备"粉碎任何分裂国家的企图"。

中国官方的《人民日报》1999年7月中旬说李登辉是在玩火的时候，并没有夸大事态的严重程度。他用几句富有挑衅性的话提醒亚洲和全世界，海峡两岸的关系是动荡不安的。他的言论引起的政治和经济后果已经够严重了，但真正的危险却是可能会引发战争——这场战争可能会将美国和日本直接卷进去，其他东亚国家也会被间接卷入。

李登辉说台湾与大陆的关系应当是国家同国家之间的关系，他的话明显背离了台北以前的立场：中国是一个有两个政治实体的分裂的国家。一个中国的立场得到普遍公认。台湾官员放弃了这一原则，因而受到北京方面的军事压力，疏远了同华盛顿的关系，并影响到了台北寻求更大的国际生存空间的努力。

严峻的事实是，台湾的2200万公民和他们的民选政府要得到国际社会的承认，要保持和平和稳定，就必须要在"一个中国"的框架内。无论自决权是多么令人羡慕，事实是，如果台湾宣布独立，美国不会用武力保卫或支持台湾，其他国家也不可能承认一个主权台湾国。

台北的唯一现实的长远希望是在一个中国联邦或联盟里面取得最大的自治权。在这样的情况下，台湾也许可能按照参加奥运会的先例，与大陆谈判以"中国台北"的身份加入更多的国际组织。北京一定要允许台湾在国际舞台上有这样的活动空间，但是，作为补偿，台湾要接受"一个中国"的原则。

这就要求灵活地理解一个中国的原则，并重新定义中国的国家基础。这种灵活性在汪道涵——负责对台关系的中国老资格政治家——的想法中是很明显的。在私下场合，汪道涵和他的顾问们就台湾在一个中国里面扮演的角色发表过灵活的意见，他们甚至表示愿意就新"中国"的新的国家象征物，例如国旗或宪法，进行谈判。台北最好研究一下汪道涵的提议，并就如何定义"一个中国"进行谈判。不幸的是，到目前为止，台北尚未表现出对这类政治谈判的兴趣。非但这样，它现在还朝着相反的方向移动，这可能会导致局势严重恶化。

台北面临的选择是很明确的：如果它想为自己的公民保持和平、稳定和繁荣，想继续统治台湾岛，想扩大它的国际生存空间，它就必须在一个中国的框架内行事。如果台北放弃这个原则，就可能会导致战争，其代价是高昂的，后果是难以预测的。为了使这个框架能够运作，并能够长期发挥作用，北京方面也需要灵活变通——特别是朝着联邦和民主的方向努力，而这正是台湾最重要的要求。

尽管双方都将海峡两岸关系视为一场得失所系的游戏，一个中国的框架仍然为双方提供了无限的取得积极成果的机会。它使得双方能够统一，超越内战所导致的分裂，同时，还使台湾能够度过它的国家身份危机，使北京能够保持中华民族的统一。

"我们严正警告李登辉和台湾当局，不要低估中国政府维护主权、尊严和领土完整的坚定决心。"一名外交部发言人在北京说。

美国方面对李登辉的言论感到吃惊，它立刻重申了自己的一贯立场。"我们不支持台湾独立。"国务院发言人詹姆士·鲁宾说，"我们不支持两个中国的政策，也不支持一中一台的政策。"（华盛顿也警告中国说，它不会允许对台湾使用武力。）紧接着，它派驻台湾代表达瑞尔·约翰逊去见李登辉。在两人会面之后，李登辉说，台北对中国大陆的政策"没有变"——在华盛顿看来，这是一个很有意义的表态，不过他的话在别的地方大体上没有引起注意。

"二战"后的大部分时间里，台湾的统治者都宣称自己是代表全中国的流亡政府，实际上这就是拒绝承认1949年国民党在内战中输给了毛泽东领导的共产党。随着时间的流逝，这一借口越来越站不住脚，1991年台湾方面正式放弃了这一立场。然而，即使台湾方面过去一直宣称对大陆拥有主权，交战双方在一个关键点上——即大陆和台湾是不可分割的——观点实际上是一致的。

到目前为止，尽管中央政府和人民解放军已经对李登辉的言论进行了反击，北京的反应还只是停留在言辞上。人们自然会提出这个问题，言辞是否会变成导弹发射或其他军事上的报复。"军方想采取强硬的反应，"一名驻北京的西方分析家说。唯一的一个亮点是北京方面处理台湾问题的首席代表汪道涵原定于10月对台北的访问并没有取消——尽管台湾官员相信他们在下一轮谈判上已经取得了优势。

在白宫，克林顿政府声称，它的严厉措辞已使得短期内不会发生危机，但是没有人认为可以长久保持和平。"火车就等着出轨翻车了。"一名白宫助理说。曾在国务院处理过中国事务的理查德·所罗门也表示赞同："我们始终位于被卷入海峡两岸军事对抗的边缘。"中美关系正处于低潮，因此华盛顿面临危机时的选择是很少的。1996年中国向台湾发射导弹时，美国向该地区派遣了航空母舰。目前的中美关系可能经受不了那种巨大压力。北京宣称研制成功中子弹，既是对台北的警告，也是对美国国会指责其窃取核秘密进行的批评。与此同时，北京发表了一篇长达36页的报告，对考克斯委员会的指控进行了反驳，报告的标题是"事实胜于雄辩，谎言会不攻自破。"那名白宫助理说："美中关系没有变化。"

APEC 论坛的关键因素

当亚太地区的21位政府领导人1999年9月在奥克兰聚会时，他们将设法让这个亚太经合组织（APEC）的论坛恢复生气。

这需要付出一些努力。成立10年之后，APEC似乎离它确定的在整个地区（该地区占全世界贸易的70%）实现自由贸易和投资的目标更远了。新西兰的国际贸易部长洛克伍德·史密斯说："在去年的吉隆坡会议上，有一种看法是，亚太经合组织偏离了轨道。人们现在在说，新西兰必须让它重新走上正轨。"自1993年国家领导人加入他们的贸易部长、出席亚太经合组织会议以来，这个论坛成了一年一度议而不决的会议，它为领导人和官僚们——从有权势的美国、中国和日本，到墨西哥和俄罗斯，到巴布亚新几内亚——提供了一种在俱乐部气氛中闲谈的机会。APEC的邀请信可能提到的是"贸易"，但是在幕后，这种会议还能让领导人们做交易，修补关系，建立友谊。今年的焦点将集中在美国总统克林顿和中国主席江泽民的会晤上，这将是他们自北约5月份轰炸了中国驻贝尔格莱德大使馆以来的第一次会晤。两人将毫无拘束地讨论一切问题，从中国加入世界贸易组织的可能性到中国声称对台湾的主权等。

对APEC来说，台下的会议通常要比主议程更有意义。可许多人说，这在一个目标是经济改革的组织中是个严重问题。在这10年中，除了庄严的官方声明、程序上的一点点胜利以及遥远而又没有期限约束的宏伟目标之外，几乎没有取得任何进展。印度尼西亚外交部负责APEC事务的官员巴利·莫尼亚加说："我们善于提出主张和政策，可一到付诸实施时，我们的动作就太慢了。"

对于许多国家来说，这个论坛是亚太地区未来经济繁荣的最大希望。新西兰总理珍妮·希普利说："APEC大大加强了我们地区的地位，这比我们各自糊里糊涂地干下去的速度要快。"但是，在亚洲发生了金融危机，许多成员国在降低关税上背弃了早先的承诺之后，APEC还能重新鼓起势头来吗？希普利明确表示了她希望这次会议达到的宏伟目标：领导人们重申他们对自由和开放贸易的承诺。

观察家们说，尽管新西兰的APEC会议将讨论加强贸易自由化问题，但它也是象征性的，是一个舞台。APEC将对11月世界贸易组织的谈判做出的反应中，有许多已经达成了一致意见，但是影响力很大的美国代表团正在领头要求进一步增加项目，其中包括禁止对电子贸易收税。在APEC内部，许多成员国还希望开放空中交通、结束食品补贴，提高所有市场的透明度和竞争力。美国APEC代表团成员、美国驻新西兰大使乔赛亚·比曼说："没有什么大变化，但是我们将继续力求让贸易自由化能够保持最快的速度。"然而，令人吃惊的高关税仍然是整个地区的棘手问题。进入泰国的葡萄酒面临着关税、课税、政府各项收费等共计362%的税收打击；日本对大米进口的关税维持在800%以上。平均下来，亚太地区的关税约为17%—18%，而经济合作与发展组织成员国的关税为5%—6%。正如企业界所指出的，这意味着消费品价格较高。

要求进行关税改革的领头人是新西兰、澳大利亚、中国、韩国和菲律宾。然而，甚至连这些主要国家也在怀疑，它们是否能达到这个论坛大肆宣扬的茂物会议目标（1994年在印度尼西亚确定的）：到2010年，工业化国家的关税为零；到2020年，发展中国家的关税为零。发展中国家说，APEC在根据经济和技术合作总体计划提供政策建议和支持方面拖拖拉拉，这对它们的贸易自由化进展没有起到帮助作用。

确定奥克兰会议成功与否的一个关键因素将是美国与中国接触的结果。奥克兰的饭店和它的历史博物馆将主办一系列的会议，议题从全球安全问题——例如平壤威胁要试射远程弹道导弹——到地区的小矛盾。然而今年，所有的眼睛都将集中在克林顿总统和江泽民主席的身上，他们将试图修复关系，并且重新考虑华盛顿4月份拖延的中国申请加入世界贸易组织（WTO）的问题。比曼大使说，这次会晤是"APEC首脑会晤中的800磅大猩猩事件"。它的重要性也没有被希普利忽视："我们将提供双方感到他们可以讨论这个问题的中立场地。"就企业而言，中美双方会谈的结果可以拯救APEC——或者判定APEC的失败。香港的摩根—斯坦利—迪安—威特公司的大中华经济学家安迪·谢（音）说："如果美国与中国的关系破裂了，APEC将会消失。"让中国加入WTO将会为APEC论坛最重要的成员之一，在这个有着135个会员的全球性贸易组织提供发言权，从而增强APEC的地位。APEC的主要目标之一是游说WTO，努力让欧洲采纳有利于亚太地区国家的贸易规则。1993年，APEC的领导人在一次突然行动中取得了一些胜利，它们迫使欧洲结束了长达7年的马拉松贸易谈判的乌拉圭回合，开始了对农业和服务业降低关税的进程。

就在APEC努力重新走上正轨之时，它的领导人——日本和美国——将大肆吹嘘这一进程。比曼说："美国很清楚，我们必须参加这个会议。我们已经说了，我们愿意结束对出口农产品的补贴。"日本通产省 APEC 事务负责人上田的胆子要小一些："新西兰希望扩大 APEC 的能力，这是非常重要的。"但是甚至连上田也说，他认为日本现在将发挥更加积极的作用。

新西兰的 APEC 特别工作组负责人马尔滕·韦弗斯说，尽管 APEC 不是十全十美，但是它已经成为一个"比七国集团重要的政治聚会"。澳大利亚的墨尔本 APEC 研究中心负责人艾伦·奥克斯利说，这个论坛将继续处理复杂的地区贸易问题。他认为，或许更重要的是，APEC 在缓和政治紧张关系上发挥的作用将会增强。

重庆：一个"流动人口"中心

按出身看，周安船（音）是个农民，但是如今，他的生意是从驶入西南部城市重庆的船只上搬运货物。他把他大部分的收入寄回给他的妻子和他的三个儿子，他们在四川省耕种着家里那片极小的田地，他把四川看成他的家乡。"你真的无法靠种一些洋芋来挣钱生活。"周说，他看起来很憔悴，因工作的缘故而疲倦。

周的困境是当代中国面对的最大的问题中的一个：经济自由化给上百万的人带来了富裕和工作，但是并不都是如此。为了跟上繁荣——或仅仅能够生存下去——像周这样的人不得不移入中国最繁荣的城市去。那通常是非法的；结果那些人被称为中国的"流动人口"。他们的数量达到了惊人的 700 万至 1 亿。

重庆已经变成流动人口的中心之一；一部分是按照政府的安排和计划。在 1997 年，这个城市从北京那里获得了特殊的直辖市的地位，这使它变成一个经济大磁铁。这个城市获得了超过 82000 平方公里土地的权限，这些地方曾经属于四川省，它还获得了对外国投资实行宽松政策的权利，以期建起一个新的工业中心。成百万的美元投向新的基础设施的建设。中国这样做是为了使经济发展从沿海地区向西扩展——以控制农村人口不断向东部移动的潮流。

这是个好的计划，但却不是在适当的时候。亚洲经济危机和国有企业的下滑打击了重庆的化工和钢铁企业，导致了几乎 30 万的下岗职工。但是从农村地区出来的移民继续到来，寻求生计。工作竞争极为激烈。周愿意在这个城市的重新整修的港口工作，但是他已 47 岁，他不认为他能比一个更年轻的人容易被选中。"我可以做得更多些，"他说，停了下来看了看正驶入这个繁忙码头的船。"但是我不能完成。"他在一个更为陈旧的、半浸在水中的码头搬运货物，一公斤一角二分钱，他在背上架上竹棍来帮助搬运货物。

没有官方数字统计到底在重庆有多少流动人口，但是据估计达到 200 万。这些民工为这一地区修建起了宏伟的公路和隧道，卖从农村运来的水果和香料，以及在背上搬运货物。（在中国的其他地方，运载沉重的货物是用自行车来做的，但是重庆的街道太陡峭了。）本地居民叫这些人"棒棒军"，这个名字源自他们背上的竹棍。他们用接受和猜疑的目光看待这些外来人。"棒棒军是重庆很重要的一部分，"当地一个导游说。"但是提防着点他们——他们都是腐烂的蛋。"

王骆（音），一个从事搬运工作的劳工，说，他很庆幸他有工作。"我觉得我的工作不错。"他说。"它比农活轻松，而且我也有自由。"他已经在重庆待了三年了；这些年到达的外来人口常常在他们一到这个城市就被当地的警察赶到离码头很近的一条街上。他们站在人行道上，举着招牌，上面用铅笔涂写着他们的工作资格：强壮，工作努力，很正派。

在朝天门码头，农村劳工们挤上一条小船，明显地精疲力竭了；他们正要短暂回家帮助收割。李安敬（音），一个35岁的水果商，解释说最近生意一直不太好。"有太多的人已经被解雇了。"她说，"但是我想我是相当幸运的。我仍然能负担得起时不时回家看望我的父母。"

珠江三角洲：一个经济发电站

"中国制造"这一名称曾一度让人觉得可笑，那时，国营工业生产出来的产品很少有消费者真正需要的，大部分商品被出口给苏联集团内那些不加挑剔的买主。当然，如今，中国制造的商品很容易在西方商店里找到。玩具、服装，甚至电子商品：中国制造，世界消费。1998年，在亚洲经济危机发作之前，中国出口总额达到了1840亿元，比1996年上涨22%。

出口增长的主要推动力是珠江三角洲，这块香港北面从广东伸展到深圳的地区。1979年邓小平提出经济改革之后，投资如涓涓细流般一点点被吸引过来。1984年，邓小平和当时的总理赵紫阳一起游览三角洲时，为了推动改革的深化，特许广州政府在对外贸易和投资方面享有更多的自治权，细流变成了洪水。最初，投资者主要来自香港。像捷达和李昆基这样的玩具厂商以及牡蛎调料生产商等一些公司开始建设大型工厂。殖民地香港与共产党中国之间的界限开始模糊。成千上万来发财的香港商人在这片充满机会的新土地上建立起秘密的另一个家庭。

接踵而来的是跨国公司。百事可乐和宝洁公司、三菱公司以及韩国的LG集团。中国的劳动力并不是这一地区最便宜的，但它开发出一种团体精神和可信的质量水平，使它成为跨国公司的首要投资选择。从1990年到1998年，外国人共在中国投资4630亿元。其中20%是投在珠江三角洲上面。"这是一个可以最先获得特许，从而让事情容易实现的地方，"《中国南方的红色资本主义》一书的作者乔治·林说，"它和香港有着联系，又是到西方和海外的通路，这些都促进了它的发展。"百事可乐公司（中国）总经理理查德·伊莱克解释了为什么百事会选择在广州建立自己的工厂："这里物价便宜，而且和我们的香港地区办事处很近。"

如果跨国公司在赚取利润，当地居民也是如此。正如高速增长的建筑物和闪亮的霓虹灯所暗示的，三角洲已经成了中国最富裕的地区之一。当地居民和外国人同样自由地在广州巨大的七层购物中心消费。"我爱好购物，"住在城市里的一位25岁的家庭主妇艾维·周说，"我用的东西大部分都是外国的。"她详细列出一些项目：日立电饭锅、东芝电视机以及她提包里面的衣服。

广州东南方向50公里远处是东莞，这里曾是一座昏昏欲睡的城镇，但现在成了发展中的产业动力。自1989年以来，东莞吸引了96亿元的外国投资。来自香港（服装）、台湾（造纸）和日本（电器）的资金促使庞大的产业区涌现出来。

过去，敢于梦想致富的中国人从边境偷渡到香港去。现在，许多人来到珠江三角洲，这里有工作和体面的待遇向他们招手。李子萍（音）三年前从她的家乡广西来到了东莞。李在大学时学的是哲学，现在任一家香港服装厂的主管。"我来南方是想闯一闯，"她说，"广西没有前途。南方看起来要有希望得多。"李对自己每月2000元的收入感到满意，是广东工人平均收入的两倍，全国平均水平的四倍。

珠江三角洲的快速发展目前看来是不可阻止的。但是，上海正在对它作为中国投资通道的地位提出挑战，三角洲寻找着扩大利润的各种途径。地方当局正在不断努力，开发大的基础工程，赋予外国投资商更多的自由——吸引更多的资金。最近的一个例子是：一家中美合资企业今年与广州政府确定了一项制造移动电话交换机的生意。如果邓小平今天再来三角洲，他不会认出这片地方来——但他肯定会表示赞许。

汐止镇三少年面临死刑

一天清晨，一位7岁的小女孩在台北郊区汐止镇的家中醒来。她在父母紧锁卧室的门外发现了血迹。房间里，吴民汉和叶英兰夫妇已死亡，显然是被自己厨房里的菜刀砍死的。警方进行调查后，最后有4名男子被认定犯罪嫌疑人。一人已被处决，另外三人等待执行。

但是，在这桩残忍的双人谋杀发生8年后，案件还远未了结。余下3名罪犯的命运已在台湾引发了一场对法律的感情辩论，涉及这场辩论的有法庭、立法者、人权团体，甚至李登辉——人们要求他对那3名谋杀犯给予特赦。但是，无论他做出什么决定，已经有许多人做出结论：要在台湾撤除死囚牢房实属不易。

1991年3月，在吴氏夫妇被害的5个月后，警方根据案发现场找到的带有血迹的指纹，追查到一名嫌疑人。他们逮捕了22岁的水兵王文效，此人供认是他闯入吴氏家中偷窃，以偿还1100美元的电子游戏赌博债务。根据他所说，当他的行动被发现后，他杀害了那对夫妇。

但是警方认为在现场罪犯使用了不止一种凶器，因此他们又对王进行了3天的审讯。王最后终于承认还有3名年轻人参与其中：苏迁厚、刘平浪和全林顺。他们被捕接受审问——他们在以后声称受到拷打——并最后承认协助杀害了那对夫妇，并对吴太太施以轮奸。在法庭上，警方出示了从那些男孩口袋中搜出的硬币，并判定硬币来自抢劫现场。那些愿意出庭证明年轻人在案发当晚不在现场的证人没有被允许做陈述发言。于是，所有三人都在1992年被判死刑，而主犯早已在数月前被处决。

现在，人们把苏、刘、全一齐称为"汐止镇三少年"。他们的案情引发了请愿书、社论和抗议集会作为对他们的声援。"我一直是律师，所以知道如何判别别人的脸部表情，这三个小伙子没有做错任何事情。"泰明贤说——他曾在立法院发起一项动议，要求准予释放三人。布赖恩·肯尼迪是大赦国际组织在台委员会的成员，曾担任加利福尼亚州的公诉人。他表示，"这是我所见过最糟糕的司法不公的例子。"

人们关心的主要问题是，"汐止镇三少年"（也包括更早的王文效）的供词是不是在被迫的情况下承认的，法庭认定他们有罪是不是操之过急。但是，这件案子带有台湾的特殊情况。这三人所犯的不是简单的谋杀指控，而是违犯了一项名为"动员戡乱"的法令。这一法令是1945年国民党从日本手中重新得到台湾后实施的，它原本是国民党政权在中国大陆与日本军队开战时实行的。这项法令禁止谋杀、纵火和强奸，也不允许诸如"在山区或丛林地带组织反政府的团体"等行为。该法令规定了强制执行死刑一条。这样，从理论上讲，一个人仅仅非法进入军事基地就可以被起诉，如果发现有罪的话，可以被判死刑。这项法令并没有闲置不用：自40年代以来，有257人因为违犯戡乱法令被处决。仅仅上个月，就有8人被处死。

在当代的台湾民主社会，如此生硬的司法手段对许多人来说似乎已经不合时宜。立法委员何驰达已经起草了一份议案要求废止戡乱法令，并将提交立法院审议。但是她担心，保守的立法委员可能不愿意就此承认原来的法令过于严厉或是被滥用。"要他们承认如此重大的错误是极为困难的，"她称，"但我们必须这样做。"今年，好几项保证公民被捕时的基本权利的法案已通过。

"汐止镇三少年"已经成为有关此类问题的象征性事件，因此无论国民党还是反对党的政治人物都要求李登辉施以仁慈。同时，最高的政府监督机构——监察院已就这件案子的处理问题批评了司法部和警方，最高检察官办公室也三次重新审议定罪。被告方自己也已两次上诉，分别是高等法院和最高法院，但都被驳回。

法庭众口一词，执意认为判决是公正的。李登辉或许可以在明年三月卸任前签署赦免命令，但必须冒险去得罪司法部。与此同时，这三位被判有罪的人也没有提出赦免的要求。他们解释说，如果那样做的话就等于认罪，而他们希望自己的清白无辜得到承认。对于他们来说，这是有关"生存还是毁灭"的问题。对他们的同胞而言，这一问题也丝毫不轻松：在台湾，司法公正是合理进行的分配，还是如以往那样严厉执行。

放宽了的电视娱乐

一度在中国沉寂的广播电视正逐渐被放宽，充满着娱乐节目。

邵红10年前从北京来到美国，现在已经是一家中国餐馆牙尖嘴利的经理，她总是盼望着能嫁给一个有钱有声望的美国人。杨建不幸地成为她的领班侍者，他对邵红的追求总是遭到断然拒绝。餐馆里还有出乱子的餐馆工、肥胖的厨师和一群吵闹的中国移民侍者，他们努力在美国的生活中寻找生命的意义，虽然大多数人都失败了。邵红总是被他们搞得几乎神经错乱。

欢迎光临《中国餐馆》，它是一个大获成功的电视连续剧，在中国即使那些最严厉的干部也为它捧腹大笑。中国的电视观众在历经了几十年毫无幽默感理论家写的关于模范公社的剧本的折磨后，最终有机会放声大笑了。一群中国移民侍者在加利福尼亚州的古怪行径为喜剧性的误会、文化冲突的出现提供了无穷无尽的机会，而出生在北京的导演英达正是要充分利用这些误会和冲突来搞笑。"我们要利用每一件事来搞笑。"英达说道。他39岁，壮得像头熊，吊裤带系着一条牛仔裤，脸上总是挂着微笑。在他的连续剧集中有说着蹩脚中文的美国顾客，把好莱坞让外国人搞笑地说着带口音英文的伎俩反过来了。

《中国餐馆》在北京有线电视二台每天晚上6点零5分播出，它不过是在中央政府几年前放松了对电视广播节目的控制后出现的几十个新节目之一而已。虽然这部40集的连续剧是在北京的摄影棚中由大陆演员完成的，只花费了不过70万美元，但是却有索尼、哥伦比亚、三星公司的投资以及联邦快运和可口可乐公司的赞助。

中国全国有1000多家电视台和10亿电视观众，这正开始让美国的娱乐公司充满期待地敲击着手中的筹码。"现在该是成立中国时代华纳和迪士尼公司的时候了，"威廉姆·布伦特说道。他是上海的一家咨询公司——中国娱乐网络的老总。这个数学计算并不困难：世界上最大的电视产业和世界上最大的电视观众群碰到一起，简直一拍即合！

限制当然也是不可避免的。所有的节目内容都要经过一个审查委员会的检查，这意味着政治仍旧是一个不可涉足的领域。"每个国家都有限制。"李亚鹏说。李亚鹏是一个27岁的男演员，常常出演浪漫爱情剧。全中国所有的电视台都必须在每天傍晚7点转播中央电视台的新闻联播节目。对进口节目还有严格的份额限制——在黄金时段只允许有15%的节目是进口的。

无论如何，配上中文的进口节目并不一定就是人们所需要的。《雍正王朝》在中国的各个电视台播放，挑起了许多观众的想象。"当中国人看西方制作的节目时，他们感到其中没有什么可以和自己的生活联系起来，"肖建说。他是一个37岁的电视剧和音乐录影带导演。"而我们自己制作的节目，年轻人会在其中找到一些可以认同的东西。"国内制作的节目没有什么缺点。今年中央电视台黄金时段的重磅炸弹是《雍正王朝》。这是一部44集的历史剧，记录了清朝一个向往改革的皇帝的一生。老牌节目《焦点访谈》是一个严肃的调查性节目，专事暴露全国范围内的腐败和犯罪事件。湖南省的长沙市是中国最为高产的电视市场，《真实接触》就是在这里开始的。这个有点像杰瑞·斯普灵格风格的节目把分手的夫妇一起带到演播室中，在紧张的观众的鼓励下，化解他们的分歧——或是干脆分手。《真实接触》这个节目席卷全国，它违背中国的传统观念，就像它的制作人陈晓东所说的，依靠"让人公开表述自己的情感"来赢得观众。许多节目还模仿台湾和日本的形式，让名人在电视上做游戏，这已经让这些明星们开始厌卷被邀请出场。

台湾和香港的公司占了共同语言和文化的先机，正野心勃勃地用它们的游戏表演、电视剧和武打片来侵占大陆市场。默多克的凤凰卫视通过香港以外的卫星向大陆转播肥皂剧和体育节目，更多的西方公司也登陆上来。"每个人都知道他们必须要在中国落户，"布伦特说，"索尼公司不过是凭其《中国餐馆》稍稍领先于这个大潮罢了。"

情景剧是美国的特产，这方面英达占优势。1984 年他在堪萨斯州的密苏里大学获得了戏剧硕士学位，其后他在纽约阿兰·帕库拉导演身边实习工作。在那儿，他有机会坐下来观看《克兹比节目》的制作。他也成了以酒吧为场景的美国情景剧《干杯》的电视迷。"要是我们想要学习，我们就必须从头开始——而那个开端就是美国电视。"英达说。此时他正坐在北京一家以文化大革命为主题的餐馆中吃着辣椒土豆和一大杯啤酒。他轻松地承认它把《干杯》作为自己的原型：挑战来自于写出能让中国人发笑的剧本，"幽默无法翻译——能翻译的只有些概念上的东西，"他说，"因为我们的文化不一样，所以我们的笑料也不一样。"

英达的第一部作品是《我爱我家》。这是一部情景剧，讲述的是一个退休的共产党官员努力跟上这个国家飞速发生变化的社会的故事。它在 1993 年开始播放，那时候政府刚刚把电视向付费广告开放。从那时候起，金钱就源源不断地流入到这个产业中。A.C.尼尔森公司估计去年花在中国电视广告上的费用达到 39 亿美元，比 1997 年上升了 10%。美国的这家市场研究公司还预料，这个数字在做广告厂商能够得到全国综合的观众数字之后还会进一步提高。

英达不仅学来了美国商业的风气，还吸取了它的文化。"美国的电视非常商业化，很注意做广告，"他说，"那就是游戏的名字。那也是一切的底线。"他开的是阿尔法·罗米欧的车，经营自己的位于北京郊区的一家摄影工作室，谈论制作电影。但至少是现在他还和《中国餐馆》的命运息息相关。电视剧中餐馆工戏弄顾客，大陆客取笑台湾佬，而普通中国人则乘这机会对他们自己的文化和美国日常生活发生的冲突而哈哈大笑。那么英达下一步又会是什么呢？

邢李㷆的 Esprit 梦想

在香港尖沙咀购物区的一条大街上，邢李㷆手指巨大的霓虹标志牌，露出一丝微笑。"看到了吗？那就是我的商店。"这位 Esprit 全球连锁店的总经理大声说道。但是对一个因为看见自己公司的名字闪闪发亮而高兴的男人来说，邢对衣着并不斤斤计较。他的白衬衣和卡其布裤子都是最近到深圳去买来的，深圳就在边境的那一边。"这很便宜，只要50块（6.50美元）。"他一边拉着自己的衣领，一边骄傲地说道，"我不在乎品牌。只管穿得舒不舒服。"

邢李㷧当然承受得起这份舒适安逸。他所拥有的Esprit在亚洲和欧洲的40个国家开有446家商店，上一年报告的收入为6亿6000万，今年有迹象还能够继续增加。到今年为止，利润率已经达到了26%。此外，这家公司几乎没有债务，在亚洲许多零售商仍旧因为这个地区的金融危机而遭受煎熬的现在，这可是个令人印象深刻的功绩。在这个月，Esprit和香港发型师吉姆·罗宾逊合作，将开张一家2800平方米的附带沙龙的大商店。在亚洲的商店正变得越变越小，而且很少把时装和理发结合在一起，这个零售概念无疑是全新的。"Esprit不仅仅只是衣服，"邢李㷧说，"Esprit是时尚，是一种态度。Esprit为生活定义。"

邢在1974年开始经营这家美国公司在香港的业务，现在这家公司已经分裂，去年他又买下了Esprit在欧洲的业务。他还获得了国际红色地球化妆品公司60%的股份。所有的这些扩张使49岁的邢成为可能是亚洲最不为人所知的时装大亨。在这个行业以外，很少有人听说过他。而他的生活和外表也不像是这个身份。邢身高1米65，是一个充满活力的人，他会爽朗地大笑也能迷人地露齿微笑，他总是避开各种交际聚会、报纸上的闲话专栏和漂亮模特们的陪伴。做一个普通人可要比风头出尽更具有商业头脑，他说道。"在Esprit这样的企业中，你必须要了解大众的心理，"邢李㷧解释说，"观察街上的行人，你就会对他们的外表和内心了解颇多。"

邢李㷧是在香港的大街上接受他的教育的。他出生在香港附近的中国城市广州。还是婴儿的时候，他就和他的父母和一个姐姐搬到了这个英国的殖民地，并在破烂的蒙科克区中一套狭小的公寓中长大。高中毕业后，他在1968年开始工作，起初在中国太平洋航空公司预订票处当小职员，每月工资60美元。后来，他在香港当时正急剧发展的服装业中做一名跑腿的员工。在70年代早期的一天，几年前创立Esprit品牌的家住旧金山的道格拉斯和苏西·汤普金夫妇走进他所工作的那家工厂。"当时我们正在看一些样品，"苏西回忆道，"邢李㷧走过来，问我们需要些什么。他的自信和聪颖给了我十分深刻的印象。"

1972年邢李㷧成为汤普金夫妇在香港的代理人。两年后，他借贷了2600美元，作为合作者加入这对夫妻的生意中，并创立了后来发展成亚洲Esprit的公司。汤普金夫妇专注于美国市场和在欧洲的扩张，放手让邢李㷧照料公司在亚洲的运营。1993年，邢李㷧和汤普金夫妇使公司在香港股票交易所登记上市。3年后，因为美国的公司破产关门，汤普金夫妇把他们在亚洲Esprit的股份都卖给了邢李㷧。

邢李㷧的理想是把亚洲Esprit公司和美国公司重新联合起来，他在美国的公司拥有6%的股权。（他的另一个梦想是成为一个专业的高尔夫球手，但是他自己也清楚这不太可能。）他意识到，在全球建立Esprit的帝国还需要时间，而他也没有真正做好重新联合的计划。"就像是结婚，"邢李㷧说，"什么事都要顺其自然。"此外，他自己的盘子里已经有足够操心的事情了。香港的附带沙龙的大商店只是个开始。邢李㷧还在不断地在中国增加商店；现在他在那儿已经有50家了。

与此同时，Esprit在欧洲和亚洲的中档休闲服装市场上都面临着一些难对付的竞争对手，像是Gap、佐丹奴、U2、堡狮龙、Next、Oasis。邢李㷧敏锐地觉察到这种激烈的竞争，他每天都要到自己的商店里去检查衣物的细节和商店的布置，并确保他的雇员都处于巅峰状态。"做这种生意就像是搞宗教活动，"邢李㷧说，"你必须要向你的员工灌输这样的思想，使他们相信自己正在做的就是正确的事情。"该行业中的专家显然认为Esprit所做的就是正确的事情。"我想它的未来将会很不错，"香港萨罗门·史密斯·巴尼公司的零售分析家肯特·张说道，"欧洲会继续发展，而Esprit会在亚洲恢复元气时扩张。"但是，绝对不要指望邢李㷧会很快停止在深圳购物。

中国入世协定会把香港撇在一边

香港因成为中国与西方的窗口地区，而变得声名卓著。但是人民共和国一旦加入了世界贸易组织，就可能使香港所扮演的这个有利的角色显得陈旧过时。由于北京要开放其市场，并遵守国际贸易准则，所以外国的投资者以前会在这个前英国殖民地做短暂停留，以等候通知和资金，而现在他们也许会发现直接进军大陆其实更加简单。

通常人们认为，中国加入世贸组织在短期内可能会使香港从中受益。因为将会有多得多的西方公司经过这块土地，以开始他们在中国的处女之行，因此贸易量就有可能会增加。11月下旬的早些时候，当宣布美中达成贸易协定之后，香港的恒生指数曾上升到两年以来的最高点。而当中国入世之后，由于有了新的上市公司清单，恒生指数也许会经历一次暴涨，因为国有的大陆公司要急于筹措资金，以帮助他们抵御新的外国竞争。

然而，在数年之中，由于世贸组织协定迫使中国使其市场自由化，香港可能会因此而面临失业。东亚银行的首席经济学家夏姆斯·莫（音）预测说："这儿将会有大量的专家人才，但西方人也会不断地只是从香港路过而已。"有一个复合问题就是，台湾也要进入世贸组织，但有可能是在中华人民共和国加入该组织之后。台湾内部的规章制度使台湾不能直接在大陆投资，因此岛内的许多业务只能通过香港一点一滴地把资金投向大陆。这里可以举个公开的典型例子，两年前，台湾的核心太平洋集团得到了破产的山一证券的香港分部，用以扩展其在大陆的影响。而成为世贸组织的一员则可能意味着台湾不再需要玩这种费尽心机的资金游戏，而直接将香港从整个过程之中去掉。

香港作为货物集散地的角色可能会一去不复返，因此它已经开始为拥有一个新的存在理由而到处打鱼。它撒了一张大网，提出了大量的计划，从建立一座新的迪士尼主题公园，到旨在吸引高科技公司的"数字港"发展计划。这块土地也对其电信业和金融业解除了管制，以使其公司更有竞争力。香港歌德曼·萨克斯的首席中国经济学家弗雷德·胡（音）说："下个世纪里，能够维持香港生命的就是它向中国提供高价值的服务。它已经开始了这一进程，但还需加快步伐。"这个城市要想保持其优势，就必须支持信息的自由流动，加强法律制度，升级其科技基础，改善常常是粗暴无礼的服务部门，提高居民的英语和汉语水平。所有这些都是十分困难的任务。

批评家指出，最根本的问题是，香港必须承认，对它自己来说，这种彻底的改变是必不可少的。香港中文大学的政治教授彼得·N·S·李（音）说："在香港有一种妄自尊大的心理，这使我们认为我们无须努力工作也能挣到钱。我们以为，我们所要做的一切就是在股票市场上投资，或者是拿一个工商管理的学位。"其实这片土地早已面临了这么一个现实：学习工程和计算机科学的学生短缺，而本地产生的专门人才又要面对来自于他们大陆同行的严酷竞争。莫说："世贸组织会迫使香港去证明自己是处于世界级水平之上。它如果把自己当作是中国的另一个城市，它就肯定无法生存。"除非香港能够重新塑造它自己，否则这块被团团围住的土地将被迫接受比认为它狂妄自大还要糟糕的缺点，即被人们认为与自己毫不相干。

重归中国：《卧虎藏龙》

周润发留着一条清朝的辫子，穿着一件传统的黑色长袍，从他的脖子上拔出了一根长针，凝目望去，知道在这上面已经用了毒。就在刹那的一闪之间，他的脸上表现出一个男子汉的力量、愤怒和屈从。然后就有人喊道："停！"这时，周咧着嘴，脸上绽露出傻傻的笑容，洋洋自得地哼着一段《上海滩》中的主题曲。这是他多年以前主演过的一部香港电视连续剧。北京电影制片厂的剧组人员也哈哈大笑起来。后来，当一位美国来宾问周他在好莱坞的布景之中是否也敢表现得这么兴高采烈时，他立刻安静了下来，摆出一副人们可以预想得到的男子汉造型。然后他慢慢地从脖子上拔出那枚并不存在的针。接着又是可怕的安静。最后，他高兴地说："我会在雨中不停地唱、唱、唱……"

一天18个小时不间断的计划安排使人们的肉体和精神受尽了折磨。在拍摄《卧虎藏龙》的过程中，加班加点已经成了惯例。这部影片里，和周一起担任主角的还有米雪儿·杨（即杨紫琼）、郑佩佩和新人章子怡。影片的导演则是1995年因拍摄《理智与情感》而获得了国际成功的李安。必须有人来负责鼓舞士气，比如周就知道用他灵巧熟练的歌舞来缓解紧张和疲劳。他有着自克林特·伊斯特伍德以来最为迷人的愁容。他说："生命是如此短暂，所以为什么不高兴一些呢？"

《卧虎藏龙》是一部普通话的武打片，以王度庐的小说为基础，故事发生在19世纪。周扮演了一位富有传奇色彩的大侠李慕白，有一柄名叫"青冥"的玉剑。他把这把剑送给了他心爱的人——女侠俞秀莲（由杨扮演）。很自然地，有人偷走了象征着嫉妒的"青冥"剑。而所有的怀疑都落在了碧眼狐狸（由郑扮演）身上。她是个诡计多端的女人，而她就是玉娇龙（由章子怡扮演）的师傅。玉娇龙是一个不同寻常的、令人印象深刻的美女，即将出嫁，但这是一桩并不美满的婚姻。影片中充满了背信弃义、土匪盗贼和大量的武术打斗。影片事实上非常巧妙，有着莎士比亚式的复杂的故事情节，同时也有迅猛异常、生命攸关的动作场面。对这部影片，大家也都在翘首以盼，但香港的电影制片人王晶显然没有因此而坐以待毙。周说，他已经拍了一部类似的影片，准备在春节时发行。《卧虎藏龙》也是直到 7 月 1 5 日才在亚洲地区公映的。

你想看悬念迭出、紧张刺激、英勇大胆的影片吗？如果是的话，你将从《卧虎藏龙》的演员和剧组人员中找到这些。三位明星、导演、摄影师和武术指导本来各个分散在相距遥远的电影世界之中，现在他们走到了一起，来到一个他们从未居住过的小镇之中。在某种意义上来说，他们都是海外的中国人。

这些四海为家的艺术家们在他们祖先的土地上，聚集到了一块，来共同创造某种艺术。这部影片有一部分资金是由新力公司在香港的新的分支机构哥伦比亚三星亚洲公司提供的，同时也得到了美国新力经典影片制作公司的大力协助。这部耗资一千五百万美元的影片就是中国在世界市场中的野心的一个缩影。来自三个中国的电影制片人虽然有求于西方，但他们还是努力想固守其文化遗产。

与此同时，他们也在相互理解。整个摄影棚就像是巴别塔一样，充满了各种语言。绝大多数的技术人员讲普通话，而袁的武术队里一直跟随着他的 20 个小伙子则用广东话下达着指令。而杨因为没有讲过汉语，只能用拼音一行一行地看剧本。李那带有台湾口音的普通话则招致了当地的剧组人员的嬉笑。周也被要求反复练习他的发音，当然他把这个推掉了，他说："不要因为担心我的普通话而浪费你们的时间。我会在循环反复中改正这些的。"

同时，还存在着其他的语言障碍。李完全沉迷于体验派的表演技巧之中，他要求明星们使用"感知记忆"来提升一个场景。这就是让演员去回想个人的经历，并将由这种经历而生发出来的情感应用到所扮演的角色之中去。但是香港的演员们都习惯于说出自己的台词，然后继续往下拍。所以这位温和的导演不断地做出要求，直到他得到了他所想要的东西为止。他说："在这部电影之前，我对一个情节从来不会拍上超过 13 次，但在这部影片中有些场景我们重拍了 30 次。"

《卧虎藏龙》的布景是先进科技同原始条件的一次碰撞。电脑专家用电脑科技隐去使明星们在影片中飞来飞去而拴在他们身上的细线，另一方面，周在飞的时候，却由一个小个子牵着一根粗绳子来引导他。剧组人员使用着全球漫游的移动电话，而老鼠则在摄影棚里和饭厅里窜来窜去，丝毫不顾及明星们的身份地位。

影片的拍摄一方面光彩夺目，另一方面却污秽不堪。本来要花几个小时才能完成的拍摄，也许只需要灯光闪烁的一瞬间就会有即兴的创作。虽然经历了 100 年的发展，电影的拍摄还是这么麻烦，这么低效。你也许会以为这是保加利亚人民共和国发明出的一个玩意，用以雇些额外的工人。为了产生一个包含着大量电影灵感的庞然大物，其工作必然是匆匆忙忙、索然无味的，所以拍电影恐怕是世界上最吸引人的苦差事了。

而在这件苦差事之中，导演正处于其核心。瞧，这不，这些天来，在摄影棚里一块隐蔽的地方，一些助理在一个监制人员面前挤作一团。李正研究着这段影片的取景和演员的动作姿态，就好像他用了真人进入电子游戏之中，并玩着游戏一样。他拍了一个假镜头，吁了一声说"不行"，然后就跳到布景上去。他无精打采地说："为了拍这部电影，我肯定用了长达600英里的胶片。"作为一名导演，他必须能够同舞台布景上的每一个细微差别相适应。然而，由于三个月来一直投身于拍摄这部影片之中，而且要一直不间断地拍到圣诞节，李已经精疲力竭了。导演就像是填鸭式地去准备评价全年成绩的期终考试一样。

整个电影中最新鲜的成分就是章子怡所饰演的玉娇龙这一关键角色。这位19岁的演员是张艺谋发掘出来的，并被他挑选为他最新的一部影片《我的父亲母亲》中的女主角。虽然她更加娇弱，也没有那么自信，但现在她还是被大家称为"新巩俐"。今天她最主要的一个场景就是首先倾耳聆听她师傅的讲话，然后向摄像机走去，声情并茂地说一段话。起初，当剧组人员念着郑的台词时，章还在那里犹豫不决、闷闷不乐。但当郑自觉自愿地亲自去念那段台词时这位老演员的落落大方、热情洋溢使章受到激励，迸发出了火花。她懂得了字里行间的含义以及台词中所蕴含的坚定的决心。也许就在那一刻，虽然没有产生一位明星，但是却诞生了一名女演员。

在这里有许多人才华横溢，他们想要拍出一部优秀的影片。也许上帝会向他们微笑，但上帝也会变幻无常、难以捉摸。不信的话，可以问问《卧虎藏龙》的制片人艾迪·功（徐立功）。他说："我们身处户外，在地球上最炎热、最干燥的戈壁滩上。因此每天早上我们都焚香祈福。可是我们的运气实在是糟透了。这里下着滂沱大雨，连绵不绝，把我们的计划都打乱了。过了一会儿，一个当地人跑过来说，老天爷真是眷顾我们啊。我们问他为什么。他说：'因为你们烧了高香啊。我们都是在想让老天下雨时才烧香的呀。'"

最后一块殖民地的回归

当诗人Ｗ·Ｈ·奥登1938年访问澳门时，他看到的主要是存在于那些无精打采的葡萄牙殖民地居民与一个饱受战争蹂躏的中国之间的鸿沟。他写道，"这座放纵的城市不必担心"，"那些屠杀心灵的重罪／又把政府和人民撕得粉碎"。

这块小小的飞地，是一个由珠江三角洲冲积而成的半岛。当中国在12月20日接管澳门的行政控制时，它所得到的这座城市在许多方面和与之北面相对的广东省的那些高消费的大都市并无太大差别。现在澳门的大部分人口来自大陆。澳门的地平线上满是华丽壮观的古旧建筑，它的血管里涌动着不确定的现金之流。如果北京愿意的话，澳门所谓的殖民领主本可以在25年前就把它归还中国。实际上，自从1979年以后，澳门就已被正式纳为中国领土。

尽管如此，这个占地23.5平方公里、由澳门半岛、氹仔岛、路环岛组成的城市，对于中华人民共和国来说，还是很陌生的。此外，澳门作为欧洲在亚洲最古老的也是现存的唯一一块殖民地，将意味着北京同时也将面对一种全新的事物：对多样性的继承，以及一段文化交流的历史。

澳门正是通过这一中间人的身份才达到了它的极点。葡萄牙的航海家们在1434年勇敢地绕过了西非博亚尔多角以后，很快就夺取了果阿，接着是马六甲海峡——一个繁华的布匹和香料的贸易中心。到1513年，他们到达了中国海岸。之后经过大约50年的间歇的容忍，北京最终同意了他们在最远的阿马澳（音）半岛上的存在。这些外国人很快发现最有利的贸易就在这一地区。他们乘着庞大的、建于印度的大帆船，从香料之国印度尼西亚借取季风而来，在广东的上游卸货，然后装上中国的丝绸和瓷器。由于受北京对与华直接贸易的限制，这些东西不是运往欧洲，而主要是运往日本，并在那里换得与在中国可得黄金价值相当的白银。在回来的路上，这些钱被用来购买运往里斯本的货物以及下一站运往长崎的丝绸。在1560至1640年几乎一个世纪的时间里，这种双边贸易为葡萄牙人赚取了惊人的财富，也使澳门成为其跨越全球的贸易网中的一个枢纽。

当然，维斯科·达·伽马远航到东方，不只是要寻找香料。澳门也有幸成了追寻基督精神的一个跳板。精神上的传教活动促进了这块飞地物质上的繁荣。与此同时，耶稣会影响的扩张最终使得日本于17世纪40年代初期就对世界关闭了大门。（1641年，荷兰人抢占了马六甲海峡，切断了从另一方向过来的贸易。）但是贯穿整个18世纪，这一努力使澳门有了一个使命，即成为一个学习中心以及一个通向中国的桥梁。追随马休·里斯（音）来到中国的修士们带来了让明、清宫廷非常着迷的科技发明——时钟、天体模型以及望远镜。在澳门，他们也把自己融入中国语言和文化中去，结果，影响就是相互的，而不仅仅是强加的，一种宽容建立起来，这在以后的殖民冲突中是没有的。

在紧接着的100多年的时间里，这种融洽的关系使澳门有了第二次繁荣，变成了被禁止在广东居住的欧美商人的避难所。每年两次，这些商人会从他们在广东的货栈来到澳门，参加盛大的商品交易会。其余的大部分时间，他们就待在澳门，在优雅的大滩（Praia Grande）徜徉，或者穿得风度翩翩，参加一个接一个充斥着富有的、有身份的单身汉的舞会。"我无法想象有人会认为这个地方很乏味"，1829年一个美国妇人哈里特·劳在给她的妹妹的信中写道，"我是这里唯一的未婚妇女，到处都有应酬。"

但是，这些新来的商人露出更加贪婪的锋芒：他们所有的财产不是白银，而是都押在他们所提供的鸦片上。这使得澳门政府在这个新时代里显得太软弱了。1839年，当中国人威胁使用武力来结束鸦片贸易时，总督塞尔维拉·品脱命令在澳的所有的英国人离开他的城市。英国皇家海军威胁要给北京更加严厉的打击，结果，它打赢了第一次鸦片战争，这使得香港取代了澳门，成为与中国大陆贸易的新基地。

从此以后，辉煌的澳门陷入了永久的衰退，变得放荡不堪，一种真正的放荡，时至今日，这仍是澳门的一大特征。在随后的几十年里，澳门靠着做令人憎恨的贩卖中国苦力的生意支撑了下来。这些人中有大约一半被运到了古巴及秘鲁这些地方。几乎同时，澳门政府把赌博业合法化了，现在成了澳门最大的财源。

像奥登所说的那种间接的恭维，恰如其分描述了澳门令人难以捉摸的魅力。近些年来，澳门各有其主的赌场和踢踢踏踏的夜总会引发了一场黑社会内部的争斗，使居民们大受惊吓，其程度远甚于对日益迫近的政权移交的恐惧。然而，正是这一风流社会成了澳门政府的基本财源。虽未明言，这个风流社会也支持行动自由主义论：几乎所有的事情在这儿都是允许的，几乎所有的时间。

因此，葡萄牙400年的影响并不只是为从香港乘着汽艇前来的浪荡子们提供了一个游乐场所。在那些现存的殖民时期的建筑上，蜡笔彩绘已经褪色，这不仅反映了某种衰老，也反映了一段殖民杂居的历史，正如著名的圣保罗大教堂的正面是由一个日本艺人用龙和汉字来装饰的，即使没有后面的教堂，也能勾起人们的回忆。这块飞地最负盛名的食物记录了葡萄牙人来到澳门的路线：经过非洲，中东东南沿海，印度果阿，以及马六甲海峡，但原料却是中国南部沿海所能买到的那些。现在，虽然在澳门45万人口中只有4000人自述为澳门本地人，但各种族间的这种融合是葡萄牙人在其殖民地所特有的，比如说，与英国人在英国殖民地相比就有很大的不同。这种融合给这个曾经是殖民地的地方留下了一种相互容忍以及多样化的气氛。

澳门回归中国

1997年最大的国际新闻之一就是英国将香港归还给了中国。这件事盛况空前，而且引起了政界的广泛关注。现在，1999年的12月，澳门——欧洲在亚洲的最后一个桥头堡——将告别葡萄牙人400多年的统治，回归中国。然而，当历史即将翻开新的一页时，并没有引起太大的波澜。

澳门的回归是离她60公里的香港的回归的简单的重复。就像她在1997年做的一样，中国国家主席江泽民将在交接仪式上作为东道主，使中国在收回所有遗失领土的道路上再前进一步。葡萄牙总统桑帕约将体面地结束葡萄牙对澳门的管辖，这个角色在香港回归时是由查尔斯王子扮演的。桑帕约离开后，中国军队将进驻。这支部队既可以保卫澳门，又可以在将来打破中国保持其独立司法制度和生活方式50年不变的承诺。

澳门不是香港，这点人所共知。她43万的人口只是香港的1/15，经济规模更是小于这个比例。香港是个融合贸易、金融、高利润服务的万花筒般的社会，相比之下，澳门只是一个苍白的影子，充斥着21点、轮盘赌和扑克牌。1996年以来，三合会，或叫作黑手党之间的血腥战争已经把澳门变成了20年代的芝加哥，到处是赌场外的机关枪暗杀，还有绰号为"肥彪"和"断牙"的黑帮老大。1998年有28起谋杀，今年已经发生的就有 37 起。

和两年前的香港不同，主权的更替带给澳门更多的是希望而不是恐惧。中国大陆将恢复社会的安定，把那些挥金如土的大赌家吸引回赌桌旁，而赌桌是澳门发展最重要的东西。一个叫作"石头公社"的标新立异的演出团体正在为回归彩排一台节目。节目里，一个人边跳边唱："我希望澳门警察好好工作，我希望该死的会死，我希望每个人都高兴。"歌词并没有讽刺意味。在香港，人们曾经并且仍然担心的是中国大陆会不会管得太多。然而在如今暴力盛行的澳门，人们担心的却是，北京，或是别的什么人，能不能管得住。

澳门已经走过了一条长路。1557 年被明朝政府赏赐给葡萄牙时，澳门是欧洲在亚洲的第一个殖民地。以后的许多年里，澳门一直是欧洲对华贸易唯一的桥头堡。但是这个地位在 18 世纪 70 年代的时候被广东代替，接着被其他由于不平等条约而开放的港口城市取代。澳门对外贸易的最后一滴血在 19 世纪后期被香港彻底榨干。

在最近的 50 年里，葡萄牙统治者根本无心重建澳门的经济，或者从大量的中国移民中间汲取力量，给这个地方注入活力。许多年前，葡萄牙就想撒手不管了。1974 年葡萄牙国内革命爆发以及归还澳门失败以后，里斯本为这个殖民地颁布了新宪法，政权被分割，由总督和澳门立法委员分享权力，结束了直接选举。事实上葡萄牙已经让位给了中国。

殖民地政府接着投资兴建基础设施，包括桥梁、地下排污系统和一个规模很大但没有充分利用的机场。最值得他们骄傲的是这个四面环海的小岛上的特殊的文化——她的食品、建筑、受葡萄牙语影响的地方话，以及公务员制度。公务员队伍主要由葡萄牙人的后裔组成，他们被称作"澳门人"（Macanese）。（赌场和相比之下稍显逊色的旅游业为那些非公务员的平民提供了工作）"葡萄牙人采取文化帝国主义政策，他们尤其关注文化遗产。"香港大学的一个政治科学教授罗索尼说。事实上，联合国的文化分支机构，联合国教科文组织（UNESCO），已经邀请了澳门申请像圣保罗大教堂遗址这样的古迹为世界文化遗产。

何厚铧的工作就是去处理多得令人惊讶的严重问题。这些问题范围之广与这个小地方的面积极其不相称。何的首要任务是解决关于赌博的问题：当 2001 年赌业巨头何鸿燊（与何厚铧没有亲戚关系）对澳门赌博业的垄断到期的时候，政府是否应该继续由一人控制澳门经济的政策。同时，怎样才能扫除枪支和匪帮。

何厚铧也承认，犯罪和赌场有着千丝万缕的联系。"哪里有三合会，哪里就有争斗，"他说，"哪里有大钱赚，哪里的人命就不值钱。"每年 30 亿美元的"大钱"从赌场里滚滚流出，同时，据估计，澳门大约有一万名活跃的三合会分子。匪帮火并的原因至今不明，但将来的走向却逐步明朗。赌场老板指责从香港和大陆来澳门的三合会成员破坏了本地黑社会微弱的平衡。

黑社会争斗一直在持续，赌业巨头何鸿燊还预言如果 2001 年澳门不继续他的垄断，争斗会愈演愈烈。平民百姓认为在12月20日进驻澳门的中国军队将起到威吓作用，使三合会有所收敛。但当地被认为最能坦率直言的民主人士，同时也是立法委员的Antonio Ng Kuok-Cheong 相信中国将运用大陆和澳门的官僚机构和法院在一夜之间结束黑帮争斗。"三合会知道，如果中国政府要铲除他们，是不会动用军队的，"Ng 说，"有很多别的手段。"

通过互联网，现代中国的这种使命感和自豪感激发了一种新的民族主义——与政府无关。许多中国人把互联网看成能赶超西方国家的跳跃式技术，这种感觉甚至蔓延到海外。东方航空每周两次往返于北京和旧金山的581航班，里面坐满了往返于海淀和硅谷的中国互联网专家。"在硅谷的中国人，现在整天谈论的都是回国。"加州的查尔斯·周说，最近他加盟新浪的美国办事处，成为财务副总裁，"激励是有的，唯一的障碍是政策。"

……

然而，台海紧张关系并不是那么容易就被解除的。在竞选之前，北京施加了言论压力。3月13日，台湾股市立即下挫617点，跌了6.6%，是自1996年大陆试图干扰台湾大选而进行导弹试射后的最大跌幅。股市下跌让国民党的竞选把握又增大了。连战指出，这一现象显示，如果陈水扁当选只会为台湾带来灾难。但陈水扁反击说，市场下跌是国民党一手造成，以恐吓选民去投连战一票。"他们试过战争威胁论，结果没有用，"陈水扁说，"现在他们又试图用金融崩溃论，肯定也不会有用。"

……

中国的互联网时代

　　中国最大互联网门户——网易的创始人丁磊，感到很不安。1999年夏天，当他在北京一家餐厅和一位朋友谈话时，显然有什么事情激怒了他。是空调，太冷了。这位自学成才的技术专家并没有停止谈话，而是拿出他的掌上电子记事簿，指向空调机的红外线接收点，隔着整个房间那么远来调节温度，他的朋友惊讶得张大了嘴。

　　丁磊仍然感到不安——但这一次他几乎让12亿人惊讶得张大了嘴。他和中国另一主要门户网站——或者说是宽带内容供应者——搜狐的张朝阳较劲，争当第一个到网络新兴企业的天堂——美国科技板块纳斯达克上市的大陆互联网企业。回报高得让人难以想象——以10位数计，而且发展机会也是无可限量。那到底是什么事情令丁磊和其他中国互联网企业家不安呢？答案是北京政府。他们对互联网的态度比市场的变化还要快。

　　互联网所带来的电磁狂潮冲击着中国政府。现时有1000多万网络使用人，人数每半年就翻一番，是亚洲增长最快的。钱从美国风险资金中倾泻而来，已有5万多中国域名被注册。北京一家互联网顾问公司BDA（中国）估计，到2005年，中国的上网人数将成为全球第二，仅次于美国。"以前好像从来没有试过这样的事。"丁磊说。

　　突然之间，中国成了全世界最热的网络战场。1997年，他们建立了一个中国境内的内联网，但又悄无声息地放弃了。2000年1月，政府宣布一项严格规定，限制互联网的内容，并制定了对加密技术的管理措施。中国的网络精英对此感到无奈，仍然如常运作。在长时间观察之后，北京政府终于找到了互联网的最大弱点：要吃很多的钱。

　　"问题并不是中国是否会禁止互联网，而是中国是否会制定相应措施，使互联网能在商业角度独立发展。"BDA的泰德·丁说。去年7月，以香港为基地的中华网成功进行首次公开发行，使公司价值达到15亿美元，之后大陆企业就热衷于步其后尘。网易和搜狐都打算在今年春天到纳斯达克上市，搜狐甚至已经向美国证券交易委员会办理了预备登记。然而，根据银行和行业信息，北京政府已经否决了第三个竞逐者、中国最大的互联网企业新浪的IPO申请。

　　然而，外国投资者却嚷着要把钱投到中国的网络战。"投资中国互联网的风险并非那么可笑，潜在的回报却十分巨大。"Techpacific.com的合伙人约翰尼·陈说。该公司是香港越来越多的风险资本企业之一，专门投资中国互联网。

　　就是这样的潜力，促使丁磊于1997年创立网易。丁磊出生于宁波，在成都念大学，毕业后南下广州。他很腼腆，戴着眼镜，崇拜雅虎的创始人之一杨致远。作为一个软件程序员，他存了6万美元准备到斯坦福大学念书，但后来决定在中国创立自己的互联网企业。丁磊选择了一种十分危险的商业模式：开始时免费向客户提供电子邮箱，并免费为他们制作个人网页。朋友们不断问他，这样怎么能赚钱。"我告诉他们说，我们可以提高访问量，获得广告收益。他们说我疯了。"但丁磊相信，由于1998年中国城市人均可支配收入只有655美元，没有多少人有钱付电子邮件费和内容费，因此"免费是未来之道"。丁磊肯定中国市场会不断增长，因此坚持了下来。现在，他的网站每天浏览量达600万页，并吸引到高盛、巴林、软银和Techpacific.com的投资。北京政府会允许他从海外融资，继续扩张吗？是的，丁磊说："中国在21世纪需要拥抱高科技，因此不可能放缓互联网的发展速度。"

丁磊来自中国一个崭新的互联网企业家阶层，在某种角度上，也是"难以管制"。许多人是自学成才，出身于贫穷家庭，没有特殊社会关系，依靠自己的智慧进军互联网，设立自己的公司。"人们总是认为，只有炒股和做生意才能发财。"新浪执行总裁王志东说，"现在，在互联网的冲击下，他们知道可以凭知识获得财富。"在一年之前，中国最顶尖大学的毕业生把到美国深造看作是理所当然的事情，但此情不再。现在，最时髦的举动是到北京西北面的海淀区聚集，那里有清华大学、北京大学，也有许多电脑硬件和软件商店。在这片杂乱的旧工业区，霓虹灯照亮了商店店门，到处是废弃的建筑物和空置的厂房，创业者可以租一两间房子，买或租几台电脑，带上几箱方便面，一夜之间就可成为网络人。

对拥有雄心和技术的中国人来说，海淀区是梦想世界。薪金螺旋式上升——具备初级电脑技术的毕业生，现时行情是每月1000美元（北京的平均工资是200美元）。从美国高科技企业和顾问公司归来的人才，年薪可达到10万美元，外加期权。"互联网带给中国一种有趣的东西，就是角色模式。"BDA的克拉克说，"今天，人们景仰丁磊、杨致远或王志东。"现在，有一个留在中国的理由——或放弃美国高薪职位回国的理由。杭州B2B电子商务网站阿里巴巴的负责人马云说："有史以来第一次，我们中国人看到了一个赶超世界的道路。这是新世纪的标志性新行业，就像汽车工业标志着日本经济一样——如果你能赶上潮流，你就可以促使整个国家向前进。"

通过互联网，现代中国的这种使命感和自豪感激发了一种新的民族主义——与政府无关。许多中国人把互联网看成能赶超西方国家的跳跃式技术，这种感觉甚至蔓延到海外。东方航空每周两次往返于北京和旧金山的581航班，里面坐满了往返于海淀和硅谷的中国互联网专家。"在硅谷的中国人，现在整天谈论的都是回国。"加州的查尔斯·周说，最近他加盟新浪的美国办事处，成为财务副总裁，"激励是有的，唯一的障碍是政策。"

也就是政策，使中国的互联网市场如此高风险。未等政府官员准备好给上司审阅的报告，市场已经发生变化了。中国政府仍然处于追赶行业的局面，因此投资者需要有稳定的神经细胞。当然，互联网内容提供者能在新闻网站发表什么东西，这是有限制的，最新的内容规定是不得在网上散布"国家机密"，要接受与印刷传媒同样的监管。当然，到目前为止，没有一家中国互联网企业有意于挑战政府管理，三个主要门户——新浪、网易和搜狐——还设有专人，负责删除留言板和聊天室里的反政府言论。"我们看到种种迹象，我想，人们对政府的宣布反应过激了。"搜狐高级副总裁郭为说。他相信，政府设定有关规则，"是有关人士的进步过程。我们必须有游戏规则"。

热情是可传染的，1999年12月《北京日报》刊登一篇头条报道："互联网经济：不破的泡沫"。网上列出的互联网新兴企业招聘都收到数千回复，在上海和北京，几乎每辆公共汽车的车身上，都刷有网络广告，印刷媒体上充斥着互联网推广资料。

中国目前正处于一场浩大的信息流战争之中，中国将以一种想象不到的方式重新焕发光彩。"互联网会为中国带来重大的改变，"搜狐的张朝阳说，"但改变是逐步的，随着人们敲击键盘，他们将获取越来越多的信息。"互联网无处不在，又无处存在，不可或缺，又不可终止。真正的战争并不是引进它，而是谁能在网络中获利，在多短的时间中获利。

管理人才的缺乏

唐海松（音）开办因特网初创公司的目标，是成为一家迎合中国年轻人需求的主要网站。这位董事长发现，合格的管理人员比高效的政府官员更难找到。1998年毕业于哈佛商学院的唐说："在因特网技术方面，中国只比西方落后5年，但是在管理技能方面，我们至少落后20年。"

中国并不缺乏创业精神，然而从商的热情并不等于管理上的才智。中国小企业的破产率在同一地区中是最高的。唐说："中国也许已经开放了市场，但是，却没有足够的熟练人员使市场有效运转。"中国只有9000名本国培养的工商管理硕士。相比之下，美国每年毕业的工商管理硕士有7万人。

更糟的是，那些有幸在中国的56个工商管理硕士计划中学习的人，也未必能掌握参与激烈经济竞争所需的技能。大多数教授从过时的教科书中照抄材料，没有实践经验可以介绍给学生。北京大学的一名工商管理硕士生说："要是我的老师从来没有接触过市场经济，我怎么能相信他们呢？他们读博士时研究的经济模式已经不复存在了。"

中国的商学院强调的是死记硬背，而不是管理人员在实际工作中所需的灵活地解决问题的技能。学生的参与也得不到鼓励，因此，成长中的专业人员很少有机会进行重要的表达技巧和辩论技能的锻炼。

上海的中欧国际工商学院，是一家由市政府与欧洲联盟联合出资开办的学校。像中欧国际工商学院这样由西方出资的教育项目数目的增加，表明教育部和外国政府都十分认真地看待这个问题。两年前在上海开课的工商技能发展中心，是亚利桑那桑德伯德国际管理学院的附属教学机构，该中心的会计主任芮树杰（音）说："环视整个亚洲，我们发现中国对管理培训的需求是最大的。我们能够提供中国当地教育机构提供不了的技能。"尽管学费高昂，而且是用英语授课，但有些这样的培训项目并不乏报名者，因为文凭——即便只是准工商管理硕士学位——可以保证学生找到工作。为了把最优秀的人才吸引到自己的会议室中，一些多国公司甚至出面向学生发放数千美元的学费。

在商业气氛不那么浓重的部门——即中国的国有企业中，这种人才投资的重要性也正被渐渐接受。由于被迫要在一个日益贫乏和低劣的经济中参与竞争，一些国有企业正不惜钱财对管理人员进行培训，以确保能够长期生存下去。在中欧国际工商学院，将近一半的主管级工商管理硕士生，是由中国有色金属工业公司和中国东方航空公司之类的国有企业出学费的。

以往，国有企业的管理人员在工厂的生产线上兢兢业业工作，在全心全意为厂里服务了几十年之后，最后在办公室中得到一个归宿。但是，随着亏损的不断增加，国有企业除了提高工资和为员工提供广泛的培训以外别无选择。许多管理人员对此表示欢迎，特别是因为有些人担心多国公司内的歧视性做法，会阻碍本地雇员在这些公司的晋升。

具有讽刺意味的是，由于甚至连国有企业部门也在从商学院的花名册中挑选潜在雇员，像唐的公司这样的初创企业，在吸引一流管理人员方面也许会更加困难。当这位因特网企业家开始四处物色一位人力资源主管来管理他的160名雇员时，他原以为可以从几十份合格求职者的简历中挑选一番。但最后却只有4个人符合他的要求。唐说："我们在哈佛商学院谈论的事情之一，就是有创意和迅速地应付未曾预料到的问题。"在中国的商业现实赶上其远大的经济抱负之前，唐和其他人将不得不依靠这种随机应变来勉强维持生存。

新一代超人李泽楷

香港有很多人姓李，但只有一个李嘉诚。如果你住在香港，只有戴上耳塞或蒙住眼睛，才能逃过关于他的消息，但难以避免地，你仍会为这位71岁的大亨增添财富。李嘉诚是香港房地产业、零售业、电信业和电力业的主要玩家，全香港30%的贸易要进出他的港口。在当地媒体中，他的绰号是"超人"。这并不是一个很有趣的名字，尤其在金钱至上的香港。

现在，从同一家族中，诞生了"小超人"：李嘉诚33岁的儿子李泽楷。2000年3月，李泽楷以上市仅10个月的互联网企业——盈科数码动力，成功收购了香港的电信业巨人——香港电信。这个交易价值380亿美元，是亚洲有史以来最大的收购案。按目前的市值，李泽楷的新王国已经可以与其父亲几十年来积聚下来的基业相抗衡。即使将来盈动的股价会暴跌，他的卓越远见也是毋庸置疑的。他拟利用宽带网，为中国、印度和亚洲各国的广大人民提供快速、灵活的互动电视和互联网接口，从而成为此类服务全球最大的供应者。

如果说李泽楷的财富因互联网而暴涨，其父也如此。两周前，李嘉诚将还没有什么经营业绩的小规模互联网企业Tom.com上市，让香港的投资者蜂拥上街排队申购。李嘉诚说，Tom.com将成为最大的中文使用者门户——也是一个雄伟的目标。

两父子显然看到了新经济所蕴含的财富，并下了大注码。关于"超人"和"小超人"，最令人感兴趣的问题是：他们是超级拍档，还是未来的对手？当地媒体大肆报道说李泽楷试图走出父亲的阴影，或说由于父子之间风格的迥异，35岁的兄长李泽钜已经明显是李嘉诚王国的继承者，他被忽略了。李嘉诚低调、热诚、传统，一直住在60年代以13万美元买下的房子里；李泽楷喜欢垃圾食品，对下属毫不客气，目前正在建一栋豪华的宅邸，越洋邀请惠特妮•休斯敦来香港参加他的千禧派对。两人的显著共性是受美女欢迎：目前都是单身，李嘉诚是鳏夫，李泽楷是未婚。《时代》问李泽楷，谁是他最崇拜的商界人物？他提到的不是父亲，而是索尼的创建人之一 Akio Morita。他明确表示，不欢迎有关他与父亲关系的问题。

　　然而，李泽楷现在还是和记黄埔的副主席，拥有 Tom.com 5% 的股份，长期与父亲有交叉交易。作为儿子，他有自己的勃勃雄心吗？还是舒适地站在父亲的肩膀上？也许两样都是。"他们的关系十分十分复杂。"和记前董事，李家的朋友西蒙•马雷说。要研究这两父子的关系，就像进行视觉测试：看到两张互相对视的脸，一转眼成了一个花瓶。

　　当你像许多香港人一样，把注意力集中到这个花瓶上时，你会发现这个花瓶很大。两父子所控制的公司，包括香港电信在内，占了香港股市资本的 1/4 强。在电信行业，李氏家族所控制的公司占了香港移动电话市场的 60%，以及全部固定线系统。够实在了吧！李嘉诚是香港物业之王，现在又与儿子一起，向世人展示在电信和互联网新时代再创繁荣的高深学问，并展示并购财技的奇异演进。李泽楷认为，这些才能并不局限于香港："这些技巧完全是全球性的。"言下之意，是要放眼全世界，因为对李氏家族来说，香港已经不够大了。

　　李嘉诚的成功，是战后香港最令人称道的故事之一。李嘉诚，1928年出生于中国的南方城市汕头，1940年逃到香港，年仅15岁就辍学，以卖塑料皮夹为生。1950年建起一家出口塑料花厂。首次涉足房地产市场时，他买的是公寓。到1979年，他名下的长江实业控股公司已经规模宏大，令商业银行家们印象深刻。后来，他从汇丰银行手上买下香港老牌贸易行和记黄埔的控股权，跻身香港超级富豪行列。过去，贸易行一直是英国人在香港殖民地的财富和权力的中心。

　　在1997年回归中国之前，香港的商业基本上由本地人控制，但李嘉诚比其他人更胜一筹，在世界各地都有投资。和记黄埔有一个部门，经营着从孟买到巴拿马运河的18个集装箱码头，全球 1/10 贸易要经过他们。李氏对欧洲电信业务的染指也十分典型。去年，他把在英国的和记 Orange 移动电话部门卖给德国的 Mannesmann 集团，获得57亿美元现金和时值89亿美元的股票。当上个月英国万德丰 AirTouch 公司与 Mannesmann 合并后，李氏在新公司所占的股份价值飙升到150亿美元。

　　儿子们所受的教育与父亲完全不同。年幼的时候，李泽钜和李泽楷都被邀请列席父亲的董事会议。他们接受了广泛而昂贵的教育，大部分在国外。兄弟俩都毕业于斯坦福大学，李泽楷更是从 13 岁起就到加州上学。由于父亲给的钱很少，为了应付开销，李泽楷到高尔夫球场去当球童，到麦当劳去当收银员。1987 年毕业以后，他成为温哥华一家投资银行的基金经理，1990 年被召回香港，掌管和记的卫星部门。当时李泽钜已经被培养成李嘉诚的接班人，与哥哥相比，李泽楷的工作只是小儿科，但已经足以让他大展拳脚。

和记拥有一个卫星，用于电信营运。李泽楷认识到，这个卫星也可以进行电视传播，并由此引发了一个真正的梦想。他可以绕过呆板的控制电视行业的各国政府，把电视节目直接送到观众的眼前。是的，没有多少亚洲人拥有碟型卫星天线，但李泽楷知道，亚洲大陆的企业家们会购买碟型天线，然后在附近铺设电缆，把卫星节目传送到想看《 The Bold and the Beautiful 》和桑塔•芭芭拉的人的家中。他说服父亲投资 6250 万美元设立卫星电视（和记在卫视上一共投资了 1.25 亿美元）。

作为一个 20 来岁的老板，李泽楷并不平易近人。播放时突然失灵就意味着劈头盖脸的臭骂。现在的员工说，李泽楷已经成熟了，但还是经常在公众场合斥责高级经理们。

不到两年，卫视就把现代化的电视带到印度和中国，吸引了 4500 万观众。这一次，他的成功吸引了收购者。1993 年，默多克打算以美国 Fox 网络和英国 Sky 广播的模式进军亚洲市场，邀请李泽楷到他位于地中海的游艇上一叙。几个小时后，一项交易达成了。两年后最后一笔款项付清，李泽楷为和记赚了 9.5 亿美元。

然而，由于这次成功仍然是受李嘉诚的影响，即使是 10 亿美元的交易，也不能为李泽楷带来独立的荣耀。继卫视之后，李泽楷继续按自己的计划，利用卫星为亚洲企业提供长途电话服务，但没有成功。

1996 年，李泽钜被张子强绑架，李嘉诚付了约 1 亿美元赎金。随后是 1997 年金融危机，香港陷入衰退。1998 年底，李嘉诚公开埋怨当地的民主热情过于高涨。他说，作为一个商人，他宁愿在香港"少做一些事情"，股市应声而落：一是因为李氏家族的财富减少了，二是因为他们对香港的信心也下降了。

之后 .com 公司兴起，把阴霾一扫而光。李泽楷相信，通过卫星，把互联网传送到中国和印度的电视上，将是一宗很有前景的生意。1998 年，他名下的盈科集团获得英特尔公司的 5000 万美元投资，支持他这一想法。

第二宗大交易，则是在香港政府捐赠的一流地块上发展高科技"数码港"。奇怪的是，香港政府并没有像惯常那样，让几家有意向的发展商进行投标。批评者认为，李泽楷只不过是一个旧式的房地产财主，绝非高科技梦想家。支持者则认为，政府之所以选择李泽楷，是因为"数码港"这个概念是他提出来的，只有他才有实现这个目标的专门知识。

于是，他通过"买壳上市"的方式，收购了香港联交所一家上市企业，改名为盈科数码动力公司。这个过程规避了香港"企业要有两年的盈利才能上市"的规定。盈动接手"数码港"项目，交易第一天股价就上涨15倍。

　　今年1月，美国在线以自身价值不菲的股份收购时代华纳，盈动也在努力实施同一策略。拥有香港电信54%控股权的英国电信，公开表示打算剥离非核心业务，例如香港电信。香港电信与新加坡电信，两家亚洲电信巨人，进行了紧张的购并谈判，最后新加坡电信报出保密的收购价，包括现金和英国电信想要的股权。看起来，交易很快就要达成。

　　春节过后，英国投资企业华宝德威造访盈动，带来了一个打败新加坡电信的计划。该想法被送到李泽楷处，当时他正在伦敦看另一个小型的但同类的电信投资。"我说：'好啊，可是太大了，不可能的。'"李泽楷回忆。尽管他的股价在涨，但还不能收购比自己大几倍的公司。不过，几天之后，所有怀疑都消除了。"我忽略了一件事，"他说，"就是香港金融市场的潜力。"如果他要，钱就在那里。

　　同时，他还认识到，香港电信有可以利用的资产：有10万用户的宽带互联网服务、移动电话系统和富有潜力的可接入互联网的3G移动技术，以及与默克多卫视签署的给宽带网供应电视节目的协议——即现在所说的"内容"。但英国电信还想要正在疯长的盈动股票。

　　李泽楷的团队快速地行动着。通过增发新股，盈动在几小时之内就筹集到10亿美元资金，但还需要几十亿美元，而且银行对贷款给没有多少业绩和利润的新兴企业十分谨慎。根据华尔街亚洲快报报道，银行家们坚持要李嘉诚担保。但当李泽楷指出，香港电信有几十亿美元现金、大量的资产，完全可以支付贷款时，他们动摇了。最后，李泽楷用120亿美元，以股权组合和现金形式支付给香港电信的股东，获得了所需融资。

　　从一开始，新加坡电信的报价就有一个致命弱点：它的79%股权由新加坡政府控制，CEO是新加坡总理李光耀的小儿子李显扬。新加坡电信的所有权背景立即受到香港法律界的警告：一旦收购成功，本地的电信公共事业将受到外国政府的控制。很多人猜测，中国政府鼓励李泽楷出价，使香港电信维持在香港人手中，但李泽楷否认了。事实上，许多分析家说，李泽楷之所以能成功达成交易，是因为他的演讲令人印象深刻。几天之内，他就完成了出价和必要的融资，而其他公司往往需要几个月才能做得到。

　　新加坡电信也没有坐视不理。得知李泽楷来势汹汹，该公司威胁说要控告贷款行之一——汇丰银行，说该行应该延缓出价，让新加坡电信有足够的筹资时间。另外，新加坡电信还得到默多克10亿美元的支持。但该报价太迟了，现在，英国电信接受了李泽楷的报价。

　　默多克的参与引起一些有兴趣的问题。新闻集团是否打算加入竞争，以内容所有者的身份，收购一家宽带传送系统企业，从而催生新的大并购，就像时代华纳和美国在线一样？因为新加坡电信的缘故，默多克与李泽楷的关系会否转坏？因为香港电信与新闻集团有内容合约，前度合作者被迫再度携手，两者之间的良好关系是否能维持？

也许吧。尽管李泽楷对《亚洲周刊》说默多克"有能力撤销"内容协议，但他坚持，他对默多克在最后一刻几乎毁掉了他对香港电信的收购毫无怀恨之心。为了防止诸如此类的分裂，李泽楷与默多克的儿子于近期进行了平和的会谈，甚至到新加坡去与对手见面。他说他有兴趣并不介意与新加坡电信合作。这并不奇怪：他必须出售部分香港电信的股份，以支付贷款，但这也是一个信号，表明两位交易人开始接触。

李泽楷是否已经从父亲的阴影中走了出来？也许问题的关键是他是否有这个能力。人们经常把他的商业才能与父亲比较，仿佛他是直接继承或被直接授予的。"他们都以身边能人环绕而著称。"香港莫英杰联合经纪行经理、前香港联交所主席理查德·伟茨说，"而且他们的回报都很可观。"

但时代变了。"李泽楷的游戏需要信心。"认识李嘉诚的Kim Eng证券的研究部主管史提芬·布朗说，"到最后，他必须出售他的想法，就像他的父亲出售物业。李嘉诚懂得生产塑料花之道，而且我认为他始终贯彻那些理念。我想，在美国受教育的第二代，是不可能懂得那些理念的。"

进行380亿美元的收购后，即使在成功的一刻，李泽楷发现仍难以获得100分。许多分析家指出，香港所有电信牌照在2006到期，至于谁能获得续期，决定权肯定在于中国政府。所以香港电信选择了李泽楷，而不是新加坡电信。分析家说，李嘉诚在中国的影响力可以让香港电信顺利获得续期。"当然，李泽楷的收购对香港人来说是一种光荣。"当地最受欢迎的电台清谈节目主持人郑经翰说，"但很不幸，由于他的父亲，人们将永远不会把他看作是一位企业家。"

前和记执行官马雷回忆："当然，李泽楷正在成长，他早熟、傲慢、易怒、复杂。但他使我认识到，在富裕环境成长并不一定会被宠坏。事实上，金钱使人负担沉重。"听起来像一项工作，至少对小超人来说是这样的。

哪里是真正的文艺之都

今年3月上海举行新的美术博物馆试开典礼，不啻是一件文化盛事。这座由原殖民地时期的建筑改建成的美术博物馆，有最新型的一流照明设备，油光可鉴的大理石地面，华贵的实木墙壁，显得像仙宫神宇一般。这座建筑，也是对中国文化之都桂冠无休止的竞争者北京市的一种直接的挑战。这座博物馆，只不过是使阴沉沉、灰尘弥漫的北京市颇为震惊的一波建筑热中最新出现的硕果。就在两年前，因为没有合适的场地，来沪演出的克利夫兰管弦乐队还不得不在一个体育馆里演出。而今沪上有了这座新的美术博物馆，有了一个陈设考究的古博物馆，一家金碧辉煌、造价1.5亿美元的大剧院，一家位居世界最大图书院之列的图书馆。还有一个造价2亿美元的科学中心计划于2001年落成。"上海的博物馆和文化不只是要做中国最好的。"上海博物馆负责人如是说，"我们正在争取成为世界最佳之一。"

然而，北京市也不打算认输。首先，北京正依靠它深厚的艺术传统来胜过上海的奢华。毕竟，当剧场里灯光暗下来时，北京就摆脱了它那生硬死板的外表形象，而开始与有乐队现场演出的酒吧一起跃动起来，那令人激动的戏剧表演艺术和足够的京剧使墨守成规的京城观众心满意足。上海的建筑狂热，也使北京的推土机和风钻为之震惊而待不住了。虽然北京的酒吧和沙龙厅馆产生原始的艺术活力，但北京却缺乏其艺术人才所需要的基础设施。例如，北京的窗口紫禁城故宫博物馆，提供的展品积满了灰尘，用省钱节电的低功率灯泡，将展品照得模模糊糊。最近，随着国家大剧院的动工建设，这一切就要改变了。这座投资4.2亿美元的现代化的丰碑，离壮观的紫禁城徒步只需几分钟。

北京如果希望吸引已开始涌入上海大剧院的那种一流的表演，就急需这样一座综合建筑。北京一流的聚会场所人民大会堂和世纪剧院的音响效果并不令人满意，以致帕瓦罗蒂对中国首都的歌剧前途都公开表示感到失望。相比之下，当谭盾在上海大剧院举行中国首次公演《门》时，上海的知名人士为那清晰的音响惊叹不已。会计师谭艾伦花了85美元买票去观看了这场剧（这票价相当于一名普通中国人一个月的收入），她说："北京没有一个剧场能够满足这次演出所需要的设备要求。北京的剧场，座席间的通道很脏，很多观众根本不懂该什么时候鼓掌。"

当华裔美国人大提琴手马友友计划参加谭盾的华丽演出时，北京提醒上海说，所有国际演员首先都得经过中国文化部审批。那次演出半个月之前，北京还在犹豫不决。最后马友友退出了演出。

而且，上海因为经济条件好，很难从北京得到经济上的支持。其他一些地区的剧场得到中央政府的补贴，上海大剧院却从未得到。这意味着上海必须找顾客和企业赞助。上海的艺术活动资金大部分都来自上海企业家，上海的文化舞台几乎是他一人搭起来的。这位奢华的、自称的主办人已资助六七出歌剧的演出，其中包括意大利歌剧《阿伊达》和《茶花女》。"我和朋友打赌100美元，我能把世界级的歌剧请到上海来。"在白天经营一家国有货运公司的36岁的镡先生说，"我赢了那100美元的赌金，但我付出了50万美元的代价。"

目前，对年轻艺术家和演员来说，北京仍有较大的吸引力，尽管剧场院的缺乏限制了许多舞蹈和音乐团体一年只能演出一两次。"上海的费用极高，对渴望机会的年轻艺术家来说很难站稳脚跟。"一家私人美术馆的主人劳伦兹·赫尔布林说。更重要的是，北京由于某种原因，它对先锋派艺术能够容纳和接受。"如果一位作家想出版带有较敏感内容的作品，他在北京会有好得多的运气。"上海科学院一位作家副研究员如是说。

最后，问题是上海的钱是否能战胜北京的勇气与技艺。上海资金充裕，正在进行永不能还本的新事业投资。国际知名画家陈逸飞正考虑今秋合作推出《波希米亚女人》。

作曲家谭盾已同意 2002 年在上海首次公演他的下一出歌剧《茶》。然而北京仍然很安全，而不会输掉，它的具有发明创造力的电影制片厂和先锋派音乐舞蹈团体远远胜过上海的人才。"北京将永远是中国的文化中心。"谭说，"但是，有钱引进世界一流明星的上海，有潜力成为亚洲的国际艺术之都。"这类模棱两可的说法，不大可能说明京沪两市之间的文化竞争。但是，它至少提供了一个可能的领域：北京摇上海摆，全中国都能和着节奏动起来。

上海通用成为示范企业

上海通用汽车公司在成立之初存在太多的问题，几乎没有外人看好这个合资企业的发展，即使它得到 15 亿美元的投资。在沼泽地上建起的这家合资工厂，以国际标准培训中国工人，两年后要向中国市场推出一种每辆成本 4 万美元的轿车，而中国人均国内生产总值还不足 800 美元。这能行吗？

但事实表明"能行"。投产第一年，即去年上海通用汽车公司就销售了 2 万辆"别克"轿车，是最初目标的两倍以上。该公司公开称它得到的利润是 7500 万美元。最近该公司又推出包括一种小面包车在内的两款新车型。

尽管上海通用汽车公司也遇到很多问题，但它的成功已被记入教科书。在中国，中美合资企业是如何在掺杂政治因素的美中贸易争论中成为典范的？

美国通用汽车公司在中国的第一家合资企业，是同中国沈阳合作生产小型货车。那家合资企业是在 1991 年建立的，但在 1996 年就解体了，仅生产了 300 辆汽车。

如果没有当时通用汽车公司首席执行官杰克•史密斯的坚持，同沈阳的合作可能是该公司在中国最后的合作项目。尽管全球最大的汽车生产企业在全球人口最多的国家的开拓没有成功，但 1994 年史密斯还是同中国副总理李岚清坐在一起，讨论该公司如何能在中国取得成功的问题。中国方面提出的条件毫不含糊：双方必须签订长期的合同，美方应该向中国转让技术，同时让中国雇员进入高层管理部门。总之，通用公司将不得不像一个中国企业那样运作，用史密斯的话说就是它必须为中国人着想。

谈判核心问题是合资企业的各种条款。在一年时间里，通用公司副总裁菲尔•默托和上海汽车工业总公司副总裁一直在谈判关于供货者、生产和培训等协议的详细内容，以及所有涉及建立一个汽车生产厂的细节问题。他们几乎天天在上海华山路的一间小办公室里讨论——应该说是争吵——16 个小时。

经过艰苦的谈判，双方终于达成协议。很快合资汽车厂就奇迹般地出现在上海浦东开发区，一片 140 公顷、没有公路、电缆和排水设施的沼泽地。1997 年 1 月它开始生产第一批轿车，出乎所有人的意料——不仅是通用公司的工程师们——第一辆轿车在 1998 年 12 月 16 日就下线了。上海通用汽车公司总裁说："诚如美刊报道的，政府在基础设施方面给了我们巨大帮助。"1998 年上海通用汽车公司成为该市最受重视的合资项目。

上海通用汽车公司的每个雇员必须接受至少375小时的培训，60%的班长被送到海外通用汽车公司的工厂学习。他们学到的一件事是：美国设计的"别克"轿车不适合中国人使用。因此，他们重新设计了适应中国市场的"别克"车。

今天迅速发展的上海通用汽车公司，已经成为上海为吸引更多外资的示范企业。它平均每天要接待600多位来访者。

梦断美利坚

如果让我重新活一次，我绝不选择偷渡了。因为那经历太可怕，我都死了好几次了。

我姓陈，福建人，20岁，在家排行老二，就叫我陈二吧。我是1999年9月2日晚离家的。第二天天还没亮，大雾中，我登上了"蛇头"的船。

和我一起被蛇头像装螃蟹一样码在小船里的，还有十几个人。在黎明前的黑暗中，谁也不说话。但大家都知道，我们这伙人，都是准备偷渡到美国去的。

这事我只告诉了老爸。老爸50岁，是海边一个小村里的农民。当时他深深地叹了口气。我天生不听话，在做生意之前，我不是泡在卡拉OK里，就是跟人打架。看别人做生意，我也想挣大钱。一个多月前，我在厦门做鱼虾生意时，把老爸老妈从嘴里省下来的钱赔了个精光。我气自己没脑子……我突然想到美国去，听人说那儿有赚大钱的机会。于是一个哥们帮我找了一个人，一个蛇头。条件是我得给这家伙3.7万美元。

我没有那么多钱。他答应我可以先走，等我到美国挣了钱后再说。

其实，关于偷渡客的种种故事早已塞满了我的耳朵。有的人死在途中，有的人还没上岸就被警察抓住，遣送回来……尽管如此，我还是想试试，爱拼才会赢。

我和老爸定好，不让老妈知道。因为她知道了会拼命不让我走的。

9月2日晚上，我像往常一样到自家的面馆去，这个面馆是我帮老妈打理的，一般是我守摊等吃客。老妈照样唠叨我该做这做那，老妈一走，我就飞快地关了面馆门，搭车去福州，那儿离我家有25公里。我已经和蛇头约好，他在福州火车站等我。

这个蛇头又矮又胖，戴着金表，手指上的金戒指又大又粗。他是南方一个走私集团的头儿，他的狠毒在福建是出了名的。船会翻吗，被抓，送回来……在希望与恐惧中，我悄悄地登上了船，直到船悄悄地启航。

我不知道船开到了什么地方。在黑暗中，小船停了下来，我们在海边等着。后来来了一艘生锈的韩国旧货舱，一个装有60多个偷渡客，一个装着水和食物。我被关在后面的货舱里，舱门咣当一声关上了，我像是被投进了监狱……

船舱没有窗，没有风扇，空气污浊。气温越来越低，我又冷又饿。越冷就越想上厕所，而"厕所"只是2只桶，分别给男的和女的方便。在这窄窄的货舱里，要想保持卫生是不可能的。和其他人一样，我的眼睛开始闹病了，又红又痒。很多天里，我什么都看不见，去厕所撒尿都要摸索着。蛇头定期送来水和饭，有时给点花生、蔬菜，但没有肉和鱼。天黑了，我们这些偷渡客只能头挨头，脸碰脸地睡在一起。

押船的有6个蛇头和3个柬埔寨人。那3个柬埔寨人不会讲汉语，蛇头用英语跟他们讲话。我们这些"货"一天24小时都被关在货舱中，每周允许我们到甲板上去放一次风。有一次，我想出去透透气，挨了一顿臭打又被扔回货舱。而蛇头们却坐在甲板上，自在地喝着啤酒。吃饱喝足后，他们来到货舱，挑一两个年轻女人到甲板上去。他们什么也不说，但是，他们一来，我们都知道要发生什么事。

一个偷渡客病了，直叫头晕恶心，但蛇头不管不问，第4天，他死了。和他一起偷渡的他的老婆和3岁的女儿，扑在他的身上一直哭。蛇头却叫人把尸体扔进大海了事。

后来才听说，这样的旧轮船横跨1.4万公里的太平洋要花5个星期。而现代化的集装箱轮船要快得多。但用集装箱做这种"生意"危险性大。如果我们从香港被装在集装箱里发往美国，蛇头只需付从香港到西雅图的集装箱钱。12米长的集装箱每个能装24人，只需交900美元。但集装箱没有窗口，在海上没有机会出来放风，偷渡客可能因饥饿或窒息而死。更重要的是"风险"更大，因为大船必须停靠合法的港口，通过正式的海关。

旧货船不适宜远航，但却有随时停船的便利条件。据说，蛇头要付给船主25万美元。

10月初的一天，船遇到了暴风雨。海浪打到甲板上，水涌进了船舱。马桶翻了，我们像掉进了粪坑里……

那时我只感到极度恐惧，周围是阵阵尖叫。事后，我才知道甲板上的蛇头也很紧张。因为如果我们都死了，他们就赚不到钱了。10月8日，船终于靠了岸——但不是美国，而是离美国很远的危地马拉。

恶劣的天气妨碍了着陆，蛇头命令我们分批上"岸"。这个"岸"离陆地还很远。我还算幸运，是第一拨上岸的。深一脚浅一脚地，几个小时过去了，才见到一条柏油路。那儿有车在等着我们。第二天，接我们的人又到船上接人去了。可能是当地农民发现了我们，报告了警察，因此第二批上岸的人中有38人被警察抓走了。还有一只小船被海浪打翻，12个人被淹死。

我和100多个偷渡客被带到一个台湾人家中，他的妻子是危地马拉人，家在危地马拉城郊区。这是一个大老板，住的别墅很大，有100多个仆人。我们在他家藏了一个月。

11月初，一辆白色卡车开进台湾老板家。老板命令我和其他24人爬上汽车，钻进卡车车厢的假车箱底里。然后车箱里装上葡萄，向北开去。我们被拉往墨西哥。在这个卡车里，我整整憋了40小时。没有水，几乎没有空气，我一直躺着。如果再在车上待一两个小时，我可能就被憋死了。

车开进了墨西哥森林，我和同伴被放了出来。台湾老板把我们交给3个带枪的墨西哥人。他们将负责把我们送出墨西哥边境。那几个不会说一点汉语。很显然，我们不是第一批〝货〞。

由于偷渡客已引起移民局的注意，我们一直在森林中东躲西藏。直到1999年12月末，我还不知道自己身处何处。墨西哥人有时给我们点饭，但这种机会很少。我能说几句西班牙语了，比如说香烟吧，它是唯一能缓解我紧张情绪的好东西。

2000年元旦那天，我被车带到墨西哥北部边境一个城市。我们还在等，我猜想，这些墨西哥人在等他们在美国边境的同伙。1月10日，我们到了沙漠。听说沙漠的那边就是美国了。

过边境用了整整6天。每天只喝一点水，吃一点东西。夜里，沙漠地区滴水成冰，我们只能抱成一团取暖，因为墨西哥人不允许我们点火。终于到边境了。那儿的铁丝网已被人剪断。我歪歪斜斜地走过去，一点力气都没了⋯⋯

135天，1.7万公里水路和陆路，终于到了美国，但没有时间高兴，因为美国边境巡逻兵一直在搜寻着。还算幸运，我们没被发现，一辆带有黑色窗帘的汽车在等着我们，司机是中国人。第二天一大早，车停了下来。从外面的街景看，我们到了一个大城市，司机告诉我，那是休斯敦。

休斯敦？没听说过。事实上，除了〝美国〞这个词外，对美国的地理呀什么的，我一点儿也不知道。我只知道，我的一个表姐，住在纽约的一个叫法拉盛（FLUSHING）的地方。

偷渡客各奔东西，蛇头让我留了下来。我成了〝肉票〞，要是我家里凑不出钱，蛇头会把我卖给黑市，或者就干脆宰了我。晚上，我被拉到洛杉矶，关进了一间小屋。蛇头让我给家里打电话，要我老爸老妈交钱给在福建的蛇头。由于十几个偷渡客死亡和38人中途被抓，蛇头要我加付到5万美元，而且不许讨价还价！

我老妈听到我的声音就哭了起来，4个多月了，家里人这才知道我的死活。

老爸立即四处借钱。为了保住我的小命，尽管借钱的人要我家每月付2%的利息，老爸还是答应了。怕钱丢了，老爸把钱放在铺盖底下，晚上让我哥看守着。两个星期后，终于将5万美金筹足。2月1日晚上，蛇头到我家去把钱拿走了；第二天洛杉矶的蛇头也放了我，送我上了到纽约的飞机。在法拉盛，我找到了表姐，可一个星期后，她就把我赶出了门。

我只敢坐地铁，因为不用问路。我连普通话都说不好，英语更不灵了。还好在曼哈顿的中国城里，我看到一个广告：付40美元介绍费和12美元车费，可以帮你找到工作。我掏出在家里攒的最后一点儿钱，恳求别人给我一份工作，然后我就被车拉到这儿——新泽西的一家中餐馆。在这家餐馆中，我每天要洗菜、切菜、洗碗筷，还干其他杂活。

我是〝黑人〞，老板要我每天干13个小时，每周工作6天；同样，因为我是〝黑人〞，我不能买烟和酒，因为买烟酒需要身份证。而我却最爱抽烟和喝酒⋯⋯

威海：韩国人的集贸市场

《纽约时报》的记者发现，在宁静的中国沿海城市——威海，香料商人给这里带来了些许的韩国风情。

从一家餐馆中散发出的朝鲜泡菜和烧烤牛肉的辣味，向韩国人昭示着希望，类似的香味也飘出了太和客栈。这是一家为韩国商人服务并出售亚洲航空公司飞往汉城打折机票的客栈。在城外想不看到大宇和三星的工厂并不容易。虽然威海的韩国情调很浓，但实际上，这座沿海贸易城市上空飘扬的是中国的旗帜。

威海在很久以前就开始接待外国人了。英国商人是最先来这座宁静的胶东港口抛锚的外国人，他们于1898年从当时饱受战火摧残的中国手里获得了这个通商口岸。韩国商人来这里购买便宜的香料，则是在将近一个世纪以后，此时威海已成为中国经济改革中的首批沿海开放城市之一。今天，英国国旗的痕迹早已烟消云散，取而代之的是清晨宁静原野的景象。韩国商人蜂拥来到这里，寻找最优质的商品带回国去。韩语版的商业网站HANGUL介绍着从韩国超市到抽水马桶店的各种商品。韩国顶级企业集团——现代公司的总裁担任着当地一家教师协会的名誉会长。

有600名韩国商人每周三次从仁川乘船到威海，在18个小时的旅途中，他们以灯光卡拉OK、OB啤酒和跳舞机自娱自乐。而在归途中，他们的行囊则塞满了干辣椒、大蒜和香油。51岁的延星日（音）在过去3年中每周两次来往于黄海之间。即使带着老伴儿和18岁的儿子，他靠向韩国餐馆出售香料，每趟也有200美元的赚头。

当亚洲金融危机袭击到韩国时，小商人是最先感到痛苦的人员之一。2000名最能吃苦的韩国人乘船到中国来——主要是到威海，也有到大连和山东省的其他港口的——购买廉价中国商品，然后再运回，加价高达350%出售。现在，韩国一流大学的有些学生甚至也利用暑假做起这种小小的香料套利生意来。"我不明白为什么没有更多的人去做这种生意，"21岁的陈巨宇（音）说，"我可以挣钱，还可以到世界其他地方观光。"

但是，这样的机会却正在受到限制。去年，低价中国食品流入引起了韩国农民的强烈不满，以至于汉城把每个商人的进口量从120公斤减少到70公斤。10月份，又减少到50公斤。贸易摩擦在今年6月份进一步升级，汉城把中国大蒜的进口关税从30%骤然提高到315%。北京则采取了禁止韩国手机和聚乙烯进口的报复性措施。尽管政府官员解决了贸易争端，但是有些商人还是感到担忧。李俊日（音），从前养鱼而今从事进口中国食品和酒类，这位生意人说，表面上，两国都说贸易对双方有利，但私底下，没有哪一方愿意接受对方的商品。

尽管如此，贸易摩擦并没有阻止住韩国商人每周向威海的流入。这个港口城市还吸引了数以百计的中国朝鲜族人。随着东北老工业基地面临国有企业倒闭的冲击，许多朝鲜族人离开家乡到南方来寻找更好的机会。崔绵珍（音）全家去年从寒冷的黑龙江省移居到了威海。现在她在一家为韩国商人服务的饭店里工作。她的父母则经营着一家公司，向汉城的珠宝商供应未经加工的珍珠。崔绵珍说，工作机会对于讲朝鲜语的人来说非常多，她已经说服了几个高中时的朋友来到威海从事翻译、秘书和销售员的工作。

"在这里，我们为自己是朝鲜族而感到自豪。"她说，"我们感到没有什么需要隐瞒，而不像我们在黑龙江那样。"

为光临威海的商人提供服务的130家店铺中，并不都是由朝鲜族人经营的。今年24岁的店主侯健玲（音）从中国西南的云南省批发葡萄酒，供应给韩国人作为带回国去的礼物。她说，韩国人在这里下馆子有到家的感觉。韩国人砍价非常狠。她希望有朝一日自己做进出口商时，能把这些从海外顾客那儿学来的经商秘诀用于实践。"文化过去是从中国传播到了韩国，"曾在一所地方高校学习过朝鲜语的侯健玲说，"而现在中国人正在向韩国学习如何更好地做生意。"虽然威海有许多令人感到满意的方面，但那位姓李的商人还是抱怨："中国人不会腌制地道的泡菜。"他强调说，虽然香料是中国产的，但腌制还是必须由真正的韩国人来做。有些东西似乎是不能超越国界的。

三枚金牌得主伏明霞

三枚金牌得主伏明霞，并没有希望谁会记得她。当然，这位头发乱糟糟的中国跳水明星是巴塞罗那奥运会最年轻的金牌得主，只有13岁，在亚特兰大奥运会又一举拿下两枚金牌。18岁的时候，她在辉煌中退出，轻声说精神感到很疲惫。这位天才以为，她的光荣日子应该画上句号了。即使今天备战悉尼奥运会，她仍不强调自己的天分："我现在年龄偏大，又比较胖。"22岁的她开玩笑说，"我过时了。"

无论如何，现在还是有了结论。不管她自己怎么怀疑，要战胜这位曾经风靡巴塞罗那和亚特兰大的小女孩是一件高难度的事。她的跳豆型动作已经成长为优雅的水上风景，使这位跳水老将得以凌驾于敏捷的年轻对手之上。她的对手，有的已经跳出了当年她独家所有的高难度动作。

伏明霞从来没有想过会再战悉尼奥运会。1996年比赛之后，她离开泳池，投入平常的生活，在著名的清华大学念管理学。2年来，她从没登上过跳板。"我最不想做的事情就是跳水，"她回忆说，"我只想成为一个无忧无虑的孩子。"

对于中国的运动员来说，童年是一种牺牲。一个又一个的年轻运动员被艰苦地缔造出来。柔韧性最好的人被安排练体操和跳水，瘦高的则去打排球。伏明霞7岁就加入了跳水行列，几年后进入北京一所体育学校。因为想家，她哭了好几个月。但经过每天9小时的训练，她变得完全忘我，而且无惧。

很快，伏明霞在跳水时，可以十分贴近地掠过跳板，切入水中，有时短发还扫过跳台的边缘。她每年见父母一次。偶尔到家乡湖北进行跳水交流时，她从跳台上扫视观众，寻找父母的身影。通常，伏明霞只有在更衣室看到母亲留下的仔细包好的包裹时，才知道他们来过。

1998 年，在一次上经济学课的时候，这位奥运海报女孩走神了——谁没有走过神？

——她认识到跳水其实很好玩。她怀念水，怀念从空中呼啸而下的欢愉，怀念滑进水中而几乎没有激起一点水花的美妙感觉。"休息过后，跳水的压力没有了，"她说，"我意识到自己热爱这项运动，而且可以用自己的方式进行。"

复出不到一年，今年 1 月，她凭着清新的动作赢得世界杯跳水比赛的银牌。金牌得主是 18 岁的同胞郭晶晶，她是伏明霞在单人赛中的主要对手，也是双人跳水赛中的搭档。"郭晶晶是中国的新星，"伏明霞微笑着说，"但别忘了还有大姐姐。"

这一次，伏明霞并不是为国家而跳，也不是为教练、为支持者而跳，而是为她自己。训练从 9 小时缩短为更可控的 5 小时。"为训练而训练是无目的的。"伏明霞嚼着口香糖说。她在训练时播放流行音乐，重点突破技术难关，使训练过程更活泼，以期战胜郭晶晶。

伏明霞的反叛有多种表达方式：接受采访时，脸色沉闷的教练不在身边；晚上 9：30 的夜宵禁令对她也不起作用，因为她要出去喝冻咖啡。男孩气的碗状发型被长发所代替，还有引人注目的锁和时髦有趣的装束：紧身 T 恤、背囊和不系鞋带的 NIKE 鞋。

尽管过去成就辉煌，伏明霞的工资还是很少——每月 120 美元——虽然她和 NIKE 签订了赞助协议。如果她在悉尼赢得金牌，就可以得到 6 万美元的收入，但她坚持说金钱并不是她的动力。"在巴塞罗那和亚特兰大获胜时，我还是个孩子，一切都太容易了，"她说，"但如果我在悉尼赢了，那将是完全由我自己赢来的奖牌。"

她顿了一下，用手拨了拨染了色的头发，咧开嘴笑了。"另外，如果人们记得我的话，我不希望他们记住我的旧发型。"长大后的伏明霞，正走向悉尼的跳板。她已经做好了准备，向所有人展示一个真实的自己：勇气、优美、时髦。

悉尼运动场上的中国人

在耀眼的体操运动中，有一个诀窍：即使动作失误，也要向裁判展现一个大笑容。但在 2000 年 9 月的奥运会上，杨威顺利完成表演后，喜不自禁的表情却绝对真实。中国男子体操队获得金牌，结束多年来的挫败，而过去一直严肃自制的队员都越来越放松，在赛场上互相击掌，就像在国宴上互相敬酒。甚至连未被看好的可爱的女子体操队，也再次展现实力，出人意料地争到团体铜牌。"放松一点，就可以做得好一点。"两度参加奥运的刘璇说，每位队员表演完，她都给一个大大的拥抱，"所以我们决定放开心情，玩得开心点。"

放松？开心？这是那个在巴塞罗那和亚特兰大饱受挫折，连稳拿的男子团体金牌也丢掉的中国队？在悉尼，中国队员又笑又叫，还体现出体育精神，为一场势均力敌的乒乓球赛中的台湾队员鼓掌，又帮忙让观众安静下来，好让匈牙利举重运动员集中精力向世界纪录冲刺。

这颇具戏剧性。早在两个星期之前举行男子第二轮资格赛时，中国体操队员仍然十分紧张，以第二名进入决赛。教练黄玉斌知道必须有一些革命性的做法才能调动起队员的士气，于是把悉尼的非官方格言"别担心，同志"牢记在心："我对他们说，要成功，除了要有好的技术以外，还要有别的东西。"黄玉斌回忆说。他鼓励队员不要压抑自己，在比赛时要互相打气。"放松心情，才能对自己的能力充满自信。"

这种轻松的态度难得一见。中国经常对体育训练程序进行宣传，这套程序对柔顺的年轻人实行严格的训练，让他们为国争光。在悉尼专业化开始前不久，美国体操运动员布莱恩·韦尔森说："尽管中国对手训练有素，但美国队全身心投入，肯定可以战胜中国队。"韦尔森的话落空了，美国男队只得第五。女队也令人失望，最终只得第四，赛后还不停地争论是谁的过错，队员们都沉浸在怒气中。全队人唯一一致同意的是他们缺乏凝聚力。"我们知道必须团体作战。"女队最年轻的队员塔沙·华伦承认。当美国队员完成拙劣的动作后，勉强地向其他人飞吻时，中国队员又是拥抱，又是拍照，就像小孩子到了迪士尼乐园。"队友就像是我的姐妹。"获得女子全能第六名的杨云说。

比赛前几个星期，官方媒体为了减弱压力，甚至降低了金牌估计数。到了悉尼之后，国家体操队的领队张健转变为临床医生："我们让黄教练在比赛过程中与运动员聊天，减轻他们的精神压力。"张健还提醒队员不要冷落别的对手："当然，我们想赢，但我们还应该体现奥林匹克精神，那种和谐、合作的精神。"

中国笑脸迎人，其中部分原因是为了争取2008年奥运会主办权。1993年，中国以两票之差失去了2000年主办权，为了申办2008年主办权下了很大功夫，不容有失。因此，就在悉尼开赛之前几天，中国还刷下了27位药品检测不过关的队员，而且还通过明星运动员和记者招待会，把实力最强、最具魅力的运动员推到国际聚光灯下。乒乓球教练蔡振华说："我们要让运动员像美国篮球明星一样出名和受欢迎。"

迷失的网络一代人

2000 年（B）

　　网络的大量使用，赋予了这代人一种特殊而有力的工具。中国约有2000万互联网使用者。他们绝大多数从网上浏览信息，用电子邮件与国内外朋友联系，使他们与世界各地年轻人的距离更加紧密。他们的父母只能通过传统的媒体了解新闻，而当今的互联网使用者却可以阅读到不出现在官方媒体上的报道。这样一来，他们更能了解国内外事件的真相。

　　……

　　然而10年过去了，没有什么值得庆祝。中国的音乐人仍然面对很大的障碍，不过现在的问题不在于官方的过分管制，而在于音乐人不能引起听众的共鸣。摇滚音乐人要和其他企业家一样吸取教训：在越来越激烈的国际市场竞争面前，要保持自己的竞争力，就必须重新充实自己，认清竞争对手，了解自己的听众。

　　……

　　但不管是她、卫慧，还是其他新锐小说家都不能否认，在他们关于青少年的故事中，身体——它的欢娱和痛苦——是核心，那些描述性的语句普遍缺乏美感，作品中充斥着不健康的人物，所有这些，都成为招致保守的知识分子批评的避雷针。当然，这些批评只会提高他们在忠实读者心中的地位。

21 >

迷失的一代

年轻意味着更新，意味着新观念向旧传统挑战，意味着对未知事物的向往。在年轻人眼里，改变使人陶醉，并不可怕。

年轻人也是冲动的、不可预测的：既预示了一个美好的将来，又隐藏着撕毁过去的凶兆。年轻人的生活是多彩多姿的、不虔诚但愉快，他们总是那么反叛，有时甚至令人惊骇。年轻人总是带领时尚、音乐、文学、流行文化的潮流，但也带头扔石头、投炸弹、冲过防御路障。

一句话，年轻人是充满活力的——在广大的中国，这种活力汇聚在一起，或成为过分热情的红卫兵，或成为互联网新兴企业的骚动者，或成为在同一建筑物外热切排队等待签证、希望到哈佛或柏克莱读书的申请者。

在中国，充满迷惘、复杂、不确定性的年轻一代是国家的未来。"世界是你们的。"1957年毛泽东对一群中国学生说，"你们年轻人，充满了活力和生命力，正处于生命中的最佳时期，就像早上八九点钟的太阳。我们把希望寄托在你们身上。"不过，"文化大革命"的破坏性毁灭了整整一代人。现在，新一代中国年轻人却不得不面对一种新的革命——市场的反叛，这次革命同时把财富、腐败、机遇带给这个世界上人口最多的国家。

未来25年，中国会是怎么样的呢？成为一个财富增加、自信心增强、开放、有责任感的国家，并成为稳定亚洲的力量？或成为一个自私、停滞、专制、排外的国家？决定权在于现在的年轻一代。历史上，没有哪一个国家能像中国那样，在过去25年里经历这样的改变：从1976年到1999年，人均国民生产总值几乎翻了一番，脱胎于"文化大革命"的废墟之中，却没有被破坏的、苍白的景象。一个崭新的经济和社会面貌诞生了这个时期，6.3亿中国人出生，占了该国人口的一半。生活对他们的种种冲击，来得比长江之水还要快。

从某种角度来说，这是中国解放以后成长起来的第一代。在他们父母的年代，人人处于铁饭碗体制中，所在的单位要保证工作、吃饭和住房，在政府的呵护中，人们的独立性仍处于孩提阶段。这种日子一去不复返了。住房、教育、医疗、就业和退休等种种责任被一股脑儿推给了个人，年轻人必须学会生存的基本技能，这些技能他们的父母从未学过。

伴随巨大改变而来的，是同样重大的单纯和天真的迷失，人们认识到，在自由市场体系下，生活是多么艰难。在今天的中国，什么才叫快乐？年轻人没有可学习的典范：父母全都教育他们要尽快、尽可能地赚钱。在中国，精神上是真空的，对绝大多数年轻人来说，宗教是一个遥远的概念，但他们又无法找到替代品。现代中国人的艺术和文学作品，被犬儒主义和到处可见的物质主义所带来的失望扼杀了。

他们没有多少选择。艺术家和思想家也无能为力。

但是，像西方一样，中国年轻人的活力是难以压抑的。上海到处都有非正式的狂欢派对，不到一个月，茂名路上的酒吧又开张了。孩子们退了一步，前进了两步。

这就是当今中国年轻人的不稳定的成长历程。他们知道哪些事情是越轨的，但却不知道该走向哪里，雄心勃勃却没有坐标。他们对未来的探求，过去及将来都不会容易，但对全世界来说，这是一件令人迷惑但危险的事情。

新兴的中产阶级

漫步在上海的林荫大道上，不时可以看到衣着整齐的年轻人，拿着手机，自如地用英语和中文通话。即使是工作日的晚上，他们也挤在西式酒吧和迪斯科舞厅里。他们在互联网新兴公司或西方企业里工作，雄心勃勃，充满自信。他们是这一代的典范——中国正在冒起的中产阶级，年龄为18到35岁——是国家的未来。

在中国，这类人有数万之多，尽管绝大部分并不如上海镀金一族那么富有。可以肯定的是，他们比父母一辈更实际，受的教育更高，更见多识广。与红色一代的前辈相比，他们的理想更远大，自信心更强，只是由于缺乏信仰，略为容易被误导。他们是完全不同的一代——不仅因为摆在他们面前的机遇不同，还因为他们的思维和行为方式不同。在那些革命性的转变中，互联网的作用不可小觑。

网络的大量使用，赋予了这代人一种特殊而有力的工具。中国约有2000万互联网使用者，其中80％属于这一年龄段。他们绝大多数从网上浏览信息，用电子邮件与国内外朋友联系，使他们与世界各地年轻人的距离更加紧密。他们的父母只能通过传统的媒体了解新闻，而当今的互联网使用者却可以阅读到不出现在官方媒体上的报道。这样一来，他们更能了解国内外事件的真相。

特别的是，这些孩子十分喜爱用留言板、聊天室、即时信息和个人主页等方式来表达自己。这种现象不容忽视。与西方朋友不同，许多中国人不愿意在会议室或公众论坛里表达自己的真实想法，因为他们担心讲错话，或令自己当众出丑。但用互联网，即使最腼腆的人也能表达他们的想法——而且听众要多得多。

互联网能鼓励民主和自由的思维方式，对这一代来说是最重要且有价值的工具。它使员工们不管身处波士顿、北京、上海，还是广州，都可以超越时间和地域，自由地讨论问题。传真太没有个性了，电话会议对害羞的中国人来说又太开放，所以电子邮件成为最佳的中介，让知识进行坦白而有趣的交流。

这种自信，已经在中国年轻人当中激起了一阵巨大的创业浪潮。雅虎的杨致远突然比摇滚巨星更耀眼，搜狐的张朝阳和网易的丁磊一夜之间成为封面人物，风头比好莱坞明星还劲。他们是这一代的佼佼者。中国都市年轻人不再满足于在名声卓著的跨国企业里任职，转而成为创业者——今年之内，他们在中国大陆已经创立了约1.5万个互联网新兴企业。

这些企业的创始人，越来越多是到西方念书然后回国的大陆人。与那些一直留在国内的人一起，他们用必不可少的技术和专业管理技巧，共同改革着中国的商业文化。这一代企业家们有着更全球化的视野，一旦中国加入世贸组织，这种视野就非常有用。他们不惧怕失败，也不轻易放弃。

这种无畏的活力和崭新的思想势必重塑中国。目前，电子商务在大陆还是一个玩笑，但几年之内，中国很可能完善国内电子支付系统、分销和后勤系统。中国已经有5100万移动电话用户，随着无线技术的提高，很快就会拥有全球最庞大的无线互联网用户。另外，到2003年，这一代的购买力将增长两倍到三倍。宽带技术的发展、中国加入WTO，再加上可支配收入的增加，中国将成为世界最大的旅游、金融、教育、媒体和娱乐网上市场之一。

同样重要的是，互联网改变了中国孩子们的关系。以前，婚姻介绍人撮合年轻人，家庭对未来的一对具有巨大的影响力。现在，在很多城市，互联网提供同一服务，但方式不再专横。我的两位同事在聊天室碰上了，后来结了婚，一个住在中国，一个住在波士顿，但他们可以采用电子邮件来超越地理距离。中国是一个博大的国家，对年轻人来，所有超越距离的工具都是有价值的。这些工具最终把他们凝聚在一起，成为新的一代——当然，有时候，爱情对个别人也有这样的作用。

我知道，只不过是摇滚

2000年新音乐演奏会在北京奥林匹克体育馆举行，超过2万个中国年轻人满怀希望地站着、吼着，警察一如既往地围着场馆，命令他们坐回座位。但他们不必如此：乐队的暗淡表演很快就使场面安静下来，第二队表演者表演完之后，观众已经坐下来了，礼貌地拍着手。余下两个半小时的表演只有零星的高潮——少数的手在挥舞，少数的自制横幅在摇晃。当唐朝等摇滚巨星表演热门曲目时，人群才爆发出欢呼声。总体来说，观众的反应是冷淡的，在主要乐队黑豹表演期间，人们开始离席。

10年前，现代音乐节在北京体育馆举行，当时的情况就很不一样。现代音乐节是第一个国家批准的以中国摇滚乐队为主的音乐会。为了热切表示年前的打击政策已经放松，6支本地乐队如愿以偿地登台亮相，其中一些随后还获得了录音合约，变得小有名气。中国的摇滚乐看来前途一片光明：有唱片公司的支持，有越来越多的乐迷支持，还有来自官方的即使有点勉强的批准，摇滚音乐有可能成为中国都市青年文化的一股力量。

然而10年过去了，没有什么值得庆祝。中国的音乐人仍然面对很大的障碍，不过现在的问题不在于官方的过分管制，而在于音乐人不能引起听众的共鸣。摇滚音乐人要和其他企业家一样吸取教训：在越来越激烈的国际市场竞争面前，要保持自己的竞争力，就必须重新充实自己，认清竞争对手，了解自己的听众。

市场是难以征服的。即使是比较世界性的都市人，中国人大体上不喜欢摇滚。相反，他们更倾向于没有什么危害性、完全由香港和台湾人炮制的流行音乐。虽然大陆摇滚音乐逐渐被人们所接受，并有一班坚定的追随者，但即使在有一定生存机会的北京，仍然显得另类。在北京，比较出名的摇滚音乐人还偶尔可以在体育馆开开演唱会，但买票的人大都出于好奇。他们并非摇滚的狂热分子，更不会成为皈依者。

即使是狂热爱好者，也越来越喜欢西方摇滚（大部分是听翻版CD），从而制造了障碍。中国摇滚制作简陋，大部分是舶来品风格，相比之下，英国和美国的摇滚作品精美得多、自信得多。"如果把任何一张美国摇滚CD和一张中国录制的CD放在一起，两者根本没法比，中国的制作技术落后好几十年。"22岁的北京音乐评论者王磊（音）说。

经济效益也差强人意。摇滚也不能脱离中国的种种陋习——拙劣的基础设施、缺乏专业精神、盗版。音响和灯光设备远远低于国际标准。在2000年千禧音乐会的音响检查之后，瘦人乐队的主音歌手戴勤（音）向我抱怨说："去年8月的富士摇滚音乐节，我们在一个帐篷里表演，那里的音响设备比这里整个体育馆的都要大。"有些中国摇滚乐手有机会到国外去表演，回国后都对本地音乐行业的低劣质量感到沮丧。

西方对中国摇滚乐界的大量报道，导致许多本地乐手自满起来，变得与西方同行一样爱慕虚荣，渴望别人的注意，造成不健康的自我膨胀。西方媒体认为，1989年之后，中国的摇滚音乐人经历了严峻的考验，迅速成长，并把60年代看成是中国摇滚的起源，而崔健被誉为"中国的鲍伯·戴兰"，中国的90年代步了美国60年代的后尘。

但类似这样的报道是不属实的。大体上，中国的摇滚乐手更像"枪与玫瑰"，而不像鲍伯·戴兰。那些梦想踏上摇滚星途的中国音乐人对政治不感兴趣，虽然他们了解西方媒体想听什么，并玩世不恭地重复他们想听的东西。对绝大多数乐手来说，摇滚只隐喻着一种美国梦：金钱、性、名声，对快乐的放纵追求。

那些有前途的中国乐队知道，只有付出艰苦的努力、热爱音乐以及适当地面对现实，才能实现自己的梦想。一支激进的强摇滚乐队——瘦人——经常在北京的俱乐部里聚集，凭着高超的表演技巧激起人群的兴奋。但该乐队强烈的、张扬的舞台影响力，令国营电视台震惊，乐队成员只能进行网上推广和巡回演出。"我们知道面对的是什么，"魅力四射的戴勤说。他今年29岁，长得像蒙古大汉似的，"前面的道路很崎岖，但我们不会妥协，我们要坚忍不拔。坚持就是胜利。"

新一代"海归"的热情

空旷的北京华达人类基因研究中心大堂，木屑散布，发展前景难以确定。综合楼外灰尘飞舞，即使是最冷静的实验室技术员也不免为此而紧张。蟑螂在脚下疾行，昂贵的DNA分析机面临着被小虫等物体阻塞的危险。

然而，尽管设备毫无吸引力，这栋位于北京市郊的建筑物却进行着几项全球最先进的基因研究——还肩负着中国科学研究的未来。研究院中的年轻科学家，平均年龄只有22岁，已经描绘出染色体3的关键结构，并有望提前两年完成人类基因研究项目。中国最顶尖的DNA解码人员，现在是在这样一家有名望的机构中积极工作。

　　但与他们的工作同样著名的是，这些科学家是"海龟（归）"——海外归来。中国的人才通常都流失在国外，他们为什么要回来？因为在这里，即使年纪轻轻，也有机会从事尖端研究，当然还因为一些传统的爱国主义思想。"不管我们多么有才华，我们总是觉得，作为一个中国人，在美国的发展始终是有限的。"31岁的胡松年（音）说，他在华盛顿大学念基因学，"我宁愿在中国工作，既能帮助国家，又能使我的工作受到重视。"

　　过去，中国大陆缺乏这种重视，以至老牌的研究院无法吸引到好的研究员，直到最近，情况才有了好转。中国有大量的科学家——中国的教育比世界各地都要强——但不在北京或上海。数万名中国科学家在美国或欧洲工作，享用着先进的设备和丰厚的薪水。一年多前，华达开始聘请符合资格的研究员，只吸引到20来个科学家，根本无法满足实验室的需要。"我们只好研究一些办法，吸引海外科学家回流，否则人才都被别的国家用了。"张孟（音）说。他是该研究院的招聘主管，负责吸引海外研究员回归祖国。

　　潮流已经改变。市场改革启动了中国的经济发展，并成为人才回归的吸引力。在90年代中期，国家各部开始向海外归来的学生提供税收优惠政策、创业贷款等。开始的时候，回来的是刚毕业的MBA人才，他们像许多外国企业家一样，看到了中国13亿消费者中的商机。接着回来的是互联网巨子，投身于中国网络化进程的机遇中。

　　今天，从西方飞回的学子，大部分是已毕业的科学家，奔赴26个所谓的"科技园"——为"海归"们度身设计的由国家支撑的高科技风险孵化器。第一个"科技园"成立于1996年，由一批有胆识的"海归"创立，位于苏州的东边。现在，同类机构已在北京、上海、广州等地的市郊陆续成立。到目前为止，在这些"科技园"中，海外归来的游子们运营着超过1000个企业。

　　暗淡的开始之后，在西方受教育的华达创始人决定建立一个科技园，选址在北京机场附近的空港工业发展区。他们享受税收优惠、贷款担保、低租金和优惠的进口待遇，从而可以把资金大量投入到昂贵的设备中，以及提供国内企业望尘莫及的高工资。

　　仅仅一年之内，华达从30人扩大到200多人（今年年底有望达到300人），成为人类基因项目的第六大合作伙伴，与著名的英国三格（音）中心、日本的Riken基因科学中心齐名。张孟说："在这样一个快速发展的机构中工作，对刚毕业的博士来说是一个相当有吸引力的机会。"

　　尽管他们目前的收入还比不上在美国，研究院的年轻研究员们却有机会从事高水平的研究。在西方，这类研究一般只能由高级研究员进行。"我现在所做的工作，在美国是由年龄两倍于我的人做的，"胡松年说，他目前正负责该机构的一个生物农业项目，

"年轻的时候，可以从事自己感兴趣的研究，是一个极大的机遇。"许多科学家也说，有机会针对中国人的实际需要来解码人类基因，使他们感到很兴奋。西方基因实验室倾向于研究如何战胜糖尿病或心脏病等疾病，但中国人易患胃癌等恶疾。"这是一个让中国人解决自己国民的问题的机会。"袁隆平说。他目前正研究一个高级杂交水稻基因计划，能令数亿中国农民受益。

除了科学知识以外，"海归"们还带来了别的东西。在科学知识的教学上，中国大学和西方大学一样经验丰富，但据"海归"们说，中国学生缺乏在实验室环境中与人沟通的技巧。"我在海外学到的最有价值的东西，就是如何与其他研究员合作。"在悉尼新南威尔士大学念生物化学的张力（音）说，"在中国，科学家们受的教育是：只管自己的研究就行了，所以很难让他们共同完成一个项目。"新研究员把他们的实验室合作技巧传授给国内毕业的技术员，结果华达的效率要比国内其他科学中心高得多。

当然，并不是所有的中国人都愿意回来。去年中国有 5 万人到美国念书，其中学成回国的可能不到一半。胡松年承认，如果他已经成家，要把家人安置在他简朴的寓所中，他也许会有所犹豫。"但我还年轻，"胡松年说，"年龄大的人所不愿意抓的机会，我可以抓；他们不愿意做的实验，我可以做。"下一代科学家真幸运，中国终于也准备这样做了。

不断向外,不断向上

金丹（音）在辽宁文乡县长大。闲的时候，她经常爬上树木葱郁的高山，或者到屋外清凉洁净的小河里戏水。有时候她会拿着水桶，提水回家养鱼。在家里，她负责煮饭。金丹说："当时的生活真是简单。"

才 20 岁，正当青春年华，金丹现在却觉得生活有一点复杂。两年前，她决定实现儿时的梦想——到一个明亮、喧嚣的城市生活。13 岁时，全家搬到钢铁城市鞍山，但她觉得那里并不符合理想。"鞍山到处是工厂，"她说，"建筑物都不高于五层。"当金丹做好准备之后，她打算去深圳，一个位于中国南方、人均收入全国最高的繁荣城市。那里还有一个好处：金丹可以住在表姐的家里。"一个女孩，去一个无亲无故的城市，是不安全的。"她说。

依靠可以照顾你的亲戚，这一形式在中国乡下人中十分典型。为了找到高收入的工作，年轻的内地流动劳动力有规律地游历几百甚至几千公里，决定一个选择的因素，常常是哪里是最近的城市，某一技术在哪里有需求。金丹有她的一套想法：她单身、年轻，有一定的电脑技术，有广阔的亲戚关系。与留在内地的许多人不同，她可以利用各地的亲戚关系，从一个城市挪到另一个城市，实现她的雄心。循着城里朋友或亲戚的足迹，年轻的流动劳动力大都找到工作，省吃俭用，最后带着赚来的钱回乡，改善自己和家庭的物质条件。当然，也有一些留在新的环境里，一边把钱寄回家，一边建设着所在的城市。例如，曾经是一个仅2万人的小渔村的深圳，今天已经成了400万人的家。

在一定层面上，深圳完全符合金丹的希望。"第一次在晚上坐飞机去深圳，我被建筑物、灯光和景色迷住了。"金丹说。但她的决定并不顺利。作为一个讲普通话的人，她听不懂广东话，还被深圳相对复杂和国际化市民弄得很沮丧。拿着高中毕业文凭，她在市里一家外资工厂找到一份打字员的工作，这样的工厂在深圳有好几千家。一年后，她辞职了。"在那里，你根本学不到什么东西，"她说，"我觉得自己像机器中的一部分。"一家雇佣中介机构很快就为她找到了更好的工作。现在，在市区一栋明亮的摩天大楼里，她成了一家律师楼的秘书。

在许多方面，金丹还是原来那个乡下女孩。她的日常生活很有规律：上班，回表姐家，看关于法律和英语的书，煮饭，睡觉。周末的时候，坐两个小时的车去探望表姐——表姐结婚了，和丈夫住在另一套新房子里。金丹和同事相处不错，但下班后大家不打交道。

事实上，金丹说她根本没有什么朋友。她和鞍山的中学同学保持联系，写信、发电子邮件和偶然通通电话。"我独自一人来到深圳，"她说，"你很难像在学校那样交朋友。"结果，金丹并没有享受到城市生活的精髓，包括迷离的夜生活。"游客消费区的东西太贵了，"她说，"我只能在外面望进去。"但城市生活仍然有诱人之处："你可以学到很多新东西，从而提高自己。"金丹说，"赚钱也容易得多。"

金丹打算实现另一个梦想：存足够的钱上大学。从乡下来的流动劳动力都有这个想法，而且想法可行。她仍然免费住在表姐的老房子里，父母不需要她寄钱回家，事实上，现在他们还寄钱给她。一年左右吧，金丹就要离开深圳，搬到北方的大连去，自然，还是投靠亲戚———位婶祖母。

到大连后，她计划到一家外语学院进修商务英语，以便将来到外资企业当翻译。毕业后，她打算留在大连，完成另一个愿望：找个丈夫。按照传统的思想，身边有一个合适的伴侣之后，金丹可以想去哪儿就去哪儿。

几个文化样本

用户至上主义（consumerism）、电脑（computer）、现金（cash），这三C几乎可以定义当今中国都市年轻人。但是，若干年的意志消沉后，严肃文学和焦虑艺术也同时有了复兴的迹象。当崇拜自体性行为的作家——例如《上海宝贝》的卫慧和她的各地模仿者——可能因时髦的自传而成为流行作者时，中国的改革已经走得比金钱和卡拉OK更加深入。直言的年轻批评家们再次赢得了听众，商业出版业的新潮流表明，他们警醒的爆发是有市场的。

余杰是否是中国最多产和最直言的年轻评论家，还存在争议。90年代中期，还在北京大学念书的时候，他已经成为一个写作人，编写地下出版的小册子，在首都的大学区派发。逐渐地，他的作品登上了一些著名的文学期刊。1998 年，他首次出版两本文集，广受好评，继而成为全国著名人物和成功的商业性特约撰稿人。

在敏感地揭示生活、爱和希望的同时，28 岁的余杰并不讳言他怀念 80 年代。他是一个"赶不上时代末班车"的人，对他来说，80 年代是严肃作家有许多诉求的时代，是爱情故事和武打小说还未充斥流行文化的时代，同时也是年轻思想者和激进分子自觉肩负社会使命的时代。"80 年代知识分子的历史意义不容忽视。"他在文章《知识分子：终结还是重生？》中写道，"他们拥有简单而明确的理想主义、缔造历史的坚强渴望以及对知识分子地位的空前的自觉性。他们希望在十年时间里，完成西方知识分子用了几百年才意识到的历史使命。"

对一些人来说，80 年代是一个困惑、无知、自大的时代。余杰反对这种想法，认为有这种想法的同辈是"逃避当今的紧迫事件"，他对他们感到绝望。他问："在一个所有东西都可以买卖的社会，知识分子的角色真的结束了吗？"有人也许会认为，余杰对同辈的批评，反映出他对像他那样的作家缺乏应有的社会影响力而感到失望。中国专横的讽刺作家王朔（在 80 年代末和 90 年代初也是一个年轻偶像）对余杰的批评更加尖刻，指出他是一个聪明的伪君子，很懂得"要骂谁，要恭维谁"。对王朔来说，余杰是一个野心勃勃的商业作家，完全准备好在必要时刻玩愤愤不平的文化异见。

余杰的作品并不局限于理想主义和文化自主的精神。他的作品首次面世的时候，一批作家凭着小说、诗歌和评论成为显要人物。1998 年底，他们中有 54 位——大部分是 20 到 30 岁——参与了一项关于中国艺术状况的独立调查。调查结果以《割裂》的题目出版，今年初以单行本的形式重印，薄薄的小册子充满了对官方和非官方文化的谴责。

根据其南京组织者的说法，《割裂》的调查是一场"表演"或"事件"，发起的原意就是要有挑衅性和攻击性。把事件描述为"割裂"，作者们理解为文化的分离以及代与代之间的冲突，并提供了 20 世纪中国历史上的种种相关定义。

几乎所有的回应者都申明，文化机构——由国家支持的协会和奖项——没有尽到责任，至少在这些机构把文学奖项授予他们之前是如此。《割裂》的组织者之一韩东说，在"腐败和陈旧的文化秩序"以外，中国正形成两大文学阵营。一个由那些在商业上可行、在政治上善变的作者组成，其中许多已经为全球读者所认识：莫言、苏童、王朔、王蒙；另一个由年轻作家组成，像那些参与《割裂》的作家。他们"对文学环境和主导文学秩序有着天生的不信任和谨慎"，相信自己代表了常常被北京、上海甚至台湾主流作家淹没的文学界的边缘元素。韩东说，这些作家并不对抗正统文化，相反，他和其他人所信奉的文学独立反映了在近几十年来已成长起来的个人主义，并且找到了商业出路。

多年来，尽管政治理想、社会良知以及真诚姿态在中国流行文化中受到排挤和嘲笑，我们仍然可以看出知识分子的存在。例如，过去几年盛行网上出版，互联网上有无数关于文化争论的论坛，十分活跃。在白天，参与者读书或者工作，为亚洲和世界各地的同龄人提供消费者的愉悦；到了私人时间，许多人就各种话题发表文章和意见。对于余杰、韩东和《割裂》等人来说，朋友这一概念已经落伍了。

冲出红色的封套

不少中国人都听说过《上海宝贝》。这是一本坦率得令人震惊但又乏味的小说。作者卫慧，自诩为"中国第一个被禁的色情女作家"。但听说过郁秀的《花季·雨季》和韩寒的《三重门》的人比之更多。卫慧唤醒了中国都市反文化，棉棉的小说更加黑暗——她的文集《啦啦啦》是当代第一部描写中国都市毒品状况的小说，但即使在这样的宣传攻势下，郁秀和韩寒的作品却超越了他们的感性对手，销量更大，更受欢迎。

郁秀的《花季·雨季》出版于1997年，略过了流连酒吧、床上交易以及吸毒等古怪的行径，以世俗的笔法描写了一群生于70年代的中国少年的典型生活。根据她的中学经历以及同学们的故事，郁秀以现实、平静、优雅但略带稚嫩的笔触，写出了即将走向社会、正在梳理自己的情绪、见证中国经济改革的效果——不论好或不好——的年轻人的故事。郁秀成为潮流的缔造者，最近几年，无数关于少年人或由少年人写的小说充斥市面，有的甚至是10岁左右的孩子的故事。出版商把注意力放在这些崭露头角的小说家身上，一方面是因为这类小说受欢迎，另一方面也因为他们对卫慧、棉棉之类的大胆作品、上海王安忆或穆斯林小说家张承志等老手的讽刺作品有提防之心。

韩寒，今年18岁，从学校辍学，也许是少年小圈子中最有天分最引人注目的一员。他的关于校园生活的小说广受欢迎，特别是最近的《三重门》，引起了广泛的争议。《三重门》表达了他对现行教育制度的看法，他因此选择了辍学，专职文学创作。他的作品老少咸宜，年长的认为，韩寒的作品也反映了他们的生活和问题。但对学校生活和学习过程的明显轻视，也许对他本人和同样无心向学的少年造成真正的障碍。这些孩子在真正融入生活之前就对生活作了描写，一旦走出校园，他们是否能充分认识社会、描写社会？

自身问题最多的作者还是那些"震惊姐妹"——棉棉和卫慧。42岁的王朔，曾经是"北京流氓"，写了大量被禁的作品。他把棉棉（也是辍学的高中生）形容为一个"用身体而不是用脑写作"的人。当然，她对这一句话有不同解释。但不管是她、卫慧，还是其他新锐小说家都不能否认，在他们关于青少年的故事中，身体——它的欢娱和痛苦——是核心。那些描述性的语句普遍缺乏美感，作品中充斥着不健康的人物，所有这些，都成为招致保守官方和知识分子的批评的避雷针。当然，这些批评只会提高他们在忠实读者心中的地位。

性、暴力、厌倦、代沟和其他社会问题，并不完全是新锐作家的主流。一位评论家如此评论说："他们有着各种勇气，但不知羞耻。"其他作家，年纪稍大或名气稍大的，继续不落俗套地描写社会和文化，吸引着读者。朱文（音）最近的小说《什么是垃圾，什么是爱》出色地描写了拥有大量金钱但缺乏思想的都市年轻人的厌倦，其他60年代的作家——尤其是女作家，例如四川的洪鹰、北京的陈染、广西的林白——则以更富经验的叙事风格继续描写性，特别是女性性行为和女同性恋关系。

关于性的话题，没有什么小说比互联网更开放。网络的无政府状态、出版商的自由，大量匿名而主动参与的读者，使网络成为未来作家难以抗拒的论坛。同性恋——一个被禁止印刷的题材——在中国网络小说中是最受欢迎的主题，同样受欢迎的还有犯罪故事、爱情故事和科学小说。

事实上，科学小说也是最受欢迎的印刷题材，特别是在年轻人当中。西藏作家阿来于1998年出版的关于西藏的《尘埃落定》，是最畅销小说之一。他是《科幻小说世界》杂志的主编。该杂志每月发行量约50万册，达到主流作家文学作品的销量。现在，他们不仅要与"更性感"的杂志竞争，还要与电视、电影和电子游戏竞争。

热爱严肃文学的人，尽管近几年在陆续减少，但仍然创造和消耗了高质量的写作。他们的作品有时在海外比在国内更出名，但莫言是一个例外。他的最近两部作品《酒国》和《丰乳肥臀》被禁，但在全国各地都可以找到数以万计的盗版书。其他五六十年代的作家，例如余华、韩少功、贾平凹，仍然是评论家和编辑。与年轻一代相比，他们对作品的美学标准要求更高，这也是可以理解的。

同时，王朔成了频频获奖的电影摄制者，并成为年轻作家的偶像。卫慧公开承认说，国内对她的作品的批评堆积如山，"有时候我都不知道谁是对的。也许我错了。"棉棉则根本不想被称为作家。少男少女们努力成为下一代诺贝尔竞逐者，毕竟中国的文学界与中国社会一样丰富多彩。

而这些，组成了中国的2000年。

制造中国版《光荣与梦想》
后记

这本书的起源简单，直接，甚至有着某种难以言明的偶然。

2000年的时候，我开始有意识地在图书馆里集中阅读美国的《时代》周刊与《新闻周刊》，这两本著名的杂志成为我要参与创办的一本新闻杂志的样本，研究它们，成为我的一个作业。那时候，我渴望从这些号称是杂志世界的某种标杆的样本中，找到新的杂志语言。

我相信，我看到了一个陌生的对于这个国家的表述与记录。在最初我接触到的2000年的《时代》杂志里，有着众多的关于中国的记录。那些记录呈现着一种对于中国理解的陌生感，显然这种美国式的中国观令我好奇。我开始一本本地倒着阅读可以接触到的所有旧的《时代》杂志。那些旧的故事组成了一个倒叙的中国现代史。这引起了我的兴趣，我利用更多的时间，在香港的一家著名的图书馆里，阅读到了那些旧杂志，我以自己有限的英文，查阅了《时代》关于中国的记录。自上世纪创刊至今，这本杂志至少有上千篇关于中国的记录。从孙中山的革命到民国的命运，蒋介石的兴起，毛泽东领导的中共的步伐，宋美龄的美国演讲，建国后的局外人的视角，"文化大革命"10年的美国旁观者的记录，以及他们关心的中国与美国的外交运势……一个陌生的、连续的、属于美国人发现的中国，扑面而来。而这本杂志关于中国的文字至少有500万字。

同样的发现，在另一本略迟于《时代》10年创刊的《新闻周刊》上。这本杂志对于中国的记录虽然没有那样系统，但它重磅式的独具一格的报道，以及对于中国政治的现实描述，仍然有着新的阅读感受。这两本杂志所描述的中国正在发生或者已发生的历史，令人深为震撼。

我亲身经历过的历史，在这两本杂志上呈现着被遮盖与误读的一面。同样的一件事，《时代》说着另外的话，并且报告着这件事的美国人的发现。而我看到的与他们描述的事情，竟然如此不同。同一件事的中国报道与美国说法，开始呈现着事物的多面性，而后一种给我的震荡尤其巨大。这种发现，在我接触到《纽约时报》的时候，则给了我另外的感受。这个已创刊150多年的报纸，几乎连续不断地刊载各种关于中国的新闻1000多篇，文字达到600多万字。而学者郑绪源先生编就的《帝国的回忆》，则是这份世界上影响巨大的新闻报纸上的一个简要的历史现场重现。

美国的媒体对于中国的报道，事实上几乎就是一个群体的围观行为。较早的与《时代》同属一家公司，并早已倒闭的《生活》杂志，则用影像记录着中国。据我的不完全统计，这本杂志上刊发的各种关于中国的报道与图片至少有1000多幅。《纽约客》与更著名的《华盛顿邮报》也在不同的时期加入到对于中国的记录中。这些发现开拓了我对于中国的认知，至少这些美国的新闻报刊群对于中国的描述，给我带来巨大的震撼。他们发现的中国竟然是这样的。

对于正在开放的中国人，以及渴望得到世界认知的中国，同样渴望看到世界对于中国的发现，尤其是美国人对于中国的看法，即使这种看法带着偏见或者误读。美国式的中国历史，对于正在行进的中国，至少是一个重要的《参考消息》式的报告。

我想知道美国人对于中国历史的记录方式，以及他们如何看待中国，如何围观中国的方法，也许，我们需要一本原始的，没有任何修饰的美国人对于中国历史的记录方式，不管这是一种偏见还是洞见，不管是一种真知还是误读。

这是我编这本书的一个基本动力。

从2001年6月开始，我想通过对于美国的这几家主流报刊的报道，编选一部由美国媒体撰写的中国现代史的著作，力图以这几家媒体群的原始资料重现一个世界大国之编年史的尝试。期望寻找到这些主流媒体群对华报道对美国主流社会形成美式"中国观"的影响线索以及他们对中国的记录方式。当时的考量基于中国缺少一部西方人撰写的中国现代史。著名史学家史景迁以及更多的包括将历史写得生动的黄仁宇等撰写的书，已成为某一部分西方汉学家的发现，但那些发现仍然代表着某种学者的想象，和从中国旧书中发现的读后感而已。再者，富强自信起来的中国人越来越在意于西方人尤其是美国人对于中国的发现与意见。但国内可以出版的这些西方关于中国的研究，或者媒体对中国的记录，大多止于20世纪30年代以前，更新的关于1949年后的中国，以及那些真正影响到中国进程的土地改革、"文化大革命"，上山下乡，毛泽东、邓小平们所连接起来的历史，则成为一片空白。

但最初只是一个简要的搜集这6家美国报刊群上的资料为主的编年史体的报道集的基本设想，到最后形成这个达百万字规模的经过重新写作的长篇中国现代史记，则经历了非凡的艰难与卓绝的痛苦工作。本书自2001年9月开工，以事件为主的编写体例最早确定下来，而围绕着事件，从包括其他更多的媒体上相同的主题里找到了立场与佐证，使我们在重新编译的时候，有着更新的发现与好奇。

以《纽约时报》《时代》《华盛顿邮报》《生活》与《纽约客》等美国主流报刊群为主，进行的观察中国的方式，成为这本书的一个基本模板。

这种体例给我们带来的好处是描述视野宽阔宏大，事件呈现着这些主流媒体群的多重发现与基本公正的立场。但困难在于，我们给自己增加了难以想象的难度。最大的难题在于寻找到这几本美国报刊上几乎所有关于中国的文章。这是一个不可能完成的任务。但一个由这样一个想法牵引起来的遍布中美各地的编译群成了一个新鲜的网络。这个网络第一年加入了6个人；第二年，随着工作的深入，又增加到了12个人；最后到2004年的时候，已达25个人。而原本拟于三年内结束的工作，延至2007年，才完成了一个基本的初编工作。以百年间发生在中国的事件与年代为体例，我们编译了共600万字的关于中国的文章。

那些粗糙的英文字母编译成的汉字，呈现着一份关于中国百年间的真实报道，那些报道最初的模样几乎是在记述着一个陌生的中国，这个中国存在于美国这些主流报刊群的浩如烟海的英文字母的世界里。现在我们把它们捞起来了，这些干货呈现着别样的吸引力。这个中国神秘、生动、充满活力、秘密，以及关于中国革命家的不同的记忆，这种阅读花去了我们大量的时间，有许多个深夜我们都在这种阅读里，被陌生的发现鼓舞着。

这本美国人撰写的中国史，对于正在快速前进的中国，是多么重要的一部文献式的指路牌，或者参考消息式的中国现代史。但这样一部厚达600万字的书，显然并不适于全文刊出，也不适于全面表达美国人发现的中国。面对这样一堆材料，我曾计划将这些报道按年份与日期，包括当时的错误，原文刊出，但显然这是一个偷懒的工作。最后的结果是决定把这些资料，编写成一本美国观的编年体的中国版现代史。但我们的初衷不是改变这些报道的原意，这本书应当是一部文献，是一本美国精英媒体对于中国的旁观史。

这本书的主旨是将这些媒体的同类报道，用编年体的形式将其编写成为更加生动的文章。妥协的结果是一年一篇，并用中国人的阅读习惯将它们编写成完整的文章，但没有加入自己的任何观点，同时在引用的时候，将文章作者的名字记录在上面。这本书的最后呈现出来的形态基本是一年一章。1900–1929年间，是我习惯的画传，里面是收集的这些主流媒体上关于中国的影像回忆。他们稀见而珍贵。用这种方式概括20世纪初始至30年代，是我们的一个新尝试，也许我们会重新纪录这段历史。这是一本经过编译，经过编排，经过删节的中国现代史。这本书充满了中国式的编辑经验与编辑历程，但这种编辑代表了当下中国的进程，仍然具有重要的文献意义，仅供中国读者参考。

这本书是一个群体行为。我的朋友邹明、詹涓与许中云以及更多的朋友在这中间付出了巨大的努力，他们参与了对于这本书的全面编写。

最后要向美国《纽约客》《时代》《新闻周刊》《生活》《纽约时报》《华盛顿邮报》等报刊表示真诚的谢意。因为他们的报道，才成就了这本书。

感谢这本书的出版方作家出版社，感谢本书的编辑王宝生先生，感谢为这本书曾付出努力的李茹，还要谢谢那些给予这本书帮助的所有的朋友。

鸣谢：本书相关图片由美国国家图书馆，国民党党史馆、纽约时报、生活杂志、新华社、中国时报等相关机构提供。部分图片因年久失联，无法联系到原作者，请相关作者看到后，与本书编者联系，即按国家规定支付稿酬。

图书在版编目（CIP）数据

中国时代. 卷二 / 师永刚 编著. -- 北京：作家出版社，2016.6（2016.12 重印）

ISBN 978-7-5063-8898-6

Ⅰ. ①中… Ⅱ. ①师… Ⅲ. ①纪实文学 - 中国 - 当代 Ⅳ. ①I25

中国版本图书馆 CIP 数据核字（2016）第 148641 号

中国时代（卷二）

编　　者：师永刚　邹　明
责任编辑：桑良勇
装帧设计：杨林青
出版发行：作家出版社
社　　址：北京农展馆南里 10 号　　　邮　　编：100125
电话传真：86-10-65930756（出版发行部）
　　　　　86-10-65004079（总编室）
　　　　　86-10-65015116（邮购部）
E-mail:zuojia@zuojia.net.cn
http://www.haozuojia.com（作家在线）
印　　刷：三河市北燕印装有限公司
成品尺寸：170×240
字　　数：480 千
印　　张：24.25
版　　次：2016 年 10 月第 1 版
印　　次：2016 年 12 月第 2 次印刷
ISBN 978-7-5063-8898-6
定　　价：49.00 元